法学专业必修课、选修课系列教材

仲裁法学

主　编　肖建国
副主编　黄忠顺
撰稿人（以撰写章节先后为序）
肖建国　乔　欣　杨秀清　傅郁林　张　艳
黄忠顺　谢文哲　任　重　熊跃敏　张　润
陈爱武

高等教育出版社·北京

内容简介

本书结合近年来我国仲裁法学研究的最新成果以及仲裁立法和实践的最新进展，深入、准确地阐释了仲裁权、仲裁协议、仲裁机构、仲裁参与人、仲裁程序、仲裁证据、仲裁裁决的司法审查、虚假仲裁的防范以及涉外仲裁与区际仲裁等的基本概念和基本理论，并对小额消费争议仲裁、劳动争议仲裁、人事争议仲裁、农村土地承包经营纠纷仲裁等特殊仲裁制度进行了介绍，从而系统、全面地构建了仲裁法的知识体系。

本书在内容上力求"新颖性""权威性""规范性"的统一，在编写体例上也进行了新的探索和尝试，如每章均通过二维码链接实务研究、理论探讨、案例研习等数字资源，在章末设置思考题，并通过二维码链接参考答案等，以强化教材的导学、助学功能。

本书适合法学专业本科生及研究生作为教材使用，也适合从事法律实务的人士参考使用。

图书在版编目（CIP）数据

仲裁法学 / 肖建国主编 . -- 北京：高等教育出版社，2021.5（2022.8重印）
ISBN 978-7-04-055959-0

Ⅰ.①仲… Ⅱ.①肖… Ⅲ.①仲裁法-法的理论-中国-高等学校-教材 Ⅳ.① D925.701

中国版本图书馆 CIP 数据核字（2021）第 054856 号

Zhongcai Faxue

策划编辑	程传省	责任编辑	程传省	封面设计	杨立新	版式设计	王艳红
插图绘制	贺雅馨	责任校对	窦丽娜	责任印制	耿 轩		

出版发行	高等教育出版社	网　　址	http：//www.hep.edu.cn
社　　址	北京市西城区德外大街 4 号		http：//www.hep.com.cn
邮政编码	100120	网上订购	http：//www.hepmall.com.cn
印　　刷	三河市宏图印务有限公司		http：//www.hepmall.com
开　　本	787mm×1092mm 1/16		http：//www.hepmall.cn
印　　张	20.25		
字　　数	470 千字	版　　次	2021 年 5 月第 1 版
购书热线	010-58581118	印　　次	2022 年 8 月第 4 次印刷
咨询电话	400-810-0598	定　　价	43.00 元

本书如有缺页、倒页、脱页等质量问题，请到所购图书销售部门联系调换
版权所有　侵权必究
物　料　号　55959-00

作 者 简 介

（按照撰写章节先后排序）

肖建国 中国人民大学法学院教授、博士生导师，中国人民大学国际商事争端预防与解决研究院执行院长，中国人民大学纠纷解决研究中心主任，第七届全国十大杰出青年法学家，教育部新世纪优秀人才。兼任中国法学会民事诉讼法学研究会副会长、中国法学会仲裁法学研究会常务理事、最高人民法院特邀咨询员、最高人民检察院专家咨询委员、最高人民法院案例指导工作专家委员会委员、最高人民检察院民事行政诉讼监督案件专家咨询委员、最高人民法院环境资源审判咨询专家、最高人民法院强制执行咨询专家、中国消费者协会专家咨询委员会委员、中国国际经济贸易仲裁委员会仲裁员等职。主要从事民事诉讼法、仲裁法、强制执行法等研究，著有《民事诉讼程序价值论》等40多部学术著作，在《中国法学》《法学研究》等刊物上发表论文百余篇，主持国家社科基金项目、教育部人文社科重点研究基地重大项目等科研课题20余项。

乔欣 中国政法大学教授，中国政法大学仲裁研究院兼职研究员，中国人民大学纠纷解决研究中心研究员，中国法学会民事诉讼法学研究会理事，中国行为法学会执行行为研究会常务理事，北京仲裁委员会/北京国际仲裁中心仲裁员。主要从事仲裁法、民事诉讼法等研究，著有《仲裁权论》等10多部学术著作，在《中国法学》《政法论坛》等刊物上发表论文数十篇，为司法部法律职业资格管理局、国家司法考试中心组织编写的国家统一法律职业资格考试大纲及辅导用书仲裁部分撰写人。主持、参与省部级研究项目多项。

杨秀清 中国政法大学民商经济法学院教授、博士生导师，中国政法大学中国民商事争议解决研究中心主任，北京市教学名师。兼任中国法学会民事诉讼法学研究会理事、中国法学会仲裁法学研究会常务理事、北京仲裁委员会/北京国际仲裁中心仲裁员等职。主要从事民事诉讼法、仲裁法等研究，著有《协议仲裁制度研究》《民事裁判过程论》等著作，在《新华文摘》《法学评论》《法商研究》等刊物上发表论文数十篇。

傅郁林 北京大学法学院教授、博士生导师。兼任中国法学会民事诉讼法学研究会副会长、中国法学会仲裁法学研究会常务理事、国际诉讼法学会（IAPL）执委、最高人民检察院专家咨询委员等职，曾在武汉海事法院任法官，现在北京仲裁委员会/北京国际仲裁中心、中国国际经济贸易仲裁委员会、海事仲裁委员会、香港国际仲裁中心等多家仲裁机构任仲裁员多年。主要从事民事诉讼法、仲裁法、证据法、比较司法制度等教学研究，著有《民事司法制度的功能与结构》《美国上诉程序》等20多部专著和译著，在《中国社会科学》《中国法学》《法学研究》等国内外学术刊物上发表中英文论文百余篇，主持国家社科基金项目，教育部人文社科基金项目，司法部、最高人民法院委托项目，以及国内国际横向合作项目20余项。

张艳 北京工商大学法学院教授、多元化纠纷解决机制研究中心主任，北京市中青年骨干教师，加拿大阿尔伯塔大学访问学者。兼任北京仲裁委员会/北京国际仲裁中心仲裁员、北京大学法制与发展研究院司法案件研究中心客座研究员、中国房地产协会调解中心调解员等职。主要从事民事诉讼法、仲裁法和WTO法律制度等研究。在《法学家》《政治与法律》《法律适用》等刊物上发表论文30余篇，主持和参与国家社科基金项目、北京市社科基金项目等国家级、省部级科研项目10余项；独著、主编或参编著作和各类教材共计20余部。

黄忠顺 华南理工大学法学院教授、博士生导师。曾任《人大法律评论》主编、《民事程序法研究》执行主编、中国社会科学院法学研究所助理研究员。兼任中国人民大学纠纷解决研究中心研究员、广东检察公益诉讼咨询专家、中国行为法学会执行行为专业委员会理事、北京国际经济贸易学会理事、《人大法律评论》编委等职。曾获第三届广州地区十大杰出中青年法学家、2017年清华大学优秀博士后（全校10名）、中国人民大学2015届"学术之星"（全校1名）等荣誉称号。主要从事民事诉讼法、仲裁法、强制执行法等研究，著有《公益性诉讼实施权配置论》等10余部学术著作。在《中国法学》等刊物上发表论文70余篇，主持国家社科基金一般项目、教育部人文社会科学研究青年项目等科研课题十余项。

谢文哲 华东政法大学法律学院副教授、硕士生导师。兼任中国法学会民事诉讼法学研究会理事、中国法学会仲裁法学研究会亚太仲裁研究专业委员会委员以及上海仲裁委员会、上海国际经济贸易仲裁委员会等国内多家仲裁机构仲裁员等职。主要从事民事诉讼法、仲裁法、证据法等研究，独著或主编、参编《公司法上的纠纷之特殊诉讼机制研究》《中国民事诉讼法制百年进程（清末时期·第三卷）》《劳动争议调解理论与实务》等20多部学术著作，在《法学家》《法律科学》等刊物上发表论文70余篇，主持或者参加省部级以上科研课题6项。

任重 清华大学法学院副教授，博士生导师。兼任最高人民检察院民事行政诉讼监督案件专家委员、中国法学会民事诉讼法学研究会理事、中国法学会董必武法学思想（中国特色社会主义法治理论）研究会理事、《民事程序法研究》执行主编，入选北京市"百名法学英才"、清华大学首批仲英青年学者、中国法学会青年人才。曾出版德文专著1部，德文译著1部，在《中国法学》《法学研究》等刊物上发表论文37篇，德文译文3篇，教学论文2篇。主持国家社科基金、最高人民法院、教育部等省部级以上课题6项。2015年获清华大学优秀博士后（全校10名）、第四届全国中青年民事诉讼法学优秀成果奖论文类一等奖。2016年获第四届"董必武青年法学成果奖"二等奖。译著入选法律出版社"2018十佳好书"并居榜首，获法律出版社首届金獬豸奖（2019）。2014年、2016年和2020年入选CLSCI高产作者。《论虚假诉讼：兼评我国第三人撤销诉讼实践》一文入选《中国法学》"10年top100"（2010—2019）高引用率论文。主要研究领域为民事诉讼基础理论，长期关注民事诉讼法与民法的衔接。

熊跃敏 北京师范大学法学院教授、博士生导师，教育部新世纪优秀人才。兼任中国法学会民事诉讼法学研究会常务理事、北京仲裁委员会/北京国际仲裁中心仲裁员、最高人民检察院民事行政诉讼监督案件专家委员会委员等职。主要从事民事诉讼法、司法制度研究。在《中国法学》等刊物上发表论文50余篇，独著、主编或参编著作、教材10余部，主持国家及省部级科研项目10余项，获省部级科研奖励5项。

张润 中国人民公安大学法学院讲师，中国人民公安大学纠纷解决智能化研究中心研究员，中国法学会仲裁法学研究会仲裁规则委员会研究员。主要从事民事诉讼法、仲裁法研究。编著《仲裁法一本通：中华人民共和国仲裁法总成》，参编教材4部，在《现代法学》等刊物上发表学术论文10余篇，主持或参与省部级以上科研课题5项。

陈爱武 南京师范大学法学院教授、博士生导师。兼任中国法学会民事诉讼法学研究会理事、中国法学会婚姻家庭法学研究会理事、江苏省法学会民事诉讼法学研究会秘书长、南京市法学会民法民诉法学研究会副会长；兼任南京、扬州、南通、常州等地仲裁员；被江苏省人民检察院聘为院外专家，被江苏省妇联聘为常年法律顾问，被江苏省委宣传部、省司法厅等四部门联合聘为"江苏省民法典专家宣讲团成员"。主要从事民事诉讼法、家事审判制度、仲裁法等研究。著有《人事诉讼程序研究》等学术著作5部，在《法学》《法律科学》等刊物上发表论文40余篇，主持司法部、最高人民法院等科研课题10余项。曾主持并参与《实施〈妇女权益保障法〉办法》《江苏省妇女权益保障条例》《江苏省家庭教育促进条例》《南京市未成年人保护条例》的制定和起草工作。

前　言

在现代社会民商事纠纷的多元化解决机制中，仲裁法律制度占据着重要的地位。与民事诉讼相比，民商事仲裁以保密性、专业性、国际性、灵活性、快速性和经济性等特点，彰显了其优势。尤其在尊重当事人意思自治方面，民商事仲裁更能突显其不以公权力为基础的民间自治性纠纷解决方式的特殊魅力，是国际商事争议解决机制中备受欢迎的一种方式。中国目前已成为世界第二大经济体，全球最大出口国、全球最大贸易国，在我国"一带一路"建设中，民商事仲裁所发挥的作用是无可替代的。在此背景下，高等教育出版社审时度势，邀请学者编写一本能反映当前民商事仲裁最新实践和理论发展动向的仲裁法学教材，是非常必要和及时之举。

仲裁法是民事程序法的组成部分，与民事诉讼法、强制执行法等其他民事程序法相辅相成、相得益彰。仲裁法学既是一门实践法学，也是一门理论法学。学习仲裁法学，首先要掌握仲裁法学的基本理论，同时也离不开对仲裁实务近距离的观察和体验。即在掌握仲裁法学基本范畴、体系的前提下，要兼顾仲裁法的实践价值。通过开展模拟仲裁庭，接受诊所式教育，到仲裁机构或律师事务所实习、调研等各种形式，采用理论联系实际的方法，一方面可以用学到的仲裁法学理论知识分析解决实际问题，另一方面也可以通过对实际案例的分析加深对仲裁法学理论的理解。本书结合近年来我国仲裁法学研究的最新成果以及仲裁立法和实践的最新进展，深入、准确地阐释仲裁法学的基本概念、基本范畴和基本理论，系统、全面地构建仲裁法的知识体系，在内容上力求"新颖性""权威性""规范性"的统一，在编写体例上也进行了探索和尝试。

本书由中国人民大学法学院肖建国教授任主编，来自北京大学、中国政法大学、清华大学、北京师范大学、华东政法大学、南京师范大学、华南理工大学、北京工商大学、中国人民公安大学等法学院校的专家学者参加编写。这些作者不仅是所在高校仲裁法课程的主讲教师，而且大多兼任中国国际经济贸易仲裁委员会、北京仲裁委员会、上海仲裁委员会、南京仲裁委员会、广州仲裁委员会等仲裁机构的仲裁员，有丰富的仲裁实践经验，在仲裁法学界和实务界有广泛的影响力。相信本书会成为仲裁法学教学科研人员和仲裁实务工作者的良师益友。

本书的具体写作分工如下（以撰写章节先后为序）：

肖建国：绪论、第九章、第十章；

乔　欣：第一章；

杨秀清：第二章；

傅郁林：第三章；

张　艳：第四章；

黄忠顺：第五章、第十一章；

谢文哲：第六章；

任　重：第七章；

熊跃敏：第八章；

张　润：第十二章；

陈爱武：第十三章。

全书由肖建国统稿，黄忠顺协助统稿。

由于水平有限，本书在内容及文字表述等方面缺点和错误在所难免，欢迎各位读者批评指正。有关的意见和建议请发邮件到 jianguoxiao@sina.com。

肖建国
于中国人民大学明德法学楼
2021年1月18日

本书引用规范名称及缩略语

一、法律

名称	缩略语
《中华人民共和国仲裁法》（2017年修正）	《仲裁法》
《中华人民共和国民法典》（2020年）	《民法典》
《中华人民共和国民事诉讼法》（2017年修正）	《民诉法》
《中华人民共和国劳动法》（2018年修正）	《劳动法》
《中华人民共和国劳动合同法》（2012年修正）	《劳动合同法》
《中华人民共和国劳动争议调解仲裁法》（2007年）	《劳动争议调解仲裁法》
《中华人民共和国公务员法》（2018年修订）	《公务员法》
《中华人民共和国农村土地承包经营纠纷调解仲裁法》（2009年）	《农地承包调解仲裁法》
《中华人民共和国刑法》（2020年修正）	《刑法》
《中华人民共和国海事诉讼特别程序法》（1999年）	《海诉法》

二、最高人民法院司法解释和规范性文件

名称	缩略语
《关于适用〈中华人民共和国民事诉讼法〉的解释》（2020年修正）	《民诉法解释》
《关于为深化两岸融合发展提供司法服务的若干措施》（2019年）	《两岸司法服务措施》
《关于设立国际商事法庭若干问题的规定》（2018年）	《国际商事法庭规定》
《关于仲裁机构"先予仲裁"裁决或者调解书立案、执行等法律适用问题的批复》（2018年）	《"先予仲裁"批复》

续表

名称	缩略语
《关于人民法院办理仲裁裁决执行案件若干问题的规定》（2018年）	《仲裁裁决执行规定》
《关于仲裁司法审查案件报核问题的有关规定》（2017年）	《仲裁司法审查报核规定》
《关于审理仲裁司法审查案件若干问题的规定》（2017年）	《仲裁司法审查规定》
《关于为自由贸易试验区建设提供司法保障的意见》（2016年）	《自贸区司法保障意见》
《关于依法制裁规避执行行为的若干意见》（2011年）	《制裁规避执行意见》
《关于人民法院办理财产保全案件若干问题的规定》（2020年修正）	《财产保全规定》
《关于人民法院进一步深化多元化纠纷解决机制改革的意见》（2016年）	《深化纠纷解决体制改革意见》
《关于认可和执行台湾地区仲裁裁决的规定》（2015年）	《认可和执行台湾裁决规定》
《关于审理劳动争议案件适用法律问题的解释（一）》（2020年）	《劳动争议解释（一）》
《关于香港仲裁裁决在内地执行的有关问题的通知》（2009年）	《香港裁决执行通知》
《关于内地与香港特别行政区法院就仲裁程序相互协助保全的安排》（2019年）	《内地与香港仲裁保全安排》
《关于建立健全诉讼与非诉讼相衔接的矛盾纠纷解决机制的若干意见》（2009年）	《衔接意见》
《关于适用〈中华人民共和国仲裁法〉若干问题的解释》（2008年调整）	《仲裁法解释》
《关于适用〈中华人民共和国海事诉讼特别程序法〉若干问题的解释》（2008年调整）	《海诉法解释》
《关于人民法院执行工作若干问题的规定（试行）》（2020年修正）	《执行规定》
《关于人民法院处理与涉外仲裁及外国仲裁事项有关问题的通知》（2008年调整）	《涉外与外国仲裁通知》
《关于审理和执行涉外民商事案件应当注意的几个问题的通知》（2008年调整）	《审理和执行涉外案件通知》
《关于实施〈中华人民共和国仲裁法〉几个问题的通知》（2008年调整）	《实施仲裁法通知》

续表

名称	缩略语
《关于认真贯彻仲裁法依法执行仲裁裁决的通知》（2008年调整）	《贯彻仲裁法通知》
《关于人民法院撤销涉外仲裁裁决有关事项的通知》（2008年调整）	《撤销裁决通知》
《关于人民法院审理事业单位人事争议案件若干问题的规定》（2003年）	《人事争议规定》
《关于仲裁协议无效是否可以裁定不予执行的处理意见》（2002年）	《仲裁协议无效意见》
《关于民事诉讼证据的若干规定》（2019年修正）	《证据规定》
《关于内地与香港特别行政区相互执行仲裁裁决的安排》（2000年）	《内地与香港执行仲裁裁决安排》
《关于内地与澳门特别行政区相互认可和执行仲裁裁决的安排》（2007年）	《内地与澳门认可和执行仲裁裁决安排》
《关于确认仲裁协议效力几个问题的批复》（1998年）	《确认协议效力批复》
《关于审理当事人申请撤销仲裁裁决案件几个具体问题的批复》（1998年）	《撤销裁决批复》

三、国际公约

名称	缩略语
《承认及执行外国仲裁裁决公约》（1986年加入）	《纽约公约》

四、仲裁规则

名称	缩略语
《中国国际经济贸易仲裁委员会仲裁规则》（2015年）	《贸仲规则》
《中国海事仲裁委员会仲裁规则》（2018年）	《海仲规则》
《北京仲裁委员会仲裁规则》（2019年）	《北仲规则》
《深圳国际仲裁院仲裁规则》（2020年修正）	《深仲规则》
《上海仲裁委员会仲裁规则》（2018年）	《上仲规则》

续表

名称	缩略语
《上海国际经济贸易仲裁委员会（上海国际仲裁中心）仲裁规则》（2015年）	《上海贸仲规则》
《中国（上海）自由贸易试验区仲裁规则》（2015年）	《上海自贸区仲裁规则》
《中国广州仲裁委员会仲裁规则》（2017年）	《广仲规则》
《合肥仲裁委员会仲裁规则》（2020年）	《合仲规则》
《南京仲裁委员会仲裁规则》（2016年）	《南仲规则》

目　录

绪论　　1
　　一、仲裁法学理论体系的三个层次　　1
　　二、仲裁法学的核心要素　　4

第一章　仲裁与仲裁法的基本范畴　　8
第一节　仲裁的概念及特征　　8
　　一、仲裁的概念　　8
　　二、仲裁的特征　　8
第二节　仲裁的性质　　10
　　一、关于仲裁性质的各种理论　　10
　　二、对仲裁性质的认定　　13
第三节　仲裁的类型　　15
　　一、国内仲裁和涉外仲裁　　15
　　二、机构仲裁和临时仲裁　　16
　　三、依法仲裁和友好仲裁　　18
第四节　仲裁与仲裁法的历史沿革　　19
　　一、仲裁制度产生的基础　　19
　　二、西方仲裁制度的确立和发展　　20
　　三、中国仲裁制度的建立与发展　　21
第五节　仲裁法的立法体例　　23
　　一、"一元体例"和"二元体例"　　23
　　二、"依附性仲裁立法""单独性仲裁立法"和"分散性仲裁立法"　　24
　　三、我国仲裁法的立法体例　　25
第六节　仲裁法的基本原则与基本制度　　26
　　一、仲裁法的基本原则　　26
　　二、仲裁法的基本制度　　29

第二章　仲裁权及其作用范围　33

第一节　仲裁权概述　33
一、仲裁权的概念与特征　33
二、仲裁权的内容　34
三、仲裁权的行使　36

第二节　争议事项可仲裁性　38
一、争议事项可仲裁性的概念及法律意义　38
二、争议事项可仲裁性的立法体例　40
三、确定争议事项可仲裁性的标准　44

第三节　仲裁庭自裁管辖　46
一、仲裁管辖权的概念　46
二、仲裁庭自裁管辖原则　46
三、我国关于仲裁管辖权异议的处理　49

第三章　仲裁协议　52

第一节　仲裁协议概述　52
一、仲裁协议的定义和基本特征　52
二、仲裁协议的性质　54

第二节　仲裁协议的独立性　55
一、仲裁协议独立性的含义及依据　55
二、仲裁协议独立性的适用　56

第三节　仲裁协议的有效要件　60
一、主体要件　61
二、形式要件　61
三、实质要件　63

第四节　仲裁协议的效力范围　67
一、仲裁协议对当事人的效力　67
二、仲裁协议对仲裁机构的效力　69
三、仲裁协议对法院的效力　69

第五节　仲裁协议的司法审查　70
一、瑕疵仲裁协议　70
二、仲裁协议的无效　76
三、仲裁协议的失效　78

第四章　仲裁机构　83

第一节　仲裁机构概述　83
一、仲裁机构的含义与分类　83
二、仲裁机构的特点　84
三、仲裁机构的职能　85

第二节　仲裁机构的现状及其展望　86
一、我国仲裁机构的现状　86
二、国外仲裁机构的现状　90
三、我国仲裁机构发展的展望　91

第三节　仲裁庭和仲裁员　94
一、仲裁庭　94
二、仲裁员　97

第四节　仲裁协会　100
一、仲裁协会的含义　100
二、我国的仲裁协会　100

第五章　仲裁参与人　104

第一节　仲裁参与人概述　104
一、仲裁参与人　104
二、仲裁参加人　105
三、其他仲裁参与人　106

第二节　仲裁当事人　107
一、仲裁当事人的概念与特征　108
二、仲裁权利能力与仲裁行为能力　109
三、仲裁当事人的权利和义务　109
四、仲裁实施权的构成要件及其配置　110
五、多数人仲裁　113
六、仲裁第三人　114

第三节　仲裁代理人　117
一、仲裁代理人的概念与特征　117
二、仲裁代理人的种类　118

第六章　仲裁程序　122

第一节　仲裁程序的基本原则　122
一、仲裁程序概述　122

二、仲裁程序需要遵循仲裁法的基本原则　　123

三、仲裁程序需要遵循的其他基本原则　　124

第二节　仲裁程序的规范依据　　126

一、仲裁程序的规范依据概述　　126

二、仲裁程序规则　　127

三、仲裁程序法　　127

第三节　普通仲裁程序　　128

一、仲裁的申请和受理　　128

二、仲裁答辩和反请求　　130

三、仲裁庭的组成　　131

四、审理前的准备　　132

五、开庭审理程序　　133

六、评议和作出裁决　　135

第四节　简易仲裁程序　　135

一、简易仲裁程序概述　　135

二、简易仲裁程序的适用范围　　136

三、简易仲裁程序的特点　　137

四、简易仲裁程序的变更　　138

第五节　仲裁程序中的其他问题　　138

一、合并仲裁　　139

二、撤回仲裁申请　　140

三、延期开庭和多数仲裁员继续仲裁程序　　141

四、缺席裁决　　142

五、程序中止和撤销案件　　143

六、仲裁中的期限、期日　　144

七、仲裁中的送达　　144

八、仲裁费用　　145

第七章　仲裁证据　　149

第一节　仲裁证据概述　　149

一、仲裁证据的作用　　149

二、仲裁证据规则的定位　　150

三、仲裁证据制度的功能　　151

四、仲裁证据基本原理　　152

第二节　仲裁证据的提交和收集　　157

一、当事人提供证据　　158

二、仲裁庭自行调查证据　　161
　　三、仲裁庭自行调查证据的局限性　　162
第三节　仲裁证据的审核认定　　163
　　一、质证　　163
　　二、认证　　165
第四节　仲裁证据保全　　166
　　一、仲裁前的证据保全　　167
　　二、仲裁中的证据保全　　167

第八章　仲裁与调解相结合　　170

第一节　仲裁与调解相结合概述　　170
　　一、仲裁与调解相结合的产生　　170
　　二、仲裁调解的界定　　171
　　三、仲裁调解的性质　　172
　　四、仲裁调解与仲裁和解　　173
　　五、仲裁调解的功能　　174
第二节　仲裁与调解相结合的方式　　175
　　一、仲裁与调解相结合的主要方式　　175
　　二、仲裁与调解相结合在中国的立法与实践　　179
第三节　仲裁调解的法律效力　　183
　　一、仲裁调解书　　183
　　二、和解裁决书　　184
　　三、和解协议　　185

第九章　仲裁临时措施　　189

第一节　仲裁临时措施概述　　189
　　一、仲裁临时措施的概念和特点　　189
　　二、仲裁临时措施的法律渊源　　190
　　三、仲裁临时措施的分类　　190
　　四、仲裁临时措施的意义　　192
第二节　采取仲裁保全措施的主体　　193
　　一、仲裁保全的权力分配模式　　193
　　二、我国仲裁保全决定权的平行分配　　195
　　三、我国采取仲裁保全措施的主体　　196
第三节　仲裁财产保全与行为保全　　197
　　一、仲裁财产保全　　197

二、仲裁行为保全　199

第四节　仲裁临时措施的形式与效力　202

　　　一、仲裁临时措施的形式　202

　　　二、仲裁临时措施的效力　203

第十章　仲裁裁决的司法审查　208

第一节　仲裁裁决的司法审查概述　208

　　　一、仲裁裁决司法审查的概念　208

　　　二、仲裁裁决司法审查的类型　209

　　　三、我国仲裁裁决司法审查的政策演变　209

　　　四、仲裁裁决司法审查的意义　212

第二节　仲裁裁决的撤销　212

　　　一、撤销仲裁裁决的概念和意义　212

　　　二、撤销仲裁裁决的法律性质　213

　　　三、撤销仲裁裁决的事由　214

　　　四、撤销仲裁裁决的程序　219

　　　五、重新仲裁制度　221

第三节　仲裁裁决的执行与不予执行　223

　　　一、仲裁裁决的执行与执行依据　223

　　　二、仲裁裁决的执行程序　224

　　　三、仲裁裁决的不予执行　226

　　　四、不予执行与撤销裁决的司法报核　229

第十一章　虚假仲裁的防范　233

第一节　虚假仲裁对第三人权益的侵害　233

　　　一、仲裁裁决与仲裁调解书的效力及其相对性原则　233

　　　二、仲裁裁决侵害第三人实体权益情形的类型化分析　234

第二节　仲裁程序对虚假仲裁的防范　237

　　　一、在仲裁规则中确立诚信原则　237

　　　二、仲裁程序全程防范虚假仲裁　238

　　　三、仲裁结束后的内部自查自纠　238

第三节　执行程序对虚假仲裁的防范　239

　　　一、调整具有给付内容仲裁裁决发生执行力的时间及其方式　239

　　　二、明确财产被查控后作出的确权裁决不影响执行程序进行　240

　　　三、突破只有被执行人才可以申请不予执行仲裁裁决的限制　241

　　　　四、通过仲裁虚构或夸大债权并申请执行、参与分配、
　　　　　　宣告破产的应对　　242
　　第四节　诉讼程序对虚假仲裁的防范　　244
　　　　一、仲裁财产保全申请司法审查程序对虚假仲裁的防范　　244
　　　　二、增设案外人撤销仲裁裁决、调解书之诉制度之争　　246

第十二章　涉外仲裁与区际仲裁　　250
　　第一节　涉外仲裁　　250
　　　　一、涉外仲裁概述　　250
　　　　二、涉外仲裁机构　　253
　　　　三、涉外仲裁程序　　255
　　　　四、涉外仲裁裁决的撤销和不予执行　　257
　　　　五、涉外仲裁裁决的承认和执行　　258
　　第二节　区际仲裁　　260
　　　　一、区际仲裁概述　　260
　　　　二、内地与香港特别行政区关于仲裁裁决的执行　　261
　　　　三、内地与澳门特别行政区相互认可和执行仲裁裁决的安排　　264
　　　　四、我国大陆与台湾地区相互认可和执行仲裁裁决的安排　　266

第十三章　特殊仲裁制度　　270
　　第一节　小额消费争议仲裁　　270
　　　　一、小额消费争议及其纠纷解决机制　　270
　　　　二、小额消费争议仲裁的性质　　272
　　　　三、小额消费争议仲裁的原则　　272
　　　　四、小额消费争议仲裁程序　　273
　　　　五、小额消费争议仲裁裁决及其执行　　274
　　第二节　劳动争议仲裁　　274
　　　　一、劳动争议仲裁概述　　274
　　　　二、劳动争议仲裁的原则与制度　　276
　　　　三、劳动争议仲裁程序　　281
　　　　四、提起诉讼与强制执行　　284
　　第三节　人事争议仲裁　　286
　　　　一、人事争议仲裁概述　　286
　　　　二、人事争议仲裁的原则与制度　　287
　　　　三、人事争议仲裁程序　　289
　　　　四、提起诉讼和强制执行　　290

第四节 农村土地承包经营纠纷仲裁　291
　　一、农村土地承包经营纠纷及其解决机制　291
　　二、农村土地承包经营纠纷仲裁　292
　　三、提起诉讼和申请执行　296

主要参考文献　300

绪　　论

> **导语**
>
> 仲裁法属于广义上的民事程序法。仲裁与公证、协商、调解、民事诉讼共同构成了多元化纠纷预防与解决体系。仲裁法学理论具有分层特点，可分为宏观、中观和微观三个层次；仲裁法学的核心要素主要包括仲裁主体（仲裁机构与仲裁当事人）、仲裁客体（仲裁请求与反请求）、仲裁协议、仲裁程序、仲裁裁决及仲裁司法审查等。

在我国，仲裁法学是伴随着《仲裁法》的颁布实施和民商事仲裁的发展而逐步兴起的，从1995年《仲裁法》实施起算，至今不过二十多年的时间。起步虽晚，但由于顺应了我国社会主义市场经济的大潮，民商事仲裁在中国多元化纠纷解决机制中的作用越来越显著。相应地，仲裁法学很快成为一门重要的学科，在全国政法院校的法学课程设置中受到了足够的重视。不少高校专门开设仲裁法课程，有的高校还设立了仲裁法方向的研究生专业，为民商事仲裁培养大量高级人才。[①]

一、仲裁法学理论体系的三个层次

相对于民商事仲裁案件近十年来快速的增长以及律师、公司法务对民商事仲裁的关注和参与程度空前高涨，我国仲裁法学的研究有待加强，尚不能满足人民群众日益增长的民商事仲裁的需要。从目前来看，我国仲裁法学的进步大体上可归为实践拉动型，即根据仲裁实践

---

① 例如，中国政法大学民商经济法学院民事诉讼法学专业招收硕士生、博士生时，均设有仲裁法学方向，培养了一大批仲裁法学方向的优秀人才。中国人民大学法学院于2009年由范愉教授牵头成立中国人民大学纠纷解决研究中心，自2010年开始招收多元纠纷解决方向法律硕士研究生，每年招收6—10人。截至2019年纠纷解决研究中心并入国际商事争端预防与解决研究院，十年间培养了几十名纠纷解决（含仲裁）方向的研究生，其中相当一部分学生以民商事仲裁为志业，投身于仲裁法的理论研究和实践。

提出的问题作出应对性的研究，缺乏研究的前瞻性、指引性和主动性，[①]仲裁法学的理论体系也尚未完全定型。本书在比较国内现有研究成果的基础上，博采众长，对仲裁法学理论体系的三个层次及其核心要素进行了系统梳理和提炼，确定了本书的逻辑线索和框架结构。

仲裁法学理论体系大体上由三个层次的理论构成：宏观理论、中观理论和微观理论。[②]这是以仲裁法学理论的抽象程度和对下层理论的统领效果为标准所作的划分。

（一）仲裁法学的宏观理论

所谓"宏观理论"，是指能够反映民商事仲裁的精神气质、体现民商事仲裁内在生命、成为民商事仲裁的逻辑起点、贯穿于民商事仲裁全过程且能够廓清民商事仲裁与其他纠纷解决机制之间的本质区别的基础理论。这一理论孕育于民商事仲裁的历史起源，并留存到现在，这就是当事人自治原则。当事人自治原则以契约自由为基础，同时渗透到民商事纠纷的仲裁程序中，是现代仲裁法的灵魂，没有当事人自治的仲裁就不是真正意义上的民商事仲裁。民商事仲裁是根据私法上契约自治原则设计的私法纷争自主解决制度，创设这一制度的目的是使当事人对私法上的权利义务争执可以自主地提交中立第三方解决。民商事仲裁的制度价值在于，它可以在不违背社会公益的前提下消除当事人之间的争执。要实现这一价值，国家就应允许当事人就仲裁程序中的主要问题自主决策。况且民商事仲裁的目的于国家、社会有利无害，国家应允许当事人充分行使自治权，自行决定仲裁的形式及内容。[③]当事人自治原则，意味着民商事仲裁中当事人具有完全独立的意思自由，当事人的程序主体地位和程序选择权可以得到最大程度的尊重。一方面，仲裁当事人的程序主体性，要求仲裁制度和程序的设计和运作，应当服从和服务于程序利用者（即当事人）的立场[④]，符合当事人的主体意愿，赋予当事人相应的程序参与权和程序选择权，以提升当事人对民商事仲裁制度的信赖度、接受度。实际上，民商事仲裁本质上就是商人花钱购买商业服务的一种方式，属于商业服务业的组成部分，当事人自治决定了当事人是民商事仲裁的主人，有权按照他所乐意的方式展开仲裁行动，甚至包括选择程序形式。另一方面，仲裁当事人的程序选择和决定权，在各国仲裁法和国际商事仲裁中都有充分的规定，主要体现在：（1）是否采用仲裁方式解决纠纷，取决于当事人之间有无仲裁协议，仲裁协议体现着当事人对纠纷解决方式的选择。

[①] 2019年至今，仲裁法学研究似有改观的迹象。中国法学会民事诉讼法学研究会张卫平会长率先垂范，对仲裁法学的若干基本问题开展了深入的研究，影响深远，对学界进一步深化仲裁法学的研究具有引领作用。参见张卫平：《现行仲裁执行司法监督制度结构的反思与调整——兼论仲裁裁决不予执行制度》，载《现代法学》2020年第1期；张卫平：《仲裁裁决撤销程序的法理分析》，载《比较法研究》2018年第6期；张卫平：《仲裁裁决撤销事由的解析及调整》，载《经贸法律评论》2018年第1期。

[②] 清华大学任重博士将民事诉讼法学理论体系分为四层：第一层为诉讼目的和诉权理论，第二层为辩论原则和处分原则，第三层以既判力、诉讼标的、证明责任理论为中心，第四层是与具体民事诉讼制度相关的应用理论。任重博士将前三层统称为民事诉讼法学基础理论。参见任重：《反思民事连带责任的共同诉讼类型——基于民事诉讼基础理论的分析框架》，载《法制与社会发展》2018年第6期。

[③] 参见谭兵主编：《中国仲裁制度研究》，法律出版社1995年版，第177—179页。

[④] 参见肖建国：《回应型司法下的程序选择与程序分类——民事诉讼程序建构与立法的理论反思》，载《中国人民大学学报》2012年第4期。

（2）当事人有权约定共同信任的仲裁机构，不受干涉。（3）当事人有权自主选择仲裁员组成仲裁庭。（4）当事人可以约定仲裁方式、开庭形式等程序事项，有权维持仲裁的保密性，可以约定不开庭。（5）仲裁当事人有处分权，可以自主结束仲裁程序。（6）仲裁过程中能否和解、达成调解协议，也取决于当事人的意愿。可见，当事人的程序选择和决定权，深刻地塑造了仲裁制度和仲裁程序特有的当事人自治的面貌。

（二）仲裁法学的中观理论

民商事仲裁的"中观理论"反映了民商事仲裁的特质，是对第一层级的当事人自治理论的贯彻落实，也是解释和适用民商事仲裁具体规则的理论依据。其主要包括三大基本理论，即协议仲裁理论、或裁或审理论、一裁终局理论。

协议仲裁理论具有承上启下的作用，上承当事人自治理论，下接仲裁协议的具体制度规则，构成了民商事仲裁的理论基石。协议仲裁理论是当事人自治原则的根本体现和有力保证，获得了世界各国的普遍承认；没有协议仲裁理论，就无法建立起现代意义上的民商事仲裁制度。[1]协议仲裁理论为当事人提起仲裁程序、当事人协助仲裁程序的进行和履行仲裁裁决义务提供了法理依据，也妥当地解释了仲裁庭取得和行使仲裁管辖权、仲裁审理权和裁决权的深层原因。正如杨秀清教授所言："商事仲裁作为一种行之有效、为世人所瞩目和青睐的争议解决机制，从其起源于商人解决商事争议需求的临时仲裁开始，直至发展为现代的以机构仲裁为主的现代商事仲裁制度，毋庸置疑均以协议仲裁为其核心特征。"[2]

或裁或审理论也是当事人自治原则的派生，是指当事人有权选择仲裁或诉讼中的任何一种方式解决纠纷。该理论是当事人纠纷解决方式选择权的表现。如果当事人选择在合同中订立仲裁条款或事后达成仲裁协议，一旦出现纠纷，仲裁机构或仲裁庭对该纠纷便享有管辖权，排除了法院对该纠纷的司法管辖权，对对方当事人也会产生妨诉抗辩的效力。因此，或裁或审理论是处理仲裁管辖权与司法管辖权之间关系的准则。按此，当事人一旦依据仲裁协议将可仲裁的民商事争议提交仲裁，法院就丧失了管辖权，不能对该争议作出判决。[3]我国《仲裁法》第5条明定，当事人达成仲裁协议，一方向人民法院起诉的，人民法院不予受理，但仲裁协议无效的除外。《民诉法》第124条也将仲裁协议作为当事人向人民法院起诉的消极要件，指出：依照法律规定，双方当事人达成书面仲裁协议申请仲裁，不得向人民法院起诉的，告知原告向仲裁机构申请仲裁。可见，我国现行法将当事人仲裁意愿放在优先的位置，仲裁的适用优先于民事诉讼。

一裁终局理论是就仲裁裁决的法律效力而言的。民商事仲裁具有同法院生效裁判相同的既判力，仲裁裁决一经作出，就表明该仲裁案件所涉实体权利义务关系已获得最终的判断，争议已得到解决，当事人不得就同一事实理由要求该仲裁机构或其他仲裁机构再次裁决，也不得向人民法院起诉。仲裁裁决的终局性，可以避免"重复仲裁或仲裁裁决与法院判决间的

---

[1] 参见江伟主编：《律师、公证与仲裁制度》，高等教育出版社1997年版，第304页。
[2] 杨秀清：《协议仲裁制度研究》，法律出版社2006年版，"引言"第1页。
[3] 参见杨秀清：《协议仲裁制度研究》，法律出版社2006年版，第160页。

相互矛盾"①，有助于维护仲裁的权威性，实现民商法秩序的统一，这是民商事仲裁制度赖以存在和发展的根本所在。而一裁终局理论的正当性，归根结底来自当事人双方的合意，当然也与国家法律的认可有关。我国《仲裁法》第9条就体现了一裁终局理论，该条第1款规定："仲裁实行一裁终局的制度。裁决作出后，当事人就同一纠纷再申请仲裁或者向人民法院起诉的，仲裁委员会或者人民法院不予受理。"

（三）仲裁法学的微观理论

与宏观理论、中观理论不同，仲裁法学的微观理论是指导具体的仲裁制度和规则的应用性理论，可以用来解释和回答具体法律规则适用中遇到的问题，其任务在于使法律适用更易于操作。当然，运用微观理论解决和应对具体问题的方法，离不开宏观理论、中观理论设定的法理框架。②

仲裁法学的微观理论类型很多，随着具体的仲裁制度和规则不同而呈现出不同的特点。例如，在仲裁事项范围上，按照"法无禁止皆可为"的精神，除非法律对可仲裁事项列有负面清单，否则一切民商事争议都具有可仲裁性的理论；在仲裁机构或仲裁庭对特定争议有无管辖权或对仲裁协议的效力判断上，有允许仲裁庭"第一个发言"的自裁管辖理论；在仲裁协议的效力规则上，有仲裁条款独立性理论和推定有效理论；在仲裁协议的效力解释上，有作有效解释的理论；在仲裁协议的效力对第三人的扩张上，有仲裁协议自动继受理论、仲裁协议自动转移理论、债权人代位仲裁理论、股东代表仲裁理论等。

仲裁法学的微观理论是极具实用性的理论。在仲裁实践和仲裁司法审查中，仲裁机构、仲裁庭或人民法院援引、适用仲裁法律规则时，往往将微观理论作为裁判说理的依据；仲裁法学的知识体系和制度体系，大体都建立在微观理论之上。而微观理论的得失成败之关键，要看其是否符合仲裁中当事人自治原则，是否遵循了协议仲裁、或裁或审以及一裁终局等底线要求。因此，仲裁法学的宏观理论和中观理论构筑了民商事仲裁的骨架，而微观理论则是民商事仲裁的血肉，三个层次的理论相辅相成、缺一不可。

二、仲裁法学的核心要素

任何一门法学都具有自己的理论体系，以及一套独立的范畴和制度，仲裁法学也不例外。具体而言，用于支撑仲裁法学的核心要素主要包括：

（一）仲裁主体

仲裁主体既包括行使仲裁权的主体，也包括仲裁程序的利用主体。前者是仲裁机构和仲裁庭，后者为仲裁当事人。

---

① 张斌生主编：《仲裁法新论》（修订版），厦门大学出版社2004年版，第325页。
② 参见任重：《反思民事连带责任的共同诉讼类型——基于民事诉讼基础理论的分析框架》，载《法制与社会发展》2018年第6期。

机构仲裁中的民商事仲裁机构，是指依法成立，根据当事人之间的仲裁协议受理、裁决案件并管理仲裁程序的常设机构。仲裁机构具有独立性、非营利性和民间性等特点。其职能主要在于制定仲裁规则及保障仲裁程序的进行，在我国还与仲裁庭分享对部分程序性事项的决定权。仲裁庭是仲裁的基本组织形式，可分为独任仲裁庭和合议仲裁庭。其职权包括对案件仲裁管辖权的决定权、程序指挥权、调查取证权、裁决权和调解权。

仲裁当事人是民商事仲裁的"消费者"，是仲裁程序的主人，全面享有仲裁法赋予的程序权利和实体权利。仲裁当事人在其民事权益发生争议时，有权依据有效仲裁协议，以自己名义参加仲裁程序，并受仲裁裁决拘束。

（二）仲裁客体

仲裁客体是仲裁审理的对象，一般称为仲裁请求（包括仲裁反请求）。

当事人通过仲裁方式维护自己的合法权益，必须向仲裁庭提出针对被申请人的实体权利主张即仲裁请求，以及支持该请求的事实和理由。仲裁请求应当具体、特定、合法，属于仲裁庭可以裁量的范围。仲裁请求是贯穿仲裁案件始终的主线，当事人围绕仲裁请求举证、质证、辩论，仲裁庭围绕当事人的仲裁请求对案件进行审理、合议并制作裁决书。仲裁请求对于仲裁结果具有重大的决定性作用。

在已经开始的仲裁程序中，被申请人可以对仲裁申请人提出仲裁反请求。反请求与原仲裁请求在事实上和法律上有牵连，目的在于抵消或吞并原仲裁请求。因此，仲裁庭对于仲裁请求和反请求，一般应当合并审理，以达到仲裁经济的目的。

（三）仲裁协议

仲裁协议是民商事仲裁制度的基石，因而成为仲裁法学最核心的制度要素。

当事人之间达成的将已经发生或将来可能发生的实体法律争议提交仲裁的意思表示，即仲裁协议。仲裁协议有仲裁条款和仲裁协议书两种外在形式。仲裁协议是仲裁机构取得仲裁管辖权、当事人将争议提交仲裁解决的前提和基础，也是仲裁裁决作出和执行的根据。仲裁协议具有独立性，其效力独立于主合同。

仲裁协议作为一种特殊契约形态，既具有一般契约的共性，也具有独立的个性，如仲裁协议的效力范围具有广泛的扩张性，对于合同之外的第三人产生扩张效力。在判断仲裁协议的效力时，除依据《民法典》合同编关于合同效力的判断标准之规定外，还须遵循《仲裁法》关于仲裁协议效力的特别规定。

（四）仲裁程序

仲裁法是程序法，仲裁程序构成仲裁法学的核心要素，是毋庸置疑的。仲裁程序是仲裁庭、当事人以及其他仲裁参与人进行仲裁活动所遵循的方式、步骤和时限等要素的总和，其最为显著的特点是灵活。仲裁程序要遵循辩论原则、口头审理为主书面审理为辅原则、直接审理原则、不公开审理原则等。仲裁程序规范一般以仲裁程序规则和仲裁程序法的形式表现出来。

仲裁证据是仲裁活动的基础和核心，是联系实体法与程序法的桥梁和纽带。仲裁证据与诉讼证据之间存在诸多共通性，但仲裁机构的民间性也给仲裁证据带来了诸多特殊性。仲裁证据必须具有真实性、关联性、合法性，但仲裁庭在审查单个证据材料或全案所有证据材料时具有较大的自由裁量空间。各方当事人可以自行约定不违反基本程序正义、不损害公序良俗的仲裁证据规则，在证据材料的收集、提交、质证、审核、认证、保全过程中，仲裁庭的自由裁量权受制于双方当事人的合意。在各方当事人没有明确约定的情形下，仲裁规则普遍赋予仲裁庭高度自由裁量权。[1]因此，相对于诉讼证据而言，仲裁证据在约束力上具有"软法"[2]特征。

仲裁临时措施是辅助仲裁程序顺利进行的关键要素。在仲裁庭作出终局裁决前，为保证将来裁决的执行或防止当事人的其他法益遭受损害，法院、仲裁庭或紧急仲裁员（庭）根据申请，可以采取仲裁财产保全、行为保全等临时措施。仲裁临时措施可以采用裁决、命令等不同形式，对当事人、法院产生相应的法律效力。

（五）仲裁裁决

仲裁裁决是民商事纠纷得以最终解决的标志，因此也属于仲裁法学的核心要素。仲裁庭对当事人提交仲裁的案件，在审理过程中或审理后，在认定证据、查明事实的基础上，依照法律对当事人提出的仲裁请求或反请求以及与仲裁请求或反请求相关事项作出终局判断，该终局判断即仲裁裁决。仲裁裁决具有裁决对象的特定化、裁决作出方式的多样化、裁决结果不公开等特点。

仲裁裁决是仲裁程序终结的一种表现形式，它最终确定了当事人之间的权利义务关系。我国学界一般认为，仲裁裁决一经作出，即产生既判力、执行力。[3]不过，仲裁裁决书并不自带执行力，仲裁裁决本身不能直接成为执行依据。[4]在德日等国法中，作为执行依据的生效法律文书均为公文书。民商事仲裁是私人花钱购买商业服务的行为，具有民间性，仲裁机构和仲裁庭不属于"国家机关或者其他依法具有社会管理职能的组织"[5]，因此仲裁庭作出的仲裁裁决也不具有任何官方色彩，不属于公文书，不可能自然具有执行力。学界将仲裁裁决书解释为与法院裁判具有相同地位和效力的法律文书，也是一种误解。要使仲裁裁决产生执行力，必须由法院通过前置性审查将其转化为公文书。实际上，仲裁裁决非经法院审查作出可执行裁定（决定），不得执行。因此，执行依据应当是法院宣告仲裁裁决可以执行的裁定，[6]而非仲裁裁决本身。张卫平教授也指出："在原理上，仲裁裁决必须得到司法机关的认可并赋予执行力，才能被强制执行。也就是说，只有与国家司法机关的确认裁决相结合，仲裁裁

---

[1] 参见江伟、肖建国主编：《仲裁法》（第3版），中国人民大学出版社2016年版，第180页。
[2] 参见宋朝武：《仲裁证据制度研究》，中国政法大学出版社2013年版，第2—3页。
[3] 参见张斌生主编：《仲裁法新论》（修订版），厦门大学出版社2004年版，第324—327页。
[4] 参见［德］弗里茨·鲍尔、霍尔夫·施蒂尔纳、亚历山大·布伦斯：《德国强制执行法》（上册），王洪亮、郝丽燕、李云琦译，法律出版社2019年版，第299、300页。
[5] 《民诉法解释》第114条前半段。
[6] 参见《德国民事诉讼法》第794、1053、1060、1061条，《日本仲裁法》第45、46条，《韩国仲裁法》第14条。

决才能够成为执行根据。"① 因此,只有被裁定(决定)执行的仲裁裁决,才能作为执行名义,进入执行程序。

(六)仲裁司法审查

民商事仲裁虽然具有或裁或审、一裁终局的特性,但作为一种民间性的纠纷解决方式,仲裁活动仍然离不开法院司法权的审查监督。仲裁司法审查包括两大类:一是对仲裁协议效力的确认;二是对仲裁裁决的司法审查。在我国,后者可进一步细分为对我国内地仲裁机构的仲裁裁决的执行审查、撤销审查,对我国香港特别行政区、澳门特别行政区、台湾地区仲裁裁决的认可和执行审查,以及对外国仲裁裁决的承认和执行审查。

仲裁裁决的司法审查,反映了司法权与仲裁权之间的关系,是法院运用其司法审判权对于仲裁裁决的既判力、执行力进行审查判断的制度,主要有仲裁裁决的撤销、不予执行、承认与执行等类型。其中,仲裁裁决的撤销是域外普遍存在的一种司法审查方式,也是国际公约确立的一种制度安排。而仲裁裁决的不予执行,是法院对仲裁裁决进行司法审查的难点。我国法律对不予执行仲裁裁决的事由和适用范围进行了必要的调整和限缩解释,以促进民商事仲裁的健康发展。

---

① 张卫平:《现行仲裁执行司法监督制度结构的反思与调整——兼论仲裁裁决不予执行制度》,载《现代法学》2020年第1期。

第一章　仲裁与仲裁法的基本范畴

> **导语**
>
> 本章是关于仲裁和仲裁法的概述，主要内容包括：仲裁的概念及特征、仲裁的性质、仲裁的类型、仲裁与仲裁法的历史沿革、仲裁法的立法体系和仲裁法的基本原则与基本制度。在了解仲裁制度的产生、发展和仲裁法立法体系的基础上，应重点掌握仲裁的含义和特点、仲裁的基本类型，正确理解仲裁法的基本原则和制度。

第一节　仲裁的概念及特征

一、仲裁的概念

"仲裁"一词，从汉语字义上讲，"仲"表示居中，"裁"表示衡量、评断、作出结论。按照《现代汉语词典》的解释，"仲裁"就是"争执双方同意的第三者对争执事项作出决定"。

仲裁作为法律概念有其特定含义，即发生争议的双方当事人，根据其在争议发生前或争议发生后达成的协议，自愿将该争议提交中立第三者进行裁判的争议解决方式。

仲裁作为一种非诉纠纷解决方式，不仅被广泛运用于民商事争议解决过程，在解决劳动争议和农业承包合同纠纷中同样发挥着积极作用，并且在我国已经形成了劳动争议仲裁和农业承包合同纠纷仲裁。但基于劳动争议仲裁和农业承包合同纠纷仲裁与民商事仲裁所存在的差异，上述两种仲裁不受《仲裁法》的调整。因此，本书所讲的仲裁，如无特别说明，均仅指民商事仲裁。

二、仲裁的特征

作为一种解决财产权益纠纷的民间性裁判制度，仲裁既不同于解决同类争议的司法、行政途径，也不同于人民调解委员会的调解和当事人的自行和解。仲裁具有以下特征：

（一）自愿性

当事人的自愿性是仲裁最突出的特点。仲裁以双方当事人的自愿为前提，即双方当事人之间的纠纷是否提交仲裁、交给谁仲裁，仲裁庭如何组成、由谁组成，以及审理方式、开庭形式等，都是在当事人自愿基础上，由双方当事人协商确定的。可见，仲裁是最能够体现当事人意思自治原则的一种争议解决方式。

（二）专业性

专业性是仲裁的突出特点和优势。仲裁的专业性主要表现为裁判者即由仲裁员组成的仲裁庭的专业性。仲裁的专业性不仅体现为仲裁员所具有的法律专业水平和能力，也体现为仲裁员所具有的实体专业水平和能力。因此，由具有一定专业水平和能力的专家担任仲裁员，对当事人之间的纠纷进行裁决，更能体现仲裁裁决的权威性，也是仲裁公正性的重要保障。根据我国《仲裁法》的规定，各仲裁机构都备有分专业的、由专家组成的仲裁员名册供当事人选择，专家仲裁由此成为民商事仲裁的重要特点之一。

（三）灵活性

由于仲裁充分体现当事人的意思自治，仲裁中的诸多具体程序都可以由双方当事人自愿协商确定。一般而言，当事人均可以在仲裁中对仲裁庭的组成方式、开庭方式、适用的准据法等进行选择，也无严格的地域管辖规定。因此，与民事诉讼程序相比，仲裁程序更加灵活，更具有弹性。

（四）保密性

相对于诉讼的公开审理，仲裁具有保密性的特征。即仲裁不公开进行，仲裁员、任何一方当事人以及仲裁参与人负有对仲裁所涉文件、仲裁审理过程等的保密义务。

仲裁的保密性主要体现在两个方面：第一，仲裁不公开审理，仲裁程序不对社会公开，仲裁审理不允许民众旁听和新闻媒体采访报道。第二，仲裁员、任何一方当事人及仲裁参与人负有保密义务，不得将仲裁文件、案件实体情况及审理程序对外披露。由此可见，仲裁保密性强调的是不对外公开、不对外披露的特征，而不仅仅是不为当事人以外的人知晓。

（五）快捷性

快捷性是仲裁相较于民事诉讼的显著特征。当事人的自愿性为仲裁的快捷高效提供了前提条件。当事人可以根据个案的需要自主选择适当的仲裁程序，避免一些不必要的程序设计，以提高仲裁的效率。仲裁实行一裁终局制，仲裁裁决一经仲裁庭作出即产生法律效力，当事人不得再提起诉讼或者申请仲裁。这使得当事人之间的纠纷能够迅速得以解决。

（六）经济性

仲裁的经济性主要表现在：第一，时间上的快捷性使得仲裁所需费用相对减少；第二，仲裁无须多审级收费，使得仲裁费用往往低于诉讼费用；第三，仲裁的自愿性、保密性使当事人之间通常没有激烈的对抗，且商业秘密不必被公开，对当事人的商业机会影响较小。

（七）独立性

仲裁的独立性指仲裁独立于行政机关、社会团体和个人，依法独立进行。

仲裁独立性的核心在于仲裁是一种独立的纠纷解决方式。或裁或审、一裁终局制度表明仲裁与民事诉讼一样，能够独立地、终局性地解决纠纷，是与民事诉讼并列的纠纷解决机制。

仲裁的独立性还表现为仲裁机构的独立与仲裁庭的独立。仲裁机构独立于行政机关，与行政机关没有隶属关系，仲裁机构之间也没有隶属关系。仲裁庭的独立是指，在仲裁过程中，仲裁庭独立进行仲裁，不受任何机关、社会团体和个人的干涉，亦不受仲裁机构的干涉。

第二节 仲裁的性质

一、关于仲裁性质的各种理论

仲裁的性质是长期以来一直争论不休的问题。概括起来，主要有以下几种观点[①]：

（一）仲裁的司法权理论

仲裁的司法权理论强调国家对于仲裁所具有的控制和调整功能。该理论认为，仲裁虽然来自当事人的协议，但在仲裁协议的效力、仲裁员的仲裁行为、仲裁裁决的承认与执行等方面，其权威性来自国家的法律，来自国家授权以及对国家司法权力的分割和让与，因此仲裁具有司法权的性质。

该种观点的理由是，判案通常是由国家设立之国家法院实施的一种主权职能。当事人只能在仲裁地法明示允许或默示接受的范围内提交仲裁。如果没有法律的授权，仲裁员就没有进行仲裁的权力。因此，仲裁源自国家审判权的授权，从这种意义上说，仲裁裁决也是一种经过授权的法院判决。由此可以看出，主张仲裁具有司法权属性，实质上是认为仲裁是司法权的一部分，是国家司法权的一种让与。

---

① 参见韩健：《现代国际商事仲裁法的理论与实践》（修订版），法律出版社2000年版，第34—41页；乔欣：《仲裁权论》，法律出版社2009年版，第32—48页；杨荣新主编：《仲裁法理论与适用》，中国经济出版社1998年版，第152—154页。

(二)仲裁的契约理论

仲裁的契约理论认为,仲裁是一种契约,具有契约的属性和特征。即仲裁是基于双方当事人之间的协议设定的,仲裁程序也是根据当事人在协议中的约定确定的,仲裁就是履行当事人之间所订立的关于解决纠纷的协议的结果。这种理论强调仲裁的契约性,认为仲裁员的权力并非源自法律的规定,而源自当事人之间的协议。即当事人之间存在着一种协议即契约,双方当事人依据自己的愿望和合意使仲裁庭获得仲裁权,从而作出裁决,解决纠纷。同时该理论认为,在仲裁庭与当事人之间也存在着一种契约,这种契约是一种委托代理契约。法国学者尼波叶(Niboyet)认为,仲裁裁决具有契约性质,这是因为仲裁员权力的取得,不是来自法律或司法机构,而来自当事人之间的协议。仲裁员是按照当事人在协议中的意愿去裁定争议的,当事人让仲裁员以公断人身份作出裁定是一种真正的委托。由此,裁决也被注入了契约性,如同所有协议一样,裁决必然具有法定效力,而且具有终审判决的权威。

仲裁具有契约性的观点与仲裁的司法权观点相对抗,它否认国家对仲裁的影响,否认仲裁权来源于国家法律或司法机构的授权,也否认司法权对仲裁的影响,认为仲裁的本质是根据当事人的意志设立的,法律只是对当事人协议的补充,对仲裁程序的规范。因此,仲裁权的唯一来源是当事人的协议,当事人授权仲裁庭对他们之间的争议进行裁决,所以仲裁员实质上是当事人的"代理人",仲裁裁决相当于代理人代表当事人订立的一种协议。仲裁庭之所以要按照当事人的意愿行使仲裁权,当事人之所以能够服从仲裁权及履行仲裁裁决,正是因为当事人之间以及当事人与仲裁庭之间存在着的契约的约束。因此这种观点是对当事人自治权的肯定,意即仲裁庭必须尊重当事人的意愿,并在当事人授权范围内行使仲裁权。

(三)仲裁的混合理论

混合理论是对司法权理论和契约理论的扬弃。该理论的倡导者索瑟·霍尔(Sauser Hall)认为,仲裁起源于私人契约,仲裁员的人选和仲裁程序规则的确定,主要取决于当事人之间的协议。但仲裁不能超越所有的法律体系,实际上总是存在着一些能够确定仲裁协议的效力和裁决的可执行性的法律。因此,仲裁契约和司法因素是相互关联、不可分割的。他提出,仲裁是一种混合性的特殊的司法制度,来自当事人之间的协议,同时又从民事法律中获取司法上的效力。

根据这一理论,仲裁具有混合性。一方面,仲裁庭的权限取决于当事人之间的协议;另一方面,仲裁庭在裁决纠纷的过程中要遵守仲裁地国家的法律。也就是说,仲裁既有司法权的属性,也有契约属性,是当事人的意愿与仲裁地法的一种协调。但是在司法性与契约性的协调上,该理论主张,仲裁应在仲裁地法允许的范围内,按照双方当事人的协议进行。只有在当事人没有明示的情况下,仲裁庭才可以直接根据仲裁地法的规则进行。如果仲裁裁决违反法院地的公共政策,或者仲裁审理的事项属于国家法院的专属管辖范围,法院则有权拒绝执行仲裁裁决。

这一理论极具代表性,在仲裁理论中具有较大的优势。该理论所承认的仲裁与仲裁地国家法律之间的关系,以及仲裁在法律许可的前提下受当事人意志支配的观点,即对仲裁双重性质的肯定,是对传统仲裁理论的重要突破。

(四)仲裁的自治理论

这一理论的提出者是拉伯林-戴维其(Rubellin-devichi)女士。她认为,不能把仲裁分为司法的或契约的,仲裁也不是一种混合制度。"问题是,应该知道仲裁是否在这两种构成之外形成了一种自治体系。确定该体系的性质不应参照合同或司法体系,而应根据仲裁的目的,以及不愿诉诸国家法院的当事人所作的保证或许诺对仲裁的法律权威进行论证。"[①] 她同时认为,仲裁制度是一种独创的制度,它摆脱了契约和司法权的观念,因此是一种超国家的自治体系。

自治理论从一个全新的角度审视仲裁,强调仲裁的自治与独立,承认当事人具有控制仲裁的绝对自由,肯定当事人无限的意思自治。从这一理论出发,仲裁是一种从顺利处理国际商事关系的基本需要出发,基于当事人的授权对争议进行裁决的权力。仲裁协议和仲裁裁决之所以具有强制性,不是基于契约的约束,也不是基于司法权的让与,而是基于解决争议的实际需要。因此当事人的授权对仲裁权具有决定意义,当事人可以自由选择适用于仲裁的法律,而不论是实体法还是程序法。如果当事人没有明示可适用的法律,仲裁员有权根据特定案件的具体情况,适用他们认为适当的法律与规则。从当事人的角度看,这实际上也是当事人的一种授权形式,即默示授权;从仲裁庭的角度看,它是仲裁庭自由裁量权的体现。

(五)仲裁的准司法权理论

仲裁的准司法权理论主要是我国学者的一种观点。该观点认为,仲裁制度是司法制度的一部分,但又不同于司法制度;仲裁是国家法律认可的一种纠纷解决方式,但又区别于诉讼;仲裁裁决与法院判决一样具有法律效力,具有可执行性,但仲裁机构无权执行。因此,仲裁是一种准司法手段,仲裁程序是准司法程序。

仲裁的准司法权理论与仲裁的混合理论的区别在于,仲裁的准司法权理论更突出仲裁的司法性,而混合理论则侧重于契约性。仲裁的准司法权理论导致了仲裁是一种准司法性权力理论的产生,即仲裁既包括当事人授权,也包括国家法律的授权,当事人授权要服从于法律授权;仲裁权的行使既有任意性的一面,也有强制性的一面,任意性也要在法律规定的范围内;仲裁既有司法权的特征,也有民间性的属性;仲裁庭依仲裁权作出的裁决,既可能与法院判决有同等效力,又可能被法院撤销或不予执行。

(六)仲裁的行政性理论

仲裁的行政性理论实际上是从我国长期的仲裁实践中总结出来的一种理论。该理论认为

[①] 拉伯林·戴维其:《仲裁、司法性质、国内法与国际私法》,转引自韩健:《现代国际商事仲裁法的理论与实践》,法律出版社1993年版,第32页。

仲裁具有行政性质，因为：（1）仲裁机构是行政管理机构，是国家行政管理体系中的一个职能部门，由行政机构组建，并受行政机构监督；（2）仲裁程序具有某些行政程序的特点，依靠行政权解决纠纷；（3）仲裁裁决实质上是一种行政决定。

基于这种观点，仲裁来源于国家法律和行政法规的规定，仲裁庭依照法律赋予的职权进行仲裁。当事人的意愿要服从法律的明确规定和仲裁机构的职权，仲裁庭所作出的决定具有强制性，但没有终局性，当事人对仲裁裁决不服，仍然可以通过诉讼的方式请求法院审理。

仲裁行政性理论的实质是行政仲裁。行政仲裁是解决行政纠纷的一种方式，它与解决民商事纠纷的仲裁是两种完全不同的仲裁方式。硬性地将两种仲裁方式混为一谈，实质上混淆了两种仲裁的性质，必然导致仲裁权的行政性，使当事人的意思自治原则无法得到体现，甚至违背当事人的真实意愿。我国以往的仲裁实践已经印证了这一点。

（七）仲裁的民间性理论

仲裁具有民间性的观点，是近年来学者提出的一种理论。该理论的特点是从仲裁权性质的角度考察仲裁的性质。该理论的主要观点包括：[①]

第一，从仲裁权的基础来看，仲裁权产生于双方当事人的共同授权，即双方当事人必须在合同中订立仲裁条款，或者在达成书面仲裁协议后才能通过仲裁方式解决争议。因为双方当事人的合意授权更多地体现为民间性，因而，仲裁机构根据双方当事人的合意享有的仲裁权也具有民间性。

第二，从仲裁权的功能来看，因为设置仲裁权的目的在于解决纠纷，所以，仲裁权的功能主要表现为对当事人之间争议的解决。而仲裁权之所以具有解决争议的功能，根本原因就在于争议双方当事人对仲裁权的信任，这种公众信任完全表现为民间性。

第三，从仲裁权的运作过程来看，仲裁机构的选择、仲裁员的选任、仲裁庭的组成形式、仲裁地点以及提交仲裁的争议事项，均由双方当事人合意决定；而仲裁裁决也可能会因当事人申请人民法院对仲裁进行司法监督而归于无效。这些无不说明仲裁权的民间性和非国家强制性。因此，仲裁权是建立在社会公众信任基础上的一种民间性契约授权。

二、对仲裁性质的认定

对仲裁法律属性的认识过程是对以往仲裁法律属性界定的扬弃和提炼过程，亦是在扬弃与提炼中不断发展的过程，通过不同理论观点的比较，吸取其精髓，摒弃其中的不合理因素。依据仲裁的核心本质属性，结合商事仲裁的发展现状，首先应当否定将仲裁的性质界定为司法属性和行政属性的观点和做法；其次应当肯定仲裁的契约性或者民间性，并正确理解仲裁中的司法因素，将仲裁界定为以民间性为基础、融入了一定的国家司法因素的纠纷解决方式。

[①] 参见杨荣新主编：《仲裁法理论与适用》，中国经济出版社1998年版，第152—153页。

(一)仲裁的民间属性

仲裁的民间属性是仲裁的基本属性,是仲裁最根本的特质,也是现代仲裁制度的显著特征。仲裁的民间性主要反映在社会所普遍接受和认可的各项仲裁的原则中。

1. 仲裁以双方当事人的合意为基础

双方当事人通过达成的仲裁协议,授权仲裁庭解决他们之间的纠纷。这种契约授权的方式是在双方当事人完全自主,没有任何强制性约束的情况下进行的,是一种自由的、民间性的行为,相应地,仲裁也就反映了民间属性特征。

2. 仲裁权行使的主体是仲裁庭

仲裁庭的组成人员是各行各业的专家、学者等,他们或者由双方当事人任意选定(临时仲裁),或者由双方当事人在具有民间性质的仲裁委员会所提供的仲裁员名册上选定(机构仲裁),或者由双方当事人委托仲裁委员会指定,从而组成仲裁庭进行仲裁。因此,仲裁庭是一种临时性的民间性的组织,仲裁也必然带有民间性的色彩。

3. 仲裁以解决双方当事人之间的争议为目的

之所以通过仲裁能够解决当事人之间的纠纷,并不仅仅在于仲裁本身具有强制力,还在于争议主体对仲裁公正性的渴望和信任。正是在这种渴望和信任的基础上产生的公信力,使得仲裁具有了非国家意志的权力属性,并进一步体现了其民间属性。

4. 仲裁的运作过程,自始至终贯穿了双方当事人的自由意志

双方当事人可以自主地选择临时仲裁或者机构仲裁(法律另有规定的除外);自主地选定任一常设仲裁机构和仲裁地点;自主指定仲裁员;自主决定放弃或变更仲裁请求,承认或反驳对方的仲裁请求,有权提出反请求;自主设定或选用仲裁程序,并决定仲裁程序的进程;自主选择所适用的法律。即使对于仲裁庭作出的仲裁裁决,当事人也可以要求国家司法机关——法院予以撤销或不予执行。这些不仅反映出当事人在仲裁中的自主地位,更体现了仲裁的民间属性。

(二)正确理解仲裁中的司法因素

仲裁所包含的司法因素,主要表现在有关仲裁的法律制度中。一般来说,各个国家在承认仲裁作为纠纷解决方式的同时,均以成文法的形式认可并规定仲裁权的取得、行使及其实现的保障措施。

1. 仲裁权来源于国家法律授权

尽管当事人授权是仲裁权的基础和重要来源,但是法律也同样赋予仲裁庭一定的权力,这使得仲裁具有了与国家审判相同的权力——解决纠纷的权力。正是法律制度的规定,使得有些纠纷无法按照双方当事人的意志排除司法管辖而请求仲裁解决。

2. 仲裁程序受到国家法律的约束

虽然仲裁庭可以在法律允许的范围内按照当事人之间的协议进行仲裁,但是,对于法律确定的程序和赋予的仲裁庭解决纠纷所必需的权力,双方当事人不能以协议与之抗衡。比如，我国《仲裁法》第43条第2款规定："仲裁庭认为有必要收集的证据，可以自行收集。"另外，在仲裁过程中，有些仲裁法律赋予了仲裁庭采取强制措施的权力，如《联合国国际贸易法委员会仲裁规则》第26条第1款规定："经一方当事人请求，仲裁庭可准予临时措施。"这些均表明了仲裁具有一定的司法色彩。

3. 仲裁裁决是与法院判决具有同等效力的法律文书

仲裁庭具有裁决权，这一权力具体表现为仲裁庭有权对双方当事人之间的争议作出仲裁裁决。现代各国的仲裁法律一般都规定了仲裁裁决具有与法院判决同等的法律效力，即裁决等同于判决，这使得仲裁裁决具有了强制执行性。同时，仲裁立法所确定的一裁终局的仲裁制度，赋予了仲裁权相当于法院的终局判决权的效力，即对仲裁庭作出的仲裁裁决，双方当事人必须自动履行，否则，经一方当事人申请，法院可以强制执行该裁决；也有的国家允许当事人就仲裁庭的仲裁裁决向上诉法院上诉，即赋予了仲裁裁决相当于初审法院判决的效力。这些立法规定也同样表明仲裁具有司法因素，或者说，仲裁权从国家的司法中获得了带有一定司法性判决的效力。

（三）仲裁的民间属性与司法因素的融合

毫无疑问，仲裁是民间属性与司法因素的混合体，它巧妙地将"民间属性"与"司法因素"这两种似乎毫不相干甚至彼此对立的因素融合在一起。但是在它们的结合上，不同的国家之间、一国的国内仲裁与涉外仲裁之间也不尽一致，甚至存在着很大的区别。在有的国家，仲裁更多地表现为民间性特征，双方当事人的意愿在仲裁过程中占主导地位；而有些国家，仲裁则主要体现出司法性特征，即在司法权与双方当事人的意愿相冲突时，仲裁庭首先要遵循国家司法的意志，当事人的意愿也要服从于国家法律的意志。

仲裁是以双方当事人的授权为基础，又从国家司法体系中获得法律效力的权力。尽管不可否认仲裁中的司法因素，但从仲裁制度的发展趋势来看，仲裁的民间性将越来越突出，而其司法因素将会被逐渐削弱。

第三节 仲裁的类型

根据不同的分类标准，仲裁可以划分为不同的类型。

一、国内仲裁和涉外仲裁

根据仲裁当事人、所发生纠纷提交仲裁的法律关系等是否具有涉外因素，仲裁可以划分为国内仲裁和涉外仲裁。

（一）国内仲裁

国内仲裁是指本国仲裁机构对不具有涉外因素的国内民商事纠纷的仲裁。即对于一国公民、法人或其他组织之间及其相互之间在本国内发生的纠纷，由该国仲裁机构进行的仲裁。

根据我国法律规定，依照我国法律成立的三资企业是中国法人或组织，因此，对于属于三资企业的法人或组织与国内主体在国内经济贸易活动中发生的纠纷，所进行的仲裁为国内仲裁。

（二）涉外仲裁

涉外仲裁是指涉及外国或外法域的民商事纠纷的仲裁。即对于公民、法人或其他组织之间及其相互之间，在涉外经济贸易和海事活动中发生的纠纷而进行的仲裁。

这里需要强调的是，涉及我国香港特别行政区、澳门特别行政区和台湾地区的仲裁案件，即当一方当事人是我国香港特别行政区、澳门特别行政区或者台湾地区的自然人、法人或者其他组织时，该仲裁案件为涉外法域的仲裁案件，视为涉外仲裁，而非外国仲裁。

涉外仲裁属于国际仲裁，除此之外，国际仲裁还包括外国仲裁。1958年《纽约公约》将在一国领土内作出、在另一国请求承认和执行的仲裁裁决称为外国仲裁裁决。[①]

二、机构仲裁和临时仲裁

以仲裁机构的组织形式为标准，即根据当事人是否在常设的专门仲裁机构进行仲裁，可以将仲裁划分为机构仲裁和临时仲裁。

（一）机构仲裁

机构仲裁是指当事人协商一致选择常设的仲裁机构解决其民商事争议的仲裁，即由某一常设仲裁机构按照特定的仲裁规则（通常是本机构的仲裁规则）进行仲裁。这种仲裁方式有固定的仲裁地点、组织章程、仲裁规则、仲裁员名册以及完备的办事机构和管理制度。机构仲裁拥有一套经过实践检验的成文的仲裁规则，为当事人提供了公开的、可以预见的仲裁机制。另外，机构仲裁还具备管理和监督的功能，一些仲裁机构还对仲裁程序是否正常进行、仲裁裁决书的格式是否符合规定进行严格审查，为当事人提供了一定的组织保障。很多机构仲裁依照既定的仲裁规则和严格的仲裁程序进行，加之规范的管理和专业的仲裁员，在当事人中赢得了良好的声誉，也在客观上增强了当事人对机构仲裁的信任。机构仲裁的出现虽然晚于临时仲裁，但随着仲裁制度的不断发展，机构仲裁已经成为当今世界上最主要的仲裁方式。总的来说，机构仲裁具有如下优势：

1. 机构仲裁便于当事人进行仲裁

从事经济贸易活动的主体在协议仲裁条款时只需直接援引常设仲裁机构中固定、完善的仲裁规则即可，而不必再重新创造一种新的仲裁规则。

---

① 参见《纽约公约》第1条。

2. 机构仲裁使仲裁程序的效率具有保障

常设仲裁机构一般都备有供当事人选择的仲裁员名册，方便当事人选择仲裁员，在一方当事人不配合或仲裁员需要替换的情况下，常设仲裁机构可以提供协助。而在临时仲裁中，当事人只能求助于法院。

3. 机构仲裁裁决的质量更具可信度

列入常设仲裁机构名册的仲裁员通常都是经济贸易、技术和法律等方面的专家，在以仲裁方式解决商事争议上有丰富的经验，能够最大限度地保证裁决的质量。另外，如一方当事人经适当通知而拒绝参加仲裁，仲裁庭可以依据仲裁规则缺席审理并作出裁决。因此，机构仲裁往往比临时仲裁更能取得司法机关的信任，这对于仲裁裁决的执行是有好处的。

4. 机构仲裁所涉仲裁费用明确而合理

常设仲裁机构一般都有明确的仲裁费用表，而不像临时仲裁的仲裁费用由仲裁员自己临时决定。

5. 服务水平较高

常设仲裁机构一般都设有秘书处或类似的机构，提供与仲裁有关的管理与服务，如收转仲裁文件、代为收取仲裁费用、负责安排庭审，以及提供翻译、通信、交通等方面的服务。

尽管如此，我们也不能忽视机构仲裁存在的弊端。如机构仲裁诉讼化倾向较重、仲裁规则过于死板、仲裁程序显得有些官僚化，使得机构仲裁规则不能根据所面临的具体情况进行调整，在一定程度上阻碍了当事人意愿的充分实现。另外，机构仲裁相对于临时仲裁来说，还会收取额外的机构费用，使得当事人将纠纷提交仲裁解决的成本大大地提高，必然会影响当事人选择仲裁的积极性。

（二）临时仲裁

临时仲裁是指不由任何已设立的常设仲裁机构进行程序管理，而由当事人双方将他们之间的争议提交给他们选定的仲裁员，并根据他们自己设计或选定的仲裁规则进行审理并作出裁决的仲裁。临时仲裁是仲裁的原始形态，在常设仲裁机构出现之前，临时仲裁是唯一的仲裁方式。

从各国的仲裁立法来看，虽然机构仲裁已经迅速发展起来，并且成为最为普遍的一种仲裁方式，但临时仲裁作为仲裁制度在初始阶段的一种形态，目前仍然被广泛地接受和采纳，并在民商事争议的解决中发挥着不可或缺的作用，显示出了强大的生命力，其作用不是机构仲裁所能够取代的。临时仲裁具有非常突出的特点，具体体现为：

第一，临时仲裁不依赖于任何常设的仲裁机构和仲裁组织，仲裁庭的组成人员由双方当事人协商确定，在仲裁裁决作出后，临时仲裁庭的使命也就随之终结，继而宣告解散。

第二，程序灵活，能够最大限度地满足当事人的意愿，这是其他仲裁形式无法比拟的。在临时仲裁中，双方当事人有较大范围的自主权，可以通过约定使仲裁方式更加适合自己的实际需要。临时仲裁的程序也因为不受固定规则的限制而更能凸显其灵活性和便捷性。通常与商事仲裁有关的所有事项都可由争议的双方当事人协商约定。

第三，争议双方合作，加上灵活的程序，能够提高仲裁效率和减少仲裁费用，从而有效地降低仲裁的经济成本，更加符合纠纷解决的效率性和经济性的要求。因为双方当事人可以商定省去很多程序或手续，临时仲裁也不需要像机构仲裁那样收取管理服务费。

第四，更为重要的是，在临时仲裁中，不会出现仲裁所在地仲裁法的规定与某仲裁机构仲裁规则之间的冲突，这为仲裁的顺利进行和仲裁裁决的承认和执行都提供了便利。

但是，临时仲裁也有其难以克服的缺陷，主要表现为：首先，临时仲裁虽然给了当事人较大的自主权，但由于缺乏必要的仲裁程序管理和监督，使仲裁中的很多重要事项对当事人之间的合意及协作产生了依赖性。如果当事人在仲裁中不能充分合作，临时仲裁就很难顺利地进行下去。其次，在仲裁员的选任上，虽然当事人可以完全依照自己的意愿进行，但是，对于绝大多数当事人来讲，很难完全准确地判断仲裁员进行仲裁的资质，这极易造成仲裁裁决的不公正。久而久之，还会使当事人对仲裁裁决的公正性产生怀疑，从而影响仲裁积极效能的发挥。

实务研究

虽然我国在1987年加入《纽约公约》后即负有承认和执行外国临时仲裁裁决的义务，但是我国在制定《仲裁法》时仍然规定仲裁协议必须有选定的仲裁委员会，否则仲裁协议无效。这实际上将临时仲裁这一仲裁形式排除在了国内仲裁制度之外。《自贸区司法保障意见》第9条第3款规定，在自贸试验区内注册的企业相互之间约定在内地特定地点、按照特定仲裁规则、由特定人员对有关争议进行仲裁的，可以认定该仲裁协议有效。据此，仲裁界普遍认为临时仲裁在我国自由贸易试验区率先解禁，为我国确立真正意义上的临时仲裁制度奠定了基础。

三、依法仲裁和友好仲裁

根据作出仲裁裁决所依据的实体规范的不同，可以将仲裁划分为依法仲裁和友好仲裁。

（一）依法仲裁

依法仲裁是指在民商事仲裁中，仲裁庭严格依据一定的实体法律规范对当事人之间的纠纷进行裁决。依法进行仲裁，是世界各国普遍使用的仲裁方式。依这种方式进行仲裁，必须有明确的法律依据，必须严格遵守由法律认可的仲裁规则所确定的仲裁程序。因此，当事人对仲裁程序及仲裁结果具有预见性，仲裁裁决也易被双方当事人接受并得到自觉履行。在仲裁实践中，不论是国内仲裁还是涉外仲裁，不论是机构仲裁还是临时仲裁，通常都是依法仲裁。因此，依法仲裁是最主要的仲裁类型。

（二）友好仲裁

友好仲裁，亦称友谊仲裁、依原则仲裁，是指依据双方当事人的授权，仲裁庭不以严格的法律规范为依据，而以其所认为的公平的标准作出对当事人具有约束力的裁决。这种公平的标准包括自然公正的原则、商业惯例、公平善良的精神等。尽管友好仲裁具有很大的灵活性，但是其必须以双方当事人的授权为前提，必须遵循仲裁地法的公共政策和强制性规定。同时，由于仲裁员以"友好仲裁人"的身份出现，并根据他们所理解的公正、公平原则进行仲裁，因此，仲裁裁决不可避免地带有一定的主观倾向性，而这种特有的缺陷是一些国家排除或限制适用友好仲裁的重要原因。

我国目前在仲裁立法和实践中并没有真正确立友好仲裁制度。虽然《仲裁法》第7条规定"仲裁应当根据事实，符合法律规定，公平合理地解决纠纷"，但并不能据此认为我国承认友好仲裁制度。此处的"公平合理地解决纠纷"是指在法律无明文规定或规定不明确的情况下，仲裁庭应按照公平合理的原则解决纠纷，而非在法律有明文规定但严格地适用法律会导致不公平结果的情况下，经当事人明确授权而依公平合理原则进行仲裁。①尽管目前我国并不存在严格意义上的友好仲裁制度，但是不难看出，上述仲裁规则中已经渗透了"公平合理"的友好仲裁精神，我国仲裁实践中也已呈现出发展友好仲裁的趋势。②

理论探讨

第四节　仲裁与仲裁法的历史沿革

一、仲裁制度产生的基础

"仲裁可能是人类历史上最古老的一种和平友好的争端解决方式。早在人们颁布成文法例、建立法庭，或是法官阐释法律之前，仲裁就已经存在了。"③仲裁作为一种纠纷解决方式和手段，是基于纠纷解决的需要而产生的。

在人类历史的不同发展阶段，由于人们的观念不同，社会对解决冲突的要求不同，因而解决社会冲突的手段也不完全相同。人类社会产生以后的相当长时期内，人们实行的是私力救济，即当人们受到他人侵害时，往往通过自身的武力迫使对方停止侵害。随着交易的兴起，商人往往也通过"自治"的方式解决商事纠纷。因此，"私力救济制度自发地获得了其合法性，而这种合法性的获得独立于任何国家性的认可"④。但当私力救济的纠纷解决方式无法适应和满足社会的发展时，统治者们便通过法律逐步确立了公力救济的纠纷解决方式，诉讼便成为这种公力救济的象征。诉讼机制的设立，使纠纷的解决更具规范性、权威性和强制

---

① 郭玉军：《国际商事仲裁中的友好仲裁问题》，载《武汉大学学报（哲学社会科学版）》1999年第6期。
② 建立发展友好仲裁制度具有积极意义：首先，有利于保障当事人的意思自治。友好仲裁是对当事人意思自治最充分的体现，建立友好仲裁不仅能够赋予当事人充分的程序选择权，而且能够更好地满足当事人解决纠纷的需要。其次，有利于实现个案公正。依"公平善意"原则进行仲裁的最大价值就在于弥补现有法律规则的漏洞、解决法律之间的冲突以及纠正严格适用法律所带来的不公正，从而最大限度地实现个案的公正。最后，有利于我国仲裁制度与国际做法接轨，消除国外当事人选择中国仲裁机构的障碍，促进中国仲裁事业的发展。
③ Francis Keller, *American Arbitration: Its History, Functions and Achievements*, New York, Harper & Brothers, 1948. 转引自樊堃：《仲裁在中国：法律与文化分析》，樊堃等译，法律出版社2017年版，第1页。
④ 樊堃：《仲裁在中国：法律与文化分析》，樊堃等译，法律出版社2017年版，第2页。

性，并成为解决纠纷的最主要方式。

然而，诉讼机制的局限性和人们对纠纷解决机制的更高要求又孕育了新的纠纷解决机制。在否定了原始的私力救济的今天，在冲突双方无法自行消除他们之间的矛盾的情况下，尤其是在人们饱尝了诉讼带给他们的程序烦琐、费时、费力、高费用和由于裁判者不了解某些专业知识而造成不公正裁决的痛苦后，专业、公正、迅速、灵活的纠纷解决方式便成为人们的迫切需求。同时，随着社会商品经济的发展，社会主体的平等地位得以确立，自由意志得到认可，人与人之间原来的身份关系也逐步转变为理性的契约关系。与此相适应的纠纷解决方式——仲裁，逐渐获得了人们的承认，仲裁制度便由此产生和发展起来了。

虽然仲裁制度的产生在"很大程度上根源于诉讼及其暴力强制的存在"，因为"正是诉讼及其暴力强制的威胁力促成了冲突主体对非诉讼手段的选择"，[①]但更主要的原因还是社会冲突导致了解决冲突的仲裁机制的产生，社会冲突的加剧和复杂化推动了仲裁机制的发展。当商品经济不断发展，契约自由原则被广泛遵从，尊重当事人的意愿、肯定当事人的主体地位成为民事主体交往中的主流时，根据双方当事人的自由意志解决纠纷已成为一种必然。社会环境、经济机制必然造就与之相符合的法律制度，包括纠纷解决制度。商品经济是仲裁制度产生和发展的重要背景，没有商品经济就不可能有仲裁制度，脱离商品经济的仲裁制度必然与仲裁的本质相背离。现代仲裁制度已经不能仅靠道德规范的约束力来解决冲突，更不是乡里族长式的仲裁所能胜任的，它是一种新的更趋于科学和完善的仲裁机制。这种仲裁制度具有如下几个特点：（1）以当事人意思自治为首要原则，以仲裁协议为前提条件；（2）以国家法律为依据，以国家司法机关的支持、监督为后盾；（3）基于仲裁程序的规范性、灵活性和保密性而成为公正、及时、迅速地处理社会矛盾和冲突的有机系统，能有效地维护当事人的合法权益；（4）以双方当事人地位平等、权利义务对等、裁决者中立的仲裁结构保障仲裁的公正性；（5）以仲裁裁决的强制执行性，即仲裁裁决所具有的与法院判决同等的法律效力保障当事人之间的纠纷得以最终解决。

二、西方仲裁制度的确立和发展

仲裁作为一种解决纠纷的方式已有悠久的历史。早在古罗马时期，人们就已经采用仲裁方式解决纠纷。罗马法《民法大全》"论告示"第二编记载了古罗马五大法学家之一保罗（Paulus）的观点："为解决争议，正如可以进行诉讼一样，也可以进行仲裁。"但仲裁作为一种法律制度却始于中世纪。14世纪地中海各港口适用的商事法典中已经出现了以仲裁解决纠纷的方式。英国在1347年的一部年鉴中也有关于仲裁的记载。14世纪中叶，瑞典的地方法规对仲裁作了明确规定。17世纪末，英国议会制定了第一个仲裁法案，正式承认仲裁制度，并于1889年制定了《仲裁法》，1892年在伦敦成立了伦敦仲裁院。瑞典于1887年制定了第一个仲裁法令，1929年通过了《瑞典仲裁法》和《瑞典关于外国仲裁协议和仲裁裁决的条例》。

[①] 顾培东：《社会冲突与诉讼机制》，四川人民出版社1991年版，第49页。

法国的1807年《民事诉讼法典》、德国的1877年《民事诉讼法典》、日本的1890年《民事诉讼法》也都对仲裁进行了规定。同时，许多国家还相继成立了仲裁机构，如1923年法国在巴黎成立了国际商会仲裁院，1926年美国成立了美国仲裁协会等。至19世纪末20世纪初，仲裁制度逐渐被世界各国的法律所确立。

20世纪以后，随着现代工业的发展和科学技术的进步，国际贸易大幅度增长，契约自由原则在民商事活动中被普遍遵从，相应地，商业纠纷迅速增多并且出现国际化、多样化的趋势，这无疑进一步促进了仲裁制度的迅速发展。许多国家制定了专门的仲裁法，并很快得到国际社会的承认。但是，由于各国在仲裁立法上的差异，通过仲裁方式解决国际经济贸易争议遇到很大阻力。为了缓和这种矛盾，国际组织纷纷采取统一各国仲裁法的措施，出现了仲裁立法国际化的趋势。1923年在国际联盟主持下签订的《日内瓦仲裁条款议定书》，第一次在国际上承认了仲裁协议的效力；1958年《纽约公约》成为有关承认和执行外国仲裁裁决的主要国际公约；1976年第三十一届联合国大会正式通过了《联合国国际贸易法委员会仲裁规则》；1985年联合国制定的《国际商事仲裁示范法》已经成为各国制定或修改本国仲裁法的范本。

三、中国仲裁制度的建立与发展

中国仲裁制度的建立始于20世纪初，1912年国民政府颁布的《商事公断处章程》被视为我国第一个关于仲裁的专门规定。革命根据地时期和解放区时期也制定了一些有关仲裁的法律。1933年颁布的《中华苏维埃共和国劳动法》确立了以仲裁方式解决劳动争议的法律制度；1943年晋察冀边区行政委员会公布的《晋察冀边区租佃债息条例》也设有"调解与仲裁"的规定；同年发布的《关于仲裁委员会工作指示》全面规定了仲裁委员会的性质和任务、仲裁委员会的权限及仲裁委员会本身的工作制度等问题。新中国成立后，我国逐步建立了涉外仲裁制度和国内仲裁制度。

我国的涉外仲裁包括国际经济贸易仲裁和海事仲裁。新中国成立初期，为了适应经济发展的需要，1954年5月，中央人民政府政务院通过了《中央人民政府政务院关于在中国国际贸易促进委员会内设立对外贸易仲裁委员会的决定》，对即将成立的对外贸易仲裁委员会的组织、任务、受案范围、程序等作了原则性规定。1956年3月，中国国际贸易促进委员会（以下简称"贸促会"）通过了《中国国际贸易促进委员会对外贸易仲裁委员会仲裁程序暂行规则》，1956年4月对外贸易仲裁委员会正式成立。1958年11月，国务院通过了《关于在中国国际贸易促进委员会内设立海事仲裁委员会的决定》。1959年1月，贸促会通过了《中国国际贸易促进委员会海事仲裁委员会仲裁程序暂行规则》，并成立了海事仲裁委员会。这两个涉外仲裁机构在处理国际经济贸易和海事纠纷中发挥了不可替代的作用。

在对仲裁法单独立法之前，我国并没有统一的仲裁立法和仲裁制度，国内仲裁制度主要是经济合同仲裁制度，这也成为我国迄今为止历史最长的国内仲裁制度。根据新中国成立后国家所颁布的一系列有关仲裁的条例和仲裁实践，我国的经济合同仲裁先后经过了以下发展阶段。

（一）只裁不审阶段

这一阶段的仲裁主要依据1961年9月中共中央颁布的《国营工业企业工作条例（草案）》、1962年8月国家经济委员会（简称"国家经委"）颁布的《关于各级经委仲裁国营工业企业之间拖欠债款的意见（草案）》和1962年12月中共中央和国务院颁布的《关于严格执行基本建设程序、严格执行经济合同的通知》等相关规定，各级经委主管经济合同仲裁，法院不具有管辖权。仲裁一般实行两级仲裁体制，但对于特殊的重大项目合同纠纷实行三级仲裁体制，即当事人不服省、自治区、直辖市经委二级仲裁的，还可以向国家经委请求三级仲裁。

（二）先裁后审阶段

党的十一届三中全会以后，处于停滞状态的经济合同仲裁制度得以复苏和发展。1978年国务院发布了成立工商行政管理总局的通知，明确规定工商行政管理部门的主要任务之一是"管理全民和集体企业的购销合同、加工订货合同，调解仲裁纠纷"。1979年8月，国家经委、工商行政管理总局、中国人民银行发出了《关于管理经济合同若干问题的联合通知》，规定当事人因经济合同发生的争议在协商不成时，任何一方当事人均可以按照合同管理的分工，向对方所在地的县（市）和大中城市的区经委或相应机关、工商行政管理局申请仲裁，对仲裁不服的，可以向上一级合同管理机关申请复议，对复议不服的，当事人还可以向人民法院起诉寻求司法救济。由于仲裁实行两级仲裁制，诉讼实行两审终审制，先裁后审阶段也被称为两裁两审阶段。

（三）一裁两审阶段

随着1981年《经济合同法》、1983年《经济合同仲裁条例》的颁布实施，我国经济合同仲裁制度得到了进一步的发展。不仅将多头分工仲裁改为了由工商行政管理局设立的经济合同仲裁委员会统一仲裁，扩大了经济合同仲裁的范围，而且对于当事人之间的纠纷，是裁是审，可以由当事人自己选择。即对所发生的纠纷，当事人既可以请求仲裁，也可以直接向人民法院起诉。同时，对申请仲裁的纠纷，实行一次裁决制。但当事人对仲裁裁决不服的，仍然可以向人民法院提起诉讼。

（四）或裁或审，一裁终局阶段

1993年9月，我国对《经济合同法》进行了修订，使经济合同仲裁制度发生了根本性的改变。该法规定经济合同关系中的双方当事人可以基于仲裁协议向仲裁机关申请仲裁，仲裁协议具有排除法院管辖权的效力。同时，仲裁实行一裁终局制，即仲裁裁决具有终局的效力，当事人不得就同一争议事实再向其他仲裁机构申请仲裁，也不得向人民法院提起诉讼。当事人双方只有在没有订立仲裁协议的情况下才可以直接向人民法院提起诉讼。

在经济合同仲裁发展的同时，从20世纪80年代开始，我国依据1987年颁布的《技术合同法》、1988年发布的《技术合同管理暂行规定》、1989年发布的《技术合同法实施条例》和1991年发布的《技术合同仲裁机构管理暂行规定》等发展了技术合同纠纷仲裁；基于1987年国务院发布的《国营企业劳动争议处理暂行规定》、1993年颁布的《企业劳动争议处理条例》等，劳动争议仲裁得以确立和发展；《著作权法》以及有关房地产、消费者权益保护的法规，规定了著作权纠纷仲裁、房地产纠纷仲裁和消费者纠纷仲裁等，使我国的仲裁制度不断发展和完善。但是，以上国内仲裁实质上还是一种行政性质的仲裁，其主要表现为由设在政府行政部门内部的仲裁机构行使仲裁裁决权，解决当事人之间的纠纷。这不仅不符合仲裁的独立性、自愿性、快捷性等特点，也与仲裁的性质相去甚远。

我国于1995年9月1日开始实施的《仲裁法》(2009年、2017年两次修正)，用单独立法的形式规定了除特殊仲裁以外的民商事仲裁的原则和制度，第5、9条分别对"或裁或审""一裁终局"作出明确规定，第14条将仲裁机构从国家行政机关的体制中独立出来，在仲裁机构的性质和法律地位、仲裁协议效力、仲裁裁决效力等基本问题方面的规定与现代商事仲裁制度保持一致，开启了我国仲裁制度的新纪元。

第五节　仲裁法的立法体例

桑德斯（Sanders）教授在论及各国采纳示范法的立法技术时指出："立法者有一种选择。他们可以同时对国内仲裁适用《国际商事仲裁示范法》，或者可以创造两种制度。如果他们选择后者，他们可以在不同的法律中规定，也可以在同一部法律中规定。"[1] 不同国家在选择仲裁立法体例时，由于立法背景的差异和出发点的不同，往往形成不同的立法体例。一般来说，仲裁法的立法体例有两种选择：一是国内仲裁制度和涉外仲裁制度是否适用同一仲裁法律制度；二是仲裁制度是否由一部单独的仲裁法典来规范。

一、"一元体例"和"二元体例"

早期的仲裁法除了外国仲裁裁决的承认与执行外，一般不区分国内仲裁制度和涉外仲裁制度，主要规范国内仲裁制度。随着国际商事仲裁的发展，国内仲裁制度与国际商事仲裁制度逐渐脱离，部分国家选择修订原有的国内仲裁制度，以适应国际仲裁的发展趋势，从而以同一部仲裁法来规范国内仲裁制度和涉外仲裁制度；也有部分国家选择制定新的仲裁规则来规范涉外仲裁部分，使其与原有的国内仲裁制度相分离。前者被称为"一元体例"，后者被称为"二元体例"。[2] 采取"一元体例"的国家有德国、墨西哥、加拿大等国；采取"二元体例"的国家有中国、新加坡、俄罗斯等国。两种立法体例各有优势。支持"一元体例"的人认为，

---

[1] 于喜富：《国际商事仲裁的司法监督与协助——兼论中国的立法与司法实践》，知识产权出版社2006年版，第28页。
[2] 于喜富：《国际商事仲裁的司法监督与协助——兼论中国的立法与司法实践》，知识产权出版社2006年版，第28—30页。

国际商事仲裁与国内仲裁不应区别对待，根据一个合同的国际或国内性质适用不同的仲裁规则既无必要，也不合理。[①]而支持"二元体例"的人则认为，仲裁法的"二元体例"并不奇怪，国际仲裁所要求的高度的灵活性和意思自治与国内仲裁受较多限制的制度现状极不兼容，这证明了"二元体例"存在的合理性。[②]"一元体例"采用国内仲裁和涉外仲裁适用同一仲裁法律制度的模式，在适用上较为方便，并直接促进了国内仲裁制度的发展，提高了国内仲裁制度的灵活和自由的程度，符合国际仲裁的发展趋势。对仲裁当事人而言，"一元体例"也更加公平。因此，从仲裁制度的长远发展和对仲裁当事人公平的角度来说，"一元体例"是仲裁立法的发展趋势。"二元体例"则是一种更为谨慎的立法技术。

二、"依附性仲裁立法""单独性仲裁立法"和"分散性仲裁立法"

根据是否由单独的仲裁法来规范仲裁制度，各国关于仲裁的立法体例可以分为"依附性仲裁立法""单独性仲裁立法"和"分散性仲裁立法"三种模式。[③]

（一）依附性仲裁立法

依附性仲裁立法是指不单独制定仲裁法，而由其他综合性的部门法在某一章节或某些条款中规定仲裁制度的立法模式。通常，在依附性仲裁立法体例下，规定仲裁制度的部门法是民事诉讼法，如德国、日本、法国、奥地利、荷兰等国的民事诉讼法，但也有在其他民商事法典中规定仲裁制度的做法，如墨西哥在《商法典》中规定了仲裁制度。采取依附性立法体例的国家多数具有成文法的法律传统，并且仲裁发展较早，如法国在1807年公布的《民事诉讼法》中就以专编规定了仲裁制度；德国在民事诉讼法中规定仲裁程序也可以追溯到1877年的《民事诉讼法》。

依附性仲裁立法体例的优势在于：首先，在立法程序上简便易行。在仲裁制度司法化的今天，甚至可以在部分仲裁法律制度规定中准用民事诉讼法的规定。其次，尽管仲裁是独立于诉讼的纠纷解决制度，但仲裁离不开司法的支持和监督。将诉讼与仲裁规定于同一部法典中，可以清晰地看出两者之间的联系。但这种立法体例的缺陷在于，将仲裁规定于其他部门法中，难以突出仲裁的特点，容易使仲裁与诉讼相混淆。

（二）单独性仲裁立法

单独性仲裁立法是指以一部独立的仲裁法典来规定仲裁制度的立法模式。这种立法体

[①] James O. Rodner, "International and National Arbitration: A Fading Distinction", *Journal of International Arbitration*, 19(5), 2002.转引自于喜富：《国际商事仲裁的司法监督与协助——兼论中国的立法与司法实践》，知识产权出版社2006年版，第30页。

[②] Leila Anglade, "Current Development: Ireland as a Place for International Arbitration", *The American Review of International Arbitration*, 263(12), 2001.转引自于喜富：《国际商事仲裁的司法监督与协助——兼论中国的立法与司法实践》，知识产权出版社2006年版，第30页。

[③] 参见谭兵主编：《中国仲裁制度研究》，法律出版社1995年版，第75—79页。

例的表现形式就是制定单独的仲裁法。采取这种立法体例的国家有英国、美国、瑞典、加拿大、新西兰、印度、巴西、尼日利亚等国。

单独性仲裁立法一般可以分为两种：一种以英国、美国为代表，这些国家仲裁发展较早，但因为没有成文法传统，因而单独制定仲裁法。例如，1697年，英国议会就制定了第一个仲裁法案，正式承认仲裁制度，20世纪又颁布了3部仲裁法案；美国国会于1925年制定了《联邦仲裁法》。另一种以印度、巴西等国为代表，这些国家仲裁发展较晚，单独的仲裁法较容易学习和移植，并符合当今国际社会仲裁发展的潮流，因而采取单独性仲裁立法体例。

单独性仲裁立法易于突出仲裁的特点和独立性，但不利于与诉讼制度的衔接，不易形成逻辑严密的法律制度，容易造成仲裁法与民事诉讼法规定的冲突。

（三）分散性仲裁立法

分散性仲裁立法是指一国的仲裁制度以多种形式规定于若干个其他部门法典中的立法模式。[①] 这种模式的特点是没有专门的仲裁法或部门法中的某一部分主要针对仲裁制度进行规范，有关仲裁制度的规定散见于各种法律、法规、规范性文件中。如瑞士的仲裁规则就散见于联邦宪法、仲裁协约、州程序法、国际私法法规中；卢森堡的仲裁程序规定则散见于民法典、商法典、民事诉讼法典中。[②] 这种立法体例较为烦琐，各规定间不易形成一个相互联系的规则体系，容易造成混乱与冲突，因此，采取这一模式的国家较少。

三、我国仲裁法的立法体例

在1994年《仲裁法》颁布之前，我国采用的是"二元体例"和"分散性仲裁立法体例"。涉外仲裁制度和国内仲裁制度自成体系：涉外仲裁法律制度主要根据仲裁机构的仲裁实践确立；国内仲裁法律制度的发展却以经济合同仲裁为依托。同时，我国没有统一的仲裁法典，仲裁制度散见于各种规范性文件中。

《仲裁法》颁布后，我国仍采用"二元体例"。《仲裁法》于第七章对涉外仲裁作了专门规定，《民诉法》第二十六章也有相关规定，其内容与国内仲裁制度有显著不同。我国采取"二元体例"的立法模式是有历史原因的：我国涉外仲裁法律制度根据仲裁机构的仲裁实践确立，与国际商事仲裁制度相近；而国内仲裁制度长期凭借经济合同仲裁确立，欠缺民间性、灵活性等现代商事仲裁制度的特性，很难与国际仲裁制度接轨。

与此同时，我国在仲裁立法模式上也逐渐形成了自身的特点，即以《仲裁法》为主，以《民诉法》中的相关仲裁规定和最高人民法院有关仲裁的司法解释为辅，并使一些特殊的仲裁规定体现在相关实体法中。

一方面，我国这种独特的立法体例具有一定优势，表现在：（1）《仲裁法》作为全面、

---

① 参见谭兵主编：《中国仲裁制度研究》，法律出版社1995年版，第78页。
② 参见丁建忠编著：《外国仲裁法与实践》，中国对外经济贸易出版社1992年版，第30、31、232页。

系统规定仲裁制度与仲裁程序的法律，易于从整体上进行把握，能够更好地领会、遵守和执行。（2）基于仲裁与民事诉讼的联系性及其与特定实体法律关系的特殊性，在《民诉法》及实体法中对仲裁进行规定，有利于诉讼与仲裁的衔接以及实体法律问题与程序法律问题的衔接。如《民诉法》第272条规定："当事人申请采取保全的，中华人民共和国的涉外仲裁机构应当将当事人的申请，提交被申请人住所地或者财产所在地的中级人民法院裁定。"第273条规定："经中华人民共和国涉外仲裁机构裁决的，当事人不得向人民法院起诉。一方当事人不履行仲裁裁决的，对方当事人可以向被申请人住所地或者财产所在地的中级人民法院申请执行。"第275条规定："仲裁裁决被人民法院裁定不予执行的，当事人可以根据双方达成的书面仲裁协议重新申请仲裁，也可以向人民法院起诉。"

但另一方面，《仲裁法》与《民诉法》等法律同时对仲裁进行规范，不但较为烦琐，而且容易产生冲突。如根据《民诉法》第274条第1款的规定，对中华人民共和国涉外仲裁机构作出的裁决，被申请人提出证据证明仲裁裁决有规定的特定情形的，经人民法院组成合议庭审查核实，裁定不予执行。同时第2款明确规定，人民法院认定执行该裁决违背社会公共利益的，裁定不予执行。而根据《仲裁法》第71条的规定，被申请人提出证据证明涉外仲裁裁决有《民诉法》第274条第1款规定的情形之一的，经人民法院组成合议庭审查核实，裁定不予执行。该规定并未承认《民诉法》赋予法院审查仲裁裁决是否符合公共利益的权力。

第六节　仲裁法的基本原则与基本制度

一、仲裁法的基本原则

（一）仲裁法基本原则的含义及特点

"原则"一词源自拉丁语 *principium*，基本含义是"开始""起源"和"基础"。在法学中，法律原则是指可以为法律规则提供某种基础或本源的、综合性的、指导性的原理和准则。[①] 仲裁法的基本原则是指仲裁法所规定的，在仲裁活动中仲裁机构、双方当事人和其他仲裁参与人必须遵守的基本行为规范，是指导仲裁程序依法有序进行的基本准则。

仲裁法的基本原则具有以下特征：首先，仲裁法的基本原则应当能够体现仲裁制度的本质特点，把握仲裁制度的立法精髓。其次，仲裁法的基本原则应当贯穿仲裁制度始终，全面指导仲裁机构、双方当事人和其他仲裁参与人的仲裁活动。最后，仲裁法的基本原则应当具有概括性，是制定具体仲裁制度和仲裁规定的基础。

---

① 舒国滢主编：《法理学》（第2版），中国人民大学出版社2008年版，第76页。

（二）仲裁法的原则体系

关于仲裁法的原则体系，学术界观点众多。有学者认为仲裁法的基本原则包括以下十个：自愿原则；依法独立仲裁，不受干涉原则；以事实为根据，以法律为准绳原则；仲裁当事人地位平等和权利义务对等原则；对仲裁当事人在适用法律上一律平等原则；先行调解原则；辩论原则；处分原则；民族语言文字原则；法院监督原则。[①] 有学者认为仲裁法的基本原则应当包括以下五个：自愿原则；仲裁独立原则；根据事实，符合法律规定，公平合理解决纠纷原则；处分原则；法院监督原则。[②] 也有学者认为仲裁法的基本原则包括以下四个：自愿原则；仲裁独立原则；根据法律公平合理仲裁原则；司法支持与监督原则。[③] 还有学者认为仲裁法的原则包括以下三个：自愿原则；以事实为根据，以法律为准绳，公平合理解决纠纷原则；依法独立行使仲裁权原则。[④]

根据仲裁法的特点，仲裁法的基本原则必须集中体现仲裁法的本质特征和立法精神，因此，应该排除那些与民事诉讼法共通的原则；同时，仲裁法的基本原则应当贯穿仲裁程序的始终，在整个仲裁活动中具有普遍适用性，因而应该与阶段性的仲裁制度有所区分。因此，根据我国《仲裁法》的规定，仲裁法的基本原则包括：

1. 自愿原则

仲裁最本质的特征即尊重当事人的意愿，遵循意思自治原则。自愿原则就是这一本质的反映，也是仲裁这一纠纷解决方式的特点。自愿原则贯穿仲裁程序的始终，是仲裁制度的根本原则，是仲裁制度存在和发展的基础。仲裁法的自愿原则主要体现在：

（1）当事人协商决定是否将他们之间的争议提交仲裁。我国《仲裁法》第4条规定："当事人采用仲裁方式解决纠纷，应当双方自愿，达成仲裁协议。没有仲裁协议，一方申请仲裁的，仲裁委员会不予受理。"双方当事人自愿以仲裁方式解决纠纷是启动仲裁程序的必要前提，这是自愿原则最重要的体现。仲裁和诉讼是两种不同的纠纷解决方式。通过诉讼方式解决纠纷，无须双方当事人的合意，只要当事人一方向有管辖权的法院依法提交诉状即可。而通过仲裁方式解决纠纷，则必须基于双方当事人的合意。法院对争议事项的管辖权来自法律赋予的审判权与管辖权，而仲裁机构对争议事项的管辖权来自当事人双方的授权。可以说，自愿原则使仲裁成为与诉讼截然不同的纠纷解决方式。

（2）当事人双方协商选定提交仲裁的仲裁委员会。我国《仲裁法》第6条规定："仲裁委员会应当由当事人协议选定。仲裁不实行级别管辖和地域管辖。"根据这条规定，当事人可以选择共同信任并且对纠纷处理比较方便的仲裁委员会进行仲裁，而不受地域因素、争议金额大小或案件难易程度、影响大小等因素影响。

（3）当事人自主决定仲裁庭的组成形式和仲裁员的选任。《仲裁法》第30条规定："仲裁

---

① 谭兵主编：《中国仲裁制度研究》，法律出版社1995年版，第201—211页。
② 单国军、眭素利、吕东编著：《中国仲裁实务》，中国发展出版社1998年版，第49页。
③ 马永双主编：《仲裁法导论》，中国社会出版社2005年版，第25—29页。
④ 杨荣新主编：《仲裁法理论与适用》，中国经济出版社1998年版，第115—117页。

庭可以由三名仲裁员或者一名仲裁员组成。由三名仲裁员组成的，设首席仲裁员。"第31条规定："当事人约定由三名仲裁员组成仲裁庭的，应当各自选定或者各自委托仲裁委员会主任指定一名仲裁员，第三名仲裁员由当事人共同选定或者共同委托仲裁委员会主任指定。第三名仲裁员是首席仲裁员。当事人约定由一名仲裁员成立仲裁庭的，应当由当事人共同选定或者共同委托仲裁委员会主任指定仲裁员。"在仲裁中，当事人有权约定仲裁庭的组成形式，有权选定自己信赖的仲裁员。这是仲裁裁决易于被当事人接受的原因，也是仲裁制度的优势之一。

（4）当事人双方约定提交仲裁的争议事项。我国《仲裁法》第16、18条等规定，当事人对提交仲裁的争议事项应当在仲裁协议中明确约定，仲裁协议没有约定或约定不明确的，当事人可补充约定。即当事人双方可以协商确定仲裁事项的范围。仲裁机构必须在当事人约定的争议事项范围内作出裁决，对于超出范围的仲裁裁决，当事人可以申请法院撤销或不予执行。

（5）当事人双方可以约定审理方式、开庭形式等程序性事项。根据我国《仲裁法》第39、40、44、54条等的规定，当事人双方可以自主约定审理方式、开庭形式等程序性事项。如当事人可以自愿决定是否开庭审理，当事人协议不开庭的，仲裁庭可以仅根据书面材料对案件进行审理和裁决。当事人可以自愿决定案件是否公开审理，当事人协议公开的，可以公开进行，但涉及国家秘密的除外。另外，当事人可以约定鉴定部门鉴定，可以自愿选择仲裁裁决书是否写明争议事实和裁决理由。仲裁在程序性事项上所具有的灵活性，体现了仲裁制度对当事人意愿的尊重，也表明了仲裁制度在经济、效率等价值上的追求。

自愿原则体现了仲裁制度的本质，贯穿于是否提交仲裁、由谁来仲裁、怎样仲裁等仲裁活动的始终。我国仲裁法的自愿原则与国际上通行的"意思自治原则"相一致，不但尊重当事人的真实意愿，而且有利于纠纷的迅速解决，保障了仲裁制度的灵活性。仲裁法上的许多具体制度如协议仲裁制度、仲裁员的选任制度等都是以自愿原则为基础制定的。

2. 根据事实，符合法律规定，公平合理解决纠纷原则

我国《仲裁法》第7条规定："仲裁应当根据事实，符合法律规定，公平合理地解决纠纷。"该规定确立了我国以依法仲裁为主，兼吸收友好仲裁长处的仲裁法原则。

（1）以事实为根据、以法律为准绳是我国的司法原则，仲裁作为国家法律认可的具有司法因素的纠纷解决方式，自然也遵循这一原则。以事实为根据，是指仲裁庭应以客观事实为依据，在当事人举证、质证的基础上，通过对证据的审查判断查清事实，并作出仲裁裁决。以法律为准绳，是指仲裁庭在查清事实的基础上，应当依照现行法律的规定确定双方当事人的权利义务关系。符合法律规定，首先要符合民事实体法的规定，包括立法机关依法制定的法律法规、最高人民法院作出的相关司法解释以及对双方当事人具有约束力的国际公约等的规定。其次，必须符合仲裁程序法的规定，依法进行仲裁活动，维护当事人的程序性权利，保障仲裁程序的顺利进行。"根据事实，符合法律规定"是公正解决纠纷的基础和核心，是我国实行依法仲裁的依据。

（2）仲裁庭应当依照公平合理的原则解决纠纷。公平合理是解决纠纷的一般性原则，对仲裁而言尤其重要。在友好仲裁中，公平合理原则甚至是仲裁庭作出仲裁裁决的唯一依据。将公平合理解决纠纷作为仲裁法原则，不仅符合仲裁法的本质，而且与国际商事仲裁的发展

趋势相一致。公平合理原则首先强调仲裁庭应当平等地对待双方当事人，给予他们平等的陈述和辩论机会。其次，公平合理原则意味着仲裁庭应当遵循法律的精神和理念，并依据双方当事人的合同约定，参照国际惯例审理和裁决案件，特别是在法律没有强制性规定或规定不完备的情况下，更应当本着公平合理的原则进行仲裁。

3. 独立仲裁原则

独立仲裁原则是仲裁法的重要原则，是保障仲裁公正性的前提。独立有两层含义：一是仲裁机构在设置上独立；二是仲裁庭在审理案件时独立。我国《仲裁法》第8条规定："仲裁依法独立进行，不受行政机关、社会团体和个人的干涉。"第14条进一步规定："仲裁委员会独立于行政机关，与行政机关没有隶属关系。仲裁委员会之间也没有隶属关系。"独立仲裁原则体现在以下几方面：

（1）仲裁与行政脱钩。仲裁与行政脱钩是独立仲裁原则的核心内容。确立仲裁独立于行政，对于纠正我国仲裁长期以来所具有的浓厚的行政色彩，恢复仲裁民间性的本来面目，具有积极作用。

在我国，仲裁的行政色彩主要体现为仲裁与行政存在着极其密切的联系。仲裁机构隶属于行政机构，仲裁员由行政人员担任，仲裁员被赋予一种行政管理权，仲裁手段、职能也带有鲜明的行政特点，使得仲裁实际上是一种行政裁断。我国《仲裁法》依据仲裁的本质属性，参考国际惯例，确立了独立仲裁原则，明确规定仲裁独立进行，不受行政机关的干涉，使仲裁与行政脱钩，仲裁机构与行政机构不再具有隶属关系，仲裁员不再是承担管理职能的行政人员，为我国独立、公正地进行仲裁提供了法律依据。

（2）仲裁委员会之间没有隶属关系。行政关系的特点之一是行政机关之间具有上下级关系，下级行政机关必须服从上级行政机关的领导和监督。仲裁机构要摆脱行政干预和行政的属性，真正做到独立仲裁，就必须保证仲裁机构之间没有与行政属性相同或相类似的上下级关系，使每一个仲裁机构具有独立性，即仲裁委员会之间相互独立，没有高低之分，没有上下级之别，各自依据法律，独立仲裁案件。

（3）仲裁庭独立裁决案件。仲裁庭是行使仲裁权的主体，对仲裁案件具有独立的审理权和裁决权，仲裁庭的独立性是案件公正裁决的基础。因此，仲裁委员会以及其他行政机关、社会团体和个人不得以任何理由和借口对仲裁庭行使仲裁权的行为进行干预。

二、仲裁法的基本制度

（一）仲裁法基本制度的含义和特点

仲裁法基本制度，是指在仲裁活动中，约束仲裁组织、双方当事人及其他仲裁参与人的基本行为规范。相较仲裁法基本原则，仲裁法基本制度具有具体性、阶段性、直接适用性的特点。因为基本制度是直接约束仲裁组织和仲裁参与人进行仲裁活动的具体行为规范，故比较明确、具体；同时，基本制度仅针对仲裁活动中的某一阶段或某些环节，因此具有实用性和针对性。仲裁基本制度不同于仲裁的基本原则，相比较而言，仲裁基本原则更具有高度抽象性和宏观指导性，贯穿于仲裁活动的始终，体现在仲裁活动的各个方面。

（二）仲裁法基本制度体系

关于仲裁法基本制度体系，学界也有不同观点。有学者认为仲裁法基本制度包括一裁终局制度、仲裁时效制度、仲裁代理制度、仲裁证据制度、仲裁回避制度和仲裁财产保全制度。[①] 有学者认为仲裁法基本制度包括或裁或审制度、开庭和不公开仲裁制度、回避制度、一裁终局制度。[②] 也有学者认为仲裁法基本制度包括协议仲裁制度、或裁或审制度、一裁终局制度、秘密仲裁制度。[③] 还有学者认为仲裁法基本制度包括协议仲裁制度、或裁或审制度、一裁终局制度、回避制度和法院监督制度。[④]

确定仲裁基本制度，应当结合仲裁法的规定和仲裁法基本制度的特点加以考虑。本书认为，仲裁法基本制度应当包括：

1. 协议仲裁制度

协议仲裁制度是我国仲裁法规定的仲裁自愿原则的具体体现，其核心是仲裁协议制度。该制度的主旨是通过仲裁协议体现当事人的仲裁意愿，如当事人是否通过仲裁解决纠纷、提交仲裁解决的争议事项的范围、提交哪个仲裁机构进行仲裁等都是通过仲裁协议加以确定的。没有仲裁协议对当事人意愿的展示，仲裁就失去了依据，仲裁机构无权受理案件，仲裁程序也无法启动。所以，仲裁协议是仲裁制度的灵魂，协议仲裁制度是仲裁的基本制度。当事人申请仲裁、仲裁委员会受理仲裁案件以及仲裁庭对仲裁案件进行审理和裁决，都必须依据双方当事人之间订立的有效的仲裁协议。应当说，没有仲裁协议就没有仲裁制度。

协议仲裁制度的确立是由仲裁的本质属性决定的，是各国仲裁制度所奉行的基本制度，也是我国由行政仲裁走向民间仲裁的标志。该制度为通过仲裁独立、公正地解决各类民商事纠纷奠定了基础。

2. 或裁或审制度

仲裁与诉讼是两种不同的纠纷解决方式，或裁或审制度就是确定具体纠纷方式所适用的制度，也是标志仲裁作为独立的纠纷解决方式的制度。

或裁或审制度是指双方当事人对所发生的争议，或者通过仲裁方式解决，或者通过诉讼方式解决的制度。我国《仲裁法》第5条规定："当事人达成仲裁协议，一方向人民法院起诉的，人民法院不予受理，但仲裁协议无效的除外。"或裁或审制度主要体现在如下两个方面：

第一，对于当事人来说，或裁或审制度意味着当事人对纠纷解决方式具有选择权。即当事人达成了仲裁协议，当纠纷发生时，任何一方当事人不能就该争议向人民法院提起诉讼，而应当依据仲裁协议向仲裁机构申请仲裁。如果当事人双方未能就争议的解决方式达成一

---

① 谭兵主编：《中国仲裁制度研究》，法律出版社1995年版，第213页。
② 杨荣新主编：《仲裁法理论与适用》，中国经济出版社1998年版，第118—123页。
③ 马永双主编：《仲裁法导论》，中国社会出版社2005年版，第30—33页。
④ 宋朝武：《中国仲裁制度：问题与对策》，经济日报出版社2002年版，第47页。

致，或者所达成的仲裁协议依照我国法律的规定应当认定为无效，任何一方当事人不能强迫对方当事人仲裁。

第二，对仲裁机构来说，仲裁机构不能受理当事人之间没有仲裁意愿的纠纷，而对法院来说，人民法院不能受理当事人之间已达成仲裁协议的纠纷。根据《民诉法》第124条第2项规定，双方当事人对合同纠纷自愿达成书面仲裁协议向仲裁机构申请仲裁、不得向人民法院起诉的，人民法院应当告知原告向仲裁机构申请仲裁。由此可见，仲裁协议是确定纠纷解决方式的唯一依据，有效的仲裁协议具有排除法院管辖权的效力。只有在没有仲裁协议、仲裁协议无效、失效，或者双方当事人共同放弃仲裁协议等情况下，法院才可以行使司法权。

3. 一裁终局制度

一裁终局制度是指当事人之间的纠纷，一经仲裁庭审理和裁决即告终结，该裁决具有终局法律效力的制度。我国《仲裁法》确立了一裁终局的法律制度。《仲裁法》第9条规定："仲裁实行一裁终局的制度。裁决作出后，当事人就同一纠纷再申请仲裁或者向人民法院起诉的，仲裁委员会或者人民法院不予受理。"第62条进一步规定："当事人应当履行裁决。一方当事人不履行的，另一方当事人可以依照民事诉讼法的有关规定向人民法院申请执行。受申请的人民法院应当执行。"一裁终局制度具有如下含义：

（1）当事人之间的纠纷经仲裁庭审理和裁决后，任何一方当事人不得就同一纠纷再次向仲裁委员会申请仲裁。

（2）当事人之间的纠纷经仲裁庭审理和裁决后，任何一方当事人不得就同一纠纷向人民法院提起诉讼。

（3）仲裁庭所作出的仲裁裁决与人民法院所作出的终审判决具有同等的法律效力，当事人应当履行裁决，一方当事人不履行的，另一方当事人可以依照民事诉讼法的有关规定向人民法院申请执行。

一裁终局制度保障了仲裁裁决的权威性，为迅速、经济地解决纠纷提供了保障，为世界各国普遍认可和广泛遵循。

思考题

一、不定项选择题

1. 下列关于民事诉讼和仲裁异同的哪一表述是正确的？（　　）（2006年司考卷三第35题）

   A. 法院调解达成协议一般不能制作判决书，而仲裁机构调解达成协议可以制作裁决书
   B. 从理论上说，诉讼当事人无权确定法院审理和判决的范围，仲裁当事人有权确定仲裁机构审理和裁决的范围
   C. 对法院判决不服的，当事人有权上诉或申请再审，对于仲裁机构裁决不服的可以申请重新仲裁
   D. 当事人对于法院判决和仲裁裁决都有权申请法院裁定不予执行

2. 民事诉讼与民商事仲裁都是解决民事纠纷的有效方式，但两者在制度上有所区别。下列哪些选项是正确的？（　　）（2008年司考卷三第88题）

A. 民事诉讼可以解决各类民事纠纷，仲裁不适用与身份关系有关的民事纠纷
B. 民事诉讼实行两审终审，仲裁实行一裁终局
C. 民事诉讼判决书需要审理案件的全体审判人员签署，仲裁裁决则可由部分仲裁庭成员签署
D. 民事诉讼中财产保全由法院负责执行，而仲裁机构则不介入任何财产保全活动

3. 关于民事仲裁与民事诉讼的区别，下列哪一选项是正确的？（　　）（2011年司考卷三第36题）

A. 具有给付内容的生效判决书都具有执行力，具有给付内容的生效裁决书没有执行力
B. 诉讼中当事人可以申请财产保全，仲裁中不可以申请财产保全
C. 仲裁不需对案件进行开庭审理，诉讼原则上要对案件进行开庭审理
D. 仲裁机构是民间组织，法院是国家机关

二、简答题

1. 简述商事仲裁的特征。
2. 辨析机构仲裁与临时仲裁。
3. 辨析依法仲裁与友好仲裁。
4. 简述或裁或审制度。
5. 简述一裁终局制度。

第二章　仲裁权及其作用范围

> **导语**
>
> 　　本章介绍仲裁权及其作用范围，主要内容包括仲裁权的概念与特征、仲裁权的内容、仲裁权的行使、争议事项可仲裁性的概念及法律意义、争议事项可仲裁性的立法体例、确定争议事项可仲裁性的标准、仲裁管辖权的概念、仲裁庭自裁管辖原则、我国关于仲裁管辖权异议的处理。

第一节　仲裁权概述

一、仲裁权的概念与特征

（一）仲裁权的概念

　　仲裁作为一种高效、灵活的民商事争议解决机制，从商人解决商事争议需求的临时仲裁开始，直至以机构仲裁为主的现代民商事仲裁制度，均以协议仲裁为其核心特征，没有仲裁协议，也就没有现代意义上的协议仲裁制度。正因为如此，作为解决民商事争议的民事程序之一，仲裁不像民事诉讼那样受到各种法律程序的严格限制，而因其最大限度地尊重当事人的意思自治受到青睐。换言之，仲裁是当事人各方通过自愿协商，合意将有关争议事项提交非司法机关的第三者居中审理，并作出对争议各方均具有约束力的仲裁裁决的一种纠纷解决方式。因此，有效发挥仲裁的解决商事争议的功能，离不开仲裁权的合理行使。

　　仲裁权，是指由当事人选定或者仲裁委员会主任指定的仲裁员组成的仲裁庭，对当事人基于仲裁协议提请仲裁的商事案件进行审理并作出仲裁裁决的权力。

　　仲裁庭有效行使仲裁权，应当理顺仲裁庭与仲裁机构的关系，并区分仲裁权与仲裁事务管理权。在机构仲裁中，仲裁机构作为商事争议解决机构，虽然不直接行使仲裁权，但是，为了保障当事人所提请的争议案件能够得到高效、专业、便捷的解决，需要从各行各业聘请符合仲裁法规定的仲裁员资格的专业人士担任仲裁员,并对仲裁员进行适当的管理。此外,仲裁机构受理当事人依据仲裁协议申请仲裁的争议案件后,还应当协助当事人选定仲裁员组成仲裁庭,为仲裁活动的顺利进行提供场所以及相关服务。由此可见,仲裁机构行使的是仲裁事务管理权,而非仲裁权。在商事争议案件的仲裁过程中,仲裁机构与仲裁庭实际上是一种服务与被服务的关系,两者相辅相成。离开仲裁机构的优质服务,仲裁庭难以高效、便捷地对争议案件进行审理并作出裁决;离开仲裁庭仲裁权的正当行使,仲裁机构的仲裁公信力以及在仲裁服务市场中的竞争力势必受到损害。

(二)仲裁权的特征

仲裁权与审判权均是对当事人之间的民商事争议案件进行审理并作出判断的权力。与法院审判权相比较,仲裁权具有以下特征:

1. 仲裁权的主体是仲裁庭

当事人对仲裁协议约定事项发生争议,并依据仲裁协议向仲裁机构申请仲裁。在仲裁机构受理案件后,根据所适用仲裁规则的规定,在仲裁机构聘任的仲裁员中,由当事人选定或者仲裁委员会主任指定的仲裁员组成仲裁庭。该仲裁庭有权对争议案件进行审理与作出裁决。因此,对当事人申请仲裁的争议案件行使仲裁权的主体是仲裁庭。

2. 仲裁权的行使基础是仲裁协议

仲裁因得到国家立法或国际立法的认可,而成为商事争议的重要解决机制,仲裁庭虽然在法律意义上享有对当事人提请仲裁解决的争议案件的仲裁权,但是,双方当事人意思自治是商事仲裁普遍遵循的一项重要原则,仲裁庭对争议案件的仲裁权应当建立在当事人达成有效仲裁协议的基础上。我国《仲裁法》第4条规定:"当事人采用仲裁方式解决纠纷,应当双方自愿,达成仲裁协议。没有仲裁协议,一方申请仲裁的,仲裁委员会不予受理。"因此,从仲裁活动的角度来讲,仲裁协议是一切仲裁行为的基础,也就是仲裁权行使的基础。

二、仲裁权的内容

仲裁权是一种权力与职责的统一,仲裁庭在仲裁程序中行使权力的同时,也应当履行一定的职责。就仲裁权的内容而言,既涉及推进仲裁程序顺利进行的内容,也涉及对争议案件进行审理与裁决的内容。

(一)仲裁程序指挥权

仲裁程序指挥权,主要是指仲裁庭推动仲裁程序顺利进行的权力。仲裁效率是仲裁制度的首要价值。在仲裁程序中,为了保障仲裁庭高效解决争议,仲裁庭应当享有对仲裁程序的指挥权。仲裁庭有权决定是否进行证据交换或者何时进行证据交换,有权决定开庭审理的时间,有权决定是否同意仲裁申请人变更、增加仲裁请求或者被申请人提出反请求等。

（二）程序事项裁决权

程序事项裁决权，主要是指仲裁庭对当事人之间的实体争议以外的程序问题予以决定的权力。在仲裁程序进行中，经常会发生各种程序性问题，需要仲裁庭及时进行处理，否则不仅会影响仲裁程序的顺利进行，还可能影响到仲裁程序的正当性，为了保障仲裁程序的高效正当进行，仲裁庭应当享有对程序事项的裁决权。例如当事人请求延期审理的，是否准许由仲裁庭决定；因仲裁员回避而重新选定或者指定仲裁员后，已经进行的仲裁程序是否需要重新进行，由仲裁庭决定；当事人申请追加同一仲裁协议下的案外人作为仲裁申请人或者被申请人的，由仲裁庭决定是否追加等。

（三）调查取证权

调查取证权是仲裁庭的一项重要权力。证据是仲裁庭查明争议案件事实情况、分清是非、及时审理争议案件并作出公正仲裁裁决的基础，证据的调查收集能否顺利进行直接影响到仲裁庭对争议案件仲裁权的正当有效行使。为此，《仲裁法》第43条明确规定："当事人应当对自己的主张提供证据。仲裁庭认为有必要收集的证据，可以自行收集。"第44条第1款也规定："仲裁庭对专门性问题认为需要鉴定的，可以交由当事人约定的鉴定部门鉴定，也可以由仲裁庭指定的鉴定部门鉴定。"由此可见，仲裁庭在审理争议案件的过程中，可以根据案件的需要自行收集证据，也可以通过鉴定的方式收集有关专门性问题的证据。

（四）开庭审理权

开庭审理权是仲裁庭查明当事人之间争议案件事实的重要权力，也是仲裁庭作出仲裁裁决的基础。在仲裁程序中，由于双方当事人之间存在明显的实体权利义务争议，为了能够对双方当事人各自提供的证据材料进行审查，并通过证据材料全面了解争议案件的具体情况，以便作出公正的仲裁裁决，除非当事人另行约定书面审理，仲裁庭有权决定开庭审理案件。在开庭审理过程中，仲裁庭一方面可以通过听取当事人的举证、质证以及辩论了解争议事实，另一方面，可以在此基础上行使对证据的审查判断权，认定争议案件的事实，适用法律并作出仲裁裁决。

（五）争议案件调解权

争议案件调解权是仲裁庭行使仲裁权解决争议案件的一项基本权力。由于仲裁庭以仲裁方式解决的是基于当事人之间的合同关系和财产权益关系而产生的争议案件，此类案件涉及的民事权利的私权性和可处分性，决定了在争议案件解决过程中，应当充分尊重与保障当事人对其实体权利的处分权，因此，仲裁庭通过行使对争议案件的调解权解决争议，不仅尊重了当事人的处分权，也有利于实现仲裁高效解决争议的价值。对此，《仲裁法》第51条规定，仲裁庭在作出裁决前，可以先行调解。当事人自愿调解的，仲裁庭应当调解。调解不成的，应当及时作出裁决。

（六）争议案件裁决权

争议案件裁决权是仲裁庭对当事人之间的争议案件作出判断的权力，是仲裁权中最重要的一项权力。当事人依据仲裁协议将争议案件提请仲裁的目的在于通过仲裁方式解决该争议，而仲裁庭行使对争议案件的调查取证权以及开庭审理权的目的，也在于在查明和认定案件事实的基础上，正确适用法律，对双方当事人之间的争议案件作出最终的裁决，因此，仲裁庭享有对争议案件的裁决权，既是仲裁庭对争议案件行使仲裁权的最终结果，也是当事人将争议案件提请仲裁的目的所在。对此，《仲裁法》第9条第1款规定："仲裁实行一裁终局的制度。裁决作出后，当事人就同一纠纷再申请仲裁或者向人民法院起诉的，仲裁委员会或者人民法院不予受理。"

三、仲裁权的行使

仲裁庭依据仲裁协议取得仲裁权后，是否正当行使仲裁权，不仅影响到仲裁制度在解决商事争议方面应有功能的发挥，而且涉及当事人合法权益之保护。为防止仲裁庭不当行使仲裁权损害当事人的利益，应当设置对于受仲裁庭不当行使仲裁权损害之当事人的救济制度，尤其是对于仲裁庭未依据仲裁协议与当事人仲裁请求越权裁决以及怠权裁决的救济。

（一）仲裁庭越权裁决及其救济

所谓仲裁庭越权裁决，是指仲裁庭超出仲裁协议或者仲裁请求的范围而作出的裁决。这是广义上的越权裁决。狭义上的越权裁决，仅指仲裁庭超出仲裁请求的范围作出裁决。仲裁与诉讼不同，它以仲裁协议为基础。因而，仲裁庭应当以当事人依据仲裁协议提请仲裁的争议事项和仲裁请求为裁决对象。如果仲裁庭超越当事人的请求作出裁决，即构成越权裁决。应当注意的是，仲裁庭的越权裁决与无权裁决不同。无权裁决是仲裁庭对没有仲裁协议或者不具有可仲裁性的争议事项作出的裁决；而越权裁决中，当事人之间存在有效仲裁协议，但仲裁庭超出当事人仲裁协议约定的事项范围或者超出当事人仲裁请求范围作出仲裁裁决。可见，广义上的越权裁决实际上包括无权裁决。在仲裁庭越权裁决的情况下，如不给予当事人适当的救济，该裁决的执行将损害一方或双方当事人的合法权益。

仲裁庭越权裁决的具体情形包括：

1. 仲裁庭对超出仲裁协议约定事项范围的仲裁请求作出裁决

当事人提出的仲裁请求超出仲裁协议约定事项的范围，通常是当事人在仲裁协议中约定可提交仲裁事项的范围过窄引起的。在这种情形之下，仲裁庭对当事人超出仲裁协议约定事项范围提出的仲裁请求作出仲裁裁决的，该部分仲裁裁决因缺乏仲裁协议而应属无效。

2. 仲裁庭对当事人未请求仲裁之争议事项作出裁决

当事人依据仲裁协议将争议事项提请仲裁后，仲裁庭就当事人已请求和未请求争议事项一并作出裁决的，其中对当事人未请求争议事项作出的裁决部分为越权裁决。这通常出现在仲裁协议所约定的可仲裁事项范围较宽，而当事人只就其中的某一项或者某几项争议提请仲裁解决的情况下。此时，必然涉及仲裁庭越权裁决部分是否会影响仲裁裁决的效力以及如何理解仲裁裁决的整体性效力问题。仲裁不同于诉讼的本质就在于其为当事人提供一种灵活、经济、迅捷的争议解决方式，并且最大限度地遵循当事人意思自治。因此，对于仲裁庭将当事人已请求争议事项和未请求争议事项一并作出仲裁裁决的情形，应采取客观的态度区分对待，即仲裁庭对于当事人提出的仲裁请求有权裁决，该部分裁决为有效裁决；而对于当事人未提出的仲裁请求无权裁决，该部分裁决为越权裁决，故应属于无效裁决。否则，如果否定整个仲裁裁决的效力，当事人或依重新达成的仲裁协议申请仲裁，或向有关法院提起诉讼，势必造成争议解决程序之拖延，最终损害当事人之利益。对此，《纽约公约》也采取部分有效（partial enforcement）的原则，根据该公约第5条规定，裁决所处理之争议非为交付仲裁之标的或不在其条款之列，或裁决载有关于交付仲裁范围以外事项之决定者，但交付仲裁事项之决定可与未交付仲裁之事项划分时，裁决中关于交付仲裁事项之决定部分得予承认及执行。

3. 仲裁协议在仲裁裁决作出后被判定无效

当事人基于仲裁协议将所约定事项提请仲裁，且仲裁庭经过审理并作出裁决后，作为裁决基础的仲裁协议因当事人无行为能力或约定事项不具有可仲裁性被判定为无效时，该仲裁裁决也属于越权裁决。

在上述三种情形之下，对当事人的救济方式因仲裁裁决的性质不同而有所不同，具体可分为对本国越权仲裁裁决的救济与对外国越权仲裁裁决的救济：（1）对于本国的越权仲裁裁决（包括本国的国内越权仲裁裁决和本国的涉外越权仲裁裁决），可以通过以下方式对当事人予以救济：一是任何一方当事人均可以在法定期限内，以仲裁庭越权裁决为由向仲裁委员会所在地中级人民法院申请撤销仲裁裁决。二是在仲裁裁决执行程序中，被申请执行人可以在执行程序结束前以仲裁庭越权裁决为由向执行法院申请不予执行超出仲裁请求部分的裁决。（2）对于外国越权仲裁裁决，即外国仲裁裁决的一方当事人申请我国有管辖权的中级人民法院承认和执行的，另一方当事人可以仲裁庭越权裁决为由申请该法院不予承认与执行该仲裁裁决。对上述越权裁决的救济，各国的仲裁立法和有关的国际公约均有规定。如根据我国仲裁法以及民事诉讼法的有关规定，当事人之间没有仲裁协议的，可以申请撤销或不予执行仲裁裁决。《纽约公约》虽未直接将无仲裁协议规定为可拒绝承认和执行外国仲裁裁决的情形，但从其第5条第1款将仲裁协议的有效性规定为缔约国承认和执行外国仲裁裁决的条件之一来看，当事人之间无仲裁协议必然导致该裁决无法得到承认与执行。

（二）仲裁庭怠权裁决及其救济

在仲裁庭越权裁决的情形之下，仲裁庭处于积极行使仲裁权的状态，只是仲裁庭裁决未严格以仲裁协议以及当事人的仲裁请求为限。在仲裁实践中，还可能出现仲裁庭消极不行使仲裁权的情形，即怠权裁决。所谓怠权裁决，是指仲裁庭未及时、正当地就当事人基于仲裁协议提出的仲裁请求进行审理并作出裁决，是仲裁庭的一种消极不作为行为。当事人提请仲裁，就是希望通过灵活、高效的方式解决争议，以实现其合法权益，因而，仲裁庭的这种消极怠权裁决行为，不仅没有及时、正当地履行其应尽的职责，也损害了当事人的合法权益。

在仲裁实践中，仲裁庭的怠权裁决行为通常表现为以下两种情形：（1）仲裁庭迟延行使仲裁权。即仲裁庭组庭后，迟迟不履行职责，或未按照仲裁规则规定的期限对当事人的仲裁请求作出裁决。在此情形下，当事人可以请求仲裁机构对怠于行使仲裁权的仲裁员予以更换。（2）仲裁庭漏裁当事人提出的部分仲裁请求。即当事人基于仲裁协议提出了多项仲裁请求，而仲裁庭因疏漏仅对当事人的部分仲裁请求作出裁决，而遗漏了当事人的其他仲裁请求。此时，仲裁庭的这种消极怠权行为仍然是建立在仲裁庭有仲裁权的基础之上，因此，仲裁庭因疏漏而对当事人提出的部分仲裁请求未作出裁决的行为不影响已作出部分裁决的效力，除非该部分裁决符合可被撤销或不予执行的情形。对于未作出裁决的仲裁请求部分，可采取补充裁决的方法对当事人予以救济。

第二节　争议事项可仲裁性

一、争议事项可仲裁性的概念及法律意义

（一）争议事项可仲裁性的概念

争议事项的可仲裁性，即仲裁法所确立的可以通过仲裁方式解决争议事项的范围。争议事项可仲裁性的概念，实际上是对仲裁范围施加的一种公共政策限制。诚如艾伦·瑞文（Alan Refern）与马丁·亨特（Martin Hunter）教授认为，可仲裁性是"可以在各国公共政策所允许的范围内通过仲裁解决的争议的界限"[①]。每一个国家都可以基于本国公共政策的考虑，确定哪些问题可以通过仲裁解决，哪些问题不可以通过仲裁解决。即使对仲裁持支持和赞成态度的一些国家，其法律也对仲裁范围作出了一些限制。[②] 由于争议事项的可仲裁性是由各国国内法规定的，因此各国在争议事项可仲裁性问题上经常出现冲突，即一国认为具有可仲裁性的事项，他国则可能会认为不具有可仲裁性。因此，争议事项可仲裁性是一个国家限制或者鼓励仲裁制度发展的重要工具。

（二）确定争议事项可仲裁性的法律意义

1. 决定仲裁作为一种解决社会冲突机制之职能的实现程度

在人类社会的任何阶段，都存在不同的利益主体，受各自不同利益的驱使，各主体按自己的意愿行为时，不可避免会发生大量的社会冲突。按照社会学原理，社会冲突与社会关系

[①] 赵秀文：《国际商事仲裁及其适用法律研究》，北京大学出版社2002年版，第56页。
[②] 参见韩健：《现代国际商事仲裁法的理论与实践》（修订本），法律出版社2000年版，第80页。

的非正常状态并不相同。社会冲突是以纠纷形态表现出来的社会关系的非正常状态，它具有两个特点：第一，它存在于特定的相向主体之间；第二，冲突主体直接、公开地遏制对方。社会冲突经常而大量的存在，不仅使利益主体的合法权益无法得到保护，而且严重破坏了社会秩序的稳定，因而"私力救济——以国家公力为象征的诉讼——多元化冲突解决机制"的发展轨迹充分说明了社会冲突解决机制的合理设置至关重要。在社会冲突解决机制中，仲裁以其专有的契约性和司法性独领风骚，特别是在国际商事争议解决中发挥着不可估量的作用。然而，一个国家的仲裁制度在社会冲突解决方面的功能能否有效发挥取决于多种因素，争议事项可仲裁性的确定就是其中非常重要的一种。随着全球经济的快速发展，为缓和法院案件过多的压力和维护本国仲裁在国际仲裁中的市场竞争力，国家开始致力于促进本国仲裁的发展，鼓励当事人通过仲裁方式解决商事争议。但是，为了维护社会公平秩序与公共利益，国家仍然会通过制定国内法将属于公共政策范畴的事项排除在可仲裁事项的范围之外。此外，《纽约公约》第5条也将争议事项不具有可仲裁性与违背公共政策作为拒绝承认与执行外国仲裁裁决的两个并列的情形。由此可见，争议事项可仲裁性的范围直接制约仲裁作为争议解决机制功能的发挥程度，争议事项可仲裁范围宽，仲裁制度得以发挥其职能的领域就宽；反之，争议事项可仲裁范围窄，必然限制仲裁制度职能的发挥。

2. 决定仲裁协议有效与否

仲裁协议有效是仲裁程序得以顺利进行的基础，也是当事人将争议事项提请仲裁解决的意愿得以实现的前提。各国仲裁法为了保证仲裁程序的顺利进行以及仲裁裁决的实现，均对仲裁协议的有效要件作出了相应的规定。由于仲裁协议是当事人将已经发生或可能发生的争议事项提请仲裁解决的书面意思表示，因而，争议事项成为仲裁协议有效的一项必备要件。如果当事人约定提请仲裁解决的争议事项超出仲裁法规定的可仲裁事项的范围，该仲裁协议即会被有关机构判定为无效协议。由此可见，争议事项是否具有可仲裁性直接决定仲裁协议是否有效。

争议事项可仲裁性决定仲裁协议有效与否，实际上也就决定着仲裁庭对当事人提请仲裁的争议事项是否享有仲裁权。换言之，仲裁庭在审理案件过程中，可能会遇到判断当事人提交仲裁解决的争议事项是否具有可仲裁性的问题。如果根据仲裁协议所应适用的法律，仲裁庭认为争议事项具有可仲裁性，则仲裁庭可行使仲裁权；否则，对于不具有可仲裁性的事项，即使当事人依据自愿达成的仲裁协议提请仲裁，仲裁庭也不得行使对该不可仲裁事项的仲裁权。

3. 决定仲裁裁决能否得到有关国家的承认和执行

仲裁庭对争议事项作出仲裁裁决后，如果义务人未能自觉履行义务，可能会涉及依据仲裁裁决享有权利的一方当事人申请法院承认并运用国家强制力执行仲裁裁决的问题。此时，如果仲裁裁决所解决的争议事项不具有可仲裁性，义务人即可以此为由请求法院不予承认和执行。在国际商事仲裁裁决需要得到其他国家法院的承认与执行时，同样面临这一问题。对此，1958年《纽约公约》第1条第3款规定，任何国家亦得声明，该国唯于争议起于法律关系，不论其为契约性质与否，而依提出声明国家之国内法认为系属商事关系者，始适用本公约。

该公约第5条第2款又规定，倘声请承认及执行地所在国之主管机关认定依该国法律，争议事项系不能以仲裁解决者，亦得拒不承认及执行仲裁裁决。可见，依照有关国家之法律，如果争议事项不具有可仲裁性，对此不可仲裁事项所作出的仲裁裁决无法根据《纽约公约》之规定得到他国的承认和执行。因此，一国的仲裁机构在受理国际商事争议时，不仅要考虑依据本国法的有关规定该争议是否有可仲裁性，还需考虑依据可能被请求承认和执行该仲裁裁决的国家的有关法律该争议是否具有可仲裁性，否则，将来被请求承认和执行仲裁裁决的国家可以该争议事项依其国内法不具有可仲裁性为由拒绝承认和执行。

二、争议事项可仲裁性的立法体例

（一）国外立法关于争议事项可仲裁性的立法体例

争议事项可仲裁性问题是各国仲裁制度中极其重要的问题，在对仲裁制度采取成文立法的国家均对争议事项的可仲裁性作出相应的规定。因各国国情不同，各国关于争议事项可仲裁性的立法规定，不仅内容有所差异，在立法体例上也各不相同。主要有以下几种：

1. 概括式立法体例

所谓概括式立法体例，是指仲裁规范不直接规定可仲裁的具体事项或不可仲裁的具体事项，而只对仲裁事项作出抽象的、一般概括性的规定。一般而言，这种立法体例采用抽象的语言对仲裁事项作出规定，往往可以作出比较宽泛的解释，有利于在仲裁实践中扩大可仲裁的争议事项范围，推进商事仲裁的发展。但是，这种立法体例也容易因解释的歧义而就争议事项是否具有可仲裁性发生争议。

采用概括式立法体例的仲裁规范，根据其具体规定又可分为肯定式概括规定和否定式概括规定：

（1）肯定式概括规定。即在仲裁立法中以抽象性语言对可仲裁事项作出规定。如《韩国仲裁法》（2002年1月26日修订）第1条关于立法目的规定，本法的制定是为了确保民事争议以仲裁方式得到正确、公正和快速解决。第2条第3款规定，若有其他法律规定某争议不能提交仲裁，或依据除本法之外的其他法律条款可提交仲裁，上述法律不受本法影响。同时，在韩国有效之国际条约也不受本法影响。可见，《韩国仲裁法》对于仲裁事项的规定采取两项标准：一是该事项是否为民事争议；二是该事项是否属于其他法律规定不能提交仲裁的事项。又如《比利时司法法典》（1972年6月4日通过，1985年5月27日修订）第1676条第1款规定，已产生或可能产生于特定法律关系并且属于允许和解的任何争议，可以作为仲裁协议的标的。[①] 可见，比利时判断争议事项是否具有可仲裁性，主要看该争议事项是否产生于特定法律关系并允许和解。再如《日本仲裁法》（2004年3月1日起施行）第13条第1款

---

① 参见《比利时司法法典（节选）》第1676条，载程德钧、王生长主编：《涉外仲裁与法律》（第2辑），中国统计出版社1994年版，第37页。

规定,除法律有其他规定外,仲裁合意以当事人可进行和解的民事纠纷(离婚或解除收养关系的纠纷除外)为对象时有效。可见,在日本,可仲裁事项即当事人可以和解解决的民事纠纷。[①]由此可见,采取肯定式概括方式规定可仲裁事项的国家主要基于私权处分的特点,将当事人可以和解的争议纳入可仲裁事项的范围。

(2)否定式概括规定。即在仲裁规范中采用抽象性语言对不可仲裁的事项作出概括性规定。如阿根廷1967年《国家民商事诉讼法典》就采用此种方式,该法典第737条对不属于仲裁范围的争端作出了规定,即法律不准许和解与调解解决的争端,不能提交仲裁,否则仲裁无效。但该法典第736条也同时规定了可以提请仲裁的事项,即除第737条所规定的争端外,任何争端均可在法院对该争端的诉讼程序开始之前或之后,不问在诉讼的任何阶段,提交仲裁员作出决定。[②]

2. 列举式立法体例

所谓列举式立法体例,是指仲裁法规范采用具体罗列的方法规定可仲裁事项或不可仲裁事项。相较于概括式立法体例,列举式立法体例具有两大特点:第一,该立法体例对可仲裁事项或不可仲裁事项的规定非常明确、具体,无须援引其他规范即可判断对某项争议是否可以提请仲裁解决。第二,该立法体例之下,由于仲裁规范明确列举了可仲裁的事项或不可仲裁的事项,因而,仲裁的适用范围往往较窄,这既不利于仲裁事业的发展,也不利于当事人意思自治的实现。

采用列举式立法体例的仲裁法规范,根据以肯定的方式列举规定可仲裁事项还是以否定的方式列举规定不可仲裁的事项,可以分为肯定性列举式与否定性列举式:

(1)肯定性列举式,即仲裁法规范明确规定可仲裁事项的范围。例如加拿大不列颠哥伦比亚省1986年《国际商事仲裁法案》就采取此种立法体例。该法第1条明确列举了16种可作为商事仲裁对象的法律关系:供应或交换货物或服务的贸易交易;销售协议;商事代理;开发协议或租让;合营企业或者其他工业或商业合作的有关形式;通过航空、海上、铁路或公路运载货物或旅客;工程建筑;保险;许可;代理经营;出租;咨询;工程;融资;银行;投资。

(2)否定性列举式,即仲裁法规范明确规定不可仲裁的事项范围。相较于肯定性列举式,否定性列举式之下仲裁的适用范围较宽泛。如1984年《秘鲁民法》第1913条规定,下列事项不能成为仲裁协议的标的:一是涉及个人法律能力和地位的争端。二是涉及国家和其财产的争端,但这种财产属于公法中的企业、私法中的国有公司或其合同必须经最高决议案通过的混合公司的除外。为完成公法中的企业、私法中的国有公司或混合公司的宗旨而签订的合同之履行过程中发生的争议可以成为仲裁协议的标的,但应正式通知共和国审计长。三是涉

---

① 参见《日本民事诉讼法典》,曹云吉译,厦门大学出版社2017年版,第398页。
② 参见《阿根廷国家民商事诉讼法典(节选)》第737、736条,载程德钧、王生长主编:《涉外仲裁与法律》(第2辑),中国统计出版社1994年版,第299页。

及道德情感和可接受的标准的争端。①

3. 结合式立法体例

所谓结合式立法体例，是指仲裁法规范在对仲裁事项作出规定时将概括式立法体例与列举式立法体例合二为一，既采用抽象的语言作出概括性规定，又具体列举可仲裁事项或不可仲裁事项。相较于前两种立法体例，结合式立法体例既可以避免概括式立法体例因用语抽象而导致对某一事项是否可以提交仲裁而产生争议的现象，也可以避免列举式立法体例因规定过于具体而导致仲裁适用范围过窄的弊端。

采取结合式立法体例的仲裁规范，根据其具体情况又可分为：

（1）肯定性概括为主，否定性列举为辅的方式。即以抽象的用语规定可仲裁事项，又具体列举不可仲裁的事项。如1971年《希腊民事诉讼法》第867条规定了判断可仲裁事项的抽象标准：属于私法范围内的争议，经双方当事人同意，可以提交仲裁，但以当事人对争议标的有权自由处分为限。第663条涉及的争议不能提交仲裁。② 又如1998年《德国民事诉讼法》第十编第1030条（可仲裁性）第1项就可仲裁事项作出概括性规定，即任何涉及经济利益的请求均可以成为仲裁协议的对象。如果仲裁协议不涉及经济利益的请求，则其在当事人有权就争议问题缔结和解协议的范围内具有法律效力。同时，该条第2、3项又对不可仲裁事项作出了列举式规定，即有关德国境内住宅租赁合同关系存在与否争议的仲裁协议是无效的，但涉及《德国民法典》第556a条第8款所规定的住宅种类的除外。根据本编以外其他成文法规定，某些争议不得提交仲裁或只在特定情况下才可提交仲裁的，不受本编影响。③

（2）肯定性与否定性概括为主，肯定性列举为辅的方式。即以抽象的用语规定可仲裁事项与不可仲裁事项，同时又具体列举其他可仲裁事项。如1986年《荷兰民事诉讼法典》第四编关于仲裁的规定。该编第1020条第1款首先规定了可仲裁事项的判断标准，即当事人可以协议将他们之间已经发生或可能发生的产生于契约性或非契约性确定法律关系的争议，提交仲裁。接着第3款规定了不可仲裁事项的判断标准，即仲裁协议不应用于确定当事人不能自由处分的法律后果。该条第4款又具体列举了其他可仲裁的事项，即当事人也可以协议将下列事项提交仲裁：仅确定货物的品质或状况；仅确定损害的数量或金钱债务；填补缺漏或修正第1款所指的当事人之间的法律关系。④

（3）肯定性与否定性概括为主，否定性列举为辅的方式。即以抽象的用语规定可仲裁事项与不可仲裁事项，同时又具体列举不可仲裁的事项。如《印度尼西亚民事诉讼法》第615条第1款规定了可仲裁事项的判断标准，即任何人都可以将关于他可以自由处分的权利的争议提交仲裁。第2款又规定了不可仲裁事项的判断标准，即法院指定的人，以及根据民法典或商法典的规定，须经法院授权才能达成和解或出售商品的人，如未经此种授权，不得自行

---

① 参见《秘鲁民法（节选）》第1913条，载程德钧、王生长主编：《涉外仲裁与法律》（第2辑），中国统计出版社1994年版，第309页。
② 参见程德钧、王生长主编：《涉外仲裁与法律》（第2辑），中国统计出版社1994年版，第113页。
③ 参见宋连斌、林一飞译编：《国际商事仲裁资料精选》，知识产权出版社2004年版，第392页。
④ 参见程德钧、王生长主编：《涉外仲裁与法律》（第2辑），中国统计出版社1994年版，第51页。

将争议提交仲裁。同时该法第616条又具体列举了不可仲裁的事项，即：取得赠与和遗产；关于住宿或衣物；离婚，法定分居或夫妻财产的分割；有关人的法律地位的争议，或有关依据法律不允许通过和解解决的任何其他争议。①

（二）我国仲裁法关于争议事项可仲裁性的立法体例

1994年《仲裁法》的公布和实施是我国仲裁制度史上的重要里程碑，该部法律确立了协议仲裁制度和一裁终局制度，使我国原有的仲裁机制发生了本质性变化。虽然该部《仲裁法》在2009年和2017年做了两次修正，但均未涉及关于争议事项可仲裁性问题。现行《仲裁法》对争议事项的可仲裁性采取以肯定性概括式为主，以否定性列举式为辅的立法体例。

1. 可仲裁事项

我国《仲裁法》第2条概括性地规定了可仲裁的事项，即"平等主体的公民、法人和其他组织之间发生的合同纠纷和其他财产权益纠纷，可以仲裁"。其中，"合同纠纷"是指当事人因合同是否成立、合同成立的时间、合同内容的解释、合同的履行、违约责任以及合同的变更、解除、转让、终止等发生的争议。"其他财产权益纠纷"应理解为合同关系以外的具有财产内容的纠纷，主要指有关财产的各种侵权纠纷。《民法典》第147—151条分别将基于重大误解、一方欺诈、第三方欺诈、一方或者第三人胁迫、乘人之危的撤销权规定为形成诉权，并明确当事人可以通过仲裁的方式行使撤销权。但是，当事人以仲裁方式行使前述撤销权的，除了要求双方当事人应当达成仲裁协议以外，还以被请求撤销的民事法律行为涉及合同或其他财产权益为必备条件。如果前述撤销权指向的民事法律行为不涉及合同或其他财产权益，当事人依然不能通过仲裁的方式行使撤销权。此外，《民法典》第233、533、565、580、585、944条列举了部分可以申请仲裁的合同纠纷或其他财产权益纠纷，包括侵害物权纠纷、合同成立后情势变更纠纷、确认合同解除效力纠纷、因合同僵局而终止合同权利义务关系纠纷、调整违约金纠纷、物业服务合同纠纷，但这并不妨碍双方当事人约定将《民法典》没有明确列举的其他合同纠纷和其他财产权益纠纷交由特定仲裁机构通过仲裁的方式解决。

2. 不可仲裁事项

我国《仲裁法》第3条以否定性列举的方式规定下列事项不能提请仲裁：一是婚姻、收养、监护、扶养、继承纠纷；二是依法应当由行政机关处理的行政争议。

在我国，除了根据《仲裁法》第10条设立的地方仲裁委员会之外，还存在中国国际经济贸易仲裁委员会和中国海事仲裁委员会两个全国性仲裁机构，其仲裁规则中关于争议事项的可仲裁性的规定采取了与《仲裁法》不同的方式。其中，中国国际贸易促进委员会、中国国际商会发布的《贸仲规则》对争议事项的可仲裁性采取了肯定式概括与肯定式列举相结合的方式，即该规则第3条关于"受案范围"规定："（一）仲裁委员会根据当事人的约定受理契约性或非契约性的经济贸易等争议案件。（二）前款所述案件包括：1.国际或涉外争议案件；2.涉及香港特别行政区、澳门特别行政区及台湾地区的争议案件；3.国内

---

① 参见程德钧、王生长主编：《涉外仲裁与法律》（第2辑），中国统计出版社1994年版，第142页。

争议案件。"而《海仲规则》对争议事项的可仲裁性则采取了肯定性列举的方式，即该规则第3条关于"受案范围"规定："（一）仲裁委员会根据当事人的约定受理下列争议案件：1.海事、海商争议案件；2.航空、铁路、公路等相关争议案件；3.贸易、投资、金融、保险、建筑等其他商事争议案件；4.当事人协议由仲裁委员会仲裁的其他争议案件。（二）前述案件包括：1.国际或涉外争议案件；2.涉及香港特别行政区、澳门特别行政区及台湾地区的争议案件；3.国内争议案件。"

三、确定争议事项可仲裁性的标准

从上述关于争议事项可仲裁性的具体规定来看，虽然各国采取的立法体例不尽相同，关于仲裁事项的具体规定也有所不同，但在确定争议事项可仲裁性的标准方面，均采取争议事项的主体标准与客体标准并行的标准。

（一）争议事项的主体标准

争议事项的主体标准，是指确定何种主体之间的争议事项具有可仲裁性的标准。该标准是衡量争议事项当事人的标准。仲裁作为一种商事争议解决机制，其根本特点在于体现了当事人的意思自治，仲裁机构与仲裁庭也正是基于双方当事人的协议授权才取得了对争议事项的受理权与仲裁权。民事法律关系不同于行政法律关系的重要特点之一，就是民事法律关系的双方当事人处于平等的法律地位，只有平等的双方当事人才可能基于意思自治通过达成仲裁协议的方式将已经发生或将来可能发生的争议提交仲裁解决。如果当事人之间处于管理与被管理的关系，则一方在法律关系中的地位必然高于另一方。对于以这种关系为标的的争议，作为民间组织的仲裁机构无力干预。其原因在于，要解决管理者与被管理者之间的冲突，解决者必须居于高于管理者的地位，必须掌握审查其管理行为是否具有合法性的权力。然而，作为民间组织的仲裁机构无论从哪个角度说都不具有"管理管理者"的身份。倘若硬性地将非平等主体之间的纠纷划入可仲裁事项的范围，必然会导致民间仲裁组织僭越本分，蜕变为官方机构。[①] 可见，争议主体的平等性作为争议事项可仲裁性的主体标准是衡量商事争议能否成为仲裁事项的首要标准。

（二）争议事项的客体标准

争议事项的客体标准，是指争议事项本身应当符合的标准。该标准用于衡量争议事项本身的属性。仲裁作为一种争议解决机制，与民事诉讼的根本区别就在于以当事人意思自治为基础。因此，各国在规定可仲裁争议事项时，通常采取以下两个客体标准：

1. 争议事项的可处分性

争议事项具有可仲裁性的客体标准之一，是争议事项应当属于可处分的事项，即双方当

---

① 参见谭兵主编：《中国仲裁制度研究》，法律出版社1995年版，第90页。

事人对发生争议提请仲裁的事项，可以在法律规定的范围内根据自己的意思自治进行处分。换言之，对于争议事项所涉及的实体利益或者权利，当事人可以根据意思自治进行处分，也可以决定因该事项所发生争议的解决方式，国家无须干预。如果双方当事人之间的争议是因违反政治规则、道德规范而产生的，实践中通常认为不可以提请仲裁。因为违反政治规则产生的争议，一般属于公法上权利之争议，当事人无权处分，不得通过达成仲裁协议提请仲裁。因违反道德规范产生的争议应当区分是否涉及财产关系，即因道德情感而产生的非财产权益争议，如侵犯名誉权、第三者涉足他人家庭引起的争议，因其不具有可处分性而不能提请仲裁解决；而由道德规范所调整的财产关系引起的争议，如因解除同居关系产生的财产争议，因本质上属于财产关系争议，当事人可以自愿协商达成仲裁协议提请仲裁解决。

2. 争议事项的"商事性"

随着经济全球化的快速发展，国际经济贸易领域的商事争议越来越多。不同于国内争议，此类争议的解决不仅要关注争议本身的处理，还应当注重生效法律文书可能涉及的域外承认与执行问题。相较于民事诉讼，仲裁不仅具有更加高效、灵活的特点，也具有域外承认与执行的独特优势。

作为国际经济贸易交往中的一个重要的惯常用语，"商事"具有重要意义，特别是在加入有关的国际公约而又提出商事保留的国家，争议商事性质的确定不仅直接关系到争议事项能否通过仲裁方式得以解决，还涉及仲裁协议有效性的判断以及仲裁裁决的承认与执行问题。如在法国，其《商事法典》第631条规定，只有关于商事问题的仲裁条款才是有效的。美国法也要求提交仲裁的争议应是海事或商事争议。《美国联邦仲裁法》第2条规定，只有海事交易或经证实属商事交易的仲裁协议才是有效的、不可取消的和可执行的。[1]而且，有关国际公约也就商事保留问题作了明确规定，早在1923年日内瓦《仲裁条款议定书》就规定，各缔约国应承认不同缔约国管辖权下的合同当事人间签订的仲裁协议有效，不论所提交仲裁的问题是商事问题还是其他可以用仲裁方式解决的问题。该条款实际上承认了商事问题与其他问题之间的区别。该《仲裁条款议定书》进一步规定，各缔约国可以把履行议定书限于"依本国法律属于商事范围的合同"，这便是所谓的商事保留。[2]1958年《纽约公约》也有类似的关于商事保留的条款，该公约第1条第3款规定，任何缔约国在签署、批准或者加入本公约或者根据第10条通知扩延的时候，可以在互惠的基础上声明，本国只对在另一缔约国领土内作出的仲裁裁决的承认和执行，适用本公约。它也可以声明，本国只对本国法律规定的商事法律关系，不论是不是合同关系，所引起的争执适用本公约。[3]尽管"商事"的定义非常重要，但一般国内法并不对何谓"商事"作出具体规定。各国制定或者修改其仲裁法时可参照适用的《国际商事仲裁示范法》第1条也只是规定，本法适用于国际商事仲裁。但须服从本国与其他任何一国或多国之间有效力的任何协定。

争议事项的可仲裁性问题，一方面解决了当事人可以约定将哪些争议提请仲裁解决，即

---

[1] 韩健：《现代国际商事仲裁法的理论与实践》（修订版），法律出版社2000年版，第14页。
[2] 韩健：《现代国际商事仲裁法的理论与实践》（修订版），法律出版社2000年版，第15页。
[3] 参见宋连斌、林一飞译编：《国际商事仲裁资料精选》，知识产权出版社2004年版，第547页。

当事人意思自治的范围；另一方面也反映了国家在以司法方式而不是以仲裁方式解决争议方面具有一种特殊的利益。由于国际上未形成一个统一、明确的"商事"含义，而各国国内法无论采取概括式、列举式还是结合式，都无法对可仲裁事项的范围给予准确的界定，这就给仲裁实践带来了相当大的难度，特别是一些加入《纽约公约》而提出商事保留的国家就可以仲裁裁决所解决的争议不具有本国法所规范的商事性为由，拒绝承认和执行外国的仲裁裁决。但是，随着国际经济贸易的发展以及国际合作的扩大，如果严格因争议事项不具有商事性而拒绝承认和执行外国仲裁裁决，不仅会制约本国仲裁制度的发展，还可能引起他国当事人对保护本国投资环境的争议解决制度的怀疑。因此，总体而言，许多国家的法院对争议事项的可仲裁性问题采取了积极与经济发展相适应的态度，即只要当事人之间有仲裁协议，法院就不会轻易用"争议事项不具有可仲裁性，特别是不具有商事性"这一保留条款来拒绝承认和执行外国的仲裁裁决。

理论探讨

第三节　仲裁庭自裁管辖

一、仲裁管辖权的概念

仲裁管辖权，是指仲裁庭享有的对当事人依据仲裁协议提请仲裁解决的争议案件予以审理的权限。

仲裁机构基于当事人提出的仲裁申请受理争议案件后，应当组成仲裁庭对争议案件进行审理并作出裁决。就当事人之间的具体争议而言，仲裁管辖权实际上就是仲裁庭的管辖权。因此，仲裁管辖权是仲裁庭对当事人依据仲裁协议申请仲裁的特定争议事项进行审理并作出有约束效力的仲裁裁决的依据。

仲裁管辖权不同于法院的诉讼管辖权。法院对当事人提起诉讼的案件依法行使管辖权源自国家法律的授权，即法院对管辖连接点在其辖区内的案件依法享有管辖权，通常无须被告方当事人同意，除非基于当事人签订的管辖协议而取得对争议案件的管辖权。而仲裁管辖权则源自以当事人双方合意为基础的协议授权，没有当事人之间依法订立的仲裁协议，则没有仲裁庭对争议案件的管辖权。然而，在仲裁实践中，当事人签订仲裁协议后，甚至在一方当事人依据仲裁协议提出仲裁申请后，还可能出现另一方当事人对仲裁协议的效力即对仲裁管辖权提出异议的情况。因此，对仲裁协议效力的认定直接关系到仲裁庭对争议案件的仲裁管辖权。

二、仲裁庭自裁管辖原则

（一）仲裁庭自裁管辖原则的确立

当事人对仲裁协议效力提出异议后，就必然涉及由谁来认定仲裁协议的效力，即仲裁庭对争议案件有无仲裁管辖权的问题。在早期的仲裁实践中，各国一般主张应当由法院进行认定。但是，随着国际经济贸易的迅速发展以及商事争议的大量发生，为了保证争议尽快通过仲裁方式解决，仲裁庭自裁管辖原则开始兴起。

仲裁庭自裁管辖原则，即仲裁庭有权调查对其自身提出的管辖权异议，并对该问题作出决定。该原则认为仲裁员或者仲裁庭是自己管辖权的裁量者，有权就自己的管辖权作出决定。仲裁员或者仲裁庭不能因其管辖权受到异议就停止仲裁程序的进行，而应继续仲裁程序并决定其有无管辖权。[①]自裁管辖学说源自当事人的意思自治原则。按照该原则，当事人通过协议的方式约定将争议交由仲裁解决时，就意味着将协议项下的一切争议，包括对该协议效力的异议，交由仲裁解决。[②]

仲裁庭自裁管辖原则确立时，人们对仲裁庭究竟是否拥有决定其自身管辖权的权力，或者在多大范围内有权决定自身的管辖权曾发生过许多的争论。早在20世纪50年代，英国法官P.德夫林（P.Devlin）认为，任何一个仲裁程序开始时，一方或另一方当事人都有可能对仲裁员的管辖权提出异议。法律并没有规定仲裁员在其管辖权遭到反对或质疑时，应该拒绝履行其职责。法律也没有规定在管辖法院就仲裁庭管辖权问题作出判决前，仲裁员不得对管辖权异议作出实质性调查和裁决，而是继续仲裁，把管辖权问题留待有权的法院作出判决。仲裁员没有义务采取上述任何一种做法。仲裁员有权就他们是否有管辖权问题进行审查，其目的不是得到任何对当事人有约束力的结论，而是作为一个预先问题向当事人证实他们是否应该继续进行仲裁。[③]20世纪80年代以来，仲裁庭自裁管辖原则得到了国际社会的广泛接受和采纳，构成了现代商事仲裁管辖权理论的主要内容，并已成为现代国际社会仲裁法律制度中的一项极其重要的原则，如《国际商事仲裁示范法》第16条关于仲裁庭对自己的管辖权作出裁定的权力作出规定，仲裁庭可以对它自己的管辖权，包括对仲裁协议的存在或效力的任何异议，作出裁定。为此目的，构成合同一部分的仲裁条款应视为独立于其他合同条款的一项协议。仲裁庭作出合同无效的决定，不应在法律上导致仲裁条款无效。[④]《国际商事仲裁示范法》的上述表述极大地丰富了自裁管辖学说的内容，成为自裁管辖学说最具代表性的表述，为一些代表性仲裁规则所接受。例如《联合国国际贸易法委员会仲裁规则》第23条第1款规定，仲裁庭应有权就该庭管辖权所提出的异议，包括对仲裁条款或单独的仲裁协议的存在和效力所提出的任何异议，作出决定。[⑤]目前，仲裁庭自裁管辖原则已经得到许多国家仲裁立法的认可，如1996年《英国仲裁法》第30条关于仲裁庭决定自己管辖权的权限规定：除非当事人另有约定，仲裁庭可裁定其实体管辖权，亦即关于（a）是否存在有效的仲裁协议；……

[①] 参见赵威主编：《国际仲裁法理论与实务》，中国政法大学出版社1995年版，第132页。
[②] 参见赵秀文：《国际商事仲裁及其适用法律研究》，北京大学出版社2002年版，第41页。
[③] 参见韩健：《现代国际商事仲裁法的理论与实践》（修订版），法律出版社2000年版，第202页。
[④] 赵秀文、谢菁菁编著：《国际商事仲裁法参考资料》，中国人民大学出版社2006年版，第52页。
[⑤] 赵秀文、谢菁菁编著：《国际商事仲裁法参考资料》，中国人民大学出版社2006年版，第86页。

（二）确立仲裁庭自裁管辖原则的意义

1. 有利于防止仲裁程序因当事人异议而拖延

赋予仲裁庭自裁管辖的权力，不仅可以扩大仲裁庭的权限，使得仲裁庭有机会对其自身的管辖权问题作出决定，而且有助于保证仲裁程序连续且顺利地进行。否则，若仲裁程序因当事人对仲裁协议的效力或者对仲裁庭管辖权提出异议而中止，就会导致仲裁程序的拖延，影响当事人通过仲裁方式解决争议意愿的实现。

2. 有利于防止法院过度介入仲裁进而影响通过仲裁方式解决争议的效率

确立仲裁庭自裁管辖原则，并不意味着完全否定法院对仲裁庭管辖权争议的最终决定权，而是将法院对仲裁庭管辖权的最终决定权推延至仲裁裁决作出后的司法监督环节。换言之，尽管仲裁庭对其管辖权的决定需要受到法院的监督，或者说对仲裁庭的管辖权问题拥有最终决定权的仍然是法院，但是，法院以司法监督的方式最终行使对仲裁庭管辖权的决定权，其实质在于保障仲裁的正当性，而不是对仲裁的直接干预。

（三）仲裁庭自裁管辖原则的内容

仲裁庭自裁管辖原则的内容主要体现在以下两个方面：

1. 赋予仲裁庭决定其管辖权的权力

仲裁庭自裁管辖原则赋予仲裁庭决定其自身管辖权的权力。据此，如果当事人对仲裁庭的管辖权提出异议，应当由仲裁庭自己进行调查并作出决定，而无须拒绝或者停止对当事人依据仲裁协议提请的仲裁，以等待法院的决定。这不仅使仲裁庭的权力得到了加强，而且极大地减少了法院对仲裁的介入或者干预，使仲裁程序得以在不受干扰的情况下快速而连续地进行，从而保证了仲裁活动应有的独立性。

2. 赋予法院对仲裁管辖权的最终决定权

虽然仲裁庭自裁管辖原则的盛行，赋予仲裁庭决定其自身管辖权的权力，使其成为认定仲裁协议效力以及决定仲裁管辖权的主要机构，但这并不影响法院最终决定仲裁协议有效与否以及仲裁庭有无仲裁管辖权的权力。换言之，法院在特定情况下对仲裁庭管辖权争议的直接管辖，以及法院对仲裁庭管辖权决定进行必要的司法监督，同样也是仲裁庭自裁管辖原则的重要内容。该内容与仲裁庭决定其自身管辖权的权力共同构成仲裁庭自裁管辖原则完整的内容体系。法院在这方面享有的权力通常是由国际公约或者一国的仲裁法规定的。如《纽约公约》第2条第3款规定，当事人就诉讼事项订有本条所称之协定者，缔约国法院受理诉讼时应依当事人一造之请求，命当事人提交仲裁，但前述协定经法院认定无效、失效或不能实行者不在此限。允许法院直接处理有关仲裁庭管辖权的异议，可能会为法院介入仲裁或者为一方当事人利用向法院提出管辖权异议恶意阻挠和拖延仲裁程序提供机会。对此，有些国家的仲裁立法在保留法院直接处理仲裁庭管辖权异议权力的同时，也对这一权力的行使施加了一定的限制。如1996年《英国仲裁法》第32条规定，……本条项下的申请不应得到考虑，除非（A）其为经所有其他当事人一致书面同意而提出的；或（B）经仲裁庭许可而提出且法院认为——（a）对该问题的决定很可能实质性地节省费用；(b) 该申请是不迟延地提出的，且（c）该问题由法院决定有充分的理由。本条项下的申请，除非所有其他当事人一致同意其提出，须阐明该事项应由法院决定的理由。（4）除非当事人之间另有约定，在当事人向法院提出的申请被裁决之前，仲裁庭可以继续进行仲裁程序并作出裁决。这样规定既体现了对当事人意愿的充分尊重，也体现了法院对仲裁的支持与协助，而不是干预，同时还可以有效防止一方当事人利用向法院提出管辖权异议而恶意拖延仲裁程序。

三、我国关于仲裁管辖权异议的处理

（一）我国仲裁管辖权异议处理的立法规定

尽管仲裁庭自裁管辖原则已得到国际社会的广泛认可，但是，目前我国《仲裁法》尚未确立仲裁庭自裁管辖制度，而是将判断仲裁协议是否有效或者仲裁庭对争议案件有无管辖权这一权力交给了人民法院和仲裁机构。

我国《仲裁法》第20条第1款规定："当事人对仲裁协议的效力有异议的，可以请求仲裁委员会作出决定或者请求人民法院作出裁定。一方请求仲裁委员会作出决定，另一方请求人民法院作出裁定的，由人民法院裁定。"从该规定可以看出，我国认定仲裁协议效力的机构是仲裁委员会和人民法院。赋予人民法院判断仲裁协议效力或者仲裁管辖权的权力，是国际上的通行做法，但是，将仲裁协议有效性的决定权交由仲裁委员会，却不赋予仲裁庭自裁管辖权的做法是非常少见的。

在仲裁实践中，当事人一般是在仲裁庭组成之前对仲裁协议的有效性以及仲裁委员会的管辖权提出异议，我国现行立法赋予仲裁委员会对仲裁协议效力异议的决定权，主要是为了便于处理并降低时间成本。如果立法不赋予仲裁委员会决定权，则只能等仲裁庭组成后再对此作出决定，一旦决定仲裁协议无效或仲裁委员会无管辖权，不仅拖延了处理当事人异议的时间，还会因组成仲裁庭产生不必要的费用。由此可见，赋予仲裁委员会决定权有其合理之处，但也存在相应的问题：

第一，难以保证仲裁委员会处理当事人异议的独立性。如果当事人在仲裁庭组成之后对仲裁协议的效力或者仲裁委员会的管辖权提出异议，我国实践中的通常做法是，由仲裁庭对当事人的异议进行审查，然后就审查结果作出书面报告提交仲裁委员会，最后由仲裁委员会作出决定。这样无形中增加了处理当事人异议的中间环节，而且，仲裁委员会因不了解案件的具体情况，往往根据仲裁庭的处理报告作出决定，很难保证仲裁委员会对当事人提出的异议独立作出决定。

第二，影响仲裁的公信力。仲裁庭是由当事人选任的仲裁员组成的，如果仲裁庭无权对当事人针对仲裁协议的效力或者仲裁庭的管辖权所提出的异议进行审查处理，不仅限制了仲裁庭的权力，还会使当事人特别是国际商事仲裁中的当事人对仲裁的独立性和公正性产生怀疑，从而影响我国仲裁的发展。

（二）我国仲裁管辖权异议处理的发展状况

我国至今未成立中国仲裁协会，也没有全国统一适用的仲裁规则，因此，各仲裁委员会根据《仲裁法》的规定，并结合自身发展的需要，自行制定其仲裁规则。目前，有部分仲裁委员会的仲裁规则对仲裁管辖异议的处理作出了一定程度的发展。如《贸仲规则》第6条关于"对仲裁协议及/或管辖权的异议"规定："（一）仲裁委员会有权对仲裁协议的存在、效力以及仲裁案件的管辖权作出决定。如有必要，仲裁委员会也可以授权仲裁庭作出管辖权决定。……（三）仲裁庭依据仲裁委员会的授权作出管辖权决定时，可以在仲裁程序进行中单独作出，也可以在裁决书中一并作出。……（七）仲裁委员会或经仲裁委员会授权的仲裁庭作出无管辖权决定的，应当作出撤销案件的决定。撤案决定在仲裁庭组成前由仲裁委员会仲裁院院长作出，在仲裁庭组成后，由仲裁庭作出。"《北仲规则》第6条关于"管辖权异议"也作出了类似的规定，即："（一）当事人对仲裁协议的存在、效力或者仲裁案件的管辖权有异议，可以向本会提出管辖权异议。管辖权异议应当在首次开庭前以书面形式提出，当事人约定书面审理的，应当在首次答辩期限届满前以书面形式提出。……（四）本会或者本会授权的仲裁庭有权就仲裁案件的管辖权作出决定。仲裁庭的决定可以在仲裁程序进行中作出，也可以在裁决书中作出。（五）本会或者经本会授权的仲裁庭对仲裁案件作出无管辖权决定的，案件应当撤销。仲裁庭组成前，撤销案件的决定由本会作出；仲裁庭组成后，撤销案件的决定由仲裁庭作出。"由此可见，由于现行仲裁法未确立仲裁庭自裁管辖制度，因此，各仲裁委员会自行制定的仲裁规则无法突破现行仲裁法的规定，只能根据仲裁实践的需要作出变通规定，即由仲裁委员会授权仲裁庭就仲裁案件的管辖权作出决定，这从另一方面也反映出确立仲裁庭自裁管辖原则的重要性与必要性。

理论探讨

思考题

一、不定项选择题

本章思考题参考答案

1. 1997年6月，刘某与张某离婚，法院判决2岁的儿子由刘某抚养，张某每月给付200元抚养费。2005年8月，刘某觉得每月200元的抚养费根本无法维持儿子的基本生活与学习，在与张某协商无果的情况下，刘某应当通过怎样的程序加以解决？（　　）（2008年司考四川延考卷三第33题）

A. 可以向法院申请再审，要求增加抚养费
B. 可以向法院起诉，要求增加抚养费
C. 可以向仲裁委员会申请仲裁，要求增加抚养费
D. 可以向民政部门申请裁决，要求增加抚养费

2. 甲、乙因遗产继承发生纠纷，双方书面约定由某仲裁委员会仲裁。后甲反悔，向遗产所在地法院起诉。法院受理后，乙向法院声明双方签订了仲裁协议。关于法院的做法，下

列哪一选项是正确的？（　　）（2010年司考卷三第43题）

  A. 裁定驳回起诉

  B. 裁定驳回诉讼请求

  C. 裁定将案件移送某仲裁委员会审理

  D. 法院裁定仲裁协议无效，对案件继续审理

  3. 住所在北京市C区的甲公司与住所在北京市H区的乙公司在天津市J区签订了一份买卖合同，约定合同履行中发生争议的，由北京仲裁委员会仲裁或者向H区法院提起诉讼。合同履行过程中，双方发生争议，甲公司到北京仲裁委员会申请仲裁，仲裁委员会受理并向乙公司送达了甲公司的申请书副本。在仲裁庭主持首次开庭的答辩阶段，乙公司对仲裁协议的效力提出异议。仲裁庭对此作出了相关的意思表示。此后，乙公司又向法院提出对仲裁协议的效力予以认定的申请。下列哪些选项是正确的？（　　）（2017年司考卷三第85题）

  A. 双方当事人约定的仲裁协议原则有效

  B. 仲裁庭对案件管辖权作出决定应有仲裁委员会的授权

  C. 仲裁庭对乙公司的申请应予以驳回，继续审理案件

  D. 乙公司应向天津市中级人民法院申请认定仲裁协议的效力

二、简答题

1. 简述审判权与仲裁权的区别。

2. 简述争议事项可仲裁性。

3. 简述仲裁庭自裁管辖原则。

第三章 仲裁协议

> **导语**
>
> 商事仲裁协议是商事仲裁制度的基石,是争议提交仲裁解决的前提,是取得仲裁管辖权并排斥司法管辖权的依据,也是仲裁裁决得以作出和执行的根据。仲裁协议的效力独立于基础合同,无论其载体是作为基础合同组成部分的仲裁条款,还是单独的仲裁协议,抑或法律认可的其他书面形式,确认仲裁协议效力时都将其视为单独合同,进而审查其自身是否满足生效要件,包括主体要件、形式要件和实质要件。总体来看,各国在确认仲裁协议有效性方面的政策日趋宽松,比如对实质要件的解释普遍倾向尽量使仲裁协议有效;最高人民法院的司法解释在仲裁协议的要件和仲裁庭对仲裁协议效力的自裁权等方面也有若干突破。

第一节 仲裁协议概述

一、仲裁协议的定义和基本特征

(一)仲裁协议的定义

对于仲裁协议,目前国际国内立法及仲裁规则尚无统一的定义。经对各类定义中主要元素进行综合并取最大公约数,本书将其定义如下:仲裁协议是当事人之间达成的,旨在将当事人之间特定法律关系中已经发生或将来可能发生的商事争议提交仲裁解决的书面协议。不同定义之间的差异主要体现在对于"商事争议"和"书面"概念的界定上。有些定义还具体规定了"提交仲裁解决"的含义,不过这属于各国立法及仲裁规则的具体规范范畴,可不列入仲裁协议的基本元素。

（二）仲裁协议的基本特征

1. 仲裁协议具有自治性和合意性

仲裁协议作为合同或契约的一种类型，与其他协议的共同之处是当事人之间自愿就某一事项达成一致的真实意思表示。

2. 仲裁协议的内容是对纠纷解决途径的处分

普通民商事合同是对实体权益的处分，而仲裁协议所处分的是已经产生或将来可能产生的纠纷的解决途径。正因如此，仲裁协议被认为是程序性契约。这种处分权或自治权行使的后果，并不直接对民事权益产生影响，而是自愿放弃了通过司法救济解决该争议的权利。这是仲裁协议区别于普通民商事合同的重要特征，也由此产生了许多制度安排上的重要差异。

3. 仲裁协议的主体具有缔约能力

仲裁协议主体的缔约能力比普通民事合同主体的缔约能力更明确且要求更高，比如缔约者必须具备完全民事行为能力。这是因为仲裁协议产生于商事交易，其交易主体自身的资格就须具备较高条件；此外，仲裁协议是对于司法救济权的处分，关涉重大权利事项，在现代法治国家，司法救济请求权一般被作为一项宪法保障的基本权利。

4. 仲裁协议所处分的客体范围受一定程度的法律限制，并非所有的民商事争议都能够提交仲裁解决

各国法律、国际公约乃至仲裁机构的规则，对于可提交仲裁解决的争议事项都有不同程度的限制，其原因是商事仲裁作为一种社会自治性的民间纠纷解决途径，可仲裁事项只能是当事人可以自行处分、可提交民间第三者裁处的争议，而对于涉及身份关系和社会公共秩序的事项，当事人无权自行处分或处分权受限，需要公权力介入，这类纠纷不可提交仲裁解决。

5. 仲裁协议的形式是书面的

仲裁协议"书面"形式随着电子数据的发展和传媒介质的丰富而日益复杂化，总体上日渐宽松。1958年订立《纽约公约》时，"书面协议"的形式被解释为"互换函电"（letters or telegrams）。2006年联合国国际贸易法委员会（以下简称贸法会）第三十九届会议提出，其中所述情形并非详尽无遗。《国际商事仲裁示范法》规定，仲裁协议的内容以任何形式记录下来的，即为书面形式，无论该仲裁协议或合同是以口头方式、行为方式还是其他方式订立的。其中，符合条件的电子通信应当具备可调取性。我国《仲裁法》并未对"书面协议"作出解释，但《仲裁法解释》第1条明确将合同书、信件、电报、电传、传真等可以有形地表现所载内容的形式视为书面形式。司法实践中出现了许多以短信、微信等载体呈现的仲裁协议的案例，这些形式大多通过扩充解释得到了支持。

二、仲裁协议的性质

（一）关于仲裁协议性质的学说

关于仲裁协议的性质理论上也存在着争议。相关学说主要有：

1. 程序法契约说

该说认为仲裁协议有别于实体法上的契约。实体法上的契约以当事人的实体权利义务为内容，仲裁协议的内容则更类似于诉讼权利义务。仲裁协议的存在排除了法院对仲裁事项的管辖权，即当事人在仲裁协议中处分了诉权，而一般认为诉权属于程序法调整的范畴。实体法上的契约的最终目的是通过履行合同实现当事人预期的利益，而仲裁协议的最终目的是通过仲裁的方式解决争议。

2. 实体法契约说

实体法契约说从"私法行为说"出发，认为契约的法律性质不应当取决于契约的内容，而应取决于其形式条件和约束效力。仲裁行为同一般的私法行为并无不同，当事人在仲裁协议中处分自己的权利义务，当然属于私法范畴。仲裁协议更多受到实体法而不是程序法的规范。

3. 混合型契约说

这是一种折中观点，即认为仲裁协议兼具实体法契约和程序法契约的性质，有些方面受实体法规范，如协议的成立、效力等；其他方面则受程序法约束，如仲裁协议排除法院对仲裁事项的管辖权问题等。

4. 独立类型契约说

该说从仲裁自治理论出发，认为仲裁协议既不同于实体法契约，也不同于程序法契约，而是实践中发展起来的新型的特殊类型契约。

（二）本书的观点

本书认为，独立类型契约说和混合型契约说由于其本身在打破传统基本分类标准的同时缺乏自成体系的理论支撑，不宜为据。如果将契约总体上区分为实体法契约与程序法契约，那么根据仲裁协议的客体和功能，将其视为程序法契约更符合分类的原理。至于仲裁协议的认定和解释常常需要适用实体法上的契约规则，这并不符合各国的实际，对仲裁协议的解释只是采用了实体法契约和程序法契约所共同遵循的契约原理而已，不必要也不应当完全适用实体法。此外，仲裁协议在一定意义上也突破了实体法契约的相对性原则，而对该仲裁程序的全体参与者及相关者产生普遍拘束力。比如，当事人签订的仲裁协议对司法管辖权（我国民事诉讼法理论上称为"主管权"）的排斥对受诉法院有约束力，仲裁协议对仲裁机构的选择对仲裁机构有约束力，仲裁协议对仲裁事项和仲裁程序的选择对仲裁庭有约束力，等等。当然，关于产生拘束力的法理有不同的解释，但仲裁协议这种普遍具有的溢出效力是实体法契约所不具备的。

第二节 仲裁协议的独立性

仲裁协议的独立性，是由仲裁协议的特征衍生出来的一项突出特征，对于仲裁协议效力的认定和仲裁程序的设置都有至关重要的意义。

一、仲裁协议独立性的含义及依据

所谓仲裁协议的独立性，又称仲裁协议的可分性或仲裁协议的自治性，是指仲裁协议独立于其所针对或附着的基础合同。仲裁协议的效力是单独评价的，不受基础合同效力的影响。换言之，双方签订包含仲裁条款的合同，便形成两种合同关系：一是实体权利义务合同（基础合同）关系，二是争议解决合同（仲裁协议）关系。二者彼此独立，对其效力分别评价。仲裁协议独立性的法律效果包括：（1）基础合同无效或不存在不一定意味着仲裁协议无效或不存在；（2）仲裁协议无效不一定意味着基础合同无效；（3）基础合同的准据法与仲裁协议的准据法可以不同；（4）基础合同的形式要求与仲裁协议的形式要求不同。①

仲裁协议的独立性为各国法律和国际公约所普遍承认。例如《国际商事仲裁示范法》第16条第1款规定，构成合同的一部分的仲裁条款应视为独立于其他合同条款的一项协议。仲裁庭作出的关于合同无效的决定，不应在法律上导致仲裁条款的无效。《国际商会调解与仲裁规则》第8条第4款规定，仲裁员不因有人主张合同无效或不存在而丧失管辖权。如果仲裁员认定仲裁协议是有效的，即使合同本身可能不存在或无效，仲裁员仍应继续行使其管辖权以确定当事人各自的权利，并对他们的请求和抗辩作出决定。我国《仲裁法》第19条第1款规定："仲裁协议独立存在，合同的变更、解除、终止或者无效，不影响仲裁协议的效力。"类似规定还可以参见《联合国国际贸易法委员会仲裁规则》第23条第1款、《联合国国际货物销售合同公约》第81条、《贸仲规则》第5条第4款以及《北仲规则》第5条。

仲裁协议的独立性是在仲裁实践中逐渐发展起来的。主要理由有：

1. 否认仲裁协议具有独立性与当事人意思自治原则相冲突

当事人在仲裁协议中约定将与基础合同有关的争议提交仲裁解决，表明了当事人排除法院诉讼管辖的真实意思，体现了当事人的意思自治。如果使仲裁条款的效力依附于基础合同的效力，使仲裁条款因基础合同的无效而无效，从而否定仲裁机构的管辖权，将违背当事人通过仲裁条款明确表示的欲将实体争议提交仲裁机构解决而不是通过司法等其他途径解决的真实意思。承认仲裁条款的独立性，可以保证当事人选择争议解决途径的意思表示得到尊重。

2. 仲裁协议与基础合同之间在性质上的差异也支持仲裁协议的独立性

无论是否将仲裁协议视为程序法契约，它与基础合同在内容、目的和履行方式上都存在

---

① [美]加里·B.博恩：《国际仲裁：法律与实践》，白麟等译，商务印书馆2015年版，第69页。

着根本区别。正如英国麦克米兰（Macmillan）大法官指出的："仲裁条款与其他条款有着完全不同的性质，其他条款规定的都是当事人相互之间承担的义务，而仲裁条款规定的不是一方当事人对另一方当事人的义务，它是双方当事人的协议，即如果产生了有关一方当事人对另一方当事人承担义务的争议，则这些争议将由他们自己成立的法庭解决。"[1]

根据我国《仲裁法》第20条第1款的规定，当事人对仲裁协议的效力有异议的，可以请求仲裁委员会作出决定或者请求人民法院作出裁定。如果否定仲裁协议的独立性，仲裁协议的效力将受到基础合同效力的影响，一旦基础合同的效力发生争议，仲裁机构的管辖权就会处于不确定状态。

二、仲裁协议独立性的适用

仲裁协议具有独立性虽然得到了普遍承认，但其在仲裁实践中依然存在一些具体适用的问题。

（一）基础合同转让、变更以及解除或终止时仲裁协议的独立性

1. 基础合同转让时

合同转让是指合同成立后，一方或者双方当事人将合同中的权利或义务全部或部分转让给第三人。合同转让将导致合同主体的变更，在全部转让的情况下，受让人取代出让人成为新的合同主体；在部分转让的情况下，受让人加入原有的合同主体之列，成为共同的合同主体。但是无论主体如何变化，合同内容并没有发生变化，并且依然约束新的合同主体。如果仲裁协议以仲裁条款的形式存在，则根据合同转让的理论，受让人受仲裁条款的约束当无异议。但是如果仲裁协议以独立于基础合同的仲裁协议书或者其他形式存在，是否当然对受让人有效，可能存在疑问。一般认为，此时出让人应当对受让人尽告知义务，即只有告知受让人在基础合同之外存在独立的仲裁协议时，仲裁协议才能约束受让人。《仲裁法解释》第9条规定："债权债务全部或者部分转让的，仲裁协议对受让人有效，但当事人另有约定、在受让债权债务时受让人明确反对或者不知有单独仲裁协议的除外。"[2]

---

[1] [英]施米托夫：《国际贸易法文选》，赵秀文选译，中国大百科全书出版社1993年版，第612页。

[2] 在新疆大明畜牧业有限公司诉太原晋翔企业管理咨询有限责任公司等合同、无因管理、不当得利纠纷案中，最高人民法院认为由于受让人晋翔公司与债权转让方签署的《债权转让协议》第10条明确约定："晋翔公司不同意、不认可、不接受《可转换票据认购协议》中约定的仲裁管辖协议，并约定各方有权在山西省有关法院诉讼解决相关事宜。"因此，《可转换票据认购协议》中的仲裁条款在债权转让后对受让人晋翔公司不具有约束力［参见最高人民法院（2016）最高法民辖终273号民事裁定书］。在天津中燃船舶燃料有限公司与丹麦宝运石油（中国）有限公司、山东烟台国际海运公司船舶物料供应合同纠纷案中，天津中燃船舶燃料有限公司在受让债权时，并不知丹麦宝运石油（中国）有限公司与山东烟台国际海运公司之间存在单独仲裁条款，最高人民法院认为，受让人在受让债权时不知有单独仲裁协议的，仲裁协议对受让人不具有拘束力［参见《最高人民法院关于天津中燃船舶燃料有限公司与丹麦宝运石油（中国）有限公司、山东烟台国际海运公司船舶物料供应合同纠纷仲裁条款效力问题的请示的复函》］。

2. 基础合同变更时

合同的变更是指在合同成立之后至终止之前，当事人经过协议对合同内容进行修改或补充。合同变更后，新的合同将取代原有的合同对当事人发生法律效力，原有的合同不再约束当事人。因此，原有的仲裁协议是否继续有效取决于当事人对合同进行的修订或者补充。

如果当事人只变更了基础合同条款，而未涉及仲裁协议，则仲裁协议继续对当事人有效，因新的基础合同发生的争议依然要按照原有的仲裁协议进行仲裁。比如在加工承揽合同中，由于其自身的特性，在订立合同时当事人难以确定未来的工程价款以及具体的工程量，因此在合同履行过程中，合同内容可能会多次发生变更，这就需要当事人在订立合同时对争议解决条款予以明确，尤其对于可能出现的新文件、单据，应当确定争议解决条款是否同样适用。[1] 如果仲裁协议被变更，只要是双方当事人真实的意思表示，新的仲裁协议便取代了原有的仲裁协议。[2] 如果当事人在变更合同的同时变更了争议解决方式，则发生纠纷后只能依照新约定的救济途径寻求救济。

3. 基础合同解除或终止时

合同解除，是指合同成立后，当解除条件具备时，基于一方或者双方当事人的意思表示而使合同关系自始消灭或仅向将来消灭。基础合同被解除后，合同对当事人不再具有约束力，但这通常是就基础合同中的实体权利义务关系而言的，不涉及仲裁协议。也就是说，在基础合同被解除后，仲裁协议可能依然有效，其效力持续的期间视具体情况而定。

在单方解除合同的情况下，双方当事人之间虽然并不形成新的合同关系，却可能产生基于原有合同关系的实体法请求权，尤其是损害赔偿请求权。[3] 我国《民法典》第566条第1款规定："合同解除后，尚未履行的，终止履行；已经履行的，根据履行情况和合同性质，当事人可以请求恢复原状或者采取其他补救措施，并有权请求赔偿损失。"当事人就这些请求权发生的法律争议依然属于"本合同引起的或与本合同有关的任何争议"。因此，在此类请求权的实现受阻而要寻求救济时，仍应受仲裁协议的约束，这是当事人签订仲裁协议的应有之义。

---

[1] 在北京海湾威尔电子工程有限公司与山东一箭建设有限公司不予执行仲裁裁决执行案中，在工程的劳务分包过程中，双方签订多份《现场签证指令单》，并由此增加了30万元的工程款。发包方认为30万元的价款超出了仲裁协议范围，应当不予执行。本案合同约定："施工过程中……工程量变更，由甲乙双方在工程整体竣工验收后进行结算。"显然，在施工过程中出现工程量变更从而影响价款的情形是双方订立合同时已经预见并认可的，且合同中还约定"除设计变更、业主、甲方指令、现场签证洽商、甲供甲指材外，甲方不再增加与本工程有关的其他费用"，因此，《现场签证指令单》属于双方约定的工程价款变更的合理情形，其与原合同分包工程具有紧密的联系，而且在订立合同时双方已经合理预见该种变更情形，因此原争议解决条款依然适用（参见北京市第一中级人民法院［2016］京01执异185号执行裁定书）。

[2] 在北京泰思谊铁道技术有限公司与北京易科路通科技有限公司合同纠纷一案中，原告请求法院确认当事人已将争议解决的方式变更，由诉讼取代仲裁。法院认为，争议解决条款的变更只要由当事人合意作出，是真实的意思表示，就应当予以认可。如变更后产生了争议，应当提交变更后的争议解决机构处理。本案中，基于申请人提交的载明变更事宜且盖有公章的会议纪要以及被告对这一事项进行明确答复的回函，法院认定当事人双方已合意将争议解决方式由仲裁变更为诉讼（参见北京市第一中级人民法院［2016］京01民终369号民事判决书）。

[3] 关于单方解除与协议解除的关系、合同解除与违约责任的关系等问题，参见崔建远：《合同解除的疑问与释答》，载《法学》2005年第9期。

在双方解除合同时，情况可能相对复杂。如果当事人仅仅协议解除了基础合同，而没有对解除后的法律后果作出具体的约定，与单方解除合同便没有实质性的区别。当事人在行使基于违约责任而产生的实体法请求权时[①]，要受仲裁协议的约束。但是如果当事人在协议解除基础合同的同时也对解除的法律后果达成了协议，那么当事人之间就产生了新的实体权利义务关系。由于新的法律关系已经超出了仲裁协议中约定的仲裁事项范围，对此便不能再继续适用原有的仲裁协议。这并不违背仲裁协议的独立性。

合同终止是指合同法律关系最终消灭。一般而言，导致合同终止的事由包括合同按照约定履行完毕、合同解除、债务抵销、标的物提存、债务免除等。合同终止与合同解除对仲裁协议效力的影响相似。合同终止后，仲裁协议失去了实际意义，但是如果当事人因终止事由或者因原合同发生纠纷，例如事后发现标的物存在瑕疵，则依然应根据仲裁协议申请仲裁，而不得寻求其他救济途径。

（二）基础合同无效时仲裁协议的独立性

在基础合同变更、转让、解除和终止情况下，仲裁协议的独立性是以基础合同和仲裁协议的有效存在为前提的。但是在基础合同无效的情况下探讨仲裁协议的独立性，则无法避免仲裁协议本身是否有效的问题。合同无效，是指合同因严重欠缺法律规定的有效要件或存在合同无效的法定事由而自始不发生法律效力，它导致双方当事人合意追求的实体权利义务的法律后果不能发生。现代观点认为，仲裁协议的独立性包含仲裁协议不因基础合同无效而无效的内容。《仲裁法》以及仲裁法生效后的司法实践也都采纳了这种观点。[②]虽然在实践中，造成合同无效的原因通常有主体欠缺民事行为能力、合同内容违法等，这些因素不仅影响基础合同的效力，也影响仲裁协议的效力。但在方法上，判断基础合同效力和仲裁协议效力的标准是相互独立的。

1. 主体欠缺民事行为能力

合同主体具备相应的民事行为能力是合同有效的基本前提，否则合同无效。当合同主体为自然人时，问题相对简单，因为仲裁法要求仲裁协议的当事人必须具备完全的民事行为能力，因此如果基础合同因主体欠缺民事行为能力而无效，那么相应地签订的仲裁协议同样无效。当主体为非自然人时，问题则比较复杂，因为此时主体的民事行为能力常常要受到经营范围等条件的限制，违反这些条件签订的基础合同可能无效，但是同样的情况不一定导致仲

[①] 对此存在争议：肯定说认为，解除合同并不影响非违约方主张损害赔偿，因为解除合同与抛弃权利无关，仅在当事人明确表示放弃主张违约责任时，其相关权利才会消灭。否定说认为，当事人在协议解除合同时若未约定解除的后果，则视为放弃主张损害赔偿的权利，因此合同协议解除后一方又要求损害赔偿的，应参照合同的协议变更，不予支持。参见王利明：《合同法新问题研究》，中国社会科学出版社2003年版，第534页。
[②] 传统观点认为，仲裁条款是合同的一部分，如果合同不存在，则仲裁协议也就不存在。英国上诉法院在1942年"海曼诉达尔文思有限公司"（*Heyman V. Darwins Ltd.*）案中虽然确立了仲裁协议独立性的原则，但是西蒙Simon法官认为，如果合同自始无效，例如合同通过欺诈方式订立，或者一开始就是违法的，则该无效合同中的仲裁条款应随着自始无效的欺诈或违法合同的无效而无效，在这种情况下仲裁条款也就无独立性可言了。参见赵秀文：《论仲裁条款独立原则》，载《法学研究》1997年第4期。

裁协议无效。从尊重当事人意思自治的原则出发，应当允许当事人申请仲裁解决其间发生的实体争议。

2. 基础合同内容违反法律或公序良俗

根据《民法典》第153条的规定，违反法律、行政法规的强制性规定或者违背公序良俗的民事法律行为无效，但是该强制性规定不导致民事法律行为无效的除外。值得注意的是，法律上有关实体权利义务关系的强制性规定与有关仲裁协议的强制性规定显然是不同的。基础合同违反法律强制性规定，并不意味着仲裁协议同时也违背该规定。仲裁协议是否触发法律规范而无效，需要单独就仲裁协议本身的内容进行判断，比如仲裁事项违反关于可仲裁性的法律规定就会导致仲裁协议无效。另外，当事人在仲裁协议中仅仅合意确定纠纷的解决方式，通常并不会对公序良俗造成损害，但如果仲裁协议的内容本身（比如关于仲裁庭组成或程序的约定等）明确表达了违反公共秩序或善良风俗的内容，也可能会触发这一规定而导致仲裁协议全部或部分无效，所以重要的是就仲裁协议本身进行单独判断。

（三）基础合同不成立时仲裁协议的独立性

尽管仲裁协议具有独立性，但它是以基础合同的存在为前提的，因为仲裁协议是为了解决基础合同相关争议而签订的，如果根本不存在基础合同，独立的仲裁协议将不具有任何法律意义。但是基础合同不成立并不等于不存在，也不当然导致仲裁协议不成立。实践中常见的情形是，当事人在合同磋商过程中虽未对仲裁条款提出异议，但包含仲裁条款的基础合同最终未被签署或未成立。有时关于基础合同是否成立的争议本身就属于仲裁协议中明确约定的仲裁事项，甚至当事人在订立基础合同之前就订立了仲裁协议。为此，《仲裁法解释》第10条第2款规定："当事人在订立合同时就争议达成仲裁协议的，合同未成立不影响仲裁协议的效力。"故应当审查当事人是否就仲裁协议达成了合意，而非单一地、绝对地依据仲裁协议独立性判定仲裁协议成立。国内国际仲裁实践也普遍支持这一做法。①

（四）基础合同不生效时仲裁协议的独立性

《民法典》第502条第1款规定："依法成立的合同，自成立时生效，但是法律另有规定或者当事人另有约定的除外。"实践中，不生效合同与无效合同常常被混为一谈。合同无效的原因主要是欠缺合同的有效要件，或存在合同无效的法定事由，无效的合同自始不具有法律效力；而未生效的合同实际上已具备合同的有效要件，但由于缺少报批等手续致使该合同

---

① 比如，在 *BCY v BCZ [2016] SGHC 249* 一案中，基础合同包含了仲裁条款，但最终双方没能签署基础合同。新加坡高等法院认为，问题的关键在于各方当事人是否同意在基础合同未成立的情况下缔结一项独立的、产生具有约束性权利义务的仲裁协议。依据对双方往来沟通的调查发现，双方认为合同内所有条款均受制于基础合同，并未就仲裁条款达成单独的合意，因此本案中仲裁条款未成立。我国最高人民法院（2019）最高法民特3号民事裁定书中也体现了类似的考量。在该案中，申请人以基础合同未盖章为由认为仲裁条款未成立。法院经仔细考察双方的磋商情况，发现双方往来的多份文件中包含了将争议提交仲裁解决的意思表示，并磋商确定了仲裁机构，完成了合同草签版的要约与承诺，因此仲裁条款成立。虽然一方当事人未签署最终的合同，但由于有证据证明当事人已对仲裁条款达成合意，因此根据《仲裁法解释》第10条第2款的规定，即使合同未成立，仲裁条款的效力也不受影响。

未能满足特殊的生效条件，但其对双方具有一定的约束力。《民法典》第502条第2款明确了合同未生效的情形及其效力："依照法律、行政法规的规定，合同应当办理批准等手续的，依照其规定。未办理批准等手续影响合同生效的，不影响合同中履行报批等义务条款以及相关条款的效力。应当办理申请批准等手续的当事人未履行义务的，对方可以请求其承担违反该义务的责任。"据此，对于因未办理批准手续而未生效的基础合同中的争议解决条款，其效力应当被独立判断，不因基础合同不生效而影响其效力。

（五）基础合同因欺诈或胁迫签订时仲裁协议的独立性

《仲裁法》第17条第3项规定，一方采用胁迫手段迫使对方签订仲裁协议的，仲裁协议无效。这与原《民法通则》第58条的规定是一致的，但与原《合同法》第54条及《民法典》第150条的规定相矛盾。《仲裁法》并没有提及因欺诈而订立的仲裁协议的效力，但基于后生效的原《合同法》《民法典》的规定和保护受害一方当事人利益的考虑，本书认为应允许受害方申请撤销仲裁协议。

根据《民法典》第148—151条规定，一方当事人或第三方实施欺诈、胁迫行为，使受欺诈方和受胁迫方在违背真实意思的情况下实施的民事法律行为是可撤销的行为，受欺诈方或受胁迫方有权请求人民法院或者仲裁机构予以撤销。如果基础合同存在上述情况，受欺诈方或受胁迫方是否也因此获得请求撤销仲裁协议的权利呢？

欺诈、胁迫情况下仲裁协议独立性的判断方法之所以不同于基础合同变更、转让、解除、无效、不生效、不成立情况下仲裁协议独立性的判断方法，是因为其涉及整个签约行为的意志自由状态和意思表示的真实性，使得基础合同和仲裁协议之间原有的界限变得模糊，很难确定受欺诈或受胁迫的一方签订仲裁协议时是否处于被欺诈、被胁迫的状态。在此情形下，仲裁协议的效力虽然仍采用独立判断的原则，但在被欺诈、被胁迫一方当事人就仲裁协议的效力提出异议时，在意思表示真实的事实判断上，整个合同或基础合同因受欺诈、受胁迫而签订的事实，应当成为推定仲裁协议意思表示也同样不真实的基础事实，而推翻这一事实的证明责任应当由基础合同中被认定为欺诈、胁迫的一方承担。同时还要考虑当事人在救济途径上所享有的利益。比如，在仲裁地、仲裁庭组成及仲裁程序等核心因素的选择上，明显不利于基础合同中被欺诈、被胁迫一方。但这些仍是事实判断方法问题。

就救济途径而言，根据《仲裁法》第19条和《仲裁法解释》第10条第1款规定，合同成立后被撤销的，不影响仲裁协议的效力，并且仲裁庭有权确认合同的效力。但在合同因欺诈、胁迫而签订的情况下，应当赋予受害方申请撤销仲裁协议的救济权利，其救济途径应当准用《仲裁法》第20条关于确认仲裁协议无效的程序规定。

第三节　仲裁协议的有效要件

仲裁协议作为一种特殊的合同，除了具备合同有效的一般要件，还应符合法律对此类合同的特殊规定。世界上众多国家在本国仲裁法中都明确了判断仲裁协议是否生效的标准，主要包括是否采书面形式、当事人是否具有行为能力、请求仲裁的意思表示是否真实、仲裁事项是否明确以及是否具有可仲裁性等。根据我国《民法典》和《仲裁法》的相关规定，在我国，有效的仲裁协议应当具备以下要件。

一、主体要件

仲裁协议当事人应当具备缔约能力。1958年《纽约公约》第5条第1款和《国际商事仲裁示范法》第36条第1款都规定，仲裁协议当事人无行为能力时所签订的仲裁协议无效，经一方当事人的申请可拒绝承认和执行。我国《仲裁法》第17条第2项明确要求当事人具备完全民事行为能力，无民事行为能力人或限制民事行为能力人订立的仲裁协议无效。

在主体要件的判断中，要区分欠缺行为能力的不同情形。仲裁协议的当事人可以是自然人或法人，自然人欠缺行为能力会导致仲裁协议无效在我国是毫无疑问的；法人欠缺行为能力包括法人不存在或无权限、签订仲裁协议的代理人不具有代理权等情形，其对于仲裁协议效力的影响依赖于对具体情形的判断。不过，对仲裁主体要件的解释原则上要比实体合同更严格。此外，关于认定主体资格的时间点，各国基本都以签订协议时为准。

二、形式要件

尽管各国法律和国际公约对仲裁协议的形式要求存在差别，并且解释上采取日益宽松的政策，但大都要求仲裁协议应当采用书面形式订立，否则仲裁协议无效。① 我国《仲裁法》第16条第1款规定："仲裁协议包括合同中订立的仲裁条款和以其他书面方式在纠纷发生前或者纠纷发生后达成的请求仲裁的协议。"《仲裁法解释》第1条对仲裁协议的其他书面形式作出明确规定："仲裁法第十六条规定的'其他书面形式'的仲裁协议，包括以合同书、信件和数据电文（包括电报、电传、传真、电子数据交换和电子邮件）等形式达成的请求仲裁的协议。"

（一）合同中的仲裁条款

合同中的仲裁条款，是指当事人在争议发生之前，在基础合同中订立的表示愿意将可能

---

① 《纽约公约》第2条第1款规定，当事人以书面协定承允彼此间所发生或可能发生之一切或任何争议，如关涉可以仲裁解决事项之确定法律关系，不论为契约性质与否，在提交仲裁时，各缔约国应承认此项协定。第2款规定，称"书面协定"者，谓当事人所签订或在互换函电中所载明之契约仲裁条款或仲裁协定。这为仲裁协议形式上的有效性提供了一个统一的准则，但是对"书面形式"的规定相对比较严格。《国际商事仲裁示范法》第7条规定，仲裁协议应是书面的。协议如载于当事各方签字的文件中，或载于往来的书信、电传、电报或提供协议记录的其他电信手段中，或在申诉书和答辩书的交换中当事一方声称有协议而当事他方不否认，即为书面协议。在合同中提出参照载有仲裁条款的一项文件即构成仲裁协议——如果该合同是书面的而且这种参照足以使该仲裁条款构成该合同的一部分的话。相对于《纽约公约》而言，《国际商事仲裁示范法》扩大了书面仲裁协议的范围。1996年《英国仲裁法》第5条在这方面则取得了更大的进步，将书面协议宽泛地解释为"以任何方式所作的记录"。

发生的法律争议提交仲裁机构仲裁解决的协议。它以合同条款的形式存在，因此被称为仲裁条款。

（二）仲裁协议书

仲裁协议书，是指当事人在争议发生之前或者之后订立的，同意将争议提交仲裁机构进行仲裁解决的单独的协议。与仲裁条款相比，仲裁协议书是完全独立存在的，不受基础合同的约束，而且当事人在仲裁协议书中所约定的仲裁事项范围不仅限于合同纠纷，也包括其他财产权益纠纷。

（三）其他书面形式的仲裁协议

尽管在仲裁实践中，仲裁条款和仲裁协议书是仲裁协议最普遍的存在形式，但是随着现代通信技术和电子商务的发展，上述两种方式已经无法完全满足快捷的商业交往的需要，采用其他方式订立仲裁协议的情形日益增多，例如以信函、电报、电传、传真、电子数据交换和电子邮件等方式达成仲裁协议。这显然突破了传统的"书面"仲裁协议的范围，并由此带来了一些新的问题。尤其是采用电子数据交换（EDI）的形式订立合同时，由于在网络上传送数据电文通常不附具签名，即使签名也只是电子签名。在这种情况下，仲裁协议是否成立就可能成为疑问。目前，在仲裁实践中被普遍认可的观点是，双方通过互换等方式相互告知各自的意向并达成一致，其互换文件行为本身即构成了相互同意的关系，即使没有当事人的签署也具有形式效力。我国《仲裁法》对"其他书面方式"的范围未作明确规定，但是我国《民法典》第469条规定了以数据电文形式订立的合同的效力，依此可以推知以数据电文形式订立的仲裁协议也具有法律效力。《仲裁法解释》第1条对此给予了明确的回答："其他书面形式"的仲裁协议，包括以合同书、信件和数据电文（包括电报、电传、传真、电子数据交换和电子邮件）等形式达成的请求仲裁的协议。

（四）当事人以援引等其他方式达成的仲裁协议

当事人以援引方式达成的仲裁协议，是指当事人之间并没有直接订立仲裁协议，而是在合同中援引包含仲裁条款的合同、票据或其他书面文件，将其作为仲裁的依据。由于合同中援引的有关文件同样被视为当事人双方合意的内容，构成了合同的组成部分，因而当事人之间存在仲裁协议当无疑问。《国际商事仲裁示范法》第7条第6款规定，在合同中援引载有仲裁条款的一项文件即构成仲裁协议，但该合同须是书面的而且这种援引足以使该仲裁条款构成该合同的一部分。《仲裁法解释》第11条规定："合同约定解决争议适用其他合同、文件中的有效仲裁条款的，发生合同争议时，当事人应当按照该仲裁条款提请仲裁。涉外合同应当适用的有关国际条约中有仲裁规定的，发生合同争议时，当事人应当按照国际条约中的仲裁规定提请仲裁。"《海仲规则》第5条第1款规定："仲裁协议指当事人在合同中订明的仲裁条款或以其他方式达成的提交仲裁的书面协议。"尽管口头方式形成的仲裁协议由于缺少固定载体，在实践中难以被认定，从而阻碍仲裁庭的管辖，因此大部分国家都不承认口头仲裁协议的效力，但实践中，一些国家对于以默示接受方式达成的仲裁协议的效力并没有采取否认态度。①

三、实质要件

仲裁协议的实质要件主要涉及的是仲裁协议的内容。我国《仲裁法》第16条规定，仲裁协议应当具备三项基本内容：请求仲裁的意思表示、仲裁事项和选定的仲裁委员会。此外，仲裁协议中有关仲裁规则和仲裁地的约定也可能影响到仲裁协议的效力。

（一）请求仲裁的意思表示

仲裁是当事人协议选择的一种纠纷解决方式，因此当事人必须将该意思表示在仲裁协议中体现出来。这是仲裁协议的应有之义，而无论法律上是否对此作出强制性的规定。请求仲裁的意思表示应当符合合同有效的一般条件：首先，它必须是当事人双方共同的意思表示，而不是单方当事人的意思表示；其次，它应当是当事人双方真实的意思表示，而不存在胁迫、欺诈、重大误解等情形。

在仲裁实践中，为了避免对此问题发生争议，各仲裁机构的示范仲裁条款通常都会对此作出规定。例如，中国国际经济贸易仲裁委员会的示范条款是"凡因本合同引起的或与本合同有关的任何争议，均应提交中国国际经济贸易仲裁委员会，按照申请仲裁时该会现行有效的仲裁规则进行仲裁。仲裁裁决是终局的，对双方均有约束力。"北京仲裁委员会的示范条款的内容基本与此相同。

（二）仲裁事项

仲裁事项，是指当事人在仲裁协议中约定的、通过仲裁解决的争议。它直接决定了仲裁机构管辖权的范围，仲裁机构只能在仲裁协议约定的仲裁事项范围内进行裁决。超出此范围所作的仲裁裁决，经一方当事人申请，法院可以撤销或者不予执行（参见《仲裁法》第58条、《民诉法》第274条）。如果当事人在仲裁协议中未约定仲裁事项，仲裁机构将因仲裁协议不具有可执行性而无法对案件进行审理和裁决。根据我国《仲裁法》第18条的规定，仲裁协议对仲裁事项没有约定或者约定不明确的，并非自然无效，当事人可以签订补充协议；达不成补充协议的，仲裁协议无效。

1. 仲裁事项的可仲裁性

可仲裁性，即有关仲裁立法允许以仲裁的方式解决相关争议，或者法律至少未作禁止性

---

① 比如《德国民事诉讼法》第1031条明确规定，如果仲裁协议载于一方当事人给另一方当事人或者第三人给双方当事人的文件中，且未对此文件的内容及时按照交易习惯提出异议，则应将其视为合同的内容（第2款）；即使仲裁协议的形式存在缺陷，如果当事人参与了仲裁法庭的实体辩论，也应视为缺陷得以弥补（第6款）。《韩国仲裁法》第8条第3款规定，如果提起仲裁的当事人在陈述中声称存在仲裁协议，另一方当事人参加了仲裁且在答辩中未对此提出异议，则可以认定双方通过这种默示接受的方式达成了有效的仲裁协议。

的规定。如果一项争议不具备可仲裁性,则仲裁机构无管辖权,而只能由法院或者其他机构解决。不可仲裁的争议通常具有重大的公共意义或需要司法保护,超出了当事人可自由处分的范围。即使双方针对某争议订立了有效的仲裁协议,若该争议根据法院地法属于"不可仲裁"的事项,仲裁协议也不能得到执行。《纽约公约》第5条第2款(甲)项特别明示,如果执行地法院认为争执的事项,依照这个国家的法律,不可以用仲裁方式解决的,可以拒绝承认和执行外国仲裁裁决。①

理论探讨

我国《仲裁法》第2条规定:"平等主体的公民、法人和其他组织之间发生的合同纠纷和其他财产权益纠纷,可以仲裁。"《仲裁法解释》第2条进一步规定:"当事人概括约定仲裁事项为合同争议的,基于合同成立、效力、变更、转让、履行、违约责任、解释、解除等产生的纠纷都可以认定为仲裁事项。"此外,我国《仲裁法》第3条对仲裁事项作出了禁止性规定,即婚姻、收养、监护、扶养、继承纠纷以及依法应当由行政机关处理的行政争议不能进行仲裁。

2. 仲裁事项的特定性

即仲裁事项必须与当事人之间特定的法律关系相关联。不论在签订仲裁协议时,当事人双方之间的争议是否已经发生,都必须在仲裁协议中约定仲裁事项的特征,使得仲裁机构能够借此确定具体的仲裁事项。对于已经发生的法律纠纷,这通常不存在问题,因为纠纷的范围已经比较明确和具体。但是对于将来可能发生的争议,则要求当事人在订立仲裁协议时尽量避免作出过多的限制性约定,从而保证仲裁机构能够对相关争议行使管辖权。因此,仲裁示范条款通常将仲裁事项表述为"因本合同引起的争议"或"凡因本合同引起的争议或与本合同有关的一切争议"。尽管如此,在确定某个法律争议是否属于仲裁事项的范围时依然可能会发生困难。②

我国《仲裁法解释》第2条对此类概括性的约定作出了相应的规定,即当事人概括约定仲裁事项为合同争议的,基于合同成立、效力、变更、转让、履行、违约责任、解释、解除

---

① 《国际商事仲裁示范法》第1条第5款规定,本法不得影响规定某些争议不可交付仲裁或仅根据本法之外的规定才可以交付仲裁的本国其他任何法律。各国立法或多或少都规定了一些不可仲裁的争议事项,这主要取决于本国政策,而政策又可能常常发生变化,例如美国法曾长期禁止对涉及反托拉斯法的争议进行仲裁,但美国联邦最高法院1985年的判例改变了这种状况,承认在国际合同中涉及反托拉斯的事项具有可仲裁性。总体上来看,随着仲裁实践的发展,可仲裁性事项的范围不可避免地呈现不断扩大的趋势,许多国家都开始大力支持与开放仲裁。关于可仲裁性的发展趋势,可参见杨良宜:《关于可仲裁性》,载《北京仲裁》2005年第3期、2005年第4期、2006年第1期。

② 在迈可达(青岛)运动用品有限公司与被告云中漫步国际公司还款合同纠纷一案中,双方当事人在"生产协议"中约定:"双方应寻求通过快捷、诚信的协商来解决与本协议有关的所有争议。若该协商未能解决所有争议,双方应在加利福尼亚州迅速对剩余争端进行调解,调解由一位有经验的公正的调解员主持,调解员由双方选择,在双方无法达成一致时由加利福尼亚州高等法院选择。所有通过协商或调解未能解决的争议应根据当时存在的美国仲裁协会商业规则,在加利福尼亚州提交有约束力的仲裁。"最高人民法院认为,本案迈可达(青岛)运动用品有限公司依据其与云中漫步国际公司达成的还款协议提起诉讼,相对于生产协议而言,还款协议在双方当事人之间形成了新的法律关系,但该还款协议所涉及的债务是通过双方当事人履行生产协议形成的,还款协议基于生产协议而产生,与生产协议密切相关。现双方当事人就还款协议的履行产生的争议是与生产协议有关的争议,根据双方当事人在生产协议中关于仲裁条款的约定,与生产协议有关的所有争议,均应受该仲裁条款的约束,因此人民法院对该纠纷无管辖权。参见《最高人民法院关于仲裁条款效力请示的复函》([2006]民四他字第4号)。

等产生的纠纷，都可以认定为仲裁事项。在实践中，另一常见的问题是基础合同的仲裁条款能否适用于担保合同？担保合同和基础合同具有从属关系，如果基础合同中约定了仲裁条款，而担保合同并未约定，那么担保人与债权人如果发生纠纷，担保人能否向法院提起诉讼或向仲裁机构提起仲裁？对此，最高人民法院表示，仲裁庭关于基础合同有仲裁条款，担保合同作为从合同应当受到基础合同中仲裁条款约束的意见缺乏法律依据。① 在我国司法实践中，如果担保合同没有明确约定仲裁条款或没有约定同样适用基础合同的仲裁条款，那么基础合同的仲裁条款通常无法适用于担保合同。但如果担保事宜以条款的形式存在于基础合同中，且担保人为合同主体，那么在没有特殊约定的情况下担保内容也应受到合同中仲裁条款的约束，但如果担保人并非合同主体，则应结合具体的仲裁条款表述加以考量，判断仲裁条款约束的主体是否包括担保人、约束的法律关系是否包括担保关系。案例检索表明，对于基础合同仲裁条款的效力能否扩张至担保人，不能一概而论。②

此外，还需要注意在责任竞合情况下仲裁事项的范围问题。我国《民法典》第186条规定了违约与侵权责任竞合情形下当事人选择的制度。如果当事人在合同中约定了仲裁条款，在主张侵权责任的情况下，能否根据仲裁条款申请仲裁或者是对法院的诉讼管辖提出异议呢？最高人民法院在（2015）民四终字第5号案中指出，"在解释仲裁条款范围时，如侵权争议因违反合同义务而产生，违约责任和侵权责任有竞合关系，则原告即使选择以侵权为由提出诉讼，仍应受到合同仲裁条款的约束，不应允许当事人通过事后选择诉讼因而逃避仲裁条款的适用。且即便原告提起诉讼时增列了未签订仲裁协议的其他被告，亦不影响有仲裁协议的原被告之间的纠纷适用仲裁协议。"③ 最高人民法院认为，卖方的侵权行为发生在合同的订

---

① 参见《最高人民法院关于成都优邦文具有限公司、王国建申请撤销深圳仲裁委员会（2011）深仲裁字第601号仲裁裁决一案的请示的复函》（[2013]民四他字第9号）。
② 比如，在孙某诉张某申请撤销仲裁裁决一案中，被申请人张某在与A、B二公司签订的《投资咨询与管理服务协议》中约定"本合同非格式合同，各方可协商一致订立下述补充条款或另行订立补充协议（补充协议空白处内容加盖公章有效）"。申请人孙某在该条下的横线内手写"本合同如有意外，我担保"并签字。协议第10条约定："因本协议引起的或与本协议有关的任何争议，首先应当通过友好协商解决。各方协商不能达成一致意见……均有权提请上海仲裁委员会金融仲裁院按照申请仲裁时其现行有效的仲裁规则进行审理……"后发生争议，张某以孙某为被申请人向上海仲裁委员会提请仲裁。上海一中院经审理认为，尽管《投资咨询与管理服务协议》首部记载的甲方、乙方和丙方分别为张某、A公司以及B公司，但根据该合同第9条之约定，在第9条下签订的合同条款应视为该合同的补充条款，故孙某在第9条下手写部分确认提供担保的意思表示应视为该合同的补充条款，属于该合同的一部分，孙某作为担保人也应当受到该合同中仲裁条款的约束（参见上海市第一中级人民法院[2018]沪01民特162号民事裁定书）。再如，在深圳市红光阳真空工艺有限公司与李某申请撤销仲裁裁决一案中，李某与孙某订立《借款合同》，其中第6条约定"借款的担保采取以下方式"，深圳市红光阳真空工艺有限公司在此空隙处手写"公司担保"，并加盖了"深圳市红光阳真空工艺有限公司"的公章。《借款合同》第8条约定："因本合同及本合同的履行所产生的任何争议，甲、乙双方应友好协商解决，甲、乙双方协商不成的，应向深圳仲裁委员会申请仲裁，按该会仲裁规则进行仲裁。"后发生争议，李某以孙某和深圳市红光阳真空工艺有限公司为被申请人向深圳仲裁委员会提起仲裁，深圳市红光阳真空工艺有限公司向深圳市中级人民法院提起确认仲裁协议效力之诉，认为《借款合同》中的仲裁条款对其无效。深圳市中级人民法院认为，《借款合同》的当事人双方是李某和孙某，且争议解决条款中约定李某和孙某因借款合同纠纷协商不成的，向深圳仲裁委员会提起仲裁，没有包括担保人。因此，《借款合同》中的仲裁条款对于担保人无约束力。参见深圳市中级人民法院（2013）深中法涉外仲字第46号民事裁定书。
③ 参见《中华人民共和国最高人民法院公报》1998年第3期。

立和履行过程中，依然受仲裁协议的约束，因此法院无管辖权。[①]

（三）选定的仲裁委员会

在国际商事仲裁的实践中，通常不要求仲裁协议中明确约定仲裁机构，不将仲裁机构作为仲裁协议的有效要件，其认定仲裁协议效力的关键在于当事人具有选择仲裁作为纠纷解决方式的意思表示。*Hobbs Padgett & Co (Reinsurance) Ltd. v.J.C.Kirkland and Kirkland* 一案中，仲裁协议中仅有"适当仲裁"的表述，但英国法院认为"适当仲裁"可以表明双方当事人具有将合同项下的所有争议提交仲裁解决的合意，就可以认定仲裁协议的有效性。而我国不承认临时仲裁，因此，选定仲裁机构被《仲裁法》规定为仲裁协议的重要内容之一。仲裁协议中有关仲裁委员会的约定应当明确、具体，即根据仲裁协议的内容就能确定某一具体的仲裁委员会对仲裁事项具有管辖权。我国《仲裁法》第18条规定，仲裁协议对仲裁委员会没有约定或者约定不明确的，当事人可以签订补充协议；达不成补充协议的，仲裁协议无效。

但是，随着仲裁实践的发展，法律上对仲裁协议中有关选定仲裁委员会的内容的要求有日渐放宽的趋势，当事人意思自治的原则得到了更加充分的体现。尽管当事人在仲裁协议中对仲裁委员会的选择不明确，但是从仲裁协议的内容能够推断出当事人所选择的仲裁委员会的，仍然应当认定仲裁协议有效。这在我国最高人民法院的相关司法解释以及针对个案的复函中得到了确认。另外，对于仲裁机构名称约定不明确的情形，各仲裁机构在其仲裁规则中一般也会作出相关规定。比如，《贸仲规则》第4条第4款和《北仲规则》第2条第2款都规定，如果当事人约定适用本规则但未约定仲裁机构的，视为当事人同意将争议提交本仲裁委员会仲裁。这也有利于避免纠纷、最大限度地尊重当事人意思自治。

（四）仲裁地

仲裁地由当事人在仲裁协议中自行约定，或者依据仲裁所适用的仲裁规则确定。我国现行《仲裁法》并没有将约定仲裁地列为仲裁协议的基本内容，当事人选择常设的仲裁机构时，如果没有其他约定，就意味着由该仲裁委员会在其所在地进行仲裁，因此，仲裁地就是仲裁委员会所在的地点。中国国际经济贸易仲裁委员会和北京仲裁委员会的仲裁规则中都存在相

---

① 在江苏省物资集团轻工纺织总公司诉（中国香港）裕亿集团有限公司、（加拿大）太子发展有限公司侵权损害赔偿纠纷一案中，当事人双方在销售合同中约定，因合同发生纠纷的，应提交中国国际经济贸易仲裁委员会。江苏省物资集团轻工纺织总公司在货物到港后，经商检查明，卖方交付的货物主要为各类废结构件、废钢管、废齿轮箱、废元钢等。轻纺公司遂以裕亿公司和太子公司侵权给其造成损失为由提起诉讼。裕亿公司和太子公司在答辩期内以仲裁协议为由提出管辖权异议，认为法院无权受理。对此，江苏省高级人民法院民三庭表达了对此问题所持的同样观点："在违约与侵权竞合的情况下，如果当事人提起侵权之诉的，该纠纷仍受合同仲裁条款约束。因为在这种情况下，所谓的侵权纠纷仍然属于履行合同过程中发生的纠纷。如果当事人在仲裁协议中约定凡与本合同有关的一切争议均受合同仲裁条款约束的话，因履行合同而产生的侵权纠纷显然属于仲裁协议约定仲裁事项范围，应当由仲裁机构管辖。"江苏省高级人民法院民三庭：《江苏高院民三庭对〈最高人民法院关于适用仲裁法若干问题的解释〉的理解与适用意见》，载北京仲裁委员会编：《北京仲裁》（第62辑），中国法制出版社2007年版，第170页。

应规定。《贸仲规则》第7条规定，当事人对仲裁地有约定的，从其约定，对仲裁地未约定或约定不明的，以管理案件的仲裁委员会或其分会/仲裁中心所在地为仲裁地；仲裁委员会也可视案件的具体情形确定其他地点为仲裁地。《北仲规则》第27条规定，除非当事人另有约定，本会所在地为仲裁地。本会也可以根据案件具体情况确定其他地点为仲裁地。

仲裁地对于仲裁协议的重要意义在于，在涉外仲裁中，它可能决定解决争议所适用的准据法以及仲裁裁决的"国籍"，影响仲裁裁决的承认与执行。正因如此，在涉外仲裁实践中，无论是临时仲裁还是机构仲裁，当事人在仲裁协议中约定的各种事项中，对仲裁地的约定被认为是最为重要的。[1]同时由于各国法律对仲裁协议有效要件的规定存在差别，将导致在该问题上存在法律冲突。而在确定仲裁协议效力时，除非当事人另有约定，一般都以仲裁地国家的法律为准据法。因此同样的仲裁协议，在当事人选择不同的仲裁地时，其效力可能完全不同。例如，在中电通信科技有限公司与韩国移动通信有限公司、上海奥盛投资有限公司联营合同纠纷管辖权异议一案中，当事人在仲裁协议中约定，有关合同的任何争议，如果中电通信科技有限公司、上海奥盛投资有限公司提起仲裁，争议应当在韩国首尔仲裁；如果韩国移动通信有限公司提起仲裁，争议应当在中国北京仲裁。最高人民法院认为，本案当事人没有约定认定该仲裁条款效力的准据法，但约定了仲裁地，因此应当根据仲裁地的法律认定所涉仲裁条款的效力。而本案争议系由韩国移动通信有限公司首先提请解决，根据仲裁协议的约定，仲裁地应在中国北京，因此应当根据中国法律认定所涉仲裁条款的效力。根据我国《仲裁法》第16、18条的规定，该仲裁条款被认定为无效。[2]

随着商事仲裁制度在我国的发展，我国司法对仲裁协议效力认定的态度也在发生着变化，在认定仲裁协议效力时，在探究当事人真意的基础上充分尊重其意思自治，维护仲裁的自治性，最大限度地支持仲裁，尽可能采用使仲裁协议有效的解释方法。

第四节　仲裁协议的效力范围

仲裁协议的效力范围体现在三个方面，即对当事人的效力、对仲裁机构的效力以及对法院的效力。

一、仲裁协议对当事人的效力

由于仲裁协议以纠纷的解决方式为内容，所以它对当事人的拘束力主要体现在，对仲裁事项发生争议时，任何一方均无权选择仲裁以外的救济途径，而只能向仲裁机构申请仲裁。与一般实体法上的合同不同，一方当事人违反仲裁协议并不会使对方获得实体法上的请求权，因此也就不存在通过诉讼寻求救济的必要或可能。为了维护自己在仲裁协议上的利益，

---

[1] 赵秀文：《论法律意义上的仲裁地点及其确定》，载《时代法学》2005年第1期。
[2] 参见《最高人民法院关于中电通信科技有限公司与韩国移动通信有限公司、上海奥盛投资有限公司联营合同纠纷管辖权异议一案有关仲裁条款效力问题的请示的复函》（[2006]民四他字第19号）。

对方当事人只能以异议的方式对违反仲裁协议的行为进行抗辩,从而迫使违约方遵守仲裁协议。例如,如果一方当事人将仲裁协议中约定的仲裁事项诉诸法院,则对方当事人可依仲裁协议向法院提出管辖权异议。

仲裁协议对当事人的效力范围通常仅限于签订仲裁协议的当事人,而不及于第三人,这是基于仲裁协议的相对性。但是由于当事人在仲裁协议中经常概括性地约定仲裁事项,所以可能造成界定仲裁协议的当事人比较困难。例如在东迅投资有限公司涉外仲裁一案中,广西玉林市恒通有限公司和东迅投资有限公司签订了一份合作合同。同时玉林市人民政府作为恒通有限公司的主管部门,路劲基建有限公司作为东迅投资有限公司的主管部门,亦在该合作合同上签署,但是合作合同第二章明确约定合作双方为恒通有限公司和东迅投资有限公司。最高人民法院认为,玉林市人民政府和路劲基建有限公司均不是合作合同的当事人,合作合同中的仲裁条款不能约束玉林市人民政府。玉林市人民政府提供的担保函中没有约定仲裁条款,玉林市人民政府与东迅投资有限公司之间亦未就它们之间的担保纠纷的解决达成仲裁协议。仲裁庭依据合作合同中的仲裁条款受理本案,就涉及玉林市人民政府的担保纠纷而言,仲裁裁决已经超出了仲裁协议的范围。①

另一常见的问题是代付合同、保险合同等涉及第三人利益的合同中的仲裁条款能否对第三人生效?在此类利他合同中,第三人虽然不是合同签署方,但满足一定条件时可以基于合同主张权利,但仲裁条款能否同样对第三人适用?换句话说,此种情况下,仲裁协议的效力能否扩张至第三人?② 我国仲裁法司法解释明确规定的仲裁协议效力扩张的情形包括当事人合并、分立、继承以及债权债务转让,并未将利他合同中的第三人纳入仲裁协议效力可以扩张的情形。从仲裁协议的生效要件和尊重当事人意思自治原则的角度出发,涉第三人合同的

实务研究

第三人若从未了解过存在仲裁协议或条款,更没有表达过将争议提交仲裁解决的意思,那么不能扩张仲裁协议的效力。但从司法资源和效果的角度考量,如果受益第三方无法通过仲裁的方式解决纠纷,可能会带来一个案件中同时出现诉讼和仲裁的情形,导致程序的拖延。

---

① 参见《最高人民法院关于玉林市中级人民法院报请对东迅投资有限公司涉外仲裁一案不予执行的请示的复函》([2006]民四他字第24号)。在王国林与吴硕琛关于股权转让协议纠纷一案中,申请人吴硕琛以合同有效为由要求被申请人王国林支付股权转让余款,其主要仲裁请求为要求王国林支付吴硕琛股权转让款15万元。仲裁庭作出(2012)中国贸仲深裁字第3号裁决,认定《股权转让协议》因违反我国法律强制性规定而无效,酌情裁决王国林补偿吴硕琛损失53 000元。最高人民法院认为虽然仲裁庭有权主动对案涉合同进行效力审查并作出认定,但仲裁庭在未向当事人释明合同无效的后果以及未给予当事人变更仲裁请求机会的情况下,直接对合同无效后的返还以及赔偿责任作出裁决,确实超出了当事人的请求,属于超裁。参见《最高人民法院关于王国林申请撤销中国国际经济贸易仲裁委员会华南分会(2012)中国贸仲深裁字第3号仲裁裁决一案的请示的复函》([2013]民四他字第8号)。
② 英国《合同(第三人权利)法案》第8(1)条规定,如果一项符合该法要求的利他合同中含有符合1996年《仲裁法》规定的仲裁条款,则受益第三方可以成为仲裁协议的当事人,并就其与义务人之间的条款提起仲裁。反之,受益第三方同样受到合同中仲裁协议的约束。如果该受益人不顾仲裁协议的存在而提起诉讼,合同当事人也可以根据仲裁协议申请中止诉讼程序。第8(2)条进一步明确规定,合同的当事人想要针对受益第三方提起请求的,也应当受到仲裁协议的约束。

二、仲裁协议对仲裁机构的效力

与法院的诉讼管辖权不同，仲裁机构对提交仲裁事项的管辖权并不是基于国家对司法权的垄断而产生，而是基于当事人的授权。仲裁协议是仲裁机构受理仲裁案件的基础，是仲裁庭审理和裁决的依据。我国《仲裁法》第4条规定，没有仲裁协议，一方申请仲裁的，仲裁委员会不予受理。可见，仲裁协议是仲裁机构行使管辖权、受理案件的唯一依据。

同时，仲裁协议也限制仲裁的范围，仲裁庭只能对当事人在仲裁协议中约定的仲裁事项进行仲裁，对仲裁协议约定范围之外的其他争议无权仲裁。超出仲裁协议约定范围，仲裁裁决将面临被裁定撤销或不予执行的后果，从而影响案件纠纷的解决进程。在实践中，认定仲裁裁决是否超出仲裁协议约定的范围，需要根据仲裁协议的具体表述、当事人在庭审中的意见、裁决的实体问题等因素判断。

此外，仲裁协议还制约仲裁权的行使方式。当事人在仲裁协议中有权选择所要适用的仲裁规则，仲裁程序的进展受此约束。《北仲规则》第2条第1款规定："当事人协议将争议提交本会仲裁的，适用本规则。当事人就仲裁程序事项或者仲裁适用的规则另有约定的，从其约定，但该约定无法执行或者与仲裁地强制性法律规定相抵触的除外。当事人约定适用其他仲裁规则的，由本会履行相应的管理职责。"《贸仲规则》第4条第3款也有类似规定。

三、仲裁协议对法院的效力

仲裁协议对法院同样具有拘束力，具体表现为排除法院对仲裁事项的诉讼管辖权。当事人将仲裁协议中约定的争议诉诸法院时，法院无权受理。根据我国《民诉法》第124条第2项和《仲裁法》第5、26条的规定，对于存在仲裁协议的案件，法院应当不予受理，告知当事人向仲裁机构申请仲裁。如果一方当事人向法院起诉时未声明存在仲裁协议，法院受理后，另一方当事人在首次开庭前提交仲裁协议的，法院应当驳回起诉，但仲裁协议无效的除外；另一方在首次开庭前未对法院受理该案提出异议的，视为放弃仲裁协议，法院应当继续审理。《仲裁法解释》第13条进一步规定："依照仲裁法第二十条第二款的规定，当事人在仲裁庭首次开庭前没有对仲裁协议的效力提出异议，而后向人民法院申请确认仲裁协议无效的，人民法院不予受理。仲裁机构对仲裁协议的效力作出决定后，当事人向人民法院申请确认仲裁协议效力或者申请撤销仲裁机构的决定的，人民法院不予受理。"此外，仲裁协议对法院管辖权的排除效力还表现在，由于仲裁程序通常实行一裁终局制，所以即使当事人不服仲裁裁决亦无权向法院起诉。

虽然当事人常常会在仲裁协议中直接约定排除法院对仲裁事项的管辖权，但仲裁协议排除诉讼管辖的效力不以此约定为前提条件，当事人未作此项约定的，该效力依然存在。由此也可以说明为何我国法律上规定，当事人约定争议可以向仲裁机构申请仲裁也可以向人民法院起诉的，仲裁协议无效。但一方向仲裁机构申请仲裁，另一方未在《仲裁法》第20条第2

款规定期间内提出异议的除外（参见《仲裁法解释》第7条）。

此外，仲裁协议对法院的制约力还表现在，对仲裁机构基于有效仲裁协议所作出的有效裁决，法院负有执行职责，这体现了法院对仲裁的支持。有效的仲裁协议是申请执行仲裁裁决时必须提供的文件。《纽约公约》规定，为了使裁决在另一国得到承认和执行，胜诉的一方应在申请时提交裁决书以及仲裁协议。在执行外国仲裁裁决时，仲裁协议是否有效是法院审查的重要内容。

第五节　仲裁协议的司法审查

《仲裁司法审查规定》第1条规定，本规定所称仲裁司法审查案件，包括下列案件：（1）申请确认仲裁协议效力案件；（2）申请执行我国内地仲裁机构的仲裁裁决案件；（3）申请撤销我国内地仲裁机构的仲裁裁决案件；（4）申请认可和执行香港特别行政区、澳门特别行政区、台湾地区仲裁裁决案件；（5）申请承认和执行外国仲裁裁决案件；（6）其他仲裁司法审查案件。其中，仲裁协议的效力判断贯穿始终，常常在实践中出现。目前《仲裁法》及司法解释未对仲裁协议效力审查的期限进行限定，可能会影响仲裁程序的进程。关于司法审查的效力，《仲裁司法审查规定》第20条规定："人民法院在仲裁司法审查案件中作出的裁定，除不予受理、驳回申请、管辖权异议的裁定外，一经送达即发生法律效力。当事人申请复议、提出上诉或者申请再审的，人民法院不予受理，但法律和司法解释另有规定的除外。"

一、瑕疵仲裁协议

在司法审查中，常常遇到由于当事人对仲裁缺乏足够的专业认知，仲裁协议在表述上措辞不严谨或约定过于简单的情形，构成了多种类型的瑕疵仲裁协议，对仲裁协议效力产生影响。所谓瑕疵仲裁协议，是指具备了仲裁协议生效的一些基本条件，但因欠缺法律要求的基本内容，导致执行困难的仲裁协议。虽然法律上规定了仲裁协议有效的条件，但是在仲裁协议无法满足这些条件时，并不当然无效，而应在必要时对瑕疵仲裁协议作出适当的解释，允许进行适度的补救，以真正保障仲裁的合意性，尊重当事人的真实意思。

在实践中，可能出现的瑕疵仲裁协议主要包括以下几种情形：

（一）既选择仲裁又选择诉讼

仲裁协议具有的排斥诉讼管辖、通过司法救济途径解决相应争议的效力，决定了选择仲裁途径的意思必须明确。当事人达成有效的仲裁协议后，就自动排除了法院的诉讼管辖，而无论当事人在协议中是否明确约定排除诉讼途径，这在现代仲裁制度中得到了普遍的认可。

《仲裁法解释》第7条规定："当事人约定争议可以向仲裁机构申请仲裁也可以向人民法院起诉的，仲裁协议无效。但一方向仲裁机构申请仲裁，另一方未在仲裁法第二十条第二款规定期间内提出异议的除外。"与对仲裁事项或者仲裁机构未作约定或者约定不明确时允许当事人达成补充协议的规定不同，这里直接规定了此类仲裁协议无效，而没有规定当事人通过补充协议补救瑕疵的可能性，这显然不是最高人民法院在制定司法解释时的疏忽。如果将允许当事人进行补充的仲裁协议视为效力未定的合同，因当事人及时达成补充协议而生效，那么，这里的仲裁协议只能被视为自始无效的合同，因其内容违背仲裁的基本原则而自始无效。

然而，在一方当事人申请仲裁，另一方未在法定期间内提出异议的情况下，仲裁机构便获得管辖权。那么如何理解"另一方未在法定期间内提出异议"的法律效力？首先，它并不能弥补自始无效的仲裁协议的瑕疵，如果认可通过它弥补仲裁协议瑕疵的可能性，就应同样允许当事人通过补充协议的方式补救瑕疵。所以这一规定只能视为默示的承诺行为，而将对方当事人申请仲裁的行为视为要约。也就是说，仲裁机构基于当事人之间的默示仲裁协议获得了对仲裁事项的管辖权。《民法典》第140条第2款规定："沉默只有在有法律规定、当事人约定或者符合当事人之间的交易习惯时，才可以视为意思表示。"《仲裁法》第16条有关仲裁协议形式的规定显然与之不符。

在当前相关法规不明确的情形下，实践中关于"或裁或诉"的争议较大。比如，浙江一顺进出口有限公司与 Mohamed Mohamoud Ould Mohamed（毛里塔尼亚人）之间的货物买卖合同一案①，根据双方当事人签订的《经销责任协议》第9条，双方都应诚信合作，如有争议应友好协商，如协商不成，双方均可向中国国际贸易促进委员会对外贸易仲裁委员会提交仲裁，也可以向浙江一顺进出口有限公司所在地法院直接起诉。最高人民法院认为，本案双方当事人签订的《经销责任协议》第9条约定，纠纷既可以提交仲裁，也可向法院直接起诉。根据《仲裁法解释》第7条的规定，当事人约定争议既可以向仲裁机构申请仲裁也可以向人民法院起诉的，仲裁协议无效。同样，在内蒙古吉祥煤业有限公司与天津冶金集团贸易有限公司买卖合同纠纷一案②中，最高人民法院裁定认为，合同双方关于"任意一方对仲裁结果提出异议的，可向合同签订地法院提出起诉"的约定不符合《仲裁法》第9条关于"一裁终局"的规定，违反了仲裁排除法院管辖的基本原则，构成"或裁或诉"，故仲裁协议应属无效。但是，与此相反的是，有些法院认为，"仲裁不成，可向法院起诉"实质上对仲裁与诉讼两种纠纷解决机制的选择进行了顺位安排，体现了当事人优先选择仲裁的意思，不致引起"或裁或诉"条款的负面后果。其关于诉讼的约定虽因违反"一裁终局"而无效，但不影响仲裁约定的效力。

另如，安徽高速科研中心与新雨其公司申请确认仲裁协议效力一案③，安徽高速科研中心与新雨其公司签订的《租房协议》约定："如有争议可申请合肥仲裁委员会仲裁解决，仲裁解决不成可上诉至合肥市中级人民法院。"后安徽高速科研中心向法院申请确认该仲裁协议无效。合肥市中级人民法院认为，该仲裁协议具有请求仲裁的意思表示，至于该条约定"仲

---

① 参见《最高人民法院关于浙江一顺进出口有限公司与MOHAMED.MOHAMOUD.OULD.MOHAMED国际货物买卖纠纷中涉外仲裁条款效力问题的请示的复函》（［2011］民四他字第8号）。
② 参见最高人民法院（2013）民二终字第81号民事裁定书。
③ 参见安徽省合肥市中级人民法院（2017）皖01民特317号民事裁定书。

裁解决不成可上诉至合肥市中级人民法院"的表述，具有仲裁优先的意思表示，并非"或裁或诉"的选择性约定，不能依此认定仲裁协议无效，该等表述虽违反了法律关于仲裁终局性的规定，应属无效，但其不属仲裁协议内容，故不影响仲裁协议的效力。

在北京庄维房地产开发有限责任公司与中国人民解放军陆军装备部申请确认仲裁协议效力一案①中，双方在《合建协议》中约定"因执行本协议双方发生的分歧，……任何一方均可提交北京仲裁委员会仲裁，如仲裁不成，可向签约地人民法院提起诉讼。"北京市第二中级人民法院认为，由于双方已经明确约定因执行《合建协议》发生的分歧任何一方均可提交北京仲裁委员会仲裁，故再作出上述约定已无实际意义，因此该约定并不属于《仲裁法解释》第7条所规定的"或裁或诉"情形，不影响该仲裁协议条款的效力。与此类似的还有富茂发展有限公司诉广州市番禺区灵山房地产开发公司、广州市南沙区横沥镇人民政府合资、合作开发房地产合同一案仲裁条款效力请示案②，仲裁条款约定"争议提交贸仲仲裁，也可以向有管辖权的人民法院起诉（以先受理之机构为准）"。对此，最高人民法院认为，当事人虽然约定可将争议提交我国仲裁机构仲裁，也可以向人民法院起诉，但同时约定以先受理之机构为准，故该争议解决条款明确、可执行，并无我国法律规定的无效情形，是有效的。本案一方当事人已经向人民法院提起诉讼，如果不存在仲裁机构先于人民法院受理案件的情形，也不存在人民法院和仲裁机构同时受理案件的情形，人民法院对本案有管辖权。

根据《仲裁法》的相关规定，一裁终局制度是仲裁裁决作出后的法律效果，而非仲裁协议的有效要件，因此以违反一裁终局制度为由判定仲裁协议无效的逻辑并不通。"或裁或诉"条款被认定无效的原因在于仲裁与诉讼的互斥关系，选择仲裁即意味着对诉讼管辖权的排除，如果允许二者并行将会造成效率的低下、司法资源的浪费等问题。如果当事人关于仲裁条款的表述能够明确争议解决机制的优先级，能够确定当事人具有将争议优先提交仲裁的意思表示，那么对其仲裁协议效力应当予以认可。《深仲规则》规定的附前提条件的仲裁程序尝试性地突破了这一樊篱。

由于各国国情的差异以及仲裁制度在本国发展程度的不同，各国在国内司法实践中对瑕疵仲裁协议的宽容程度不一，表现为国家司法对于瑕疵仲裁协议的具体解释原则不同。英国《仲裁法》很大程度上吸收了《国际商事仲裁示范法》的内容，法院在审查瑕疵仲裁协议效力时，主要查明当事人是否在签订合同时具有将争议诉诸仲裁解决的合意，而不是仅因表述的瑕疵而否认仲裁协议的效力。如果明确了双方仲裁的合意，法院可以让当事人对协议中不规范的表述进行弥补。对于那些仅在仲裁协议中表述不规范的情形，法院应当尽可能地将仲裁协议解释为有效，充分体现了英国司法对仲裁自治性的认可和对当事人意思自治的尊重。随着仲裁在中国的发展，司法对于瑕疵仲裁协议解释的规范越来越细致，支持仲裁的态度得以体现。在解释瑕疵仲裁协议的过程中，应秉持善意解释原则和有利于仲裁条款效力的解释原则，探究当事人真实意思表示，尽可能尊重当事人意思自治，而不囿于仲裁条款的文字表

---

① 参见北京市第二中级人民法院（2017）京02民特85号民事裁定书。
② 参见最高人民法院（2013）民四他字第34号函复。

达，仅因表述瑕疵就认定仲裁协议无效。

（二）有关选择仲裁机构的瑕疵

仲裁实践中，常常会出现当事人对仲裁委员会约定不明确的情形，例如未约定仲裁机构、对仲裁机构的名称使用不当、约定多个仲裁机构等，这必然引发有关仲裁协议效力的争议。表面上看，当事人在仲裁协议中既约定仲裁又约定诉讼的，似乎与选择两个或者两个以上的仲裁机构没有什么实质的区别。如果不允许当事人协议选择仲裁还是诉讼，也同样不应允许当事人协议选择多个仲裁机构中的一个申请仲裁。但实际上，像我国这样将仲裁机构的选择作为仲裁协议要件的做法不仅十分罕见，而且即使在我国，机构选择的瑕疵对于仲裁协议效力的影响与仲裁意思表示瑕疵相比也不在同一个量级上，当事人在仲裁协议对仲裁事项或仲裁委员会未作约定或者约定不明确时，可以通过达成补充协议予以弥补。

1. 约定的仲裁机构不明确

《仲裁法解释》第3条规定："仲裁协议约定的仲裁机构名称不准确，但能够确定具体的仲裁机构的，应当认定选定了仲裁机构。"在此，当事人意思自治的原则居于首要位置，也体现了司法对仲裁协议瑕疵的适度宽容。但这种解释与补救应当以尊重当事人的真实意思表示为前提，而不得过度解释，与当事人的意思相违背。最高人民法院在有关复函中也明确地表达了对解决此类案件的观点。

在上海岩崎照明器材有限公司与南溢发展有限公司附属机构威信企业工程公司买卖合同纠纷一案①中，双方当事人在买卖合同中约定，相关争议"应提交青岛市经济贸易仲裁委员会根据该会仲裁程序规则进行仲裁"，但是实际上并不存在双方当事人约定的仲裁机构，在当事人一方已经向法院提起诉讼的情况下，法院认定双方无法就仲裁机构问题达成补充协议，买卖合同中的仲裁条款无效。在深圳市交通运输公司等诉香港深南投资公司合作经营运输纠纷一案②中，当事人约定，在合作过程中发生争议事宜，"应提请深圳市仲裁机构进行调解或仲裁"。但是在签订合同时，深圳存在多家仲裁机构，而当事人又未能就仲裁机构问题达成补充协议，因此无法根据仲裁协议的内容确定对争议具有管辖权的仲裁机构，仲裁协议被认定为无效。在爱尔建材（天津）有限公司与德国玛莎（集团）股份有限公司、玛莎（天津）建材机械有限公司买卖合同纠纷一案③中，当事人约定："仲裁执行地点在中国北京或天津进行，由中国或天津对外国际贸易促进委员会按照现行仲裁章程进行仲裁。"最高人民法院认为，本案当事人未约定认定该仲裁条款效力的准据法，但约定了仲裁地为中国北京或天津，所以，应当根据仲裁地法即中国法律认定该仲裁条款的效力。由于"天津对外国际贸易促进委员会"并不存在，且在当事人约定由"中国对外国际贸易促进委员会"仲裁时可以认

---

① 参见《最高人民法院关于上海岩崎照明器材有限公司与南溢发展有限公司附属机构威信企业工程公司买卖合同纠纷一案仲裁条款无效的请示的复函》（［2004］民四他字第7号）。
② 参见《最高人民法院关于深圳市交通运输公司等诉香港深南投资公司合作经营运输纠纷一案仲裁条款效力问题的请示的复函》（［2006］民四他字第29号）。
③ 参见《最高人民法院关于仲裁条款效力请示的复函》（［2005］民四他字第50号）。

为当事人选择的是由"中国国际经济贸易仲裁委员会"进行仲裁,所以,应当认为该仲裁条款符合我国仲裁法的规定,是有效的仲裁条款。

一些地方法院的实践表明,当事人对仲裁机构的约定不明确,但经综合对比分析文字表述、当事人真实意思、仲裁机构名称,可以确定某仲裁机构系唯一对涉案合同争议具有管辖权的仲裁机构。以北京市第四中级人民法院为例,在金鸡药业股份有限公司与中信信诚资产管理有限公司一案[①]中,当事人在《关于美东集团私有化流动性支持项目合作协议》中约定争议由"北京市仲裁委"解决,而在《股权收益权转让与回购合同》中约定争议由"北京市人仲裁委"解决,针对当事人提出的仲裁机构不明确导致仲裁协议无效的主张,法院认为,结合将仲裁地设置在北京的仲裁机构的实际情况,仅北京仲裁委员会与约定的仲裁机构在表述上相似,其余仲裁机构与约定的仲裁机构在表述上均有较大的区别。且北京仲裁委员会发送仲裁通知后并未收到管辖权异议,况且在实践中,当事人对仲裁机构名称记忆不准确导致约定有瑕疵的情形具有合理可能性。因此,虽然当事人对仲裁机构的约定不明确,但经综合对比分析文字表述、当事人真实意思、仲裁机构名称,可以确定北京仲裁委员会系唯一对涉案合同争议具有管辖权的仲裁机构。同样,该院在(2018)京04民特68号裁定书中认为,当事人约定的仲裁委员会为"北京国际经济贸易仲裁委员会",结合将仲裁地设置在北京的仲裁委员会的实际情况,仅"中国国际经济贸易仲裁委员会"与约定仲裁机构在表述上相似,其余仲裁机构与约定仲裁机构在表述上均有较大区别。

2. 仅约定仲裁规则

我国现行《仲裁法》中并没有涉及当事人选择仲裁规则的权利问题,因此,当事人在仲裁协议中选定了仲裁委员会,就意味着自然选择了该委员会的仲裁规则,通常解读为当事人无权另行选择仲裁规则。为了充分尊重当事人意思自治,最高人民法院在《仲裁法解释》第4条规定:"仲裁协议仅约定纠纷适用的仲裁规则的,视为未约定仲裁机构,但当事人达成补充协议或者按照约定的仲裁规则能够确定仲裁机构的除外。"据此,如果当事人在仲裁协议中仅约定了具体的仲裁规则,而没有选定仲裁委员会,那么同样要作有利于选择仲裁的解释。

至于何种情况下可以视为"按照约定的仲裁规则能够确定仲裁机构",有待进一步澄清。例如,在沧州东鸿包装材料有限公司诉法国DMT公司买卖合同纠纷一案[②]中,当事人在仲裁协议中尽管约定了仲裁地在中国北京,依据国际商会的有关规则进行仲裁。但最高人民法院依然根据《仲裁法》第18条的规定,认为当事人未约定明确的仲裁机构,且未达成补充协议,因此仲裁协议无效。不过,最高人民法院在复函中回避了为何此案无法根据约定的仲裁规则推定仲裁委员会这一问题。河北省高级人民法院对该案的观点是,从《国际商会仲裁规则》本身的规定以及实践,无法得出国际商会国际仲裁院是执行《国际商会仲裁规则》的唯一仲裁机构的结论,在这种情况下,就不能认为当事人在仲裁条款中明确约定适用《国际商会仲

---

① 参见北京市第四中级人民法院(2019)京04民特322号民事裁定书。
② 参见《最高人民法院关于仲裁条款效力请示的复函》([2006]民四他字第6号)。

裁规则》就等于明确约定了仲裁机构，也就是说，仲裁条款对仲裁机构的约定并不明确。

但是，我国的涉外仲裁实践与很多国家的仲裁实践相同，是通过选择机构的规则来确定仲裁机构的。例如，德国法兰克福工商会示范仲裁条款的内容是："凡与本合同有关的或涉及本合同效力的任何争议，均依法兰克福工商会的仲裁规则进行终局裁决，排除普通的诉讼途径，但法院督促程序除外。"伦敦国际仲裁院的示范仲裁条款为："凡因本合同引起的或与本合同相关的任何争议，包括有关合同成立、效力以及终止的问题，均应提交仲裁并根据伦敦国际仲裁院的仲裁规则终局解决。"《贸仲规则》第4条第2款规定："当事人约定将争议提交仲裁委员会仲裁的，视为同意按照本规则进行仲裁。"第3款规定："当事人约定将争议提交仲裁委员会仲裁但对本规则有关内容进行变更或约定适用其他仲裁规则的，从其约定，但其约定无法实施或与仲裁程序适用法强制性规定相抵触者除外。当事人约定适用其他仲裁规则的，由仲裁委员会履行相应的管理职责。"第4款规定："当事人约定按照本规则进行仲裁但未约定仲裁机构的，视为同意将争议提交仲裁委员会仲裁。"显而易见，在上述这些情况下，当事人在仲裁协议中只需约定具体的仲裁规则即可，而无须再明确约定仲裁委员会。在无特殊约定的情况下，选择了某个仲裁机构的仲裁规则就意味着选择了该仲裁机构。

3. 仅约定仲裁地

原则上，如果当事人在仲裁协议中只约定了仲裁地而没有约定仲裁机构，则仲裁协议可能会因不具有可执行性而无效。但是由于我国现行法律不承认临时仲裁，而只规定了机构仲裁，这就使得在当事人仅约定了仲裁地的情况下，依然可能推定具体的仲裁机构对仲裁事项享有管辖权，从而使当事人希望通过仲裁方式解决纠纷的意愿得以实现。例如，在石家庄东方城市广场有限公司与香港拓能有限公司管辖异议一案[①]中，双方当事人在租赁经营合同中仅约定，因执行合同发生争议时，任何一方均可向石家庄东方城市广场有限公司所在地仲裁机关申请仲裁。最高人民法院认为，该合同中虽未写明仲裁委员会的名称，但鉴于在约定的仲裁地只有一个仲裁委员会，即石家庄仲裁委员会，因此应当认定仲裁条款是可执行的，该仲裁条款合法有效。

4. 选择两个或多个仲裁机构

当事人在仲裁协议中选择两个甚至多个仲裁机构的，如何认定仲裁协议的效力？对此存在争议。如果单纯从当事人意思自治的原则出发，那么显然没有理由否定此类仲裁协议的效力。

首先，当事人在仲裁协议中就将争议提交仲裁及仲裁事项作出了约定，表明当事人已经具有通过仲裁而非通过诉讼来解决争议的合意，实际上已经放弃了向法院诉讼的权利。如果简单地宣告仲裁协议无效，而由法院受理一方当事人提起的诉讼，则不符合当事人双方的合意。

其次，在订立仲裁协议时，当事人双方的意思表示是真实的、自愿的，因此当事人应当

[①] 参见《最高人民法院关于石家庄东方城市广场有限公司与香港拓能有限公司管辖异议一案法院是否有管辖权问题的批复》（法经［1998］287号）。

受其约束，任何一方当事人不能单方面否定该合意的效力。当事人在仲裁协议中选择了两个或两个以上仲裁机构，意味着赋予先行申请仲裁的一方选择权，仲裁机构因当事人行使选择权而确定。例如，在齐鲁制药厂诉美国安泰国际贸易公司合资合同纠纷一案[①]中，当事人在仲裁条款中约定，合同争议应提交中国国际贸易促进委员会对外经济贸易仲裁委员会或瑞典斯德哥尔摩商会仲裁院仲裁。最高人民法院认为，该仲裁条款对仲裁机构的约定是明确的，亦是可以执行的。当事人只要选择约定的仲裁机构之一即可进行仲裁。但是如果从程序法的角度出发，为了避免对同一案件重复仲裁，则应当否定此类仲裁协议的效力。

这一原则在我国现行民事诉讼法有关法院管辖的规定中也得到了体现。尽管针对法定管辖，《民诉法》第35条规定："两个以上人民法院都有管辖权的诉讼，原告可以向其中一个人民法院起诉；原告向两个以上有管辖权的人民法院起诉的，由最先立案的人民法院管辖。"但是在涉及协议管辖时，《民诉法解释》第30条规定："根据管辖协议，起诉时能够确定管辖法院的，从其约定；不能确定的，依照民事诉讼法的相关规定确定管辖。管辖协议约定两个以上与争议有实际联系的地点的人民法院管辖，原告可以向其中一个人民法院起诉。"而且与诉讼管辖不同，在我国的仲裁制度中不存在后受理仲裁的仲裁机构将案件移送给先受理仲裁的仲裁机构的可能性，因为仲裁既不适用级别管辖，也不适用地域管辖，各个仲裁机构彼此完全独立，不存在彼此协调以便合理配置资源、维护仲裁裁决统一性的问题。此外，对于当事人能否以其他仲裁机构已经在先受理了仲裁事项为由对在后受理仲裁事项的仲裁机构的管辖权提出异议这一问题，也很难给予肯定回答，因为仲裁机构获得仲裁管辖权的唯一根据就是仲裁协议，只要认定仲裁协议有效，从法律上就几乎不可能否定仲裁机构的管辖权。

最高人民法院在《仲裁法解释》中对于当事人在仲裁协议中选择两个仲裁委员会的情形作出了严格的限制性规定。其中第5条规定："仲裁协议约定两个以上仲裁机构的，当事人可以协议选择其中的一个仲裁机构申请仲裁；当事人不能就仲裁机构选择达成一致的，仲裁协议无效。"第6条进一步规定："仲裁协议约定由某地的仲裁机构仲裁且该地仅有一个仲裁机构的，该仲裁机构视为约定的仲裁机构。该地有两个以上仲裁机构的，当事人可以协议选择其中的一个仲裁机构申请仲裁；当事人不能就仲裁机构选择达成一致的，仲裁协议无效。"显然，这两条规定的实质含义在于，当事人必须在申请仲裁之前确定唯一具有管辖权的仲裁机构，从而使得仲裁协议达到"约定了明确的仲裁机构"的要求。当事人在最初的仲裁协议中作出的可选择性约定几乎没有任何实质性的法律意义。

二、仲裁协议的无效

作为合同的一种，仲裁协议如果欠缺合同生效的一般要件或者违反了法律对仲裁协议的强制性规定，将不发生法律效力。根据我国《仲裁法》的规定，当事人之间订立的仲裁协议

[①] 参见《最高人民法院关于同时选择两个仲裁机构的仲裁条款效力问题的函》（法函［1996］176号）。

在下列情况下无效:

第一,签订仲裁协议的当事人必须具有完全的民事行为能力,无民事行为能力人或限制民事行为能力人订立的仲裁协议无效。

第二,一方采取胁迫手段,迫使对方订立的仲裁协议无效。

第三,以口头方式订立的仲裁协议无效。《仲裁法》对仲裁协议的形式作出了严格的规定,仲裁协议必须以书面的方式订立,口头订立的仲裁协议无效。①

第四,约定的仲裁事项超出法律规定的仲裁范围的仲裁协议无效。法律上通常会对争议的可仲裁性作出一些限制性规定。例如我国《仲裁法》第2条将具有可仲裁性的事项限制于平等主体的公民、法人和其他组织之间发生的合同纠纷和其他财产权益纠纷。第3条则进一步明确婚姻、收养、监护、扶养、继承纠纷以及依法应当由行政机关处理的行政争议不能仲裁。涉及此类争议,当事人只能寻求法律许可的其他救济途径。②

第五,对仲裁事项未约定或约定不明确,当事人不能达成补充协议明确仲裁事项的,仲裁协议无效。③

第六,对仲裁机构未约定或者约定不明确,当事人不能达成补充协议明确仲裁机构且无法根据仲裁协议的其他内容推定仲裁机构的,仲裁协议无效。在贾国利与信达财产保险股份有限公司平顶山中心支公司确认仲裁协议无效案④中,机动车交通事故责任强制保险单约定将争议提交仲裁解决,但并未明确具体的仲裁机构,之后双方也未达成补充协议对仲裁机构进行明确,故双方签订的保险合同中关于仲裁的条款无效。

在昆山城开锦亭置业有限公司与上海金鹿建设(集团)有限公司建设工程施工合同纠纷管辖权异议案⑤中,锦亭公司与金鹿公司在《建设工程施工合同》中约定:"本合同在履行过程中发生的争议,由双方当事人协商解决,协商不成的,提交辖区内仲裁委员会仲裁。"最高人民法院认为,在该约定中,双方虽然明确了请求仲裁的意思表示以及仲裁的事项,但对仲裁地(辖区)的理解发生分歧,无法确定仲裁地的唯一性,进而无法确认仲裁机构的唯一

---

① 在唐山燕山钢铁有限公司与唐山市金龙实业有限公司买卖合同纠纷案中,唐山燕山钢铁有限公司上诉称,上诉人与被上诉人口头约定争议解决方式为仲裁,因此迁安市人民法院对本案无管辖权。唐山市中级人民法院经审查认为,仲裁协议包括合同中订立的仲裁条款和以其他书面方式在纠纷发生前或者纠纷发生后达成的请求仲裁的协议,并且应当以书面方式订立,故对于上诉人认为双方有口头仲裁约定的主张,本院不予采信。参见河北省唐山市中级人民法院(2017)冀02民辖终256号民事裁定书。
② 在呼和浩特市汇力物资有限责任公司诉壳牌(中国)有限公司横向垄断协议纠纷一案中,最高人民法院裁定认为反垄断法具有明显的公法性质,对是否构成垄断的认定超出了合同相对人之间的权利义务关系,并使本案争议不再限于"平等主体的公民、法人和其他组织之间发生的合同纠纷和其他财产权益纠纷",不属于仲裁法规定的可仲裁事项。参见最高人民法院(2019)最高法知民辖终47号民事裁定书。
③ 在安徽省公路桥梁工程有限公司与吴东升申请确认仲裁协议效力一案中,双方在《设备租赁合同》第6条约定:"协商解决,如协商不成,公司内部由公司领导裁决;公司外部由提出疑义方当地仲裁机关按程序裁决,败诉方承担一切费用。"合肥市中级人民法院认为,虽然双方表达了提交仲裁的意思表示,但是仅根据"公司外部"的措辞无法确定仲裁事项,且仲裁机构的选定亦不明确,因此仲裁协议无效。参见安徽省合肥市中级人民法院(2014)合民二初字第00051号民事裁定书。
④ 参见河南省平顶山市中级人民法院(2014)平民特字第20号民事裁定书。
⑤ 参见最高人民法院(2015)民一终字第253号民事裁定书。

性，该仲裁协议对仲裁机构约定不明确，而双方对具体选择哪一个仲裁机构又无法达成补充协议，故一审法院认定该仲裁协议无效并无不妥。

在百联集团有限公司与哈尔滨爱达投资置业有限公司合同纠纷管辖权异议案[①]中，双方在《租赁合同》中关于仲裁机构的表述为"上海市仲裁委"，且双方当事人均认可上海市有两个仲裁委员会，根据《仲裁法解释》第6条，仲裁协议约定由某地的仲裁机构仲裁且该地仅有一个仲裁机构的，该仲裁机构视为约定的仲裁机构。该地有两个以上仲裁机构的，当事人可以协议选择其中一个仲裁机构申请仲裁；当事人不能就仲裁机构选择达成一致的，仲裁协议无效。本案双方未能就仲裁机构选择达成一致，该约定应为无效。

理论探讨

三、仲裁协议的失效

仲裁协议的失效，是指仲裁协议的效力因特定事由的发生而归于消灭。与一般实体法合同效力不同，仲裁协议有效成立后，其效力通常会持续较长时间，在理论上甚至可以永久存在，因为当事人申请仲裁的权利不受任何时效的限制。但在特定事由发生时，仲裁协议的效力可能终止。

（一）仲裁机构已对争议作出仲裁裁决

由于仲裁实行一裁终局制，裁决作出后，当事人就同一纠纷再申请仲裁或者向法院起诉的，仲裁委员会或者法院不予受理。即使仲裁裁决此后被法院裁定撤销或者不予执行，当事人也无权再依据原来的仲裁协议申请仲裁，而只能根据双方重新达成的仲裁协议申请仲裁或者向法院起诉。因此，仲裁协议的效力在仲裁裁决的范围内归于消灭。

（二）当事人放弃仲裁协议

仲裁协议因当事人双方就仲裁达成一致的意思表示而成立，因当事人双方一致放弃仲裁的意思表示而失效。当事人放弃仲裁的意思表示可以表现为多种形式，例如，双方达成协议，明确终止仲裁协议的效力；双方达成了新的协议，选择了其他形式的纠纷解决方式；因默示的行为而改变了纠纷的解决方式，从而使仲裁协议失效。例如根据《仲裁法》第26条的规定，当事人达成仲裁协议后，一方向人民法院起诉未声明有仲裁协议，人民法院受理后，另一方在首次开庭前未对人民法院受理该案提出异议的，视为放弃仲裁协议。

（三）附期限或附条件的仲裁协议因期限届满或解除条件成就而失效

如果当事人在仲裁协议中约定了仲裁协议的有效期限或者解除仲裁协议的条件，则在该期限内或解除条件成就之前发生的争议，可以申请仲裁。在该期限届满或该条件成就后，仲

[①] 参见最高人民法院（2016）最高法民终41号民事裁定书。

裁协议失效，当事人不能再依据仲裁协议申请仲裁。

思考题

一、不定项选择题

1. 某仲裁委员会对甲公司与乙公司之间的买卖合同一案作出裁决后，发现该裁决存在超裁情形，甲公司与乙公司均对裁决持有异议。关于此仲裁裁决，下列哪一选项是正确的？（　　）（2008年司考卷三第41题）

   A. 该仲裁委员会可以直接变更已生效的裁决，重新作出新的裁决

   B. 甲公司或乙公司可以请求该仲裁委员会重新作出仲裁裁决

   C. 该仲裁委员会申请法院撤销此仲裁裁决

   D. 甲公司或乙公司可以请求法院撤销此仲裁裁决

2. A市甲公司与B市乙公司在B市签订了一份钢材购销合同，约定合同履行地在A市。同时双方还商定因履行该合同所发生的纠纷，提交C仲裁委员会仲裁。后因乙公司无法履行该合同，经甲公司同意，乙公司的债权债务转让给D市的丙公司，但丙公司明确声明不接受仲裁条款。关于本案仲裁条款的效力，下列哪些选项是错误的？（　　）（2007年司考卷三第89题）

   A. 因丙公司已明确声明不接受合同中的仲裁条款，所以仲裁条款对其无效

   B. 因丙公司受让合同中的债权债务，所以仲裁条款对其有效

   C. 丙公司声明只有取得甲公司同意，该仲裁条款对丙公司才无效

   D. 丙公司声明只有取得乙公司同意，该仲裁条款对丙公司才无效

3. 下列哪些仲裁协议为无效或失效？（　　）（2005年司考卷三第74题）

   A. 甲、乙两公司签订合同，并约定了仲裁条款后，合同双方又签订补充协议，约定："如原合同或补充协议履行发生争议，双方协商解决或向法院起诉解决"

   B. 双方当事人在合同中约定："因本合同履行发生争议的，双方当事人既可向南京仲裁委员会申请仲裁，也可向南京市鼓楼区法院起诉"

   C. 甲、乙两公司在双方合同纠纷的诉讼中对法官均不满意，双方商量先撤诉后仲裁。甲公司向法院提出了撤诉申请，法院裁定准许撤诉。此后甲、乙两公司签订了仲裁协议，约定将该合同纠纷提交某仲裁委员会仲裁

   D. 丙、丁两公司签订的合同中规定了内容齐全的仲裁条款，但该合同内容违反法律禁止性规定

4. 甲、乙两厂签订一份加工承揽合同，并在合同中写明了仲裁条款。后因甲厂加工的产品质量达不到合同的要求，乙厂遂向法院起诉。法院受理了该案，在法院辩论过程中，甲厂提出依合同中的仲裁条款，法院对该案没有管辖权。下列对该案的处理意见中哪些是错误的？（　　）（2002年司考卷三第68题）

   A. 法院应当中止审理，待确定仲裁条款是否有效后再决定是否继续审理

B. 法院应当继续审理

C. 法院应当与仲裁机构协商解决管辖权问题

D. 法院应当征求乙厂对管辖权的意见，并依乙厂的意见决定是否继续审理

5. 根据我国有关法律规定，在下列哪些情形下，仲裁协议无效？（　　）（2003年司考卷三第64题）

　　A. 约定的仲裁事项属于平等主体之间有关人身关系的纠纷

　　B. 约定的仲裁事项是不动产纠纷，在民事诉讼法上属于法院专属管辖的案件

　　C. 载有仲裁条款的合同因违反法律的禁止性规定而无效

　　D. 仲裁条款约定"因本合同履行发生的一切争议，由地处北京市的仲裁委员会进行仲裁"

6. 甲公司与乙公司因合同纠纷向A市B区法院起诉，乙公司应诉。经开庭审理，法院判决甲公司胜诉。乙公司不服B区法院的一审判决，以双方签订了仲裁协议为由向A市中级法院提起上诉，要求据此撤销一审判决，驳回甲公司的起诉。A市中级法院应当如何处理？（　　）（2007年司考卷三第36题）

　　A. 裁定撤销一审判决，驳回甲公司的起诉

　　B. 应当首先审查仲裁协议是否有效，如果有效，则裁定撤销一审判决，驳回甲公司的起诉

　　C. 应当裁定撤销一审判决，发回原审法院重审

　　D. 应当裁定驳回乙公司的上诉，维持原判决

7. A市水天公司与B市龙江公司签订一份运输合同，并约定如发生争议提交A市的C仲裁委员会仲裁。后因水天公司未按约支付运费，龙江公司向C仲裁委员会申请仲裁。在第一次开庭时，水天公司未出庭参加仲裁审理，而是在开庭审理后的第二天向A市中级人民法院申请确认仲裁协议无效。C仲裁委员会应当如何处理本案？（　　）（2007年司考卷三第48题）

　　A. 应当裁定中止仲裁程序

　　B. 应当裁定终结仲裁程序

　　C. 应当裁定驳回仲裁申请

　　D. 应当继续审理

8. 南沙公司与北极公司因购销合同发生争议，南沙公司向仲裁委员会申请仲裁，在仲裁中双方达成和解协议，南沙公司向仲裁庭申请撤回仲裁申请。之后，北极公司拒不履行和解协议。下列哪一选项是正确的？（　　）（2008年司考卷三第39题）

　　A. 南沙公司可以根据原仲裁协议申请仲裁

　　B. 南沙公司应与北极公司重新达成仲裁协议后，才可以申请仲裁

　　C. 南沙公司可以直接向法院起诉

　　D. 仲裁庭可以裁定恢复仲裁程序

9. 关于仲裁协议的效力，下列哪些选项是正确的？（　　）（2008年司考四川延考卷三

第88题）

　　A. 当事人对仲裁协议效力有争议的，既可以向法院申请认定，也可以向仲裁委员会申请认定

　　B. 作为合同内容的仲裁条款，在合同无效时，其效力不受影响

　　C. 仲裁裁决被法院撤销后，当事人可以依原仲裁协议重新申请仲裁

　　D. 仲裁裁决被法院裁定不予执行后，当事人可以依原仲裁协议重新申请仲裁

10. 甲公司因与乙公司的合同纠纷向某仲裁委员会申请仲裁，甲公司的仲裁请求得到仲裁庭的支持。裁决作出后，乙公司向法院申请撤销仲裁裁决。法院在审查过程中，甲公司向法院申请强制执行仲裁裁决。关于本案，下列哪一说法是正确的？（　　）（2012年司考卷三第50题）

　　A. 法院对撤销仲裁裁决申请的审查，不影响法院对该裁决的强制执行

　　B. 法院不应当受理甲公司的执行申请

　　C. 法院应当受理甲公司的执行申请，同时应当告知乙公司向法院申请裁定不予执行仲裁裁决

　　D. 法院应当受理甲公司的执行申请，受理后应当裁定中止执行

11. 武当公司与洪湖公司签订了一份钢材购销合同，同时约定，因合同效力或合同的履行发生纠纷提交A仲裁委员会或B仲裁委员会仲裁解决。合同签订后，洪湖公司以本公司具体承办人超越权限签订合同为由，主张合同无效。关于本案，下列哪一说法是正确的？（　　）（2012年司考卷三第48题）

　　A. 因当事人约定了2个仲裁委员会，仲裁协议当然无效

　　B. 因洪湖公司承办人员超越权限签订合同导致合同无效，仲裁协议当然无效

　　C. 洪湖公司如向法院起诉，法院应当受理

　　D. 洪湖公司如向法院起诉，法院应当裁定不予受理

12. 住所在M省甲县的旭日公司与住所在N省乙县的世新公司签订了一份建筑工程施工合同，工程地为M省丙县，并约定如合同履行发生争议，在北京适用《中国国际经济贸易仲裁委员会仲裁规则》进行仲裁。履行过程中，因工程款支付问题发生争议，世新公司拟通过仲裁或诉讼解决纠纷，但就在哪个仲裁机构进行仲裁，双方产生分歧。对此，下列哪一部门对该案享有管辖权？（　　）（2017年司考卷三第35题）

　　A. 北京仲裁委员会

　　B. 中国国际经济贸易仲裁委员会

　　C. M省甲县法院

　　D. M省丙县法院

13. 住所在A市B区的两江公司与住所在M市N区的百向公司，在两江公司的分公司所在地H市J县签订了一份产品购销合同，并约定如发生合同纠纷可向设在W市的仲裁委员会申请仲裁（W市有两个仲裁委员会）。因履行合同发生争议，两江公司向W市的一个仲裁委员会申请仲裁。仲裁委员会受理后，百向公司拟向法院申请认定仲裁协议无效。百向公司应

向下列哪一法院提出申请？（　　　）（2017年司考卷三第50题）
  A. 可向W市中级法院申请
  B. 只能向M市中级法院申请
  C. 只能向A市中级法院申请
  D. 可向H市中级法院申请

二、简答题
结合有关案例，简述对仲裁协议独立性的理解。

第四章 仲裁机构

> **导语**
>
> 随着仲裁实践的不断发展,我国仲裁机构近些年受理案件数量和案件标的额持续增加,仲裁机构民间化等问题逐渐取得共识。作为仲裁活动的最基本组织形式,仲裁庭分为独任仲裁庭和合议仲裁庭,由当事人选定或第三方指定的仲裁员组成,其职权包括对案件仲裁管辖权的决定权、程序指挥权、调查取证权、裁决权和调解权,而仲裁员的资格、回避与更换,则关系到仲裁的公正性和独立性。我国仲裁法对中国仲裁协会的法律地位和职能作了明确规定,但中国仲裁协会至今仍未成立。

第一节 仲裁机构概述

一、仲裁机构的含义与分类

作为仲裁制度的重要组成部分,仲裁机构是指依法成立的、根据当事人之间的仲裁协议受理、裁决案件并管理仲裁程序的常设机构。在仲裁制度的发展过程中,早期的仲裁多为民间解决纠纷的临时性活动,直到19世纪随着仲裁实践的不断发展才出现了现代意义上的仲裁机构。在不同的国家和地区,仲裁机构的称谓有所不同,有的称为仲裁院,如瑞典斯德哥尔摩商会仲裁院、英国伦敦仲裁院;有的称为仲裁协会,如美国仲裁协会、日本国际商事仲裁协会;有的称为仲裁中心,如新加坡国际仲裁中心、我国香港地区的香港国际仲裁中心;还有的称为仲裁委员会,如我国的中国国际经济贸易仲裁委员会、北京仲裁委员会等。

我国《仲裁法》第10、11条规定,仲裁委员会可以在直辖市和省、自治区人民政府所在地的市设立,也可以根据需要在其他设区的市设立,不按行政区划层层设立。仲裁委员会由市人民政府组织有关部门和商会统一组建。设立仲裁委员会,应当经省、自治区、直辖市的司法行政部门登记。仲裁委员会应当具备下列条件:有自己的名称、住所和章程;有必要的财产;有该委员会的组成人员;有聘任的仲裁员。

根据仲裁机构的职能不同，可将仲裁机构分为两大类：全面管理型仲裁机构和宣传协助型仲裁机构。[①] 全面管理型仲裁机构的职能在于对整个仲裁程序进行管理，并通过收取行政管理费来维持机构的运行。当事人按照机构的要求提交仲裁申请书并预交仲裁管理费后由机构秘书处立案，仲裁员的指定须经过机构秘书处的确认，案件审理过程中机构负责管理及推进仲裁程序，仲裁裁决草案经机构批准后仲裁员才能签署。国际商会仲裁院、中国国际经济贸易仲裁委员会以及我国各地区依据《仲裁法》设立的仲裁委员会均属于这种类型。而宣传协助型仲裁机构的职能在于宣传仲裁或在适当的时候协助仲裁案件当事人。香港国际仲裁中心、伦敦海事仲裁委员会便属于此类。以香港国际仲裁中心为例，其主要职能是在香港及东南亚推广仲裁，并为当事人提供协助，如应当事人请求推荐或者指定仲裁员、提供庭审地点、传递仲裁文件、提供文字或同声传译等服务。

根据仲裁机构受理争议的范围，可以将仲裁机构分为综合性仲裁机构和专门性仲裁机构。综合性仲裁机构受理案件的范围比较广泛，对案件类型没有严格限制，比如英国伦敦国际仲裁院、瑞典斯德哥尔摩商会仲裁院、国际商会仲裁院等，我国的中国国际经济贸易仲裁委员会和各地设立的仲裁委员会也属于此类型。专门性仲裁机构只受理某一特殊类型的争议，比如解决投资争端国际中心只受理涉及直接投资的纠纷。我国的海事仲裁委员会是我国唯一的国家级专门海事仲裁机构。

二、仲裁机构的特点

仲裁机构的特点与其法律地位密切相关。仲裁机构通常具有独立性、非营利性和民间性三个特点。

（一）独立性

所谓仲裁机构的独立性，指的是仲裁机构依法独立行使其仲裁职能。首先，仲裁机构独立于行政机关，与行政机关没有隶属关系；其次，仲裁机构独立于法院，虽然法律赋予了法院司法监督权，但法院的监督属于事后监督，不能够干预仲裁机构的仲裁审理和裁决活动；最后，仲裁机构之间相互独立，仲裁不实行级别管辖和地域管辖，各仲裁机构之间是平等竞争的关系，而不是隶属关系。对此，我国《仲裁法》第14条规定："仲裁委员会独立于行政机关，与行政机关没有隶属关系。仲裁委员会之间也没有隶属关系。"此外，我国《仲裁法》规定的中国仲裁协会是仲裁委员会的自治性组织，与仲裁机构之间也不是隶属关系。

（二）非营利性

所谓非营利性，指的是仲裁机构的设立不是为了营利，即不是为了向设立者提供利润。作为仲裁程序的管理者和仲裁活动的服务者，仲裁机构承担着维护行业利益和公共服务的职

---

① 参见乔欣主编：《比较商事仲裁》，法律出版社2004年版，第40页。

能，因此，仲裁机构具有非营利性的特征。当然，仲裁机构的非营利性并不意味着仲裁机构没有收入或不能收费，而是指其收入应当用于维持机构自身的运营与发展。国务院颁布的《仲裁委员会收费办法》第2、3条对此作出了明确规定：当事人申请仲裁，应当按照本办法的规定向仲裁委员会交纳仲裁费用，仲裁费用包括案件受理费和案件处理费；案件受理费用于给付仲裁员报酬、维持仲裁委员会正常运转的必要开支。

（三）民间性

仲裁机构对商事案件的管辖权和管理权完全源自建立在私法自治基础上的当事人合意。虽然作为仲裁结果的仲裁裁决依法具有强制执行的效力，但是从仲裁权的启动和运行来看，争议是否提交仲裁、仲裁机构的选择、仲裁员的选任、仲裁庭的组成形式、仲裁地点的确定、仲裁程序的选择等均由双方当事人合意决定。仲裁机构的民间性表现在，不仅在组织上独立于行政机关，与行政机关没有隶属关系，而且在承担职责的性质上，仲裁机构与行政机关以及依法行使行政权的行政性事业单位也有着本质区别。仲裁机构的民间性是仲裁独立、公正的保障，是仲裁机构克服行政干预和地方保护主义弊端、提高公信力的基础，也是仲裁机构提高自身信誉、保持竞争力的客观要求。

理论探讨

三、仲裁机构的职能

作为仲裁程序的管理者和仲裁活动的服务者，仲裁机构本身并不直接对当事人提交的纠纷进行审理和作出裁决，常设仲裁机构的职能主要在于制定仲裁规则及保障仲裁程序的进行。

（一）制定仲裁规则

仲裁规则是仲裁机构与仲裁当事人进行仲裁活动时所遵循的程序规则。常设仲裁机构通常都有专门的仲裁规则，该仲裁规则或者由该机构所属的商会制定，或者由仲裁机构自行制定。前者如《贸仲规则》由中国国际贸易促进委员会、中国国际商会制定通过，后者如《北仲规则》则由该机构制定。仲裁机构所制定的仲裁规则本身没有法律拘束力，能否产生法律拘束力取决于当事人是否在仲裁协议中约定采纳该规则。

仲裁规则主要规定以下内容：（1）仲裁机构的选择和仲裁规则的适用，如很多仲裁机构为当事人选择仲裁机构和仲裁规则提供了示范条款；（2）仲裁机构的组织机构及其职责，如中国国际经济贸易仲裁委员会的组织机构包括仲裁委员会主任、副主任、秘书长、秘书局等，北京仲裁委员会的组织机构包括仲裁委员会主任、副主任、秘书长、办公室等；（3）仲裁程序，包括仲裁申请的提出和受理、仲裁庭的组成、审理程序、仲裁裁决的作出等。

就具体的仲裁活动而言，适用何种仲裁规则是当事人意思自治的事项，当事人在仲裁协议中可以约定进行仲裁所遵循的具体程序规则，可以援引现成的仲裁规则，还可以约定由仲裁机构确定仲裁规则。不管适用何种仲裁规则，均不得违反仲裁法的强制性规定。这里的仲裁法既包括仲裁地所在国的仲裁法，也包括仲裁裁决执行地国的仲裁法。违反前者，可能导致仲裁裁决被仲裁地国法院撤销；违反后者，则可能导致仲裁裁决被仲裁执行地法院拒绝承认和执行。通常而言，当事人选择将争议提交特定的仲裁机构，即意味着适用该机构的仲裁规则，除非当事人另有约定。如《北仲规则》第2条第1款规定，当事人协议将争议提交本会仲裁的，适用本规则。当事人就仲裁程序事项或者仲裁适用的规则另有约定的，从其约定，但该约定无法执行或者与仲裁地强制性法律规定相抵触的除外。当事人约定适用其他仲裁规则的，由本会履行相应的管理职责。《贸仲规则》第4条也有类似规定。

（二）保障仲裁程序的进行

为了使当事人能够有效地利用仲裁这一争议解决机制，仲裁机构通过管理仲裁程序或为当事人提供所需要的协助保障仲裁程序的顺利进行。

1. 接受当事人提出的仲裁申请

常设仲裁机构都设有专门的办事机构，负责受理当事人提交的仲裁申请，如秘书处、登记处、立案处等，由机构对当事人的申请及其所依据的仲裁条款或仲裁协议进行初步审查，并按仲裁规则及其有关收费标准收取仲裁费。

2. 协助当事人组成仲裁庭

常设仲裁机构聘任符合条件的仲裁员并制作仲裁员名册供当事人选择仲裁员时使用，而列入名册的仲裁员一般都为各专业领域的资深专家且有着丰富的解决商事争议的经验。如果当事人就其约定的独任仲裁员或首席仲裁员不能达成一致，或者在由3位仲裁员组成仲裁庭的情况下，被申请人在仲裁规则规定的期限内未能指定仲裁员，则由仲裁机构指定上述仲裁员。《贸仲规则》《北仲规则》和其他仲裁机构的仲裁规则均有类似规定。此外，仲裁机构还可以作为临时仲裁中指定仲裁员的机构，或依照当事人的申请作为协助机构。

3. 推进仲裁程序进行

常设仲裁机构的秘书处、办公室等办事机构，专门负责在案件审理过程中沟通仲裁庭与当事人之间的联系，直至仲裁裁决的作出。这些工作包括但不限于提供庭审场所和设备、分配记录人员和仲裁庭秘书、决定或授权仲裁庭解决案件的管辖争议、协助仲裁庭承担送达等程序工作、仲裁庭作出裁决后盖章确认并发出等。

除了上述直接管理和服务仲裁程序的职能以外，许多仲裁机构还通过发挥其自身的优势，承担着诸如仲裁和争议解决的信息交流、培训研究和宣传推广等职能，成为推动和促进仲裁及争议解决发展的重要力量。

第二节 仲裁机构的现状及其展望

一、我国仲裁机构的现状

根据我国《仲裁法》的规定，我国常设的仲裁机构为仲裁委员会。仲裁委员会可以在直辖市和省、自治区人民政府所在地的市设立，也可以根据需要在其他设区的市设立，不按行政区划层层设立。仲裁委员会由市人民政府组织有关部门和商会统一组建。设立仲裁委员会，应当经省、自治区、直辖市的司法行政部门登记。仲裁委员会应当具备下列条件：（1）有自己的名称、住所和章程；（2）有必要的财产；（3）有该委员会的组成人员；（4）有聘任的仲裁员。

自1994年颁布《仲裁法》以来，我国仲裁事业已经走过了二十多年的发展历程。在这期间，仲裁机构体系得以重新构建，仲裁机构和人员的数量增长迅速，仲裁案件的数量和标的逐年攀升（见图4-1、图4-2、图4-3）。司法部统计数据显示，2018年全国仲裁委员会共处理案件54万多件，比2017年增长127%；案件标的总额近7000亿元，比2017年增长30%。截至2018年底，全国共设立255家仲裁委员会，工作人员6万余人，累计处理各类民商事案件260万余件，标的额4万多亿元，案件当事人涉及70多个国家和地区。[①]

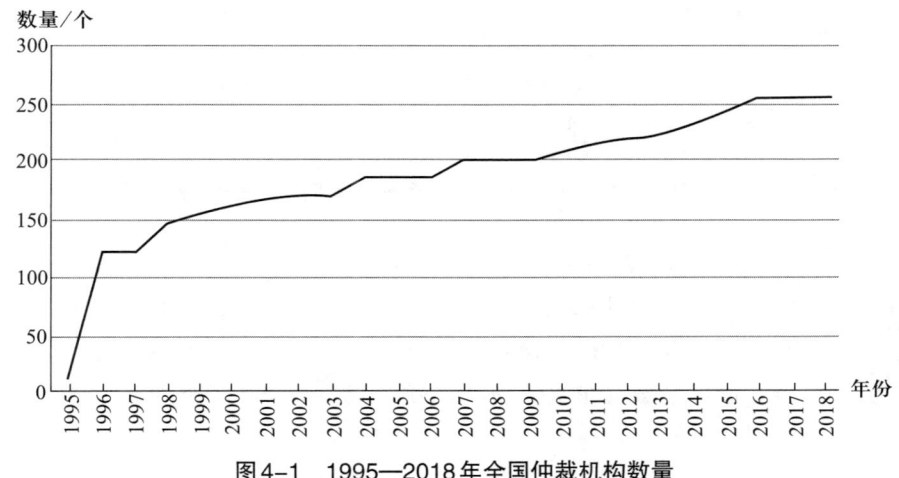

图4-1　1995—2018年全国仲裁机构数量

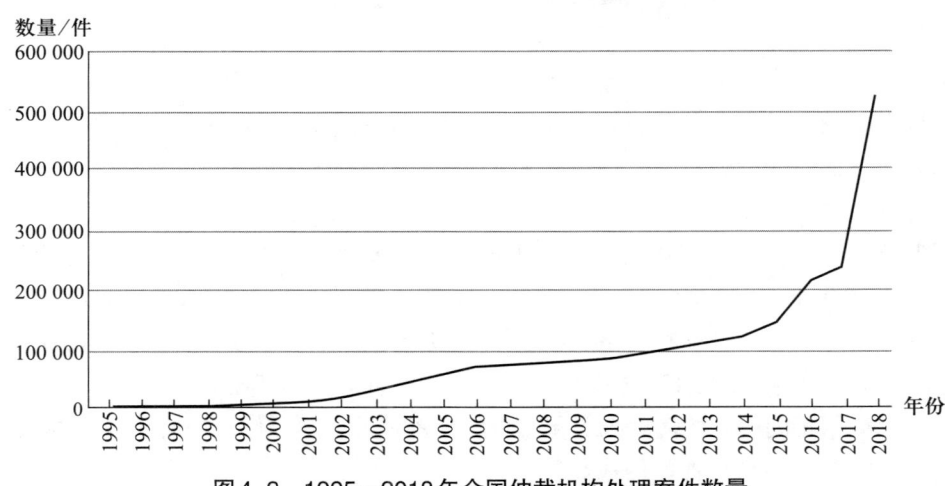

图4-2　1995—2018年全国仲裁机构处理案件数量

[①]《仲裁已成为解决民商事纠纷主渠道之一》，载中华人民共和国司法部、中国政府法制信息网，http://www.moj.gov.cn/subject/content/2019-03/26/862_231600.html，2019年12月19日访问。

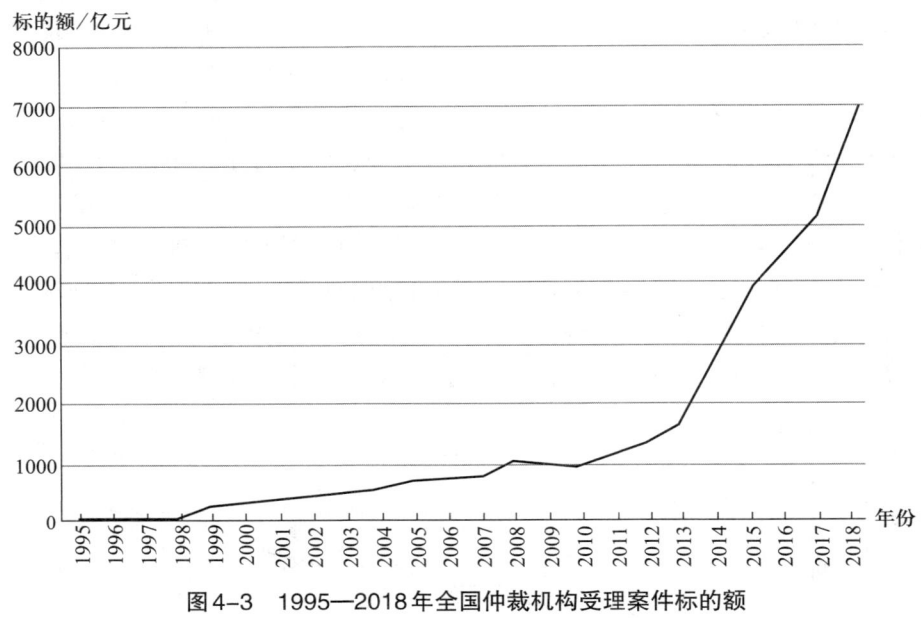

图4-3 1995—2018年全国仲裁机构受理案件标的额

实务研究

仲裁机构是主导中国仲裁发展的力量。我国目前仲裁机构之间发展极不平衡，从受理案件数量、受理案件标的额等方面来看，其中影响较大的有中国国际经济贸易仲裁委员会、北京仲裁委员会、广州仲裁委员会、深圳仲裁委员会、上海仲裁委员会、武汉仲裁委员会、香港国际仲裁中心等。以下列仲裁机构为例说明我国仲裁机构的发展。

（一）中国国际经济贸易仲裁委员会（中国国际商会仲裁院）

中国国际经济贸易仲裁委员会（英文简称CIETAC，以下简称贸仲委）是新中国成立后我国最早设立的常设商事仲裁机构，于1956年4月由中国国际贸易促进委员会组织设立，当时名称为对外贸易仲裁委员会。1988年改名为中国国际经济贸易仲裁委员会。2000年，中国国际经济贸易仲裁委员会同时启用中国国际商会仲裁院的名称。

贸仲委以仲裁的方式，独立、公正地解决国际国内的经济贸易争议及国际投资争端。贸仲委总部设在北京，在深圳、上海、天津、重庆、杭州、武汉、福州、西安、南京、成都、济南分别设有分会。贸仲委在香港特别行政区设立香港仲裁中心，在加拿大温哥华设立北美仲裁中心，在奥地利维也纳设立欧洲仲裁中心。贸仲委及其分会/仲裁中心是一个统一的仲裁委员会，适用相同的《仲裁规则》和《仲裁员名册》，分会/仲裁中心是贸仲委的派出机构，根据贸仲委的授权接受并管理仲裁案件。

为满足当事人的行业仲裁需要，贸仲委在国内首家推出独具特色的行业争议解决服务，为不同行业的当事人提供适合其行业需要的仲裁法律服务，如粮食行业争议解决服务、商业行业争议解决服务、工程建设争议解决服务、金融争议解决服务以及羊毛争议解决服务等。

此外，除传统的商事仲裁服务外，贸仲委还为当事人提供多元争议解决服务，包括域名争议解决、网上仲裁、调解、投资争端解决、建设工程争议评审等服务。

（二）北京仲裁委员会（北京国际仲裁中心）

北京仲裁委员会（英文简称BAC，以下简称北仲）设立于1995年9月28日。自设立以来，秉承着"独立、公正、专业、高效"的价值理念，北仲已迅速成长为在国内享有广泛声誉、在国际上亦有一定地位和影响的仲裁机构。

北仲的决策机构为委员会，由法律、贸易、金融等领域的知名专家组成。北仲办公室是北仲的常设办事机构，由秘书长领导，负责执行委员会决议和处理日常事务。

北仲仲裁员均为精通法律、道德品行良好且在经贸等相关领域具有一流专业水准的资深专家和学者。他们来自20多个不同的国家和地区，专业遍及投资金融、能源环保、国际贸易、建设工程、房地产、知识产权、特许经营、租赁等领域，可以为各种复杂经济纠纷提供专业仲裁服务。

2011年8月1日，北京仲裁委员会调解中心成立。该调解中心是由北京仲裁委员会办公室设立的提供高端商事调解服务的非营利组织，旨在鼓励民众利用调解解决商事纠纷，促进行业自治及社会和谐。平等主体的自然人、法人和其他组织之间发生的合同纠纷和其他财产权益纠纷，可提交北京仲裁委员会调解中心调解。北仲在国内首先制定单独的《调解规则》并设置《调解员名册》，创设独立于仲裁程序的调解程序。该调解程序具有以下优势：遵循和强调自愿原则；受理范围不受书面协议限制；实行调解员推荐制；程序迅捷、灵活、保密；费用透明，成本低；独立于仲裁，又和仲裁相互衔接。

北仲始终致力于打造多元争议解决平台，除了商事仲裁以外，北仲还发布了《投资仲裁规则》《建设工程争议评审规则》，为当事人提供多元且与争议性质相匹配的争议解决服务。

北仲还通过各种研究、宣传及国际活动致力于向世界展示中国优秀的仲裁实践。

（三）香港国际仲裁中心

香港国际仲裁中心（英文简称HKIAC）成立于1985年9月，是按照香港公司法注册为"担保有限公司"的非营利性民间组织，是亚太地区历史最悠久的仲裁机构之一和亚洲领先的争议解决中心。

HKIAC专注于仲裁、调解和域名争议解决等服务，根据机构仲裁规则的规定，香港国际仲裁中心的主要职能为管理仲裁案件，包括为当事人与仲裁庭之间的联系提供帮助、保管预付款、为仲裁提供常规行政支援。同时，根据香港《仲裁条例》，香港国际仲裁中心还是法定的、在临时仲裁当事人无法就仲裁庭的产生达成合意时，代当事人指定仲裁员的"指定机构"。[①] 仲裁中心的设立是为了满足东南亚地区的商事仲裁的需要，同时也为中国内地当事人

---

① 在临时仲裁中，经常发生当事人对仲裁庭的产生无法达成合意的情形。关于此时如何组成仲裁庭，有两种做法：一种是由法院指定；另一种是由立法规定某个机构来担任"指定机构"。如果仲裁地在香港，将由香港国际仲裁中心而不是香港法院协助当事人组庭并推进仲裁程序的正常进行。

和外国当事人之间的争端提供"第三地"的仲裁服务。

香港国际仲裁中心由理事会管理，理事会成员来自世界各地，且均为经验、技能丰富的商界人士及专业精英。香港国际仲裁中心设有一个国际咨询委员会，为香港国际仲裁中心的政策和未来发展提供意见。执行委员会是根据理事会批准的政策指引香港国际仲裁中心活动的核心机构，其下设三个常设委员会，即程序委员会、指定委员会、财政委员会。这些委员会负责香港国际仲裁中心的业务运作及香港国际仲裁中心的仲裁规则和《香港仲裁条例》（第609章）授权香港国际仲裁中心履行的职能。香港国际仲裁中心设秘书处，由秘书长领导，处理各类日常争议解决事宜。

香港调解会（即原来的香港国际仲裁中心调解组）于1994年1月成立，隶属于香港国际仲裁中心，旨在推广以调解方式解决纠纷。此外，还有4个调解组分别专注于专业领域的调解活动。

香港国际仲裁中心于2018年9月27日公布了修订的《2018香港国际仲裁中心机构仲裁规则》，该规则于2018年11月1日生效。

二、国外仲裁机构的现状

国外仲裁机构分为国际性仲裁机构和国家仲裁机构。前者是依据国际组织的决议或者国际条约成立的、不隶属于任何国家的常设仲裁机构，如国际商会仲裁院、解决投资争议国际中心；后者是由某一国家依据其国内商事仲裁立法所设立的常设仲裁机构，其中影响较大的有伦敦国际仲裁院、瑞典斯德哥尔摩商会仲裁院、新加坡国际仲裁中心、美国仲裁协会等。

（一）国际商会仲裁院

国际商会仲裁院（英文简称ICC）成立于1923年，是附属于国际商会的一个国际性常设调解与仲裁机构，总部设在巴黎。该仲裁院的宗旨是，根据其仲裁规则，通过仲裁的方式处理国际性的商事争议，以促进国际商业活动的正常进行。国际商会仲裁院是当今世界上解决国际商事争议最重要和最具有广泛代表性的国际仲裁机构。

国际商会仲裁院的权力机构由主席1名、副主席数名和委员若干名组成，委员由国际商会的每一个国家委员根据一国一名的原则推荐，然后由国际商会理事会予以聘任。其常设执行机关是秘书处，负责所有仲裁案件的日常管理工作。仲裁院一方面附属于国际商会，仲裁规则、组织章程均须经国际商会执行局和理事会的批准，其权力机关的主要职位如主席、副主席均须经国际商会执行局和理事会的推荐和任命；另一方面，国际商会仲裁院又保持了相对的独立性，在履行仲裁职责、处理仲裁案件时完全独立于国际商会。

国际商会仲裁院的现行仲裁规则是2017年3月1日生效的《国际商会仲裁规则》。

（二）新加坡国际仲裁中心

新加坡国际仲裁中心（英文简称SIAC）成立于1990年，宗旨是为国际和国内的商事法律争议进行仲裁和调解提供服务，促进仲裁和调解在解决法律争议中的广泛应用，培养一批熟知国际商事仲裁法律和实务的仲裁员和专家。作为《纽约公约》缔约方的常设仲裁机构，新加坡国际仲裁中心仲裁裁决已在许多司法管辖区执行，包括澳大利亚、中国、泰国、英国、美国、越南以及其他《纽约公约》签署国。

新加坡国际仲裁中心是首个引入早期驳回程序的主要商事仲裁机构。早期驳回程序是指当事人可基于以下理由向仲裁庭申请早期驳回仲裁申请或答辩：（1）仲裁申请或答辩明显缺乏法律依据；（2）仲裁申请或答辩明显超过仲裁庭的管辖范围。该程序可以显著节省当事人的时间和费用。新加坡国际仲裁中心还是第一个引入紧急仲裁员程序的亚洲国际仲裁机构。

2019年，新加坡国际仲裁中心先后与上海国际仲裁中心、北京国际仲裁中心签署了合作备忘录，以加强与中国仲裁的合作关系。双方将共同努力，组织国际仲裁会议、研讨会以及培训计划，可应一方请求在适当的时候互相推荐仲裁员，以推动国际仲裁的发展，满足企业和投资者对国际仲裁服务的需求。

新加坡国际仲裁中心现行仲裁规则是2016年版《新加坡国际仲裁中心仲裁规则》，该规则于2016年8月1日起正式施行。

三、我国仲裁机构发展的展望

（一）仲裁机构的民间化

在《仲裁法》实施前，我国仲裁机构基本上是仿照苏联行政仲裁模式构建的，即仲裁机构设置在行政机关内部，受行政机关领导。仲裁员是行政机关的工作人员，仲裁活动是行政机关通过行使行政权对纠纷进行裁决。根据1981年《经济合同法》的规定，当事人就经济合同发生争议时，无须当事人达成仲裁协议，任何一方均可将争议提交行政管理部门仲裁解决；当事人不服仲裁裁决的，还可以在规定期限内向法院起诉。可见，当时的行政仲裁存在违反仲裁民间性、当事人意思自治和一裁终局等问题，并不符合现代意义上的仲裁制度的要求。

随着1994年《仲裁法》的出台，我国的仲裁制度与国际仲裁制度逐渐接轨。该法第14条明确规定，仲裁委员会独立于行政机关，与行政机关没有隶属关系。在立法上，仲裁机构的法律地位发生了根本变革，由原来隶属于行政机关的行政仲裁机构变成了独立的民间仲裁机构。为改变过去行政仲裁模式下仲裁机构组成人员以行政官员为主的做法，该法第12条规定，仲裁委员会的组成人员中，法律、经济贸易专家不得少于2/3。同时，出于"去行政化后"监督仲裁机构的需要，该法规定设立中国仲裁协会，但是为防止中国仲裁协会变成行政性协会，该法第15条将中国仲裁协会界定为"社会团体法人"以及"仲裁委员会的自律性组织"，要求其"根据章程对仲裁委员会及其组成人员、仲裁员的违纪行为进行监督"。此后，我国根据《仲裁法》重新组建了仲裁委员会。

目前，虽然仲裁机构民间性质已经得到理论界和实务界的普遍认可，但是在仲裁实践中，仲裁机构"行政化"的问题依然突出。例如相当数量的仲裁机构的主任由行政官员兼任，来自法律、经济贸易专家所应达到的法定比例没有得到严格遵守，仲裁机构的人事管理权、财务管理权未能独立，不少仲裁机构借助行政权力、行政手段推广仲裁和获取案源，等等。①本书认为，要实现仲裁机构的民间化，需要在立法上进一步明确仲裁机构的法律地位和民间性质，并通过设置相应的制度保障仲裁机构依法独立行使其仲裁职能，减少行政机关对仲裁活动和仲裁机构的干预。

（二）临时仲裁制度的建立

我国《仲裁法》第18条规定："仲裁协议对仲裁委员会没有约定或者约定不明确的，当事人可以补充协议；达不成补充协议的，仲裁协议无效。"根据现行立法，除了我国政府与其他国家签订的双边投资保护协定规定的临时仲裁以外，我国不承认临时仲裁制度。《仲裁法》实施二十多年来，我国法院在对仲裁协议效力进行司法审查时，对约定仲裁但未明确选定仲裁机构的仲裁协议，基本均认定为无效。②

本书认为，鉴于临时仲裁具有的程序灵活高效、降低费用和尊重当事人意思自治等优势，同时考虑到大多数国家都承认临时仲裁协议的法律效力，我国适时承认临时仲裁的法律地位实为促进我国仲裁发展和顺应仲裁国际潮流的明智之举。而且，承认临时仲裁，将为仲裁市场引入竞争，有助于形成机构仲裁和临时仲裁并存和竞争的局面，能够促进我国机构仲裁改进服务水平和更快向民间化发展转型。此外，根据《纽约公约》以及我国内地分别与我国香港特别行政区、澳门特别行政区、台湾地区之间关于仲裁裁决认可与执行的区际司法协助条约，我国承认、认可和执行的仲裁裁决不仅包括机构仲裁裁决，也包括相应的临时仲裁裁决。我国现行立法不允许临时仲裁，却又承认和执行在《纽约公约》其他缔约国领土内和我国港澳台地区作出的临时仲裁裁决，将导致当事人法律地位的不平等。以我国当事人和外国当事人约定临时仲裁为例，如果我国当事人和外国当事人约定境外临时仲裁且在仲裁中我国当事人败诉，外国当事人申请在我国法院强制执行，我国法院不得以我国法律不承认临时仲裁为由不予承认和强制执行该裁决；如果我国当事人和外国当事人约定在我国临时仲裁且在仲裁中外国当事人败诉，外国当事人可以以我国法律不承认临时仲裁为由在我国法院申请撤销该裁决，并在我国当事人申请外国法院承认和强制执行时以仲裁地法即我国法律不承认临时仲裁为由提出仲裁协议无效的抗辩。

值得注意的是，《自贸区司法保障意见》第9条第3款规定，在自贸试验区内注册的企业相互之间约定在内地特定地点、按照特定仲裁规则、由特定人员对有关争议进行仲裁的，可以认定该仲裁协议有效。该《意见》根据尊重当事人意思自治的原则及与国际仲裁法律和实践接轨的精神，有限度开放了临时仲裁。

---

① 参见陈福勇：《我国仲裁机构现状实证分析》，载《法学研究》2009年第2期。
② 例外是，在认定涉外仲裁条款效力时，如果仲裁协议适用的法律为认可临时仲裁的他国法律，则我国法院亦应认可该临时仲裁协议的效力。北京市第三中级人民法院于2016年12月作出的（2014）三中民特字第07946号民事裁定书以《涉外民事关系法律适用法》第18条为根据，按照仲裁地瑞士的法律，认定案涉临时仲裁条款有效。

（三）仲裁与调解相结合的做法

仲裁与调解相结合，是在充分尊重当事人意思自治，即双方当事人明确同意的前提下，为当事人有效解决争议考虑，在仲裁过程中植入调解环节，由仲裁庭在仲裁程序中对案件进行调解，当事人经仲裁庭调解达成和解协议的，可以请求仲裁庭根据和解协议的内容作出裁决书或制作调解书或撤销案件；双方当事人也可以在仲裁中或仲裁外自行和解，并向仲裁庭申请依据其达成的和解协议作出裁决书或制作调解书或撤销案件。若未能达成和解协议，则恢复仲裁程序。仲裁与调解相结合的做法大大提高了当事人在争端解决中的自主性和参与度，进一步增进了仲裁程序的灵活度，有效缩减了纠纷解决时间，并降低了纠纷解决的成本。这一做法在兼顾程序保密性和裁判独立性的同时，调解书、和解裁决书与普通裁决书具有同等强制执行力，当事人的合法权益能够得到有效保护。

仲裁与调解相结合的做法起源于中国国际经济贸易仲裁委员会从20世纪50年代开始的仲裁实践，并在其1988年的仲裁规则中首次被明确，随后也被我国1994年《仲裁法》所采纳。《仲裁法》第51条规定："仲裁庭在作出裁决前，可以先行调解。当事人自愿调解的，仲裁庭应当调解。调解不成的，应当及时作出裁决。调解达成协议的，仲裁庭应当制作调解书或者根据协议的结果制作裁决书。调解书与裁决书具有同等法律效力。"经过仲裁实践的检验和发展，仲裁与调解相结合的做法具体化为"先调解后仲裁""先仲裁后调解"等模式，并取得了良好的纠纷解决效果。2013—2017年，全国民商事仲裁机构受理的仲裁案件中，以调解、和解结案的平均比例约为50%。[①] 该做法迄今已为我国众多仲裁机构乃至世界上不少知名仲裁机构所采用，成为被广泛认可和接受的"中国经验"和"东方智慧"。

除了传统的商事仲裁与调解相结合，中国国际经济贸易仲裁委员会通过新颁布的投资仲裁规则将这一经验推广至投资仲裁领域，为解决当前投资者与国家之间争端解决机制日益对抗、日渐冗长、日趋昂贵的问题提供新思路；北京仲裁委员会则在国内率先建立专门的调解中心，制定单独的《调解规则》并设置《调解员名册》，创设独立于仲裁程序又和仲裁相互衔接的调解程序。这些灵活和多元化的争议解决方式关注当事人的利益及其和谐关系的维持，满足新形势下当事人对纠纷解决的多元需求，更注重纠纷解决的实际效果而不是单纯的分出胜负，在一定意义上丰富了传统纠纷解决机制的内涵。

完善仲裁与调解相结合的做法，未来可以考虑以下路径：明确仲裁与调解相结合的具体程序规则；加强仲裁庭对调解协议的合法性审查；加强对仲裁员调解技能的培训；等等。

[①] 廖永安等：《中国调解的理念创新与机制重塑》，中国人民大学出版社2019年版，第192页。

第三节 仲裁庭和仲裁员

一、仲裁庭

（一）仲裁庭的概念和类型

仲裁庭是指由当事人选定或仲裁机构指定的仲裁员组成的、对案件进行审理并作出裁决的临时性组织。仲裁庭是仲裁活动中最基本的组织形式，不管是机构仲裁还是临时仲裁，负责审理并作出裁决的仲裁庭都是为特定案件而临时组建的，仲裁裁决作出后即告解散。

根据仲裁庭的组成人数，仲裁庭可划分为以下类型：

1. 独任仲裁庭

独任仲裁庭是由1名仲裁员组成的仲裁庭。独任仲裁庭已得到大多数国家仲裁立法和常设仲裁机构仲裁规则认可。我国《仲裁法》第30条规定，仲裁庭可以由3名仲裁员或者1名仲裁员组成。《贸仲规则》第25条规定，仲裁庭由1名或3名仲裁员组成。除非当事人另有约定或本规则另有规定，仲裁庭由3名仲裁员组成。

独任仲裁庭的优点是能够迅速、经济地解决纠纷；缺点是当事人双方在独任仲裁员人选问题上往往不易达成协议。在商事仲裁实践中，独任仲裁庭一般适用于争议标的额不大的仲裁案件。适用简易程序审理的案件通常由1名仲裁员组成独任仲裁庭审理，如《北仲规则》第55条第1款规定："适用简易程序的案件，由独任仲裁员审理。"

2. 合议仲裁庭

合议仲裁庭一般是指3人仲裁庭，即由两名仲裁员和1名首席仲裁员组成的仲裁庭。其中，首席仲裁员是合议仲裁庭的主持者。我国《仲裁法》第53条规定，裁决应当按照多数仲裁员的意见作出，少数仲裁员的不同意见可以记入笔录。仲裁庭不能形成多数意见时，裁决应当按照首席仲裁员的意见作出。

三人仲裁庭是商事仲裁立法和实践中最普遍适用的仲裁庭组成形式，除非当事人另有约定，仲裁庭通常由3名仲裁员组成。

此外，英国、日本、瑞典等少数国家的商事仲裁立法还允许组成偶数仲裁庭，偶数仲裁庭由偶数仲裁员（通常指两名仲裁员）组成，因此又称二人仲裁庭，即双方当事人各自指定1名仲裁员共同组成仲裁庭审理和裁决案件。例如，《日本民事诉讼法》第788条规定，在仲裁协议上没有关于仲裁员的选定时，当事人各选定1名仲裁员。偶数仲裁庭可能因两名仲裁员意见相左难以作出裁决，此时则由当事人再共同指定第三名仲裁员作为公断人参加仲裁和裁决。大多数国家不承认这种由偶数仲裁员组成的仲裁庭。

（二）仲裁庭的组成

仲裁庭的组成即组成仲裁庭的仲裁员如何产生。由于当事人在仲裁庭的组成上有完全的自主权，因此，各国仲裁立法和实践通常以当事人选定为原则，以仲裁机构和法院等第三方指定为例外。

1. 当事人选定

当事人选定仲裁员分为当事人共同选定和当事人分别选定。前者适用于独任仲裁员和首席仲裁员的确定；后者适用于合议仲裁庭中首席仲裁员之外的其他仲裁员的确定。如我国《仲裁法》第31条规定："当事人约定由三名仲裁员组成仲裁庭的，应当各自选定或者各自委托仲裁委员会主任指定一名仲裁员，第三名仲裁员由当事人共同选定或者共同委托仲裁委员会主任指定。第三名仲裁员是首席仲裁员。当事人约定由一名仲裁员成立仲裁庭的，应当由当事人共同选定或者共同委托仲裁委员会主任指定仲裁员。"

2. 第三方指定

根据很多国家的仲裁法，当事人可以委托与争议无利害关系的第三方指定仲裁员。这里的第三方，包括仲裁机构、法院或双方选定的仲裁员等。

在机构仲裁的情况下，常设的仲裁机构负责管理仲裁程序，如果当事人未能在一定期限内共同选定或者分别选定仲裁庭的组成人员，为保障仲裁程序的顺利推进，仲裁机构可以根据当事人的委托指定仲裁员或者依职权指定仲裁员。如《北仲规则》第20条第2款规定："双方当事人应当自收到仲裁通知之日起15日内分别选定或者委托主任指定一名仲裁员。当事人未在上述期限内选定或者委托主任指定仲裁员的，由主任指定。"

在临时仲裁中，当事人依据意思自治选定仲裁员失败时，也可通过委托常设仲裁机构、法院或者第三方中立机构或者个人指定仲裁员。《联合国国际贸易法委员会仲裁规则》第6.1条规定，除非各方当事人已就选择指定机构达成约定，否则一方当事人可随时提名1个或数个机构或个人包括海牙常设仲裁法院秘书长，由其中之一担任指定机构。根据《国际商会仲裁规则》第12条，如果当事人在一定期限内不能协议选定一名独任仲裁员，则该独任仲裁员应由仲裁院指定。凡争议提交3名仲裁员仲裁，如果一方不能选定仲裁员，则由仲裁院指定。担任仲裁庭首席仲裁员的第三仲裁员应由仲裁院指定，除非当事人约定另一种选定方式，如果按照该约定方式并在当事人或仲裁院确定的期限内未能选定第三仲裁员，则应由仲裁院予以指定。《德国民事诉讼法》第1035条亦规定，根据当事人约定的指定仲裁员的程序，如果一方当事人未按该程序的规定行事，或者双方当事人或两名仲裁员未能依照该程序达成预期的协议，或者第三名仲裁员未能按照该程序履行委托给他的职责，则任何一方当事人均可请求法院采取必要的措施指定仲裁员。

值得关注的是，近年来，我国国内仲裁机构在仲裁员尤其是首席仲裁员的选任问题上不断创新，设计了推荐选择法、推荐排除法等仲裁员指定方式，为推动仲裁的发展贡献了中国智慧。如《北仲规则》规定，双方当事人各自推荐1—3名仲裁员作为首席仲裁员人选；经双方当事人申请或者同意，本会也可以提供5—7名首席仲裁员候选名单，由双方当事人从中选择3—4名仲裁员作为首席仲裁员人选。推荐名单或者选择名单中有一名相同的，为双方当事人共同选定的首席仲裁员；有1名以上相同的，由主任根据案件具体情况在相同人选中确定，确定的仲裁员仍为双方当事人共同选定的首席仲裁员；推荐名单或者选择名单中没有相同人选的，由主任在推荐名单或者选择名单之外指定首席仲裁员。《深仲规则》第30条规定，经双方当事人申请或同意，仲裁院院长可以推荐3名以上首席仲裁员候选名单。双方当事人在收到候选名单之日起5日内可以各排除1名或若干名候选人。首席仲裁员由仲裁院院长在剩余候选名单中指定；候选人均被排除的，由仲裁院院长在候选名单之外指定。这些指定仲裁员的方式，强化了对当事人意思自治的尊重，亦增强了指定仲裁员程序的可操作性。

（三）仲裁庭的职权

在仲裁实践中，根据法律的规定和当事人的授权，仲裁庭一般行使以下职权：

1. 对案件仲裁管辖权的决定权

当事人对仲裁协议的存在、效力或者仲裁案件的管辖权有异议的，应由谁来决定，法院、仲裁庭还是仲裁机构？传统观点认为应由法院决定，但根据自裁管辖原则，仲裁庭本身有权对仲裁协议的效力和仲裁庭是否拥有管辖权作出决定，这一观点已经得到现代国家仲裁立法的普遍认可。

我国《仲裁法》及其司法解释将仲裁管辖权的决定权交给法院及仲裁机构，而且法院的决定权优先于仲裁机构。根据我国仲裁机构的仲裁规则，仲裁委员会有权对仲裁协议的存在、效力以及仲裁案件的管辖权作出决定。如有必要，仲裁委员会也可以授权仲裁庭作出管辖权决定，《贸仲规则》和《北仲规则》都作了类似的规定。

2. 程序指挥权

仲裁庭有权决定开庭审理的时间、就程序事项作出决定、要求当事人在一定期限内提交证据材料、必要时对某些证据提交鉴定、根据审理需要组织庭前会议、组织当事人对证据进行质证、进行仲裁庭调查、组织当事人辩论、对证据进行认证等。

须注意的是，按照我国《仲裁法》的规定，仲裁庭没有作出临时性保全措施的权力。当事人申请保全的，包括证据保全、财产保全和行为保全，无论是仲裁前保全还是仲裁中保全，仲裁委员会均应当将当事人的申请提交相关的人民法院。①

3. 调查取证权

当事人申请且仲裁庭认为必要，或者仲裁庭根据案件审理情况认为必要时，仲裁庭可以自行调查事实、收集证据。

4. 裁决权和调解权

仲裁庭的裁决包括书面审理的裁决和开庭审理的裁决。后者又可进一步分为对席审理的裁决和缺席审理的裁决。仲裁庭认为有必要或者当事人申请经仲裁庭同意后，还可以在最终裁决作出前，就当事人的某些请求事项作出部分裁决。

---

① 参见我国《民诉法》第81、100、101条。

仲裁庭可以根据当事人的请求或者在征得当事人同意的情况下按照其认为适当的方式进行调解。调解达成协议的，当事人可以撤回仲裁申请，也可以请求仲裁庭根据调解协议的内容制作调解书或者裁决书。

二、仲裁员

（一）仲裁员任职资格

仲裁员的任职资格是保证商事仲裁公正性和独立性的前提和基础。各国仲裁立法和仲裁机构仲裁规则都对仲裁员的任职资格作出一定的限制。除此之外，出于尊重当事人意思自治的考虑，有些国家还允许当事人在仲裁协议中对仲裁员的任职资格约定一定的条件。

1. 仲裁立法的规定

各国仲裁立法对仲裁员任职资格的要求不一。有些国家，例如德国和奥地利，对仲裁员资格要求非常宽松，凡是具有完全民事行为能力的人都可以作为仲裁员。少数国家对仲裁员的资格作了严格的规定，例如我国《仲裁法》第13条规定，仲裁委员会应当从公道正派的人员中聘任仲裁员。仲裁员应当符合下列条件之一：（1）通过国家统一法律职业资格考试取得法律职业资格，从事仲裁工作满8年的；（2）从事律师工作满8年的；（3）曾任法官满8年的；（4）从事法律研究、教学工作并具有高级职称的；（5）具有法律知识、从事经济贸易等专业工作并具有高级职称或者具有同等专业水平的。

各国仲裁立法中，对于仲裁员任职资格的规定还涉及以下情形：

（1）要求仲裁员品行端正。许多国家仲裁立法都要求仲裁员品行端正、公正无私。例如，《韩国仲裁法》第5条规定，具有下列情形之一的人没有资格担任仲裁员：① 无行为能力或限制行为能力的人；② 尚未复权的破产人；③ 被处以监禁以上的刑罚且该处罚执行完毕或不执行该刑罚的决定作出后不满3年的人；④ 任何被处以监禁以上刑罚且刑期未满的人；⑤ 任何被处以监禁以上刑罚执行缓刑，其缓刑期未满的人；⑥ 任何被限制民事权利或停止其资格的人。

（2）外籍人士担任仲裁员。各国仲裁法通常不禁止外籍人士担任仲裁员。我国《仲裁法》规定在涉外程序中可以聘任外籍人士担任仲裁员，国内许多仲裁机构也都允许外籍人士受聘为仲裁员。

（3）现任法官担任仲裁员。各国仲裁立法通常不禁止离职法官担任仲裁员。至于现任法官能否担任仲裁员，有的国家，如英国、日本、瑞典，允许法官担任仲裁员；有些国家，如西班牙、奥地利、波兰等，则明令禁止现任法官担任仲裁员。我国最高人民法院颁布的《关于现职法官不得担任仲裁员的通知》要求在仲裁机构担任仲裁员的法官在1个月内辞去仲裁员职务。

（4）律师担任仲裁员。各国仲裁法通常不禁止律师担任仲裁员。如《瑞士联邦商事仲裁协约》第7条规定，当事人在仲裁条款中约定禁止律师在仲裁中担任仲裁员的，则该协议条款无效。

2. 仲裁规则的规定

许多常设仲裁机构对仲裁员的任职资格作了限定。有些仲裁机构还备有供当事人选择的仲裁员名册，有的仲裁机构在仲裁规则中明确规定，只有被列入仲裁员名册的人才能被选定或指定为仲裁员，此即"强制性名册"，如中国海事仲裁委员会；有的则要求，双方当事人可以在仲裁员名册之外指定仲裁员，但在名册外指定的仲裁员应当经仲裁机构确认，如美国仲裁协会、中国国际经济贸易仲裁委员会、北京仲裁委员会。

3. 当事人的约定

当事人有权在仲裁协议中对仲裁员的资格作出约定。当争议提交仲裁时，当事人的约定不仅约束当事人对仲裁员的选任，而且约束仲裁机构、法院等第三方对仲裁员的指定。

（二）仲裁员回避

为了确保仲裁过程和仲裁结果的公正性，各国仲裁立法和仲裁机构的仲裁规则均规定了仲裁员回避制度。仲裁员回避，是指仲裁员在具有可能影响案件公正裁决的情形时退出案件的仲裁程序的制度。仲裁员回避制度包括以下内容：

1. 回避事由

我国《仲裁法》第34条规定，仲裁员有下列情形之一的，必须回避，当事人也有权提出回避申请：（1）是本案当事人或者当事人、代理人的近亲属；（2）与本案有利害关系；（3）与本案当事人、代理人有其他关系，可能影响公正仲裁的；（4）私自会见当事人、代理人，或者接受当事人、代理人的请客送礼的。

在仲裁实践中，由于当事人很难查明仲裁员是否存在回避事由，很难行使回避申请权，因此，应建立仲裁员信息披露制度，以便当事人行使回避申请权。仲裁员信息披露制度是指被选定或者被指定的仲裁员应签署声明书，向当事人和仲裁机构书面披露可能引起对其公正性和独立性产生合理怀疑的任何事实或情况的制度。据此，在仲裁过程中出现应当披露情形的，仲裁员应当立即书面向当事人和仲裁机构披露。但是，披露并不必然导致仲裁员退出仲裁程序，及时披露并使当事人知晓后，当事人没有提出回避申请的，该仲裁员仍可以接受指定或继续履行其仲裁员职责。

2. 回避方式

《仲裁法》规定了两种回避方式：仲裁员自行回避和当事人申请回避。仲裁员自行回避没有时间上的要求，即仲裁员在整个仲裁程序过程中都可以自行回避；当事人提出回避申请的，应在首次开庭前提出。对于回避事由，当事人在首次开庭后才知道的，可以在最后一次开庭终结前提出回避申请。

3. 回避的决定权

仲裁员回避由谁决定？对此，不同国家和地区仲裁法有不同规定。《瑞士联邦苏黎世州民事诉讼法》规定由法院决定；《国际商会仲裁规则》规定由仲裁机构决定；我国台湾地区"仲裁法"规定，先由当事人向仲裁庭提出申请，如果当事人对仲裁庭的裁定不服，则由法院最终决定。① 我国《仲裁法》第36条规定："仲裁员是否回避,由仲裁委员会主任决定;仲裁委员会主任担任仲裁员时,由仲裁委员会集体决定。"

4. 回避的法律后果

仲裁员因回避或者其他原因不能履行职责的,应当重新选定或者指定仲裁员。因回避而重新选定或者指定仲裁员后,当事人可以请求已进行的仲裁程序重新进行,是否准许,由仲裁庭决定;仲裁庭也可以自行决定已进行的仲裁程序是否重新进行。仲裁员回避决定作出之前,被申请回避的人员能否继续参与该案件的仲裁程序?我国《仲裁法》对该问题并未作出明确规定。《贸仲规则》第32条第7款规定:"在仲裁委员会主任就仲裁员是否回避作出决定前,被请求回避的仲裁员应继续履行职责。"

实务研究

（三）仲裁员更换

仲裁员更换,是指仲裁员因回避或者其他事由不能履行职责时,由当事人重新选定仲裁员或者由仲裁机构重新指定仲裁员。这里的其他事由通常指的是仲裁员死亡、辞职或成为无民事行为能力人等情形。

当仲裁员因回避或者其他事由不能履行职责时,是否需要更换仲裁员?我国《仲裁法》第37条第1款规定:"仲裁员因回避或者其他原因不能履行职责的,应当依照本法规定重新选定或者指定仲裁员。"由于替换仲裁员会导致仲裁程序的延长,也会相应地产生额外的费用,从仲裁实践和其他国家仲裁立法来看,在一定条件下,允许不更换仲裁员而由其余仲裁员继续仲裁案件。如《贸仲规则》第34条规定,最后一次开庭终结后,如果三人仲裁庭中的1名仲裁员因死亡或被除名等情形而不能参加合议及/或作出裁决,另外两名仲裁员可以请求仲裁委员会主任更换该仲裁员;在征求双方当事人意见并经仲裁委员会主任同意后,该两名仲裁员也可以继续进行仲裁程序,作出决定或裁决。《香港国际仲裁中心规则》也规定,仲裁员更换后,若案件已宣告审理终结,仲裁中心可授权其他仲裁员继续仲裁并作出任何决定或裁决。

更换仲裁员后是继续审理案件还是重新审理案件?对此,不同的选择会导致仲裁程序的走向不同,影响仲裁的进度甚至最终裁决结果。仲裁实践的通行做法是,由重新组成的仲裁庭决定是否重新仲裁以及在何种程度上重新仲裁。例如,我国《仲裁法》规定,因回避而重新选定或者指定仲裁员后,当事人可以请求已进行的仲裁程序重新进行,是否准许,由仲裁庭决定;仲裁庭也可以自行决定已进行的仲裁程序是否重新进行。根据《新加坡国际仲裁中心仲裁规则》,若独任仲裁员或首席仲裁员被更换,除非当事人另有约定,此前进行过的任何开庭均应重新进行。若更换其他仲裁员,仲裁庭可决定是否重新开庭;若此前仲裁庭已作出中间裁决或部分裁决,对前述裁决中的事项不得重新开庭审理。

---

① 参见乔欣主编:《比较商事仲裁》,法律出版社2004年版,第73页。

第四节　仲裁协会

一、仲裁协会的含义

"仲裁协会"一词通常有两种含义：一种是作为常设仲裁机构的仲裁协会，如美国仲裁协会；另一种是作为行业自律性组织的仲裁协会，如瑞士仲裁协会作为非营利性的协会，其主要使命是促进瑞士和国际仲裁的发展，会员为对仲裁感兴趣的从业者或者学者，与瑞士境内的仲裁机构不存在管理与被管理的关系。英国的特许仲裁员协会也是如此。此处讨论的仲裁协会是后一种含义上的仲裁协会。

二、我国的仲裁协会

我国《仲裁法》第15条规定："中国仲裁协会是社会团体法人。仲裁委员会是中国仲裁协会的会员。中国仲裁协会的章程由全国会员大会制定。中国仲裁协会是仲裁委员会的自律性组织，根据章程对仲裁委员会及其组成人员、仲裁员的违纪行为进行监督。中国仲裁协会依照本法和民事诉讼法的有关规定制定仲裁规则。"

（一）中国仲裁协会的法律地位

根据我国《仲裁法》的规定，一方面，中国仲裁协会是社会团体法人。所谓社会团体法人，根据我国《社会团体登记管理条例》第2条规定，是指中国公民自愿组成，为实现会员共同意愿，按照其章程开展活动的非营利性社会组织。国家机关以外的组织可以作为单位会员加入社会团体。因此，中国仲裁协会具有非营利性特点，不受理仲裁案件，也不得从事其他营利性活动，中国仲裁协会自身运作的经费来自会员缴纳的会费。另一方面，中国仲裁协会作为仲裁委员会的自律性组织，具有民间性的特点，不享有政府机关所享有的行政管理权，与仲裁委员会之间不是管理与被管理的关系。

（二）中国仲裁协会的职能

关于中国仲裁协会的职能，一种观点认为中国仲裁协会承担仲裁行业监督管理的职能，[①] 另一种观点则主张，中国仲裁协会是仲裁机构的协调和服务机构，而非管理机构。[②] 本书认为，通过考察其他国家的仲裁实践，国外鲜有对仲裁实行行业管理的机构。若由中国仲裁协会承担仲裁监督管理的职能，无疑是将政府机关才享有的行政管理权赋予中国仲裁协会，这

[①] 参见张小建：《中国仲裁协会基本问题研究——兼论我国〈仲裁法〉有关条款的修改》，载《仲裁研究》2006年第2期。
[②] 参见林一飞：《中国仲裁协会与仲裁机构的改革》，载《北京仲裁》（第62辑），中国法制出版社2007年版。

不仅与现行立法中中国仲裁协会作为社会团体法人的性质不符，也不符合仲裁独立性和仲裁机构独立性的要求，且与现代仲裁制度的发展趋势相背离。

根据《仲裁法》的规定，中国仲裁协会的职能主要有：

1. 根据章程对仲裁委员会及其组成人员、仲裁员的违纪行为进行监督

作为仲裁委员会的自律性组织，中国仲裁协会有权对其成员（包括仲裁委员会及其组成人员、仲裁员）的违纪行为进行监督。中国仲裁协会应当根据全国会员大会制定的章程行使监督权，其监督对象是仲裁委员会及其组成人员、仲裁员的违纪行为，而不是上述机构和人员的所有行为。中国仲裁协会不能滥用其监督权从而损害仲裁机构的独立性。

2. 依照《仲裁法》和《民事诉讼法》的有关规定制定仲裁规则

各仲裁机构一般都制定有自己的仲裁规则。中国仲裁协会制定的仲裁规则，应当是示范性的仲裁规则，而不是具有强制力的仲裁规则，供各仲裁机构在制定规则时借鉴和参照适用，以规范各仲裁机构的活动。

除此以外，作为全国仲裁行业的自律性组织，中国仲裁协会还可以进一步发挥其服务和协调功能，如协调会员机构沟通仲裁信息、召开相关会议、提供仲裁员教育培训、组织对外交流，以便促进各仲裁机构之间的合作、提高我国仲裁界的整体素质，扩大我国仲裁机构在国际上的知名度和影响力。

（三）中国仲裁协会与仲裁机构的关系

按照《仲裁法》规定，仲裁委员会是中国仲裁协会的会员，中国仲裁协会是仲裁委员会的自律性组织。据此，对中国仲裁协会与仲裁机构的关系可以作如下理解：

在业务方面，仲裁委员会是管理仲裁程序的仲裁机构，依法独立行使其职能；中国仲裁协会不负责管理仲裁程序，与仲裁委员会不是指导与被指导的关系。中国仲裁协会可以为仲裁机构提供教育培训服务，以推动仲裁机构更好地履行其职能。

在财务方面，中国仲裁协会与仲裁机构都是非营利性机构，彼此在财务上相互独立，维持仲裁委员会正常运转的必要开支（即仲裁机构的管理费）来源于仲裁案件当事人交纳的仲裁费用；中国仲裁协会的经费来自会员缴纳的会费。

在人事管理方面，中国仲裁协会与仲裁机构也是相互独立的。中国仲裁协会的人事安排应当由全国会员大会决定；仲裁机构的人事安排和奖惩等事项由机构负责，中国仲裁协会无权干预。因此，我国《仲裁法》关于中国仲裁协会对仲裁委员会组成人员的违纪行为进行监督这一规定似乎有待商榷。

在仲裁协会中，除了仲裁机构这类机构会员，仲裁员等个人能否成为仲裁协会的会员？《仲裁法》对此未予明确，仅规定中国仲裁协会的监督对象包括仲裁员和仲裁委员会组成人员等个人。本书认为，中国仲裁协会吸收个人会员加入对于加强和完善仲裁的行业自律很有必要，尤其随着临时仲裁在国际商事仲裁中的地位日益重要，如果我国将来对临时仲裁的法律地位加以确认，临时仲裁员以个人身份加入中国仲裁协会，无论对于维护其自身的合法权益，还是促进临时仲裁制度在我国的发展都具有重要意义。

（四）中国仲裁协会的建立

早在1994年，国务院办公厅就下发了《关于做好重新组建仲裁机构和筹建中国仲裁协会筹备工作的通知》，要求筹建中国仲裁协会。该通知指出："重新组建仲裁机构的工作和筹建中国仲裁协会的工作分两步进行，先进行重新组建仲裁机构的工作，在此基础上再筹建中国仲裁协会。中国仲裁协会的筹建准备工作可以早一点开始……"如今，中国的仲裁事业取得了蓬勃的发展，全国机构数量已经达到了二百多家，而中国仲裁协会至今仍未成立。

为了依法做好组建中国仲裁协会的工作，加快筹备成立中国仲裁协会，2008年国务院法制办曾经下发《关于成立中国仲裁协会筹备领导小组的通知》，规定中国仲裁协会筹备领导小组的任务主要是草拟中国仲裁协会章程和仲裁规则、研究中国仲裁协会成立等相关工作。

2019年10月，中国首个由省级司法行政机关筹建设立的地方仲裁协会——上海仲裁协会宣布正式成立，其是由经上海市司法局核准登记的仲裁机构及其聘任的仲裁员、调解员，以及其他从事仲裁实务工作、理论研究和专业服务的组织、人员自愿组成的仲裁行业自律组织，宗旨是加强仲裁行业自律，增进行业交流，推动业务研究，促进仲裁事业发展，维护会员合法权益和正当竞争秩序。协会的业务范围是组织开展教育培训、理论研究、交流合作、宣传推广、编撰书刊资料等工作，协助业务主管部门开展工作，实施自律管理。

思考题

一、不定项选择题

本章思考题参考答案

1. 某仲裁委员会在开庭审理甲公司与乙公司合同纠纷一案时，乙公司对仲裁庭中的一名仲裁员提出了回避申请。经审查后，该仲裁员依法应予回避，仲裁委员会重新确定了仲裁员。关于仲裁程序如何进行，下列哪一选项是正确的？（　　）（2012年司考卷三第49题）

A. 已进行的仲裁程序应当重新进行
B. 已进行的仲裁程序有效，仲裁程序应当继续进行
C. 当事人请求已进行的仲裁程序重新进行的，仲裁程序应当重新进行
D. 已进行的仲裁程序是否重新进行，仲裁庭有权决定

2. B市的京发公司与T市的蓟门公司签订了一份海鲜买卖合同，约定交货地在T市，并同时约定"涉及本合同的争议，提交S仲裁委员会仲裁"。京发公司收货后，认为海鲜等级未达到合同约定，遂向S仲裁委员会提起解除合同的仲裁申请，仲裁委员会受理了该案。在仲裁规则确定的期限内，京发公司选定仲裁员李某作为本案仲裁庭的仲裁员，蓟门公司未选定仲裁员，双方当事人也未共同选定第三名仲裁员，S仲裁委员会主任指定张某为本案仲裁庭仲裁员、刘某为本案首席仲裁员，李某、张某、刘某共同组成本案的仲裁庭，仲裁委向双方当事人送达了开庭通知。

开庭当日，蓟门公司未到庭，也未向仲裁庭说明未到庭的理由。仲裁庭对案件进行了审

理并作出缺席裁决。在评议裁决结果时，李某和张某均认为蓟门公司存在严重违约行为，合同应解除，而刘某认为合同不应解除，拒绝在裁决书上签名。最终，裁决书上只有李某和张某的签名。

S仲裁委员会将裁决书向双方当事人进行送达时，蓟门公司拒绝签收，后蓟门公司向法院提出撤销仲裁裁决的申请。（2014年司考卷三第98、99题）

请回答：

（1）关于本案中仲裁庭组成，下列说法正确的是（　　）。

A. 京发公司有权选定李某为本案仲裁员
B. 仲裁委员会主任有权指定张某为本案仲裁员
C. 仲裁委员会主任有权指定刘某为首席仲裁员
D. 本案仲裁庭的组成合法

（2）关于本案的裁决书，下列表述正确的是（　　）。

A. 裁决书应根据仲裁庭中的多数意见，支持京发公司的请求
B. 裁决书应根据首席仲裁员的意见，驳回京发公司的请求
C. 裁决书可支持京发公司的请求，但必须有首席仲裁员的签名
D. 无论蓟门公司是否签收，裁决书自作出之日起生效

二、简答题

如何理解仲裁机构和仲裁庭的关系？

第五章　仲裁参与人

> **导语**
>
> 仲裁实施权是纠纷管理权项下的特殊权能，只有对具有可仲裁性的争议事项达成仲裁协议的主体，才具备以自己的名义申请或参加仲裁程序的资格。依法享有仲裁实施权并申请或被申请仲裁的主体，就是仲裁当事人。为了弥补专业知识缺陷或者解决本人仲裁存在的其他困难，仲裁当事人可以委托他人代为申请或参加仲裁程序。接受委托并以仲裁当事人名义参加仲裁程序的主体，就是仲裁代理人。除了仲裁权及仲裁实施权的行使主体以外，事实证人、专家证人、翻译人员等其他仲裁参与人分别从不同的角度保障仲裁程序的顺利进行。

第一节　仲裁参与人概述

仲裁是与诉讼最为接近的诉讼外纠纷解决方式，均强调纠纷解决主体的中立性、纠纷解决当事人的武器平等、纠纷解决结果的终局效力。但是，相对于诉讼而言，仲裁更加强调当事人自治，除非法律另有明文规定，仲裁协议当事人以外的其他主体没有权利和/或义务参加仲裁程序。因而，仲裁参与人的概念虽然借鉴自诉讼参与人，但具有自身的特殊性。

一、仲裁参与人

仲裁法律关系，是指仲裁法律规范在调整仲裁行为过程中形成的以仲裁权利义务为内容的社会关系。仲裁法律关系主体分为以下两大类型：行使或辅助行使仲裁权的主体，包括常设仲裁机构、仲裁庭、仲裁员、案件秘书等；行使或辅助行使仲裁实施权的主体以及其他参与仲裁程序的主体，统称为"仲裁参与人"。其中，行使仲裁实施权的主体是仲裁当事人，代理仲裁当事人参加仲裁程序的主体是仲裁代理人，两者合称"仲裁参加人"；仲裁当事人及其代理人以外的其他参与仲裁程序的主体，称为"其他仲裁参与人"。

理论探讨

在理解"仲裁参与人"时，需要重点注意以下几点：一是仲裁参与人不包括行使或辅助行使仲裁权的仲裁法律关系主体；二是除非法律另有规定，仲裁参与人享有仲裁权利及承担仲裁义务建立在其自愿的基础上，与诉讼程序可以强行卷入诉讼参与人不尽相同；三是相对于诉讼参与人而言，仲裁参与人享有更大的程序自主性，仲裁当事人可以通过合意的方式对仲裁规则、裁决依据乃至裁决效力等事项作出约定。①

二、仲裁参加人

仲裁参加人的概念借鉴自诉讼参加人，包括仲裁当事人及其代理人。仲裁当事人是仲裁实施权的归属主体及行使主体，仲裁代理人是全面辅助仲裁当事人行使仲裁实施权的主体。其他仲裁参与人虽然也享有仲裁权利及承担仲裁义务，但其参加仲裁活动并非为了行使或者全面辅助仲裁当事人行使仲裁实施权。作为行使或全面辅助行使仲裁实施权的主体，仲裁参加人对仲裁结果具有显著的利益诉求，各方仲裁当事人遵循武器平等原则并充分攻击防御是确保仲裁程序正当性的关键所在。

在理解"仲裁参加人"时，需要重点注意以下几点：（1）仲裁参加人并非总是以自己名义参加仲裁活动，因为仲裁代理人必须以仲裁当事人名义参加仲裁活动。（2）仲裁代理人具有相对独立性，其所实施的仲裁行为不必然符合仲裁当事人意愿，特别是法定代理人享有类似仲裁当事人的权利。（3）仲裁参加人与仲裁结果之间并非总存在法律上的直接利害关系。仲裁当事人有实质当事人与形式当事人之分，形式当事人及诉讼代理人与仲裁结果之间不存在固有的直接利害关系。（4）仲裁参加人行使的是仲裁实施权，对仲裁程序具有一定的主导权，其所实施的某些行为（如申请人撤销仲裁申请、被申请人认诺仲裁请求等）可以直接导致仲裁程序发生变动；而其他仲裁参与人实施的行为通常不能影响仲裁程序的进行。（5）仲裁参加人基于仲裁协议或委托代理合同负有参加仲裁活动的义务，除非事先作出承诺或者依法启动司法协助程序；而仲裁庭不能强制其他仲裁参与人参加仲裁程序。（6）除了仲裁当事人以及事实证人因具有不可替代性而不能适用回避制度以外，仲裁代理人、专家证人、翻译人员等仲裁参与人因具有可替代性而应当适用回避制度。②

---

① 《深仲规则》第68条在中国现行法律框架内率先创设"选择性复裁"机制，实现了对"一裁终局"制度的突破。该机制允许当事人依据约定将仲裁庭已经作出裁决的争议提交仲裁机构，由另行组成的仲裁庭重新审理，并作出终局裁决。

② 我国《仲裁法》仅规定了仲裁员回避制度，其回避的事由与审判员的回避事由相同。仲裁代理人主要适用《律师执业行为规范（试行）》第49—53条关于律师接受委托业务时应当遵守的回避制度。办案秘书、翻译人员、鉴定人、勘验人等仲裁机构工作人员或仲裁机构指定的辅助人员的回避问题，目前主要根据仲裁规则确定。比如，《广仲规则》第33条第9款规定，办案秘书、翻译人员、鉴定人、勘验人的回避，适用仲裁员回避规定；《重庆仲裁委员会仲裁规则》第35条第3款规定，仲裁庭秘书、翻译人员、鉴定人、勘验人等的回避适用本条规定。但是，截至目前，仍有中国国际经济贸易仲裁委员会、北京仲裁委员会等多家仲裁机构没有在其公布的仲裁规则中扩大回避制度的适用对象。

三、其他仲裁参与人

其他仲裁参与人，是指仲裁当事人以及仲裁代理人以外的仲裁参与人，主要包括证人、专家、翻译人员等三种类型。此外，受《民诉法》第44条第4款将"勘验人"作为独立的诉讼参与人以及第63条第8款将"勘验笔录"作为证据种类的影响，国内部分仲裁机构的仲裁规则明确将勘验笔录作为证据类型并将勘验人作为仲裁参与人。①由于勘验主要由仲裁庭或者仲裁庭委派办案秘书完成，勘验人尚不能被完全纳入"专家"的范畴，因而，更多的仲裁机构将仲裁庭组织的勘验视为仲裁庭调查证据的手段，专家独立出具的勘验报告与鉴定报告没有实质的区别。基于此，越来越多的仲裁机构公布的仲裁规则不再对勘验人与勘验报告作出单独规定，而倾向于使用"专家报告"描述仲裁庭聘请的专家在鉴定、审计、评估、检测、咨询的基础上作出的书面报告，并将当事人就法律及其他专家问题聘请的专家直接称为"专家证人"。

（一）证人

我国语境下的"证人"，仅指就其所知悉的案情向仲裁庭作证的事实证人（factual witnesses）。根据《民诉法》第72、73条的规定，凡是知道案件情况的单位和个人，除非不能正确表达意思，都有出庭作证的法定义务。证人以出庭作证为原则，以书面证言、视听传输技术或者视听资料等方式作证为例外。与此不同，《仲裁法》既没有规定证人出庭作证义务，也没有规定仲裁庭或仲裁当事人申请人民法院命令证人出庭作证的制度。因而，除非证人自愿，仲裁庭没有办法强迫其出庭作证。为了降低取证难度及提升仲裁效率，不少仲裁机构公布的仲裁规则对证人出庭作证进行了限制：仲裁庭不得依职权通知证人出庭作证，当事人申请证人出庭也应当事先获得仲裁庭的同意②，甚至规定证人原则上应当采取书面形式作证③。这是因为，仲裁庭行使的不是国家公权力，在法律没有明确授权的情形下，仲裁程序不得强行将第三人卷入仲裁程序。由于仲裁协议具有排除法院管辖权的效力，当事人通过仲裁方式解决纠纷的，知悉案情且能正确表达意思的人事实上被豁免了法定作证义务。尽管仲裁程序不能强制证人作证可以理解为当事人因签订仲裁协议而应当承担的"自我责任"，但这不仅提高了仲裁庭无法认定案件事实而作出证明责任裁决的概率，而且削弱了仲裁庭的证据调查职能和仲裁程序的对抗性，最终导致仲裁程序对诉讼程序的替代功能难以发挥。根据"举重明轻"的解释方法，基于《仲裁法》第46条关于"在证据可能灭失或者以后难以取得的情况下，当事人可以申请证据保全"的规定，当事人在申请仲裁之前都可以申请证据保全，进入仲裁程序以后更应当允许当事人向司法机关寻求协助，以法院的强制力保障仲裁程序的

---

① 比如，《广仲规则》第33条第9款、第36条第1款将勘验人、勘验报告分别作为独立的仲裁参与人、证据种类加以规定。
② 比如，《上仲规则》第35条第4款规定，当事人申请证人出庭作证，应经仲裁庭同意。
③ 比如，《广仲规则》第42条第1款规定，当事人申请证人出庭作证的，应当以书面形式提出，是否同意，由仲裁庭决定。书面申请应当包括证人身份信息、联系方式及拟证明事项等内容，并附证人身份证明文件。

顺利进行。

（二）专家

专家，是指利用专门知识协助仲裁庭行使仲裁权或者辅助仲裁参加人行使仲裁实施权的单位或个人。前者是仲裁庭依职权或依申请聘请的专家，后者是仲裁参加人自行聘请的专家。专家在鉴定、审计、审价、审核、评估、检测、咨询的基础上作出的相关报告，其性质不因专家采取方法的不同而有所区别，相关书面报告的采用以及相关专家接受询问的规则具有共通性。因而，《深仲规则》第45条将此类报告统称为"专家报告"，[1]并对专家的确定、专家费用的预交、专家出庭等进行了统一的规定。[2]仲裁参加人自行聘请专家，也就是所谓的"专家证人"，旨在辅助仲裁当事人及其代理人妥善行使仲裁实施权，与对方当事人及仲裁庭聘请的专家均可能形成对抗关系。诚然，专家证人应当坚持中立性，其作用在于帮助缺乏专业知识的仲裁员更准确地了解双方提供的技术方面的证据与事实，而不是帮助当事人使其技术性陈述与主张更加可信。[3]但是，与民事诉讼中的专家辅助人相似，仲裁参加人聘请的专家不可避免地具有一定的倾向性，在双方均自行聘请专家的情形下，仲裁庭仍有可能需要就案件的专门知识问题咨询或聘请专家。

（三）翻译人员

翻译人员，也被各仲裁机构的仲裁规则称为"翻译""译员"，是指当事人聘请或者仲裁委员会提供的出庭提供翻译服务的人员。当事人自行提供翻译可能产生的费用由当事人自行支付，但得请求败诉的对方当事人承担合理的翻译费用。仲裁委员会提供翻译产生的翻译费，属于仲裁委员会向当事人收取的实际费用，通常由需要翻译协助的一方当事人交纳，最终由败诉方当事人承担。

第二节　仲裁当事人

仲裁实施权，是指为了现实或预备保护本人或者他人实体权益，仲裁请求具备可仲裁性的纠纷管理权主体，以自己名义，向仲裁协议约定的仲裁机构申请仲裁，主张民事权利义务关系或者确认特定法律事实的权能。依法享有仲裁实施权并申请或被申请仲裁的主体，就是

---

[1]《深仲规则》第45条规定："（一）仲裁庭认为有必要，或者当事人提出请求且经仲裁庭同意的，仲裁庭可以决定聘请专家进行鉴定、审计、评估、检测或咨询，并提供专家报告。（二）仲裁庭可以通知当事人在一定的期限内共同选定专家；当事人不能达成一致的，由仲裁庭指定。（三）当事人应当按照约定或仲裁庭决定的比例预交专家费用。当事人不预交的，仲裁庭有权决定不进行本条第（一）款的程序。（四）专家报告副本应转交当事人，给予当事人提出意见的机会。仲裁庭认为有必要，或者根据当事人的请求，可以通知专家参加开庭，并就专家报告进行解释。"

[2] 在此之前，《贸仲规则》第44条将"专家报告"与"鉴定报告"并列，前者指接受仲裁庭咨询的专家作出的报告，后者指接受仲裁庭委托的鉴定人作出的报告，但对两者规定了相同的规则。《上仲规则》第34条采取了与《贸仲规则》第44条相似的方案。

[3] 参见杨良宜等：《仲裁法：从开庭审理到裁决书的作出与执行》，法律出版社2010年版，第379页。

仲裁当事人。与仲裁结果之间存在固有的直接利害关系的仲裁实施权人属于实质当事人，与仲裁结果之间不存在固有的直接利害关系的仲裁实施权人则属于形式当事人。无论是实质当事人还是形式当事人，向仲裁协议约定的仲裁机构提出仲裁请求的当事人，均被称为"仲裁申请人"，而抗辩仲裁请求的对方当事人，被称为"被申请人"。尽管仲裁当事人及仲裁庭均无法强制第三人参加仲裁程序，但合法权益受恶意仲裁或虚假仲裁损害的第三人可以寻求事中或事后的救济，故本书仍对"第三人"单独加以介绍。

一、仲裁当事人的概念与特征

（一）仲裁当事人的概念

仲裁当事人，是指民事权益发生争议，为维护自身合法权益，依据有效仲裁协议，以自己名义参加仲裁程序，并受仲裁裁决拘束的公民、法人或者其他组织。其中，依据法律法规及仲裁规则向仲裁委员会提出仲裁申请的人，被称为仲裁申请人，而对方当事人则被称为被申请人。此外，尽管我国《仲裁法》没有明确规定，但仲裁实践已逐渐承认仲裁第三人、共同仲裁当事人、仲裁代表人等特殊形态的仲裁当事人。

（二）仲裁当事人的特征

仲裁当事人具有以下几方面的特征：（1）仲裁当事人的法律地位平等。仲裁属于民事纠纷解决机制，仅适用于民事纠纷，作为民事主体平等性原则的延伸，仲裁法律及仲裁规则均应当保障各方当事人法律地位平等，保障各方当事人在仲裁程序中享有平等的攻击防御武器。（2）除了仲裁第三人可能存在例外情形以外，仲裁当事人必须是有效的仲裁协议签订主体或继受主体。仲裁属于私人的纠纷解决方式，仲裁机构对特定案件行使管辖权的根基在于各方当事人的事先共同授权，而各方当事人共同授权特定仲裁机构裁决争议的合意，就是仲裁协议。（3）仲裁当事人必须现实地发生了争议。仲裁的制度功能在于解决纠纷，只有现实发生了具有可仲裁性且为仲裁协议指向的争议，民事权利义务主体才享有纠纷管理权，才可能具备仲裁实施权。[①]（4）仲裁当事人必须以自己名义参加仲裁活动，但这不意味着仲裁当事人必须亲自实施仲裁行为。除了丧失仲裁行为能力的自然人必须通过法定代理人行使仲裁实施权以外，仲裁当事人可以选择本人仲裁或者委托代理人以自己名义代为参加仲裁活动。（5）仲裁当事人受仲裁裁决效力拘束，但形式当事人仅受形式效力拘束，而实质当事人还受

[①] 在我国的仲裁实践中，曾经引起广泛关注的先予仲裁机制，因当事人不具备纠纷管理权而最终被最高人民法院宣告违法。所谓"先予仲裁"，又称为"确认仲裁""无争议同时仲裁"，是指在发生纠纷之前，仲裁委根据一方或双方当事人申请，预先作出仲裁裁决书或仲裁调解书的仲裁活动。湛江仲裁委员会等大力发展先予仲裁业务，特别是在小贷公司、典当、股份制银行系统及民间借贷等领域推行网络先予仲裁服务，使得大量先予仲裁裁决书及仲裁调解书进入强制执行程序，各地法院对其是否具有执行力产生了广泛争议。《"先予仲裁"批复》明确给出"网络借贷合同当事人申请执行仲裁机构在纠纷发生前作出的仲裁裁决或者调解书的，人民法院应当裁定不予受理；已经受理的，裁定驳回执行申请"的否定性结论，维持了商事仲裁的纠纷解决（而非纠纷预防）功能。

实质效力拘束。仲裁程序强调各方当事人平等攻击防御，根据民事程序的自我责任原则，仲裁当事人应当对其仲裁行为负责。尽管仲裁裁决通常被认为具有与确定判决相同的效力，但仲裁协议的合法性、自愿性以及仲裁程序的正当性仍应受司法监督，并且最近有学者主张仲裁裁决只有经过司法确认才具有执行力。①

二、仲裁权利能力与仲裁行为能力

（一）仲裁权利能力

仲裁权利能力，是指可以成为仲裁当事人的能力或资格。它只是一种抽象的能力或资格，具有这种能力或资格的人不必然是仲裁当事人，实际成为仲裁当事人还需要其在具体纠纷解决中依据法律规定和仲裁协议申请或者被申请仲裁。仲裁权利能力是脱离具体民事纠纷解决的主体资格，与诉讼权利能力构成竞合关系。

（二）仲裁行为能力

仲裁行为能力，是指能够以自己的行为实现仲裁权利和履行仲裁义务的能力。具备仲裁权利能力的主体可以以自己名义依据法律和仲裁协议申请或被申请仲裁，但缺乏仲裁行为能力的主体则只能通过其法定代理人代为实施相关仲裁活动。仲裁行为能力与诉讼行为能力也构成竞合关系，只有具备完全民事行为能力的主体才具备仲裁行为能力，而不完全民事行为能力人（无民事行为能力人和限制民事行为能力人）则不具备仲裁行为能力。

三、仲裁当事人的权利和义务

相对于民事诉讼程序而言，仲裁当事人具有更显著的程序主体性，各方当事人可以对仲裁程序中的权利义务关系作出安排。因而，当事人在仲裁程序中的权利义务关系，不仅受《仲裁法》调整（法定主义调控模式），而且受仲裁规则的调整（意定主义调控模式），其复杂程度要远远超过强调程序法定原则的民事诉讼程序。本书对仲裁当事人的权利和义务仅进行有限列举。

（一）仲裁当事人的权利

申请人和被申请人共同享有的权利主要包括：协商订立、变更或解除仲裁协议的权利，选择仲裁委员会及约定仲裁庭组成方式的权利，委托律师或其他代理人参加仲裁的权利，申

---

① 张卫平教授指出："仲裁作为民间裁决要具有可执行性，必须经过司法机关的审查确认。这一过程是审判权的运用，而非执行权的运用。有鉴于此，应当专门设置对仲裁裁决可执行性的审查程序，即由权利人向法院提出对仲裁裁决的确认申请，法院予以审查确认。法院的确认裁决与仲裁裁决共同成为执行根据。"张卫平：《现行仲裁执行司法监督制度结构的反思与调整——兼论仲裁裁决不予执行制度》，载《现代法学》2020年第1期。

请仲裁员、办案秘书、翻译人员、鉴定人等人员回避的权利，调查收集、提供证据的权利，申请证据保全、财产保全、行为保全的权利，在仲裁程序中对证据进行质证并进行辩论、陈述意见的权利，自行和解或者请求调解的权利，商定是否开庭以及是否公开审理的权利，要求裁决书不写明争议事实和理由的权利，申请延期开庭审理的权利，请求补正仲裁开庭笔录或仲裁裁决的权利，以及申请执行、撤销、不予执行仲裁裁决的权利。此外，申请人与被申请人还对等地享有某些不同的权利，如申请人有权申请仲裁、放弃或变更仲裁请求、撤回仲裁请求，而被申请人有权对仲裁申请进行答辩、承认或者反驳对方当事人的仲裁请求、提出反请求。

（二）仲裁当事人的义务

仲裁当事人应当承担的仲裁义务主要包括：（1）依法行使仲裁权利的义务。当事人必须依照仲裁法和仲裁规则的规定，妥善行使仲裁权利，不得滥用仲裁权利。（2）遵守仲裁秩序的义务。当事人必须遵守仲裁秩序，服从仲裁庭的指挥，不得实施妨碍仲裁程序正常进行的各种行为。（3）及时、全面履行发生法律效力的裁决书或调解书的义务。（4）按规定交纳仲裁费用的义务。仲裁不属于国家提供的公共服务，仲裁程序利用者应当自行承担费用。

四、仲裁实施权的构成要件及其配置

（一）仲裁实施权的构成要件

作为纠纷管理权的一项具体权能，仲裁实施权的构成要件主要包括纠纷管理权、可仲裁性、仲裁协议。纠纷管理权指向当事人的主体资格，可仲裁性指向争议事项的客体资格，仲裁协议是仲裁实施权的形式要件。简言之，只有针对具有可仲裁性的争议事项与其他争议方签订仲裁协议的纠纷管理权主体，才享有仲裁实施权。由于本书其他章节对可仲裁性与仲裁协议进行了详细的介绍，这里仅介绍纠纷管理权。

纠纷管理权理论是由日本学者伊藤真教授创立的，最初是为了解决涉及环境利益与消费者利益等不特定多数人共享利益的现代型诉讼中的诉讼实施权配置问题。[1]伊藤真教授试图通过纠纷管理权理论阐释在涉及扩散性利益的现代型纠纷中实质当事人得与形式当事人相分离的正当性基础——该形式当事人在提起诉讼之前积极地与对方当事人进行交涉，并具体地、持续地采取旨在消除纠纷原因的行动。[2]与"旨在排除不适当当事人"的传统当事人适格理论不同，纠纷管理权理论带有"积极寻求最佳解纷当事人"的显著特征。[3]但是，在引入

---

[1] 参见［日］伊藤真：《民事诉讼法》（第3版），有斐阁2010年版，第163页。
[2] 诚如学者所指出的，在通常情况下，在实体法上享有管理权或处分权的主体为诉讼实施权人，因而，诉讼实施权的基础是实体法的管理权或处分权。对于诉讼实施权与实体法之权利分属不同主体的情况，日本学者在理论上称为"纷争管理权"，而德国学者则创立了"形式当事人"理论。参见李木贵：《民事诉讼法（上）》，三民书局2006年版，第3—44页。
[3] ［日］高桥宏志：《民事诉讼法：制度与理论的深层分析》，林剑锋译，法律出版社2003年版，第247页。

纠纷管理权理论时，我国并不完全忠实于伊藤真教授创立的学说，纠纷管理权的外延至少发生了三次扩张：（1）摆脱现代型诉讼案件类型的限制，将其作为形式当事人享有诉讼实施权的正当性基础，并将纠纷管理权区分为法定纠纷管理权与意定纠纷管理权，分别对应法定诉讼担当与意定诉讼担当。[①]（2）摆脱形式当事人的限制，认为纠纷管理权理论适用于解释所有的"一般诉讼中的当事人适格问题"。[②]（3）摆脱诉讼实施权的限制，主张纠纷管理权不局限于诉讼实施权，而可以将仲裁实施权、调解实施权、和解实施权等其他权能涵盖在内。[③]基于以下几方面的原因，本书赞同将纠纷管理权作为诉讼实施权、仲裁实施权、调解实施权、和解实施权等的上位概念：（1）形式当事人以自己名义为他人利益解决民事纠纷的现象可以发生在所有民事纠纷解决领域；（2）赋予第三人充当纠纷解决主体的权利及其原理，在不同民事纠纷解决领域具有一定的共通性；（3）我国立法也存在将诉讼实施权与仲裁实施权乃至调解实施权并列的先例；[④]（4）扩张纠纷管理权的外延并不否定纠纷管理权理论对解决现代型案件中当事人适格问题的价值，而只是直接将诉前积极采取纷争化解行动作为诉讼实施权配置时应当予以考虑的因素对待；（5）对纠纷管理权作出前述解读，有利于满足民事纠纷多元化解决的实际需求，立法者或当事人均可能将某种非诉讼纠纷解决方式作为当事人提起民事诉讼的前置性程序，而且只要通过非讼程序即可以实现保护民事权益的目的，享有纠纷管理权的主体也不具备利用争讼程序的必要性。基于此，本书将仲裁实施权作为纠纷管理权的下位概念，但纠纷管理权只是仲裁实施权的必备但不充分条件。

（二）仲裁实施权的配置

仲裁实施权原则上归仲裁协议当事人所有，而仲裁协议当事人通常属于发生争议的民事法律关系主体，故仲裁实施权的归属主体原则上是实体权利义务的归属主体。但是，在以下例外情形下，仲裁实施权可以发生非常态配置：一是仲裁协议当事人本身可能不属于实体权利义务归属主体，而是实体权利义务归属主体的职务当事人（即形式当事人）；二是实体权利义务归属主体签订仲裁协议后，由于发生法定或意定的事由，实体权利义务的继受或担当主体代替仲裁协议当事人，成为仲裁实施权的归属主体。

1. 签订仲裁协议的实体权利义务归属主体

实体权利义务归属主体，是指发生争议的民事法律关系所指向的民事权利和民事义务的

[①] 参见江伟等：《民事诉权研究》，法律出版社2002年版，第198—203页。
[②] 参见谢绍静：《民事诉讼担当制度研究》，武汉大学2005年硕士学位论文。
[③] 参见黄忠顺：《再论诉讼实施权的基本界定》，载《法学家》2018年第1期。
[④] 我国台湾地区"证券投资人及期货交易人保护法"第28条规定，保护机构为维护公益，于其章程所定目的范围内，对于造成多数证券投资人或期货交易人受损害之同一证券、期货事件，得由20人以上证券投资人或期货交易人授予诉讼或仲裁实施权，以自己之名义起诉或提付仲裁。根据"金融消费者保护法"第24条规定，金融消费者申请评议争议中，当事人不适格的，争议处理机构应决定不受理，并以书面通知金融消费者及金融服务业。但其情形可以补正者，争议处理机构应通知金融消费者于合理期限内补正。我国《著作权法》第8条第1款、《著作权集体管理条例》第2条共同构建了这样的制度：著作权集体管理组织不但可以行使诉讼实施权，还可以行使仲裁实施权，而且在纠纷解决实践中，该组织还可以就相关侵权案件与对方当事人达成和解协议或者调解协议。

归属主体，即民事法律关系主体。鉴于民事法律关系主体对实体权利义务的实现或履行结果存在着直接利害关系，确认其享有纠纷管理权既是实体处分权在纠纷解决程序中的延伸，也是确保纠纷管理权主体具备解纷积极性所需的。因而，实体权利义务归属主体原则上享有纠纷管理权。在该民事纠纷具有可仲裁性且双方订立仲裁协议的情形下，实体权利义务归属主体享有仲裁实施权。

2. 签订仲裁协议的职务当事人

破产管理人、遗产管理人、遗嘱执行人、著作权集体管理组织等职务当事人，对他人的民事权利义务依法享有管理处分权，可以以自己名义为他人主张权利，并可以作为当事人进行诉讼、仲裁等纠纷解决活动。显而易见，职务当事人对其管理的民事权利义务相关的争议享有纠纷管理权，可以以自己的名义与相关主体签订仲裁协议，从而成为适格的仲裁实施权归属主体。此外，在职务当事人介入管理之前，实体权利义务归属主体与相关主体签订的仲裁协议当然拘束于职务当事人。除了职务当事人，其他形式当事人在理论上也可能成为仲裁协议当事人，但因我国仲裁实践没有涉及，本书不予介绍。

3. 实体权利义务的继受主体

在实体权利义务归属主体签订仲裁协议后，实体权利义务基于法定或意定原因而发生移转的，继受主体是否受仲裁协议拘束？该问题比较复杂，需要进行类型化分析。

实体权利义务发生法定继受的，第三人直接根据法律规定继受了实体权利义务归属主体的法律地位，通常表现为实体权利义务归属主体的法律人格归于消灭，主要包括以下两种情形：（1）自然人死亡引起实体权利义务法定继受。《仲裁法解释》第8条第2款规定，除非当事人订立仲裁协议时另有规定，当事人订立仲裁协议后死亡的，仲裁协议对继承其仲裁事项中的权利义务的继承人有效。（2）法人、其他组织合并、分立或终止引起的实体权利义务法定继受。《仲裁法解释》第8条第1款规定，除非当事人订立仲裁协议时另有规定，当事人订立仲裁协议后合并、分立的，仲裁协议对其权利义务的继受人有效。法人、其他组织基于其他原因终止并存在实体权利义务继受者的，除非当事人另有约定，仲裁协议以及根据仲裁协议进行的仲裁程序对继受者具有拘束力。由此可见，实体权利义务归属主体与相对方签订仲裁协议后丧失法律人格的，除非当事人另有约定，依法继受其实体权利义务的主体均应受仲裁协议的拘束。

实体权利义务发生意定继受的，第三人根据合同约定继受实体权利义务归属主体的法律地位。《仲裁法解释》第9条规定："债权债务全部或者部分转让的，仲裁协议对受让人有效，但当事人另有约定、在受让债权债务时受让人明确反对或者不知有单独仲裁协议的除外。"前述规定既没有区分债权让与、债务承担、债权债务概括转移三种情形，也没有考虑相对方在签订仲裁协议时对特定主体的信赖利益。债务承担与债权债务概括转移均需要经过相对方的同意，债权人对变更仲裁相对人具有合理预期，适用《仲裁法解释》第9条的规定具备妥当性。但是，债权让与无须经过债务人同意即可生效，债务人对仲裁相对人的信赖利益应当获得应有的保护，此时应赋予债务人反对仲裁协议主体变更的权利。

4. 实体权利义务的担当主体

实体权利义务担当主体，是指民事法律关系主体以外的第三人享有仲裁实施权的情形，包括直接根据法律的规定而享有仲裁实施权的法定担当主体以及根据民事法律关系主体授权而获得仲裁实施权的意定担当主体。实体权利义务的法定担当主体，是指直接根据法律的规定，为了维护他人合法权益而以自己名义申请或被申请仲裁的民事法律关系主体以外的第三人。在通常情况下，只有发生争议的民事法律关系主体才享有纠纷管理权，但在民事法律关系主体不愿、不敢、不能妥善处理民事纠纷并给社会公共利益或者他人合法权益的实现造成妨碍的情形下，立法者经过价值权衡，赋予特定第三人干预他人民事纠纷解决之权限，使之成为得充当适格仲裁当事人的形式当事人。

实体权利义务的意定担当主体，是指根据实体权利义务归属主体或者继受主体的授权，为了维护他人合法权益而以自己名义申请或者被申请仲裁的民事法律关系主体以外的第三人。民事法律关系主体既可以将其纠纷管理权概括性地移转给第三人，也可以仅将其仲裁实施权授予第三人。民事法律关系主体将其仲裁实施权授予第三人必须经过相对方的同意，通常表现为双方当事人在合同中明确授权第三人（如外方当事人在仲裁地的代理公司）以自己名义与合同相对方进行仲裁活动。在国际商事纷争解决中，实体权利义务的意定担当主体以自己名义参加仲裁活动，不仅可以节约仲裁成本和提高仲裁效率，还可以避免涉外仲裁中可能涉及的繁琐认证程序或公证程序。

五、多数人仲裁

多数人仲裁，是指一方或者双方当事人系复数甚至人数众多的仲裁，包括一方或者双方当事人系复数的共同仲裁以及一方或者双方当事人人数众多的集团仲裁。

（一）共同仲裁

共同仲裁分为必要共同仲裁和普通共同仲裁两种情形。必要共同仲裁当事人属于某民事法律关系的复数主体，而普通共同仲裁当事人所享有的实体权利或所承担的实体义务属于同一种类或者具有法律上的关联性。必要共同仲裁的部分当事人申请或被申请仲裁的，仲裁庭将以当事人不适格为由驳回仲裁申请。为了简化仲裁程序和提高仲裁效率，存在特殊身份关系的必要共同仲裁当事人相互之间可以构成法定担当，而所有类型的必要共同仲裁当事人都可以约定仅由某个或者部分当事人以自己名义行使整体仲裁实施权的意定担当模式已经逐渐被仲裁实践所接受。普通共同仲裁的本质是不同仲裁案件的合并，即将两个或两个以上的仲裁案件合并为一个仲裁案件进行审理，各大仲裁机构的仲裁规则将其称为"合并仲裁"或"案件合并"。

（二）集团仲裁

集团仲裁，是指仲裁当事人一方或双方人数众多，由该集团中的一人或者数人代表该集团参加仲裁程序,而该仲裁裁决对该集团成员全体均具有约束力的仲裁。在一方或双方当事人人数众多的情形下,由全体成员参加仲裁程序不仅有违纠纷解决效率原则,仲裁委员会通常也缺乏相应的应对能力,同时还可能使仲裁庭作出相互矛盾的裁决。借鉴集团诉讼制度,人数众多的当事人可以通过某种机制产生集团代表,并由其代表该集团参加仲裁活动,逐渐形成所谓的集团仲裁制度。然而,集团仲裁制度至今尚未引起足够的重视,其主要原因在于:(1)商事纠纷通常不存在人数众多的情形,集团仲裁制度主要适用于小额消费纠纷案件。(2)小额消费纠纷案件难以有效适用普通的商事仲裁制度,除了消费者不愿承担仲裁费用以外,这类案件收费低且容易诱发群体事件,商事仲裁机构缺乏推广消费纠纷仲裁的动力。(3)仲裁程序的启动通常以双方当事人签订仲裁协议为条件,作为经济理性的商人,通常并不愿意与人数众多的交易相对人签订仲裁协议,以避免类似集团诉讼造成的压力。即使经营者分别与消费者签订了仲裁协议,因普通共同仲裁建立在各方当事人同意适用的基础上,经营者可以轻而易举地击破消费者或者律师的"集团仲裁阴谋"。鉴于仲裁协议具有排斥诉讼的程序法效力,格式化仲裁协议往往成为生产经营者逃避集团诉讼的最佳策略,为了最大限度控制风险,生产经营者甚至在格式化仲裁协议中明确禁止适用集团仲裁制度。诚然,基于对消费者的人文关怀理念,此类格式化仲裁协议可能被宣告无效,从而使人数众多的受害消费者能够启动集团仲裁程序。

六、仲裁第三人

未签订仲裁协议的案外人不能以第三人的身份参加仲裁程序,但应当允许其向仲裁机构或仲裁庭提供仲裁当事人恶意串通的证据材料,仲裁机构或仲裁庭认为案外人主张成立的,应当驳回当事人的仲裁申请。①尽管《仲裁法》以及各大仲裁机构公布的仲裁规则均没有对此作出规定,但《仲裁裁决执行规定》第9条授权案外人以仲裁当事人恶意申请仲裁或者虚假仲裁且侵害其合法权益为由申请不予执行仲裁裁决、仲裁调解书。最高人民法院正在征求意见的《民事强制执行法草案》(2019年9月)第87条也拟增设案外人撤销仲裁裁决、调解书之诉制度。在此种情况下,为了避免作出的仲裁裁决或仲裁调解书被人民法院裁定撤销或者不予执行,仲裁机构在客观上具有避免及拒绝虚假仲裁的动力。但是,在仲裁规则中增加防范虚假仲裁的规则被认为容易减损仲裁机构的权威性,截至目前尚没有仲裁机构在其公布的仲裁规则对此作出明确规定。根据"举轻明重"的解释方法,第三人既然被允许事后申请不予执行或撤销仲裁裁决,更应当允许其在仲裁程序中及时阻止虚假仲裁程序的进行。基于此,虽然第三人不属于仲裁协议当事人,但也应当允许其为了防止受虚假仲裁侵害而申请参加仲裁程序。

理论探讨

---

① 参见张宇:《虚假仲裁民事救济途径有三》,载《检察日报》2015年1月25日,第3版。

（一）仲裁第三人的界定

仲裁第三人，是指对仲裁当事人及其继受人争议的仲裁标的，认为自己有独立的请求权，或虽无独立的请求权，但案件的处理结果与其存在法律上的利害关系，在仲裁程序开始之后，为保护自己的合法权益而参加到正在进行的仲裁程序中来的非仲裁协议签约人。

仲裁第三人具有以下特征：（1）仲裁第三人不属于系争民事法律关系主体。系争民事法律关系主体只能充当申请人与被申请人，即使部分系争民事法律关系主体不属于仲裁协议当事人，也不属于仲裁第三人的范畴。（2）仲裁第三人与系争民事法律关系存在牵连性。仲裁第三人与仲裁标的或仲裁结果之间存在法律上的利害关系，即仲裁第三人认为自己对仲裁标的存在独立的请求权，或虽无独立的请求权，但仲裁结果可能与其有法律上的利害关系。（3）仲裁第三人参加的是申请人与被申请人已经启动的仲裁程序。在当事人申请仲裁之前，双方当事人同意第三人参加后续（可能存在的）仲裁程序的，实际上构成仲裁协议的更新，即以多方当事人达成的新仲裁协议代替原有的双边仲裁协议。（4）仲裁第三人进入仲裁程序必须由仲裁当事人一方或多方提出申请，或者经过仲裁当事人一方或多方的同意。在仲裁当事人均不同意或均未提出申请的情形下，仲裁第三人主动申请或者仲裁庭主动追加第三人且未获得全部或者部分仲裁当事人同意的，仲裁第三人都不应被允许参加仲裁活动。

由于我国《仲裁法》没有规定第三人参加仲裁程序的制度，为了维系仲裁程序的正当性基础，部分仲裁机构在其公布的仲裁规则中确立的仲裁第三人制度，均以双方当事人与仲裁第三人均同意仲裁第三人加入仲裁程序且仲裁庭或秘书处同意为适用条件。[1]在仲裁第三人、申请人、被申请人均同意仲裁第三人参加仲裁程序的情形下，基于仲裁程序主体性原则，仲裁第三人参加仲裁程序自然不存在任何障碍，无须展开分析。

（二）仲裁第三人的类型

根据仲裁第三人与仲裁当事人之间的牵连关系，仲裁第三人可以分为独立仲裁参加人、辅助仲裁参加人、被申请人型仲裁参加人。其中，独立仲裁参加人和辅助仲裁参加人是对传统大陆法系民事诉讼第三人制度的借鉴，而被申请人型仲裁参加人是对英美法系第三人引入制度以及我国《民诉法》中被告型无独立请求权人制度的借鉴。如果参照现行《民诉法》关于诉讼第三人的话语体系，仲裁第三人包括有独立请求权的仲裁第三人以及无独立请求权的仲裁第三人。其中有独立请求权的仲裁第三人应当作目的性扩张解释，将"诈害防止仲裁参加"涵盖在内；而无独立请求权的仲裁第三人则应当区分为辅助型无独立请求权仲裁第三人

---

[1] 比如，《上海贸仲规则》第31条与《上海自贸区仲裁规则》第38条均规定，在仲裁程序中，经案外人同意后，双方当事人可书面申请增加其为仲裁当事人，案外人也可经双方当事人同意后书面申请作为仲裁当事人。是否同意案外人加入仲裁的申请，由仲裁庭决定；仲裁庭尚未组成的，由秘书处决定。

和被申请人型无独立请求权仲裁第三人。①

1. 独立仲裁参加人

独立仲裁参加人，是指以本案申请人和被申请人为共同被申请人，并对仲裁庭提出独立仲裁请求的仲裁第三人。独立仲裁参加人的本质是第三人在他人仲裁过程中提起与本案仲裁相关的仲裁案件并请求仲裁庭对两个仲裁案件予以合并。

根据独立仲裁请求的法律依据不同，独立仲裁参加人存在独立权利仲裁参加人和诈害防止仲裁参加人两种类型。独立权利仲裁参加人，是指在他人已经系属的仲裁中，以本案的申请人和被申请人为共同被申请人，主张对仲裁标的的全部或者部分享有独立且值得保护的实体权利的仲裁第三人。诈害防止仲裁参加人，是指在他人已经系属的仲裁中，以本案的申请人和被申请人为共同被申请人，主张其实体权益将因仲裁结果受损而参加仲裁程序的仲裁第三人。与独立权利仲裁参加人不同，诈害防止仲裁参加人通常并不对仲裁标的本身享有独立的实体权益，但其实体合法权益可能因仲裁结果而受损，立法者赋予可能受仲裁结果不利益影响的案外人程序形成权，使其享有相应的仲裁实施权。②

显而易见，独立仲裁参加人的本质是仲裁的主客观合并，由于第三人可以通过单独的仲裁程序或诉讼程序谋求救济，未经本案仲裁当事人同意，不宜允许其强行参加仲裁。但与此不同，诈害防止仲裁参加旨在阻却虚假仲裁，在立法论上应当允许此类第三人参加仲裁程序。对于诈害防止仲裁参加问题，第十一章将予以详细介绍。

2. 辅助仲裁参加人

辅助仲裁参加人，是指与案件处理结果存在法律上的利害关系而辅助申请人或者被申请人参加仲裁活动的第三人。辅助仲裁参加人与案件处理结果之间存在着法律上的利害关系，为维护自身合法权益而辅助申请人或者被申请人妥善行使仲裁实施权。鉴于辅助仲裁参加制度旨在保护第三人的合法权益，未经辅助仲裁参加人同意，不得强行将其卷入仲裁程序。辅助仲裁参加人主动申请参加仲裁程序但遭到全部或部分仲裁当事人反对的，由于此类第三人缺乏独立的仲裁实施权，原则上不应当允许其参加仲裁程序，但辅助仲裁第三人同时符合诈害防止仲裁参加人条件的除外。

3. 被申请人型仲裁参加人

被申请人型仲裁参加人，是指由仲裁案件的申请人或被申请人引入的第三人，包括申请人引入的被申请人型仲裁参加人和被申请人引入的被申请人型仲裁参加人。③被申请人型仲

---

① 张卫平教授对我国有独立请求权的第三人与无独立请求权的第三人制度与传统大陆法系的主诉讼参加（独立诉讼参加）、从诉讼参加（辅助诉讼参加）以及美国法上的"作为权利的诉讼参加""任意的诉讼参加"进行过详尽的比较研究，并将我国"无独立请求权的第三人"进一步类型化为"被告型无独立请求权的第三人""辅助型无独立请求权的第三人"。参见张卫平：《"第三人"：类型划分及展开》，载张卫平主编：《民事程序法研究》（第1辑），中国法制出版社2004年版。
② 例如，甲将乙作为被申请人向某仲裁委员会申请仲裁，请求乙向其返还一定金额的欠款，丙为防止甲、乙之间虚假仲裁损害其自身合法权益而申请参加仲裁程序。再如，甲将乙作为被申请人向某仲裁委员会申请仲裁，请求确认登记在乙名下的房屋属于甲所有，已与乙签订房屋买卖合同的丙为防止甲乙虚假仲裁逃避履行合同义务而作为辅助仲裁参加人或证人申请参加仲裁程序。
③ 参见石育斌：《国际商事仲裁第三人制度比较研究》，华东政法大学2007年博士学位论文。

裁参加人与申请人或者被申请人之间的民事法律关系实际上已经构成仲裁标的，构成仲裁庭审理和裁决的对象。被申请人型仲裁参加人制度的设置宗旨在于提高纠纷解决效率，但为保障被申请人型仲裁参加人的裁判请求权，未经其同意，不得通过追加被申请人的方式将未与仲裁当事人订立仲裁协议的第三人强制性卷入仲裁程序。

第三节　仲裁代理人

一、仲裁代理人的概念与特征

仲裁代理人，是指根据法律的规定或者当事人、法定代理人的委托，在仲裁程序中以被代理人名义，为维护被代理人合法权益，在代理权限范围内，代理仲裁当事人参加仲裁活动的人。仲裁代理人具有以下特征：

（一）仲裁代理人必须以被代理的仲裁当事人的名义实施仲裁行为

与诉讼代理人相似，仲裁代理人只能采取显名代理的形式，而不能采取隐名代理的形式。匿名的"仲裁代理人"，属于以自己名义为他人利益实施仲裁行为的形式当事人，其实质是仲裁实施权的意定移转，需要征得其他仲裁当事人的同意。

（二）仲裁代理人代为实施仲裁行为旨在维护被代理的当事人的合法权益

仲裁代理人与系争标的通常并不存在固有的利害关系，为激励其妥善行使仲裁实施事权，被代理的仲裁当事人通常需要向其提供必要的报酬，并监督其妥善维护被代理的仲裁当事人的合法权益。

（三）仲裁代理人只能在代理权限范围内实施仲裁行为

仲裁代理人实施仲裁行为的根基在于法律的规定或当事人的授权，不能超越法定或意定代理权限范围实施仲裁行为。与诉讼代理人相似，法定仲裁代理人几乎可以完全实施仲裁当事人可以实施的所有活动，而意定仲裁代理人的权限则取决于仲裁当事人或其法定代理人的授权。

（四）仲裁代理人在代理权限范围内实施的仲裁行为发生的法律效果由被代理人承担

仲裁代理人没有妥善行使仲裁代理权导致被代理的仲裁当事人蒙受损失的，被代理的仲裁当事人只能另案向仲裁代理人请求损害赔偿。诚然，仲裁代理人未妥善履行代理职责导致仲裁裁决或仲裁调解书存在不予执行或撤销事由的，被代理的仲裁当事人也可以向人民法院申请裁定不予执行或撤销仲裁裁决或仲裁调解书。

（五）在同一案件的仲裁程序中，代理人不能同时代理存在对立关系的复数仲裁当事人

为了维系仲裁双方对抗格局，申请人与被申请人不能委托相同的代理人，但不存在利益冲突关系的仲裁当事人则可以委托共同的代理人或者相互委托对方（限自然人）为仲裁代理人。

二、仲裁代理人的种类

我国《仲裁法》第29条将仲裁代理人分为法定仲裁代理人和委托仲裁代理人两种类型。法定仲裁代理人的代理权限来自法律的直接规定，而委托仲裁代理人的代理权限来自仲裁当事人或其法定代理人的委托授权。

（一）法定仲裁代理人

法定仲裁代理人，是指根据法律规定行使代理权的人。在仲裁当事人因年龄或者精神原因而不具备妥善维护自身合法权益的能力的情形下，鉴于不完全民事行为能力人不具有独立进行意思表示的能力或者因其存在精神障碍而失去独立进行意思表示的能力，立法者有必要规定对仲裁当事人负有保护职责的主体代理其参加仲裁程序。

在我国现行法律框架下，未成年人的法定仲裁代理人包括父母、祖父母、兄、姐以及经未成年人父母所在单位或未成年人住所地的居民委员会、村民委员会同意的愿意承担监护责任的与未成年人关系密切的其他亲属、朋友。精神病人的法定仲裁代理人包括配偶、父母、成年子女、其他近亲属以及经精神病人所在单位或者住所地的居民委员会、村民委员会同意的愿意承担监护责任的关系密切的其他亲属、朋友。

根据民事代理制度的一般原理，法定仲裁代理人对其所代理的当事人享有亲权或者监护权，故法定仲裁代理人的代理权限与被代理人的权利几乎是等同的。法定仲裁代理人不仅享有仲裁程序中的一般性权利，还可以根据其自身意愿处分被代理人的实体性权利，如承认、变更、放弃仲裁请求，请求或接受和解或调解。

法定仲裁代理人与被代理仲裁当事人之间存在的身份关系通常足以确保法定仲裁代理人在仲裁活动中妥善维护被代理人合法权益，但例外情形下也存在法定仲裁代理人损害被代理人合法权益的可能，仲裁机构应当对法定仲裁代理人的代理行为进行必要的监督。

鉴于法定仲裁代理人制度旨在弥补仲裁当事人在仲裁行为能力方面的不足，在法定仲裁代理人自身丧失仲裁行为能力或者仲裁当事人取得、恢复仲裁行为能力的情形下，法定仲裁代理人也不再具备代为参加仲裁程序的法定代理权限。诚然，在仲裁当事人获得或者恢复仲裁行为能力而原法定仲裁代理人并未丧失仲裁行为能力的情形下，仲裁当事人可以委托原法定仲裁代理人代为参加仲裁活动，使之从法定仲裁代理人转为委托仲裁代理人。

（二）委托仲裁代理人

委托仲裁代理人，是指基于委托代理关系，在仲裁当事人或其法定代理人的授权范围内行使代理权的人。委托仲裁代理人的范围较广，仲裁当事人及其法定代理人可以自由地聘请任何符合法律规定条件的自然人为仲裁代理人，授权其以仲裁当事人名义参加仲裁程序。

我国《仲裁法》第29条的规定，当事人、法定代理人可以委托律师和其他代理人进行仲裁活动。委托律师和其他代理人进行仲裁活动的，应当向仲裁委员会提交授权委托书。参照民事诉讼中的委托代理制度，授权委托书应当载明委托事项和权限。由委托仲裁代理人代为承认、放弃、变更仲裁请求，进行和解，提出反请求，应当有被代理人的特别授权。代理权限若有变更或者解除，委托人应当书面告知仲裁委员会或者仲裁庭，仲裁委员会或者仲裁庭再通知对方当事人。当事人提交的书面授权委托书中仅授予仲裁代理人进行一般代理的权限或者没有明确约定委托代理权限范围的，仲裁代理权限则仅包括申请仲裁、进行答辩、申请回避、调查证据、参加仲裁开庭并进行陈述和辩论等，而不包括代为承认、放弃、变更仲裁请求，与对方当事人进行和解或者调解，提出反请求等需要被代理人特别授权的权限。

与《民诉法》第58条明确规定委托诉讼代理人的人数以及担任诉讼代理人的条件不同，[①]《仲裁法》并没有明确限制委托仲裁代理人的人数以及担任仲裁代理人的条件。国内各大仲裁机构的仲裁规则在代理人制度方面的规定也不尽相同。在仲裁代理人的人数限制方面，有的仲裁规则回避规定委托仲裁代理人的人数限制问题；[②]有的仲裁规则参照诉讼代理制度规定当事人或其法定代理人原则上只能委托1—2名仲裁代理人，但经仲裁庭同意可以适当增加代理人的人数；[③]有的仲裁规则规定仲裁代理人一般不超过3人，经仲裁庭同意可以增加代理人的人数；[④]有的仲裁规则规定仲裁代理人的人数为1—4人；[⑤]有的仲裁规则规定当事人或其法定代理人有权委托1—5名仲裁代理人，[⑥]但需要委托6名以上代理人的则需要经过秘书处或仲裁庭的同意。[⑦]与委托仲裁代理人的人数限制规则不同，在担任仲裁代理人的条件方面，国内各大仲裁规则具有共通性，均不额外设置担任仲裁代理人的资格条件，即不管是否具备律师资格，不管是中国公民还是外国公民，只要不存在法定回避事由且具有完全民事行为能力，均可以接受委托，担任仲裁代理人。

在仲裁程序中，被代理人有权变更或者解除代理权，代理人也有权辞去委托。无论是仲

[①]《民诉法》第58条规定，当事人、法定代理人可以委托1—2人作为诉讼代理人。下列人员可以被委托为诉讼代理人：（1）律师、基层法律服务工作者；（2）当事人的近亲属或者工作人员；（3）当事人所在社区、单位以及有关社会团体推荐的公民。
[②] 如《北仲规则》第18条、《贸仲规则》第22条、《海南仲裁委员会仲裁规则》第22条。
[③] 如《珠海仲裁委员会仲裁规则》第22条、《珠海国际仲裁院仲裁规则》第20条、《汕头仲裁委员会仲裁规则》第26条、《天津仲裁委员会仲裁暂行规则》第23条、《重庆仲裁委员会仲裁规则》第26条、《舟山仲裁委员会仲裁暂行规则》第22条。
[④] 如《广仲规则》第27条、《苏州仲裁委员会仲裁规则》第23条、《合仲规则》第19条、《南仲规则》第19条。
[⑤] 如《厦门仲裁委员会仲裁规则》第14条第1款。
[⑥] 如《上海自贸区仲裁规则》第17条、《上海贸仲规则》第17条、《石家庄仲裁委员会仲裁规则》第20条。
[⑦] 如《上海自贸区仲裁规则》第17条、《上海贸仲规则》第17条。

裁当事人变更、解除仲裁代理人代理权抑或仲裁代理人辞去委托，委托人都应当书面告知仲裁机构，以便其通知对方当事人。委托代理人的事项或权限变更或者解除并不影响仲裁机构收到通知前已经进行的仲裁程序的效力。仲裁当事人变更、解除代理权给仲裁代理人造成损失或者仲裁代理人辞去委托给仲裁当事人造成损失的，可以通过违约之诉请求对方当事人赔偿损失。

思考题

一、不定项选择题

本章思考题参考答案

1. 刘某从海塘公司购买红木家具1套，价款为3万元，双方签订合同，约定如发生纠纷可向北京仲裁委员会申请仲裁。交付后，刘某发现该家具并非红木制成，便向仲裁委员会申请仲裁，请求退货。（2006年司考卷三第97、98题）

（1）双方在仲裁过程中对仲裁程序所作的下列何种约定是有效的？（　　）

A. 双方不得委托代理人

B. 即使达不成调解协议，也以调解书的形式结案

C. 裁决书不写争议事实和裁决理由

D. 双方对裁决不得申请撤销

（2）向海塘公司提供木材的红木公司可以以何种身份参加该案件的仲裁程序？（　　）

A. 证人

B. 第三人

C. 鉴定人

D. 被申请人

2. 兴源公司与郭某签订钢材买卖合同，并书面约定本合同一切争议由中国国际经济贸易仲裁委员会仲裁。兴源公司支付100万元预付款后，因郭某未履约依法解除了合同。郭某一直未将预付款返还，兴源公司遂提出返还货款的仲裁请求，仲裁庭适用简易程序审理，并作出裁决，支持该请求。由于郭某拒不履行裁决，兴源公司申请执行。郭某无力归还100万元现金，但可以收藏的多幅字画提供执行担保。担保期满后郭某仍无力还款，法院在准备执行该批字画时，朱某向法院提出异议，主张自己才是这些字画的所有权人，郭某只是代为保管。本案适用简易程序审理后，关于仲裁委员会和仲裁庭可以自行决定的事项，下列选项正确的是（　　）。（2013年司考三第96题）

A. 指定某法院的王法官担任本案仲裁员

B. 由一名仲裁员组成仲裁庭独任审理

C. 依据当事人的材料和证据书面审理

D. 简化裁决书，未写明争议事实

3. 甲公司与乙公司因合同纠纷向某仲裁委员会申请仲裁，第一次开庭后，甲公司的代

理律师发现合议庭首席仲裁员苏某与乙公司的老总汪某在一起吃饭，遂向仲裁庭提出回避申请。关于本案仲裁程序，下列哪一选项是正确的？（　　）（2016年试卷三50题）

A. 苏某的回避应由仲裁委员会集体决定
B. 苏某回避后，合议庭应重新组成
C. 已经进行的仲裁程序应继续进行
D. 当事人可请求已进行的仲裁程序重新进行

二、简答题

1. 简述仲裁实施权的构成要件。
2. 辨析仲裁协议当事人与仲裁当事人的关系。
3. 简述仲裁第三人制度。

第六章 仲裁程序

> **导语**
>
> 仲裁程序是仲裁庭、当事人以及其他仲裁参与人进行仲裁活动所遵循的方式、步骤和时限等要素的总和。本章对仲裁程序进行全面的介绍。学习本章，应掌握指导仲裁程序的各基本原则的定义、内容、实行根据和功能，仲裁程序的灵活性，普通仲裁程序的审理前准备、开庭审理的内容构成，合并仲裁与"多份合同单个仲裁"、合并审理的区别等。

第一节 仲裁程序的基本原则

一、仲裁程序概述

仲裁程序是指仲裁庭、当事人以及其他仲裁参与人进行仲裁活动所遵循的方式、步骤和时限等要素的总和。具体来说，仲裁程序包括如何申请仲裁、如何选定仲裁员组成仲裁庭、如何通过审理收集用于最终判断请求的资料、如何作出裁决或进行调解以及如何收取仲裁费用等。参与仲裁程序的主体除仲裁庭（仲裁员）、当事人（即仲裁协议的签约者及因继承、转让等受仲裁协议效力约束的人）外，还有仲裁机构、仲裁代理人（包括法定仲裁代理人或委托仲裁代理人）、证人、鉴定人、专家辅助人、法院及翻译人员等。仲裁审理的客体是申请人主张或否认的法律关系。

仲裁程序是仲裁活动得以有效展开的保障，它在很大程度上影响甚至决定着仲裁的质量。缺乏程序保障的仲裁裁决，既不会得到当事人的接受和认同，更可能在申请强制执行时遭到执行地当局的拒绝承认或执行。

民事诉讼和仲裁同为解决民事商纠纷的机制，民事诉讼具有司法性，仲裁具有准司法性，所以仲裁程序与民事诉讼程序既类似又有区别。首先，解决争议的共同性质决定了两者有很多相似之处。例如，从程序的启动看，两者都遵循"不告不理"原则；从程序运行看，都有较为严格的规范性;从当事人的适格看,仲裁程序中谁有资格成为具体案件的申请人和被申请人,与诉讼中谁有资格担当原告、被告的判断标准是一致的;从财产权益纠纷案件审理资料的提出看,都受到辩论主义的调整;从证明责任的分配看,都坚持"谁主张,谁举证"的原则;从证据的认定看,尽管有的国家不要求仲裁员遵守诉讼证据规则,但一般说来,其方法和标准是一致的。另外,两者都有临时保全措施、调解、和解、期限、缺席审理、程序中止、程序终结等制度。其次,审理者的身份属性决定了两者又有明显区别。民事诉讼程序要按照法院所在地的民事诉讼法的规定进行,当事人无权约定或选择法官和审理程序;而仲裁程序与此不同,不少国家的仲裁立法与实践都允许双方当事人通过协议确定仲裁程序,或者由当事人选择适用某一常设仲裁机构的仲裁规则,或者由当事人对具体程序进行约定,在当事人没有约定的情况下,允许仲裁庭作出决定。

理论探讨

综合我国《仲裁法》和多数仲裁机构仲裁规则的规定,仲裁程序分为普通仲裁程序和简易仲裁程序,大致可分为以下阶段:程序的启动(当事人申请和机构审查受理)、程序的续行(仲裁庭的组成、审前程序、开庭审理等)、程序的终结(作出仲裁裁决或达成调解协议等)。但是,从审理要件角度考虑,或可分为两个阶段:一是当事人申请和机构审查受理阶段,该阶段主要审理申请要件;二是仲裁庭审理阶段,该阶段主要审理实体要件。后一阶段,又可分为仲裁庭的组成、审理前的准备、仲裁审理(包括审理开始、庭审调查、庭审辩论、征询最后意见、评议和作出裁决等)。

二、仲裁程序需要遵循仲裁法的基本原则

仲裁法的基本原则集中体现仲裁法的本质特征和立法精神,应当贯穿仲裁程序始终,在整个仲裁活动中具有普遍适用性。因此,仲裁程序首先需要遵循仲裁法的基本原则。根据我国《仲裁法》第4、7、8条等规定,仲裁法学界一般认为仲裁法的基本原则包括:自愿原则,根据事实、符合法律规定、公平合理原则,独立仲裁原则。[1]

自愿原则是仲裁法的首要原则。仲裁程序实行这一原则,意味着当事人享有如下权能:当事人对于具有可仲裁性的法律争议,可以协商决定以仲裁方式解决;当事人可以协商决定向哪个仲裁机构提请仲裁;当事人可以决定仲裁庭的组成形式和仲裁员的选任;当事人可以约定交由仲裁解决的争议事项;当事人可以约定审理方式、开庭形式等有关程序事项;当事人可以约定准据法。[2]此外,还包括处分权原则项下的内容:一是申请人决定要求审理、确

---

[1] 例如江伟、肖建国主编:《仲裁法》(第3版),中国人民大学出版社2016年版,第46—50页;刘景一、乔世明:《仲裁法理论与适用》,人民法院出版社1997年版,第60—72页。在后一书中,作者认为仲裁法的基本原则还包括当事人地位平等原则和权利义务对等原则。
[2] 当事人约定准据法的问题,主要出现在国际商事仲裁中。在存在多种不同法律制度的情况下,当事人可以对适用于当事人签订仲裁协议的能力的法律、适用于仲裁协议及仲裁协议履行的法律、适用于仲裁庭的存在及其所进行程序的法律、适用于争议实体问题的法律、适用于裁决的承认和执行的法律作出约定。

定并限定审理对象，如提出仲裁请求或反请求、反驳仲裁请求、变更仲裁请求；二是当事人可以按照自己意思不经裁决而终结仲裁，如撤回仲裁申请、放弃仲裁请求、承认仲裁请求、自行和解、达成调解协议。

根据事实、符合法律规定、公平合理原则是仲裁的生命所在。仲裁是一种适用规范进行推理的活动，仲裁程序要依据程序规范，程序结束之际作出裁决要依据实体规范，适用实体规范的前提是认定可以归入规范构成要件的事实，仲裁程序的审理就是一个由当事人向仲裁庭提出作为本案申请基础的攻击防御方法的过程，或者说是一个由仲裁庭向当事人收集用于最终判断请求的法律主张、事实主张和证据资料的过程。公平合理原则是解决纠纷和公平裁判的基本要求，首先是程序公正，强调仲裁双方当事人法律地位平等、仲裁权利义务对等，仲裁庭应当保持中立，平等对待双方当事人，平等地赋予双方当事人陈述其主张的机会。其次是裁决要符合公道和理性，强调仲裁庭应当遵循法律的精神和理念，依据双方当事人的合同约定，参照国际惯例裁决案件。特别是在友好仲裁中，公平合理原则本身就是仲裁庭作出裁决的实体规范。

独立仲裁原则是我国仲裁制度发展完善的里程碑。根据这一原则，仲裁程序依法独立进行。在外部关系上，仲裁机构独立于行政机关、仲裁协会和个人；在内部关系上，仲裁机构、仲裁庭、仲裁员相互独立。仲裁庭是行使仲裁权的主体，对仲裁案件具有独立的管辖权、审理权和裁决权。仲裁裁决按照多数仲裁员的意见作出，少数仲裁员的不同意见可以记入笔录；仲裁庭不能形成多数意见时，裁决按照首席仲裁员的意见作出。

三、仲裁程序需要遵循的其他基本原则

与民事诉讼程序类似，仲裁程序也需要遵循有关审理程序普遍实行的基本原则，诸如辩论原则、口头审理原则、直接审理原则等。我国《仲裁法》设专章规定了仲裁程序，并结合仲裁的特点对这些原则进行了有选择的落实体现。

（一）辩论原则

辩论原则是民事诉讼法的基本原则，指的是将判断诉讼请求妥当与否所需的事实及证据的收集、提出权能及责任赋予当事人的原则。[①] 大陆法系国家民事诉讼辩论原则的内容包括：一是法院不得将当事人没有主张的案件事实作为判决的基础；二是法院对当事人之间无争议的事实（即自认事实），不必调查其真伪，应直接作为判决的基础；三是法院对当事人之间争议事实的认定，原则上限于当事人所提出的证据。采用辩论原则的根据在于：作为诉讼标的的法律关系，既然可由当事人自由处分，其提供何种事实、证据作为裁判的基础，就应当尊重当事人的意思，而且当事人与诉讼的胜败具有最密切的关系，也最清楚事实状态，要求

---

① 与之相对的是职权探知原则，是指将对判断诉讼请求妥当与否所需的事实及证据的探寻不仅委诸当事人的意思，还作为法院职责予以对待。

其负有主张事实和提出证据的责任,再合适不过,且财产诉讼领域往往是当事人之间可以自由处理的事项,也应适用辩论原则。我国《仲裁法》确定的仲裁范围为平等主体的公民、法人和其他组织之间发生的合同纠纷和其他财产权益纠纷,是当事人可以自由处理的事项,根据该法第43、47条[①]等的规定,仲裁程序也实行辩论原则。

(二)口头审理为主、书面审理为辅原则[②]

根据我国《仲裁法》第39、45条[③]等的规定,仲裁程序实行以口头审理为主、以书面审理为辅的原则。所谓口头审理原则,是与书面审理原则相对的原则,是指仲裁程序中,当事人应当以口头方式进行主张、辩论及证据调查的原则。口头审理原则之下,仲裁庭和当事人之间交流简洁便利,仲裁庭从当事人陈述中获得的印象较为鲜活,更容易把握事实的真相,对模糊的陈述可以当场澄清,对无关的陈述可以当场制止,通过灵活应变的指挥、释明更好地整理争点。但是,口头审理原则也有缺点,如仲裁庭对听取结果的记忆保存时间可能有限,对于复杂的事实关系、艰深的法律理论,口头陈述听取后容易遗忘,仅仅依据口头说明,不仅让人难以迅速理解,也往往使对方当事人无法立即应答。与此相反,书面审理原则可以弥补口头审理原则的缺陷。《仲裁法》和仲裁机构的仲裁规则也要求制作书面文件或者允许使用书面文件。例如,对于仲裁申请、裁决等重要仲裁行为,要求以更具确定性的书面方式进行;对于开庭情况,仲裁庭负有制作笔录的义务;有的仲裁案件,当事人协议不开庭的,仲裁庭可以根据仲裁申请书、答辩书以及其他材料作出裁决。

(三)直接审理原则

一般认为,直接审理原则是审理程序中不言自明的原则,我国《仲裁法》对此虽未直接规定,但隐含在第37条之中。[④]直接审理原则,是指对于案件当事人辩论的听取和证据调查,原则上由作出裁决的仲裁庭亲自而为的原则。与之相对,基于他人所报告的审理结果作出裁决的原则,则被称为间接审理原则。直接审理的优点在于,仲裁员耳闻目睹辩论的内容和证据调查内容,便于把握案件的事实,易于发现真相,形成正确的心证。该原则派生出两个规则:一是作出裁决的仲裁员应当与参与审理的仲裁员保持一致;二是如果开庭审理后仲裁员需要更换,那么后来加入的仲裁员应当重新听取言辞辩论,而不是基于庭审笔录作出裁决。间接审理原则,只在程序规范依据有例外规定的特殊情况下补充适用。

---

① 该两条规定,当事人应当对自己的主张提供证据,当事人在仲裁过程中有权进行辩论。
② 口头审理原则也称言词审理原则,与之对应的书面审理原则也称书状审理原则。
③ 该两条规定,仲裁应当开庭进行。当事人协议不开庭的,仲裁庭可以根据仲裁申请书、答辩书以及其他材料作出裁决。证据应当在开庭时出示,当事人可以质证。
④ 该条规定,仲裁员因回避或者其他原因不能履行职责的,应当依照本法规定重新选定或者指定仲裁员。因回避而重新选定或者指定仲裁员后,当事人可以请求已进行的仲裁程序重新进行,是否准许,由仲裁庭决定;仲裁庭也可以自行决定已进行的仲裁程序是否重新进行。

（四）不公开审理原则[①]

根据我国《仲裁法》第40条[②]的规定，仲裁程序实行不公开审理原则。所谓不公开审理原则，是与公开审理原则相对的原则，指仲裁审理不允许无关系的第三者旁听，裁决书属于当事人的私产，也无须向公众公开。具体来说，在一起仲裁案件中，只有存在利害关系的人才能参与其中，包括仲裁当事人及其委托律师和其他代理人、仲裁员、鉴定人、证人、翻译人员等，仲裁诉答文书和证据资料只会在这些人间传递；开庭会在仲裁机构提供的房间以及私人地方闭门进行；裁决书只会发给仲裁当事人。这是因为仲裁权一般由当事人授予，从本质上讲，仲裁是一种私人裁判行为，这种私人行为并不需要向社会公开。同时，仲裁所处理的民商事争议一般会涉及一些不对外公开的文件或其他商业秘密，当事人不愿意因一时的争议而影响日后的商务活动。仲裁不公开进行，吸引了不少的商业人士选择仲裁作为解决争议的方法，形成了有别于诉讼程序的竞争优势。相对而言，诉讼程序之所以采取公开审理原则，是因为"司法权，一方面要向公众展示其行使的光明正大性，而在另一方面，公众的监督反过来又支撑着司法权的运作，因此公开主义成为近代市民革命的一种政治要求"。[③]仲裁

理论探讨

的机密性来源于仲裁地的法律、仲裁规则中的机密条款或者仲裁协议明示规定的保密责任，通常仲裁程序中的上述参与人员都负有保密义务。但是保密不是绝对的，通常容许的例外情况，诸如当事人同意、法院命令或者批准、公共利益或者其他合理需要等。

第二节　仲裁程序的规范依据

一、仲裁程序的规范依据概述

仲裁程序的规范依据，顾名思义，是指进行仲裁程序所依据的明文规定或者约定的标准。仲裁需要遵循的程序规范，一般以仲裁程序规则和仲裁程序法的形式表现出来。[④]《仲裁法解释》第20条规定："仲裁法第五十八条规定的'违反法定程序'，是指违反仲裁法规定的仲裁程序和当事人选择的仲裁规则可能影响案件正确裁决的情形。"这里的"仲裁法规定的仲裁程序"是仲裁程序法部分；"当事人选择的仲裁规则"应当包括当事人达成的如何进行仲裁的约定和合意选择适用的某一仲裁机构的仲裁规则（或简称为机构规则），即仲裁程序规则部分。该两部分均为具有法律效力的程序规范。

---

① 这也被称为仲裁的机密性，学者对其有系统的论述。参见杨良宜等：《仲裁法：从1996年英国仲裁法到国际商务仲裁》，法律出版社2006年版，第1073—1113页。
② 该条规定，仲裁不公开进行。当事人协议公开的，可以公开进行，但涉及国家秘密的除外。
③ ［日］新堂幸司：《新民事诉讼法》，林剑锋译，法律出版社2008年版，第334页。
④ 参见谭兵主编：《中国仲裁制度的改革与完善》，人民出版社2005年版，第331页。

作为一种解决纠纷的法律程序，与民事诉讼程序相比，仲裁程序最为显著的特点当属其灵活性，不存在需要遵循的详细程序规则的标准版本。形成这一特点的原因，是当事人意思自治被作为民商事仲裁需要遵守的指导原则。该原则不仅在国内法中得到支持，还得到了国际仲裁机构和组织的认可。例如，《国际商事仲裁示范法》第19(1)条规定，除本法另有规定外，当事人各方可以自由地就仲裁庭所应遵循的程序达成协议。《国际商会仲裁规则》第15(1)条规定，仲裁庭审理案件的程序适用本规则。本规则没有规定的，适用当事人约定的或当事人没有约定时仲裁庭确定的规则。

当事人在行使自治权时，可以选择仲裁机构和仲裁庭的组成人员、仲裁地，可以选择正式或非正式的进行程序的方法、审问式或对抗式的程序、书面或口头提供证据的方法，可以选择仲裁语言，等等。但是，当事人的自由是有限制的，他们所确定的程序必须符合仲裁地法律的强行性规范、公共政策要求，还要考虑旨在确保仲裁程序公平进行的国际仲裁公约的规定。[①]否则，仲裁裁决会被撤销或拒绝承认和执行。因此，在尊重当事人选择程序的意思和适用法的根本要求之间，必须进行平衡。

二、仲裁程序规则

仲裁不存在于法律真空之中，首先由当事人和仲裁庭已经同意或采用的程序规则进行规范。仲裁程序规则往往是通过当事人的约定或者仲裁庭的指示，或者二者的结合来确定的。绝大多数当事人一般选择适用机构规则以省去拟定详细程序规则的成本，当然他们也可以在仲裁协议中对如何进行仲裁作出具体的约定，或对机构规则作出某种取舍或改变。

我国的仲裁机构很重视仲裁规则的制定和修改，机构规则通常根据我国《仲裁法》和其他相关法律的规定制定，规定了进行仲裁需要遵循的详细程序规范，如《贸仲规则》第二章（普通）仲裁程序、第三章裁决、第四章简易程序、第五章国内仲裁的特别规定、第六章香港仲裁的特别规定等；《北仲规则》第二章仲裁协议、第三章仲裁申请和答辩与反请求、第四章仲裁庭、第五章审理、第六章决定和裁决、第七章简易程序、第八章国际商事仲裁的特别规定等。毕竟仲裁需要遵循的程序规范是具体的、复杂的、变化的，当事人不能预先完全考虑到或者展开充分合作；即使是久负盛名的机构规则，也可能遇到规则供给不足或者缺乏可操作性的问题，因此有些时候，尤其当程序的日常管理权逐渐深入地转移到仲裁庭后，需要仲裁庭对仲裁的一些更为细致灵活的操作规则作出指示或决定。

三、仲裁程序法

仲裁程序法是规范如何进行仲裁的法律规范的总称，具体表现为一国的仲裁法。当事人

---

① 例如，1958年《纽约公约》第5(1)(b)条规定，如果裁决针对的当事人无法陈述，承认和执行裁决可能被拒绝。《国际商事仲裁示范法》第18条规定，应对当事各方平等对待，应给予当事每一方充分的机会陈述他们的案情。

没有对支配仲裁庭的存在及程序进行的法律规范作出选择的,适用仲裁审理地所在国家的仲裁法。尤其是国内仲裁,当事人一般不对程序的适用法作出选择,依据国内仲裁法便成为自然而然的事情。

如果当事人没有明确对仲裁地作出选择,则需要由仲裁庭或指定的仲裁机构为当事人作出选择。仲裁地的选择与当事人或产生争议的合同没有或几乎没必然联系。实践中仲裁发生地国的法律,即仲裁法,通常与适用于争议实体事项的法律不同。

综观各国仲裁法内容,一般包括如下规定:仲裁协议的定义和形式;争议是否可以被提交仲裁(即依据仲裁法是否"可仲裁");仲裁庭的组成以及对该仲裁庭提出回避的任何理由;平等对待当事人;自由约定详细的程序规则;临时保全措施;请求陈述和答辩陈述;庭审;缺席程序;经请求时法院提供的协助;仲裁员的权力;仲裁裁决的形式和效力,裁决的终局性,包括仲裁地法院对裁决提出异议的权力。

我国《仲裁法》第四章、第七章对仲裁程序问题作了规定,涉及仲裁的申请和受理、仲裁庭的组成、开庭和裁决、涉外仲裁程序的特别规定等诸多问题。因此,作为依法仲裁、机构仲裁占绝对优势的国家,我国习惯性地认为,仲裁程序应当依据仲裁法律规范和仲裁规则进行。

第三节 普通仲裁程序

普通仲裁程序,是指根据仲裁规则的规定,仲裁机构审理仲裁案件通常适用的程序。通常,机构规则的内容除了关于简易程序、国际商事仲裁(或者涉港澳台商事仲裁)程序的特别规定之外,都是有关普通程序的规定。我国《仲裁法》第四章未区分普通程序和简易程序。

一、仲裁的申请和受理

(一)仲裁申请

仲裁程序起因于仲裁协议的当事人提出申请,开始于仲裁机构收到仲裁申请书之日。仲裁申请或者申请仲裁,是指平等主体的公民、法人和其他组织就他们之间所发生的合同纠纷和其他财产权益纠纷,依据他们所签订的仲裁协议,提请有关仲裁机构进行仲裁并作出裁决的行为。其中,依法向仲裁机构提出仲裁申请的人为申请人,仲裁协议的对方当事人及其权利义务的继受人或继承人是被申请人。

根据我国《仲裁法》第21条和有关司法解释的规定,并参考众多仲裁机构仲裁规则对申请仲裁的通常要求,当事人申请仲裁,应当符合如下条件:

1. 有仲裁协议

当事人之间有仲裁协议,是当事人申请仲裁的必要前提,是仲裁程序的基石。仲裁协议被认定无效或者被撤销的,视为没有仲裁协议。所以,确切地说,当事人申请仲裁所依据的应当是有效的仲裁协议。有效的仲裁协议包含当事人对一定仲裁事项可向特定的仲裁机构请求仲裁的意思表示，是表明当事人双方愿意通过仲裁方式而不是诉讼方式解决纠纷的依据。没有仲裁协议，一方申请仲裁的，仲裁机构不予受理。相反，有效的仲裁协议则有"排除诉讼"的效力——人民法院因此无权受理仲裁协议所涉及的事项。

2. 有具体的仲裁请求和事实、理由

当事人申请仲裁是为了通过仲裁维护自己的合法权益，因此其必须向仲裁庭提出针对被申请人的实体权利主张即仲裁请求以及支持该请求的事实和理由。具体的仲裁请求，是指仲裁申请人请求仲裁机构通过行使仲裁权予以确定和保护的民事权益的具体内容。仲裁请求不同于仲裁事项，后者是指当事人愿意通过仲裁解决的纠纷范围。针对仲裁事项，申请人可以提出一项仲裁请求，也可以提出多项仲裁请求。而事实、理由是指支持申请人仲裁请求的具体事实和规范依据，用以说明申请人所提出的仲裁请求的合理性。

3. 属于仲裁机构的受理范围

仲裁机构的受理范围与仲裁范围是两个不同概念，仲裁机构的受理范围当然不能违背国家法律有关仲裁范围的规定。属于仲裁机构的受理范围有三层含义：一是当事人之间的纠纷属于法律允许仲裁解决的纠纷，是具有可仲裁性的争议。二是当事人之间的纠纷符合仲裁机构的章程或者仲裁规则中规定的自身受理案件的范围。三是处理纠纷的仲裁机构应当是双方当事人在仲裁协议中选定的，否则当事人申请仲裁的仲裁机构无权仲裁。

4. 须采用书面形式和附具相应材料

当事人申请仲裁，应当向仲裁机构递交书面形式的仲裁协议、仲裁申请书及按照对方当事人的人数和仲裁庭的人数备具的副本、当事人主体资格证明文件、相关证据材料。其中，仲裁申请书应当载明下列事项：（1）当事人的姓名、性别、年龄、职业、工作单位和住所，法人或者其他组织的名称、住所和法定代表人或者主要负责人的姓名、职务；（2）仲裁请求和所根据的事实、理由；（3）证据和证据来源、证人姓名和住所。

5. 预交仲裁费用

仲裁机构是专门处理争议的民间化的公益法人，其运行发展的经济来源主要是自身向社会提供服务所收取的仲裁费用，因此当事人申请仲裁，一般在得到仲裁机构的受理通知之前，需要按照机构规则所附的仲裁费用表的规定预交仲裁费用。当事人的请求没有明确争议金额的，由仲裁机构确定争议金额或者应当预交的仲裁费用。当事人预交仲裁费用有困难的，可以申请缓交，由仲裁机构决定是否批准。当事人不预交仲裁费用，又不提出缓交申请或者在仲裁机构批准的缓交期限内未预交全部仲裁费用的，往往视为未提出或者撤回仲裁申请。

（二）仲裁受理

仲裁的申请和受理是两个含义不同但又密切联系的行为。申请是受理的前提，是申请的进一步发展。仲裁受理，是指仲裁机构收到当事人的仲裁申请后，经审查认为符合申请仲裁条件而决定予以接受的行为。

1. 对仲裁申请的审查

仲裁机构将依据有关申请仲裁条件的规定，审查双方当事人之间是否订立有仲裁协议、请求仲裁的意思表示是否明确、仲裁请求是否明确、是否附有相应证据材料。仲裁机构不是仲裁权的主体，它不享有实质意义上的仲裁管辖权，只享有按照规定对仲裁申请人所提交文件、材料进行初步审查的权力。对于仲裁协议可能产生的某些理解上的歧义、申请事项是否属于仲裁机构的受理范围等问题，为了听取双方意见以作出公正判断，常常被留待仲裁庭对仲裁管辖权的决定阶段解决。

2. 审查后的处理

仲裁机构自收到仲裁申请书之日起5日内[①]，经审查，认为符合受理条件的，应当受理，并在仲裁规则规定的期限内，将仲裁通知、机构规则和仲裁员名册各一份发送给双方当事人，仲裁申请书及其附件亦同时发送给被申请人；如认为申请仲裁的手续不完备，可以要求申请人在一定的期限内予以补充；认为不符合受理条件的，应当书面通知当事人不予受理，并说明理由。

二、仲裁答辩和反请求

（一）仲裁答辩

仲裁答辩，是指仲裁案件的被申请人为了维护自己的权益，对申请人在仲裁申请书中提出的仲裁请求和所依据的事实、理由进行答复和辩解的行为。答辩要针对申请人提出的请求及依据一一进行，请求有理的，应予以承认；请求无理的，应予以反驳；部分有理的，应予以部分承认、部分反驳。反驳的提出，要讲事实摆证据，依据法律或惯例，阐明理由。

答辩既是被申请人的权利也是其义务。阅读答辩书或听取答辩是仲裁庭了解案情、明确争点、确定庭审调查方向的重要手段。因此，被申请人收到仲裁申请书副本后，应当在仲裁规则规定的期限内向仲裁机构提交答辩书。被申请人未提交答辩书的，不影响仲裁程序的进行。

（二）仲裁反请求

仲裁反请求，是指在已经开始的仲裁程序中，被申请人以原仲裁申请人为被申请人，向仲裁机构提出的与原仲裁请求在事实上和法律上有牵连的、目的在于抵消或吞并仲裁申请人的独立仲裁请求。反请求应当具备以下条件：（1）反请求应由被申请人以原仲裁申请人为被申请人提出；（2）反请求的仲裁事项应当限于仲裁协议范围之内；（3）反请求只能向受理原仲裁申请的仲裁机构提出；（4）反请求应当在仲裁机构受理原仲裁申请后、作出仲裁裁决之

---

① 我国《仲裁法》第24条如是规定。但是，诸多机构规则根据现实需要，多将受理的起算点和审查期间规定为自当事人预交仲裁费用之日起7日内或10日内。

前提出。实践中，为了提高仲裁程序的效率，机构规则会对反请求的提出时机加以限制，如《上仲规则》第15条第3款规定："被申请人应当在仲裁通知书送达之日起十五日内，向仲裁委员会提交反请求申请书。逾期提交反请求申请书的，除被反请求人同意外，不予受理。"上述仲裁申请和受理的条件、程序等规定亦适用于仲裁反请求。

对于仲裁请求和反请求，仲裁庭一般应当合并审理，以达到仲裁经济的目的。应当注意，仲裁机构受理被申请人提出的反请求后，如果申请人撤回仲裁申请，仲裁庭应当对被申请人的反请求继续审理并作出仲裁裁决。

三、仲裁庭的组成

按照我国《仲裁法》的规定，仲裁机构受理仲裁案件后，应按程序组成仲裁庭对案件进行审理和裁决。因此，仲裁庭是行使仲裁权的主体。仲裁庭是临时性办案组织，其组成人员是不固定的，一案审结便自行解散。仲裁庭在仲裁机构的指导和监督下开展办案活动，但就具体案件而言，仲裁庭具有独立性，仲裁机构不得以监督为名干预仲裁庭的审理和裁决。

（一）仲裁庭的组成形式

我国《仲裁法》第30条规定："仲裁庭可以由三名仲裁员或者一名仲裁员组成。由三名仲裁员组成的，设首席仲裁员。"我国的仲裁机构无一例外地在其仲裁规则中重申了该条内容。据此可知，在我国，仲裁庭的组成形式有两种，即合议仲裁庭和独任仲裁庭。这样规定，既可以发挥独任仲裁迅速、及时的优点，又可以发挥合议仲裁汇聚集体才智、使当事人更觉公正的优点，是符合中国实际情况的。

合议仲裁庭，是指由3名仲裁员组成，以集体合议的方式对当事人交付仲裁的争议事项进行审理并作出裁决的仲裁庭。合议仲裁庭设首席仲裁员，首席仲裁员是合议仲裁庭的主持者，与其他仲裁员享有同等权利，但在裁决不能形成多数意见时，仲裁裁决应当按照首席仲裁员的意见作出。

独任仲裁庭，是指由1名仲裁员组成，对当事人交付仲裁的争议事项进行审理并作出裁决的仲裁庭。独任仲裁是仲裁协议及案件当事人依意思自治原则行使选择权的结果，而在民事诉讼中，独任审判必须符合法律规定的条件，不允许当事人自由选择。

（二）仲裁庭的组成程序

我国《仲裁法》对仲裁庭的组成程序的规定是相当粗疏的，无法满足仲裁实践的需要。因此，在法律规定的基础上，各仲裁机构均通过其仲裁规则对仲裁庭的组成程序加以细化，增加程序规范的可操作性，以保证在各种具体复杂情况下仲裁庭可以顺利组成。

仲裁庭的组成程序包括两个方面的内容：

1. 确定仲裁庭的形式

仲裁庭组成形式的确定体现了当事人自愿原则，即由双方当事人自行确定。当事人可以选择合议仲裁庭也可以选择独任仲裁庭，如果当事人选择合议仲裁庭，那么必须设立1名首席仲裁员。在仲裁实践中，可能存在双方当事人在规定的期限内没有就仲裁庭的组成形式达成一致的情况。在这种情况下，根据仲裁规则的规定，由仲裁机构主任行使权利，根据案件的具体情况，确定组成合议仲裁庭或者独任仲裁庭来审理案件。

2. 确定仲裁员

根据我国《仲裁法》和众多仲裁机构规则的规定，仲裁庭组成人员由双方当事人根据案件需要自行选定或者委托仲裁机构主任指定，当条件不满足时，仲裁机构主任依照仲裁规则所赋予的职权自主确定。具体说来，独任仲裁庭的仲裁员和合议仲裁庭的首席仲裁员，一般由当事人共同选定；合议仲裁庭中除了首席仲裁员之外，还有两名仲裁员，一般由当事人分别选定1名；当事人无法自行选定或者共同选定仲裁员的，当事人可以授权仲裁机构主任指定仲裁员；双方当事人没有在仲裁规则规定的期限内选定仲裁员或者委托仲裁机构主任指定仲裁员的，无论仲裁庭组成形式是合议制还是独任制，仲裁机构主任均有权指定仲裁员组成仲裁庭。

理论探讨

四、审理前的准备

审理前的准备，是指仲裁机构/仲裁庭在受理案件之后到开庭审理之前，为确保案件审理的顺利进行所进行的一系列准备工作的总称。审理前准备的程序功能是使案件的资料能够适于集中开庭审理，提高庭审的效率。同时，双方当事人在审理前充分交换仲裁主张和证据材料，有助于实现庭审的公平性。根据《仲裁法》、仲裁机构规则以及实践中的做法，审理前准备程序的主要任务包括：

（一）送达仲裁文件

在审理前的准备阶段，常见的仲裁文件有仲裁申请书、答辩书、仲裁反请求书、受理通知书、仲裁通知书、仲裁规则、仲裁员名册、仲裁庭组成通知书、管辖权异议书、管辖权异议决定书、财产保全申请书、延长答辩期限申请书、延长举证期限申请书、开庭通知书、证据材料以及其他文件。仲裁机构规则中对仲裁文件的送达、期间要求均有明确规定。

（二）确定仲裁审理方式

仲裁审理可以分为开庭审理和书面审理两种方式。由于当事人基于民商事纠纷而享有法律赋予的不可剥夺的诉权，包括口头陈述意见的权利、交叉询问证人的权利和口头辩论的权利等，因此，采用开庭审理是原则性的做法。如各方当事人同意放弃上述权利，即各方当事人同意仲裁庭不经开庭而仅依书面材料进行审理，仲裁庭可以决定书面审理。

（三）组织交换证据、自行收集证据、获取专家证据、整理争点

机构规则规定了当事人提交证据材料的期限。对于案情比较复杂、证据材料较多的案

件，当事人可以申请或由仲裁庭组织当事人进行证据材料交换。证据材料的交换有利于仲裁程序的公平进行，避免"证据突袭"。双方当事人无异议的事实、证据材料，应被记录在案，并经双方当事人签字确认。开庭审理时当事人对此不再提出有根据异议的，仲裁庭可以直接认定。根据我国《仲裁法》第43条第2款的规定，仲裁庭认为有必要收集的证据，可以自行收集。仲裁庭自行收集的证据，应经仲裁机构转交双方当事人，给予双方当事人提出意见的机会。当事人可就案件中的专门问题提出咨询或鉴定申请，由仲裁庭决定是否同意。仲裁庭认为必要的，也可就案件中的专门问题向专家咨询或者指定鉴定人进行鉴定。专家或鉴定机构由当事人共同选定，不能共同选定的，则由仲裁庭指定。获取的专家报告或鉴定意见应由仲裁机构转交双方当事人，给予双方当事人提出意见的机会。在交换诉答意见和收集交换证据后，仲裁庭可以组织整理双方的争议焦点。这有利于明确当事人双方攻击与防御的目标，也在相当程度上决定了后续仲裁审理的对象。

（四）举行庭前预备会议

我国《仲裁法》没有规定仲裁庭应举行庭前预备会议，但国内一些有代表性的仲裁机构已在其仲裁规则中作出了诸如此类的审理措施的规定。如《上海贸仲规则》第29条第4款规定："除非当事人另有约定，仲裁庭认为必要时可以发布程序指令、发出问题清单、举行庭前会议、召开预备庭、制作审理范围书等，也可以就证据材料的交换、核对等作出安排。"《北仲规则》第36条规定："仲裁庭有权根据审理需要采取制作案件审理日程表、发出问题单、举行庭前会议、制作审理范围书等各项审理措施。首席仲裁员可以接受仲裁庭委托采取上述审理措施。"实际上，对于复杂的案件，大多数仲裁庭通常会在适当的时间以举行会议的方式交换意见，大致确定程序进行的框架和一些诸如管辖权、仲裁程序及当事人之间实体争议所适用的法律、责任和定量的分离等先决问题以及其他需要注意和询问的问题等。

（五）其他准备工作

在审理前的准备阶段，仲裁庭还需要处理变更仲裁请求或反请求、向有管辖权的人民法院转交保全申请、案外人加入仲裁程序、先行调解等事项。

五、开庭审理程序

开庭审理，是指仲裁庭在当事人和其他仲裁参与人的参加下于开庭审理期日，在特定的场所，依照相关程序，对交付仲裁的争议事项进行全面审理直至作出裁决的审理活动。开庭审理是仲裁程序的中心环节，是落实仲裁程序所遵循的各项原则的基本方式，便于当事人当庭主张、举证、质证和辩论，有利于仲裁庭充分听取意见，准确弄清事实真伪。开庭审理的大体程序如下：

(一) 庭审开始

我国法律以及各仲裁机构规则对庭审开始的内容均未作规定，通常由仲裁机构的办案流程或在开庭笔录示范格式中予以明确。根据实践做法，仲裁开庭审理，首先由首席仲裁员或者独任仲裁员宣布开庭。其次，首席仲裁员或者独任仲裁员逐一核对各方当事人的主体资格、到庭人员的身份情况及其代理权限，并询问各方对于对方出庭人员有无异议。再次，由首席仲裁员或者独任仲裁员宣布案由，告知合议庭组成人员、办案秘书和记录人员名单，告知当事人有关的仲裁权利和义务，并询问各方当事人是否申请回避和对仲裁庭的组成、管辖权以及已进行仲裁程序等有无异议。必要时，还要简要介绍仲裁庭审前准备情况、本次开庭的计划安排以及开庭中应注意的问题。最后，首席仲裁员或者独任仲裁员应代表仲裁庭发表履职承诺，如上海仲裁委员会指引使用的承诺词为："本庭将凭借仲裁员的良知和社会责任心，严格遵循法律规定，恪守中立，平等对待双方当事人，独立、公正、及时地履行仲裁员的职责。"

(二) 庭审调查

庭审调查，是指仲裁庭依照一定程序，在庭审中听取当事人陈述，向当事人和其他仲裁参与人核实案件事实，出示说明、辨认质证各种证据材料的活动。庭审调查又是开庭审理的中心环节，主要任务就是核实案件事实，调查各种证据材料，为认定案件事实、确定是非责任提供依据。庭审调查大致遵循以下顺序进行：(1) 当事人陈述；(2) 证人作证或宣读未到庭的证人证言；(3) 出示书证、物证、视听资料和电子数据；(4) 宣读鉴定意见、勘验笔录。

(三) 庭审辩论

庭审辩论，是指在仲裁庭的主持下，当事人及其仲裁代理人根据庭审调查的事实和证据，结合法律的规定，在庭审中阐明自己的意见，反驳对方的主张，相互进行辩论的活动。庭审辩论阶段的主要任务是通过当事人及其仲裁代理人之间的口头辩论，进一步明确当事人各自的仲裁主张和理由，以达到查明案件事实、分清是非责任的目的，为仲裁庭正确适用法律、作出公正裁判奠定基础。庭审辩论由首席仲裁员或独任仲裁员组织和指挥，通常按照下述顺序进行：首先由申请人及其仲裁代理人发言；其次由被申请人及其仲裁代理人发言；最后是双方相互辩论。

庭审辩论终结时，由首席仲裁员或独任仲裁员按照申请人、被申请人的先后顺序征询各方的最后意见。庭审辩论终结后，根据情况能够调解的，仲裁庭还可以先行调解，调解达成协议的，终结仲裁程序；调解不成的，应当及时裁决。

(四) 开庭笔录

开庭笔录是对开庭审理活动所作的记录。它是仲裁程序中的重要文件之一，是案件评议、法院监督仲裁乃至总结仲裁工作经验的依据。我国《仲裁法》第48条规定："仲裁庭应当将开庭情况记入笔录。当事人和其他仲裁参与人认为对自己陈述的记录有遗漏或者差错的，有权申请补正。如果不予补正，应当记录该申请。笔录由仲裁员、记录人员、当事人和其他仲裁参与人签名或者盖章。"众多机构规则均对开庭笔录以及其与时俱进的变形方式作了规定，如《贸仲规则》第40条第1款规定："开庭审理时，仲裁庭可以制作庭审笔录及/或影音记录。仲裁庭认为必要时，可以制作庭审要点，并要求当事人及/或其代理人、证人及/或其他有关人员在庭审笔录或庭审要点上签字或盖章。庭审笔录、庭审要点和影音记录供仲裁庭查用。"

六、评议和作出裁决

由合议仲裁庭审理的案件，在庭审征询最后意见后，当事人不同意调解，或者调解无效的，进入合议仲裁庭评议和作出裁决阶段。由独任仲裁庭审理的案件，则无独立的评议环节。

合议仲裁庭评议，是指庭审终结后，合议仲裁庭成员经过讨论，对案件作出审理结论的活动。合议仲裁庭的评议应以庭审调查和庭审辩论查明的事实和证据为基础，以法律或公平合理原则、国际惯例为准绳。合议仲裁庭评议案件，以秘密方式进行，形成的评议笔录不得公开。评议笔录应记载评议的过程、内容和结论，评议中的不同意见须如实记录，评议笔录由合议仲裁庭成员签名。

作出裁决，是指仲裁庭在对提交仲裁的案件的审理过程中或审理终结后，根据认定的事实对当事人提出的仲裁请求或反请求或与之相关的其他事项作出书面决定的行为。作出的该书面决定称为仲裁裁决书。至此，仲裁庭审的全部活动结束。

第四节　简易仲裁程序

一、简易仲裁程序概述

简易仲裁程序，是指根据仲裁规则的规定，仲裁机构审理争议金额不超过一定数额的仲裁案件所适用的以及当事人约定或同意适用的一种简便易行的仲裁程序。

我国《仲裁法》中并没有明确规定简易程序，但仲裁所具有的灵活性、快捷性和经济性的特点，仲裁所遵循的充分尊重当事人意愿的原则，以及《仲裁法》对独任仲裁员仲裁和书面审理的肯定，实质上都包含了简化仲裁程序的精神。

我国的仲裁机构为适应解决较少争议金额仲裁案件的客观需要，在总结多年实践经验的基础上，吸收世界上一些国际商事仲裁机构如伦敦国际仲裁院、斯德哥尔摩商会仲裁院、世界知识产权组织仲裁与调解中心等有关"简单仲裁""加速仲裁""速办程序"的做法，于1994年颁布的《贸仲规则》中专门设置"简易程序"一章。此后我国仲裁机构纷纷在其制定或修订的仲裁规则中规定了简易仲裁程序。这无疑有利于加快仲裁程序进程，适应多层次的法律需求，便利当事人进行仲裁，实现程序的正当化与简易化之间的平衡。

简易仲裁程序是各仲裁机构规则中规定的与普通仲裁程序并列的一个独立的程序。它与普通仲裁程序既有区别又有联系。二者的区别表现在：简易仲裁程序适用于审理一定争议金额以下的或者当事人同意适用的仲裁案件；普通仲裁程序则适用于除此之外的仲裁案件。简易仲裁程序缩短或简化了普通仲裁程序审理上的某些期限、方式或步骤，在程序进行中，有关仲裁庭和当事人的权利义务不受减损，查明事实、分清是非、依据规范作出公正裁决的要求不改变；而普通仲裁程序则相对完整、系统，对程序的要求比较严格。二者的联系表现在：普通仲裁程序是简易仲裁程序的基础，简易仲裁程序是普通仲裁程序的简化。仲裁机构适用简易仲裁程序审理案件时，对简易仲裁程序中未规定的事项，应当适用普通仲裁程序的规定。无论适用简易仲裁程序审理案件还是适用普通仲裁程序审理案件，仲裁裁决均具有同等的法律效力。另外，在简易仲裁程序进行中，应当事人的共同意愿，或者因仲裁请求变更足以影响到简易仲裁程序适用的，可以申请变更为普通仲裁程序。

《北仲规则》《上仲规则》《贸仲规则》《上海贸仲规则》《深仲规则》《广仲规则》均设置专章规定"简易程序"或"快速程序"。下面将根据这些规则的有关内容，逐一归纳或讨论简易仲裁程序的适用范围、主要特点、程序转换等问题。

二、简易仲裁程序的适用范围

不管是国内争议案件还是国际或涉外争议案件，符合以下特征的案件得适用简易仲裁程序：

（一）争议金额不超过数额标准的案件

目前《贸仲规则》《北仲规则》划定的数额标准是人民币500万元，《深仲规则》划定的数额标准是人民币300万元，《上仲规则》《上海贸仲规则》划定的数额标准是人民币100万元，《广仲规则》划定的数额标准是人民币50万元。对于争议金额不超过数额标准的案件，除非当事人另有约定，仲裁机构可以直接决定适用简易仲裁程序。争议金额较少的案件一般是事实清楚、权利义务关系明确、争议不大的简单案件，但不尽然。之所以规定争议金额不超过数额标准的案件适用简易程序，可能是考虑到这样可以节省当事人的费用、组庭和期日确定更方便、裁决期限更短等因素。对于争议金额不超过数额标准，但是当事人之间约定适用普通程序的案件，仲裁机构应当按照普通程序审理，当事人应当承担由此增加的仲裁费用。

（二）当事人同意对争议金额超过数额标准的案件适用简易程序

对于争议金额超过数额标准的案件，如果双方当事人在纠纷发生之前或者纠纷发生之后约定适用简易程序，或者仲裁程序启动后仲裁庭组成前，经一方当事人书面申请适用简易程序并征得另一方当事人书面同意，也可适用简易程序进行审理。有的仲裁机构为此减免部分仲裁费用，以示鼓励。

（三）其他合适案件

多数仲裁机构规则还规定，对于没有争议金额或争议金额不明确的案件，是否适用简易程序，由仲裁机构根据案件的复杂程度、涉及利益的大小以及其他有关因素综合考虑决定。

三、简易仲裁程序的特点

简易仲裁程序是普通仲裁程序的"简化版"。因此，简易仲裁程序的最大特点就是简便化。仲裁机构规则对简易仲裁程序仲裁庭的组成、进行程序的期限、审理方式、裁决期限等内容均作出了特别规定，这些规定从不同方面直接体现了简易程序的特点。

（一）由独任仲裁庭审理

除非当事人另有约定，适用简易程序的案件，由1名仲裁员成立独任仲裁庭审理案件。各方当事人应当自收到仲裁通知之日起一定期限内（如《北仲规则》规定为10日内，《贸仲规则》规定为15日内）在仲裁员名册中共同选定或者共同委托仲裁机构主任指定独任仲裁员。各方当事人逾期未能共同选定或者共同委托主任指定独任仲裁员的，由主任指定。

另外，多家仲裁机构规则还规定采用"名单法"确定独任仲裁员。即双方当事人也可以在规定期限内，各自推荐1—3名仲裁员作为独任仲裁员人选；经双方当事人申请或者同意，仲裁机构也可以提供5—7名独任仲裁员候选名单，由双方当事人在规定期限内从中选择1—4名仲裁员作为独任仲裁员人选。推荐名单或者选择名单中有1名相同的，为双方当事人共同选定的独任仲裁员；有1名以上相同的，由主任根据案件具体情况在相同人选中确定，确定的仲裁员仍为双方当事人共同选定的独任仲裁员；推荐名单或者选择名单中没有相同的人选的，由主任在推荐名单或者选择名单之外指定独任仲裁员。

（二）进行程序期限较短

在简易仲裁程序中，答辩和反请求的期限、提前通知开庭的期限及各方当事人提交材料和补交材料的期限等，相较普通程序，都作了适当缩短。如《北仲规则》规定，被申请人应当自收到答辩通知之日起10日（普通仲裁程序则为15日）内，提交答辩书及有关证明文件；如有反请求，也应当在此期限（普通仲裁程序则为15日）内提交申请书及有关证明文件。开庭审理的案件，仲裁庭应当于开庭3日（普通仲裁程序则为10日）前将开庭日期通知当事人；再次开庭日期的通知，不受3日期限（普通仲裁程序则为5日）限制。

（三）审理方式更为灵活

适用简易仲裁程序的案件，仲裁庭可以按照其认为适当的方式审理。相较于普通仲裁程序多以开庭审理为原则，在简易仲裁程序中，仲裁庭可以在征求当事人意见后决定只依据当事人提交的书面材料和证据进行书面审理，也可以决定开庭审理，还可以把开庭审理和书面审理结合起来进行。

（四）作出裁决较为迅速

适用简易仲裁程序的目的在迅速结案，所以仲裁庭应及时审理、及时裁决。甚至，如果当事人双方同时到仲裁机构请求仲裁，经选定仲裁员后，可以当日审理。如果开庭审理的话，应当一次开庭审结，但仲裁庭认为确有必要再次开庭的除外。在裁决期限上，自仲裁庭组成之日起算，多家仲裁机构规则规定2个月内作出裁决，《北仲规则》规定75日内作出裁决，《贸仲规则》《上海贸仲规则》规定3个月内作出裁决。而上述仲裁机构规则规定的适用（国内）普通仲裁程序的裁决期限自仲裁庭组成之日起为4个月或6个月。程序中止的期间不计入上述裁决期限。有特殊情况需要延长期限，经仲裁庭请求，仲裁机构的主任或秘书长认为确有正当理由和必要的，可以批准适当延长。

（五）准用普通仲裁程序规定

仲裁机构规则虽专章列明"简易程序"，但仅对简易仲裁程序的特别之处作出规定，对于"简易程序"之下未作规定而进行程序所必需的其他事项，得适用或参照适用普通仲裁程序有关规定。

四、简易仲裁程序的变更

多数仲裁机构规则规定，简易仲裁程序进行中，各方当事人共同申请或者一方当事人申请、其他当事人同意的，可以将简易仲裁程序变更为普通仲裁程序。仲裁请求的变更或者反请求的提出、变更导致案件争议金额超过数额标准的，不影响简易仲裁程序的进行；任何一方当事人认为影响的，可以向仲裁机构主任申请变更为普通仲裁程序；是否同意，由主任决定。因简易仲裁程序变更为普通仲裁程序而增加的仲裁费用，由当事人协商确定预交比例；无法协商达成一致意见的，由仲裁机构确定；未能按照要求预交仲裁费用的，程序不予变更。仲裁庭组成后简易仲裁程序变更为普通仲裁程序的，当事人应当自收到程序变更通知之日起一定期限内，按照仲裁规则的规定各自选定或者各自委托主任指定1名仲裁员。除非当事人另有约定，原独任仲裁员作为首席仲裁员。新仲裁庭组成前已进行的审理程序是否重新进行以及重新进行的范围，由新仲裁庭决定；新仲裁庭决定审理程序全部重新进行的，仲裁规则规定的裁决期限自新仲裁庭组成之日起计算。程序变更之日起仲裁程序的进行，不再适用简易仲裁程序。

第五节 仲裁程序中的其他问题

仲裁程序进行过程中可能遇到各种特殊情况，例如合并仲裁、撤回仲裁申请等，正确处理这些特殊情况有利于仲裁程序的顺利推进。另外，期限期日、送达（发送）、仲裁费用也是仲裁程序中的重要内容。

上述问题，有些是我国《仲裁法》有所规定或者有所提及的，如撤回仲裁申请、延期开庭、缺席裁决、期限、送达、仲裁费用等，有些则是在仲裁实践中发展起来并为仲裁机构规则所规定的，如合并仲裁、多数仲裁员继续仲裁程序、程序中止及恢复、撤销案件等。相对于仲裁法，民事诉讼法是仲裁程序的一般法。我国《仲裁法》授权中国仲裁协会、中国国际商会、各仲裁机构依照本法和《民诉法》的有关规定制定仲裁规则。[①]为数不少的机构规则，如《上仲规则》在附则中规定，仲裁规则未规定的事项，参照适用我国民事诉讼法律的有关规定。因此，对本节问题的讨论，除了依据《仲裁法》外，也会援引机构规则的规定，参照我国民事诉讼法律的有关规定。

一、合并仲裁

合并仲裁，是指仲裁机构经一方当事人申请且认为必要时，决定将根据其仲裁规则进行的两个或多个仲裁案件合并为一个仲裁案件进行审理和作出裁决的制度。

合并仲裁是我国仲裁机构借鉴国际上商事仲裁的实践经验，根据我国仲裁发展的现实需要，通过机构规则建立的一项程序制度。[②]合并仲裁有利于提高仲裁效率，将根据同一机构规则进行的两个或多个仲裁案件合并为一个仲裁案件，由一个仲裁庭，遵循一个仲裁程序进行，仲裁机构可以酌情减少收取仲裁费用。合并仲裁体现了尊重当事人意思自治的原则，两个或多个案件的当事人，既然选择了某一机构规则，按照该机构规则实行合并仲裁，亦是尊重和符合其意愿的。当然在一定意义上，合并仲裁反映着仲裁机构走向职权化的苗头，显示仲裁也存在采用职权主义运作的些许空间。

根据多家仲裁机构规则的规定，一般符合下列条件之一的，经一方当事人申请，仲裁机构可以决定对根据机构规则进行的两个或多个仲裁案件合并仲裁：（1）各案仲裁请求依据同一个仲裁协议提出；（2）各案仲裁请求依据多份仲裁协议提出，该多份仲裁协议内容相同或相容，且各案当事人相同、各争议所涉及的法律关系性质相同；（3）各案仲裁请求依据多份仲裁协议提出，该多份仲裁协议内容相同或相容，且涉及的多份合同为主从合同关系；（4）所有案件的当事人均同意合并仲裁。

仲裁机构在决定是否合并仲裁时，应考虑各方当事人的意见及相关仲裁案件之间的关联性、案件程序进行的阶段以及已经组成仲裁庭的案件仲裁员的指定或者选定等具体情况。除非各方当事人另有约定，合并的仲裁案件应合并至最先开始仲裁程序的仲裁案件。合并仲裁前，各案已经进行的仲裁程序依然有效；合并仲裁后，在仲裁庭组成之前，由仲裁机构就后续程序的进行作出决定；仲裁庭组成后，由仲裁庭就后续程序的进行作出决定。仲裁机构将

[①] 参见我国《仲裁法》第15条第3款、第73条、第75条的规定。
[②] 参见《香港国际仲裁中心机构仲裁规则》第28条、《北仲规则》第30条、《贸仲规则》第19条、《上仲规则》第42条、《深仲规则》第18条的规定。

两个或多个仲裁案件合并的,所有这些仲裁的当事人应视为已放弃选定仲裁员的权利,且仲裁机构可撤销对任何已获提名或确认的仲裁员的选定或指定。在此情况下,仲裁机构应为合并后的程序指定仲裁员组成仲裁庭。

在上述有关合并仲裁的机构规则中,一般还会对"多份合同单个仲裁"和"合并审理"问题作出规定,但三者是不同的程序制度。

"多份合同单个仲裁",或称"多份合同单次仲裁""多份合同合并申请",是指仲裁申请人将存在关联的多份合同项下的争议一并申请仲裁,由仲裁机构/仲裁庭作为一个仲裁案件予以受理和审理的制度。"多份合同单个仲裁"的适用,须同时符合下列条件:(1)多份合同系主从合同关系,或多份合同所涉当事人相同且法律关系性质相同;(2)争议源于同一交易或同一系列交易;(3)多份合同中的仲裁协议内容相同或相容。

"合并审理",是两个或两个以上仲裁案件的合并审理,案件在个数上不发生变化,仅在仲裁审理环节予以合并进行。根据仲裁机构规则的规定,"合并审理"的适用,须同时满足以下具体条件:(1)两个或两个以上仲裁案件的仲裁标的为同一种类或者有关联;(2)经一方当事人申请并征得其他所有当事人同意;(3)两个或两个以上仲裁案件的仲裁庭组成人员均相同。仲裁庭组成人员不同的两个或者两个以上的案件,不能合并审理。合并审理由仲裁庭根据适用条件作出决定。除非当事人一致同意作出一份裁决书,仲裁庭应就合并的仲裁案件分别作出裁决书。可见,合并审理是一种类似于我国普通共同诉讼形式的程序制度。

二、撤回仲裁申请

(一)撤回仲裁申请概述

撤回仲裁申请,或称撤回仲裁请求,是指在仲裁机构受理仲裁申请后、仲裁庭作出仲裁裁决之前,仲裁申请人(或被申请人)撤回自己的仲裁申请,不再要求仲裁庭对该争议案件进行审理并作出裁决的行为。就性质而言,当事人撤回仲裁申请属于仲裁权利处分行为,有别于放弃仲裁请求。放弃仲裁请求处分的是实体权利,属于民法上的处分行为。二者的处理方式和后果也不同:撤回仲裁申请属于程序问题,应采决定形式处理,当事人可以再提出仲裁申请;放弃仲裁请求属于实体问题,应采裁决或调解形式处理,当事人不可以再提出仲裁申请。

撤回仲裁申请可能发生在开庭审理之前,也可能发生在开庭审理过程中。根据撤回仲裁申请是否为当事人提出,可以分为当事人撤回仲裁申请和仲裁庭按撤回仲裁申请处理。我国《仲裁法》第49条规定的是撤回仲裁申请,第42条第1款规定的是按撤回仲裁申请处理。撤回仲裁申请又可以根据撤回权人称谓的不同,分为申请人撤回仲裁申请和被申请人撤回仲裁反请求;根据撤回仲裁请求的范围,撤回仲裁申请可分为撤回全部仲裁申请和撤回部分仲裁申请。

撤回仲裁申请应当同时具备以下条件:(1)撤回仲裁申请须由申请仲裁或者提出反请求

的当事人及其法定代理人或者经过特别授权的委托代理人提出;(2)撤回仲裁申请须采用书面形式;(3)撤回仲裁申请的时间,须在仲裁机构受理争议案件后仲裁庭作出仲裁裁决或调解书之前;(4)撤回仲裁申请须出自当事人自愿。

按撤回仲裁申请处理,是指当事人未主动提出撤回仲裁申请,基于法定事由,仲裁庭视为当事人撤回了仲裁申请。按撤回仲裁申请处理是基于下述三种情形产生的:一是申请人经仲裁庭书面通知,无正当理由拒不到庭;二是申请人未经仲裁庭许可中途退庭;三是不预交仲裁费用又不提出缓交申请,或者在仲裁机构批准期限内未预交全部仲裁费用。

(二)撤回仲裁申请的法律效果

撤回仲裁申请后产生如下法律效果:(1)被撤回仲裁申请部分的仲裁程序终结,仲裁法律关系归于消灭。(2)撤回仲裁申请视同未提出仲裁申请,当事人可以再行申请仲裁。一方面,参照民事诉讼有关撤诉的法律效果的规定①,可以得出这一结论;另一方面,当事人撤回仲裁申请或仲裁庭按撤回仲裁申请处理,并不意味着仲裁协议的履行完毕或者失效,只要双方当事人之间的争议事项未经最终裁决,也没有新的仲裁协议出现,当事人仍然可以依据有效的仲裁协议申请仲裁。

理论探讨

三、延期开庭和多数仲裁员继续仲裁程序

(一)延期开庭

延期开庭,是指在仲裁程序中,因出现正当事由,或根据当事人的申请,经仲裁庭同意,将已确定的开庭期日顺延至另一期日进行开庭审理的制度。延期开庭不同于仲裁休庭。前者是因为出现了某些特殊情形,致使开庭审理不能如期进行或者无法继续进行,仲裁庭不得不推迟开庭审理的时间,另行确定一个期日继续审理;后者是指在仲裁案件开始庭审后,为满足特定仲裁活动的需要(如合议仲裁庭评议案件)和参与者在工作日与工作日之间的生理需要(如进餐、休息等)而正常留出的必要间歇时间。

仲裁机构应当在仲裁规则规定的期限内将开庭日期通知双方当事人。当事人有正当理由的,可以在仲裁规则规定的期限内请求延期开庭。是否延期,由仲裁庭决定。各仲裁机构规则均对延期开庭的问题作出进一步明确,如《北仲规则》第31条第1款规定:"开庭审理的案件,仲裁庭应当于开庭10日前将开庭日期通知当事人;经商当事人同意,仲裁庭可以提前开庭。当事人有正当理由请求延期开庭的,应当在开庭5日前提出;是否延期,由仲裁庭决定。"实践中,不仅当事人有正当理由可以申请延期开庭,仲裁庭组成人员基于正当理由不能履行职责的,也可以决定延期开庭。

延期开庭适用于下述情形:(1)当事人有正当理由不能到庭;(2)当事人临时提出回避

---

① 参见《民诉法解释》第214条第1款的规定。

申请；(3) 仲裁员不能履行职责；(4) 需要通知新的证人参加庭审，调取新证据，重新鉴定或勘验，或者需要补充调查；(5) 其他应当延期的情形。

当事人在规定期限内提出延期开庭的请求后，并不必然导致仲裁开庭延期进行，仲裁庭应当依据仲裁规则和参照有关法律法规的规定，结合实际情况，判断当事人的申请是否具有正当理由，作出是否同意延期开庭的决定。

（二）多数仲裁员继续仲裁程序

多数仲裁员继续仲裁程序，是指仲裁最后一次开庭审理结束后，合议仲裁庭中的一名仲裁员因死亡或其他原因不能参加评议或作出裁决的，经双方当事人和仲裁机构代表人同意后，其他两名仲裁员可以继续进行仲裁程序并作出决定或裁决的制度。目前，我国有不少仲裁机构已在仲裁规则中规定了该制度，如《贸仲规则》第34条、《北仲规则》第46条、《深仲规则》第35条。

仲裁庭是具体负责对已交付仲裁的争议事项进行审理，并最终就争议事项作出实质性裁决的组织。仲裁庭组成人员由双方当事人根据案件需要自行选定或者委托仲裁机构主任指定；当条件不满足时，由仲裁机构主任依照仲裁规则所赋予的职权自主确定。仲裁庭的权力原则上应当由仲裁庭组成人员集体行使。但是现实中有可能发生这种情况，即最后一次开庭终结后，合议仲裁庭中的一名仲裁员因死亡、被除名或其他特殊原因不能参加评议并作出裁决，这时该如何处理？一种方法是由仲裁机构主任按照仲裁规则的规定更换该仲裁员，因为有新加入的仲裁员，按照直接审理原则的要求，应当重开言辞辩论，仲裁庭、当事人以及其他仲裁参与人可能需要二次投入时间、经济等成本。另一种方法是通过当事人的意思表示和机构的监管使仲裁庭组成人员在仅有多数情况下继续仲裁程序，完成剩余的工作，此即多数仲裁员继续仲裁程序。相较前一种方法，后者无须重复程序，无须耗费额外的成本。

四、缺席裁决

缺席裁决，是相对于对席裁决[①]而言的，是指仲裁庭在被申请人无正当理由拒不到庭或未经许可中途退庭的情况下，对争议案件审理后作出裁决的制度。

根据我国《仲裁法》第42条第2款的规定，被申请人经书面通知，无正当理由开庭时不到庭的，或在开庭审理时未经仲裁庭许可中途退庭的，仲裁庭可以进行缺席审理并作出裁决。缺席裁决的功能不在于惩罚缺席的一方当事人，相反，这一制度的建立，一是为了促使当事人积极参加庭审并积极完成举证、质证、辩论等行为，保障当事人充分行使仲裁权利，使仲裁庭最大限度地通过庭审发现真实，对案件事实作出准确判断；二是为了保障仲裁程序

---

① 对席裁决，是指仲裁庭在双方当事人均按照规定的仲裁程序参加了仲裁审理的情况下作出的仲裁裁决。这是一种正常程序下的仲裁结果。

的正常进行,不致因一方当事人的缺席而陷入困境。

缺席审理中,仲裁庭对缺席的被申请人已提交的仲裁资料应当出示和调查核实,以充分了解其主张和所持的理由,使缺席一方当事人的合法权益得到应有的保护。缺席裁决必须以案件事实已经查清并有充分的证据可供认定为前提。缺席裁决的法律效力,与对席裁决完全相同。

五、程序中止和撤销案件

(一)程序中止及恢复

程序中止,是指在仲裁过程中,因当事人的申请或者出现特殊情况,仲裁机构或者仲裁庭以决定的形式暂时停止仲裁程序进行的制度。我国有不少仲裁机构已在仲裁规则中确立了该制度,如《贸仲规则》第45条、《北仲规则》第45条、《广仲规则》第66条。

程序中止可以发生于仲裁程序启动后至作出裁决前的任何阶段,程序中止的法律后果是暂停仲裁程序的进行。待任何一方当事人申请恢复仲裁程序或者仲裁机构或仲裁庭认为有必要恢复,以及中止程序的原因消失或中止程序期满后,仲裁程序继续进行。中止和恢复仲裁程序应作出决定,仲裁庭组成前由仲裁机构作出;仲裁庭组成后由仲裁庭作出。程序中止的期间不计算在机构规则规定的作出裁决的期限内。

当事人意思自治被作为民商事仲裁需要遵守的指导原则,所以仲裁程序的进行受到当事人意思的影响,如果各方当事人共同申请,或者一方当事人申请、其他当事人未表示反对的,仲裁程序可以中止。

如果出现以下特殊情况需要中止仲裁程序,仲裁程序可以中止:(1)一方当事人死亡,需要等待继承人表明是否参加仲裁的;(2)一方当事人丧失行为能力,尚未确定法定代理人的;(3)作为一方当事人的法人或者其他组织终止,尚未确定权利义务承受人的;(4)一方当事人因不可抗拒的事由(即当事人无法预见、不能避免,以自身的力量和条件难以克服的客观事件,如自然灾害等突发事件①、重病等),不能参加仲裁的;(5)本案必须以另一仲裁案件或诉讼案件的审理结果为依据,而另一案尚未审结的;(6)其他应当中止程序的情形。

(二)撤销案件

撤销案件,又称仲裁终结,是指在仲裁过程中,因出现特定事由,致使仲裁继续进行已不可能或已无必要,仲裁机构或者仲裁庭以决定的形式结束仲裁程序的制度。我国有不少仲裁机构已在仲裁规则中确立了该制度,如《贸仲规则》第46条、《上海贸仲规则》第43条、《北仲规则》第42条、《广仲规则》第67条。

撤销案件属于仲裁程序的非正常结束,它由特定事由导致。有下列情形之一的,应当撤

---

① 根据《突发事件应对法》第3、13条的规定,突发事件,是指突然发生,造成或者可能造成严重社会危害,需要采取应急处置措施以应对的自然灾害、事故灾难、公共卫生事件和社会安全事件。因采取突发事件应对措施,诉讼、行政复议、仲裁活动不能正常进行的,适用有关时效中止和程序中止的规定,但法律另有规定的除外。

销案件：(1)仲裁请求和反请求(如有)全部被撤回的；(2)仲裁机构或经其授权的仲裁庭作出无管辖权决定的；(3)仲裁申请人死亡，没有继承人，或者继承人放弃权利的；(4)被申请人死亡，没有遗产，也没有应当承担义务的人的；(5)基于其他原因，仲裁程序不需要或者不可能继续进行的。

撤销案件应作出决定，仲裁庭组成前，撤销案件的决定由仲裁机构作出；仲裁庭组成后，撤销案件的决定由仲裁庭作出。撤销案件决定应加盖仲裁机构印章。在撤销案件的情况下，仲裁机构可以根据实际情况决定是否退回预收的仲裁费用或者其他费用以及退回的具体金额。

六、仲裁中的期限、期日

仲裁中的期限，是指仲裁机构/仲裁庭、当事人或其他仲裁参与人各自进行或完成某项仲裁行为必须遵守的时间。期限包括法定期限、机构规则规定的期限和指定期限。一般认为，前两种期限具有确定性，基于某一法律事实的出现而开始，基于法定或仲裁机构规则规定的时间延续终了而终止。我国《仲裁法》规定了审查受理的期限、请求补正裁决书瑕疵的期限、申请撤销仲裁裁决的期限、申请撤销仲裁裁决案件的审理期限等。各仲裁机构规则规定了送达仲裁申请书副本和答辩书副本的期限、答辩和反请求的期限、选定仲裁员的期限、仲裁庭组成的通知期限、开庭日期的通知期限、裁决作出期限等。此外还有指定期限，如提交证据材料的期限、提交书面质证意见的期限、重新仲裁的期限等。

仲裁中的期日是指仲裁庭、当事人及其他仲裁参与人会合进行某种仲裁活动的时日。期日包括证据交换期日、调解期日、开庭审理期日等。

期限、期日的意义在于：(1)保证各仲裁法律关系主体及时地行使仲裁权利，履行仲裁义务，使仲裁活动按照法律和仲裁规则规定的程序正常进行；(2)节省时间、人力和物力，尽快使当事人之间的民商事纠纷得到解决，保护当事人的合法权益。

期限的计算应当依据仲裁机构规则的规定并参照我国《民诉法》第82、83条和《民诉法解释》第125条的规定执行。

七、仲裁中的送达

仲裁中的送达，是指仲裁机构按照仲裁规则规定的程序和方式，将仲裁文件发送当事人和其他仲裁参与人的仲裁行为。为与诉讼中的送达有所区分，一些机构规则把送达称为"发送"。送达的意义在于：仲裁机构通过适时送达仲裁文件给受送达人，使他们及时了解仲裁程序的进程，明确有关事项的具体要求，方便并确保他们顺利进行仲裁活动；仲裁文件送达后，产生一定法律后果。

送达的主体是仲裁机构。仲裁机构通过将仲裁文件送达给当事人及其他仲裁参与人，一方面借以体现仲裁权的意志，另一方面也是向当事人及其他仲裁参与人履行告知的义务。在仲裁过程中，当事人和其他仲裁参与人也要向仲裁机构呈交仲裁文件或相互之间递交其他文件，但这种行为不能称为送达，也不能适用有关送达的规定。在当面提交方式中，实际送达仲裁文件给当事人及其他仲裁参与人的工作是由送达人来完成的，但送达人不是送达的主体，其只是送达主体的职务代理人。送达的对象是当事人及其他仲裁参与人。送达的内容是仲裁文件，即有关仲裁的一切文书、通知和其他材料等。送达须按照仲裁机构规则规定的程序和方式，如不按规定的程序和方式送达，将不产生预期的法律后果。

送达回证，是指仲裁机构制作的用以证明完成送达行为并返回仲裁机构的凭证。它能证明仲裁机构和受送达人之间已发生送达关系这一事实，并能以书面形式记载送达的准确日期。以挂号信、特快专递方式邮寄送达中使用的邮件回执，是送达回证的一种具体表现形式。受送达人在送达回证上的签收日期为送达日期。送达行为完成后，送达回证退回仲裁机构附卷存查。

我国《仲裁法》对送达方式没有作出明确的规定。根据仲裁实践，仲裁文书、通知和其他材料等仲裁文件可以采用当面递交、挂号信、特快专递、传真、电子邮件、其他能提供记录的电子数据交换方式或者仲裁机构/仲裁庭认为适当的其他方式发送。仲裁文件应发送当事人或其仲裁代理人自行提供的或当事人约定的地址；当事人或其仲裁代理人没有提供地址或当事人对地址没有约定的，按照对方当事人或其仲裁代理人提供的地址发送。向一方当事人或其仲裁代理人发送的仲裁文件，如经当面递交受送达人或发送至受送达人的营业地、注册地、住所地、惯常居住地或通信地址，或经对方当事人合理查询不能找到上述任一地点，而由仲裁机构以挂号信或特快专递或能提供投递记录的其他任何手段投递给受送达人最后一个为人所知的营业地、注册地、住所地、惯常居住地或通信地址的，即视为已经送达。当事人对送达地址应当出具书面送达地址确认书，由此产生的无法送达的法律后果由作出确认的当事人承担。

八、仲裁费用

我国《仲裁法》第76条规定，当事人应当按照规定交纳仲裁费用。收取仲裁费用的办法，应当报物价管理部门核准。所谓仲裁费用，是指当事人在仲裁机构进行仲裁活动及相关活动时，仲裁机构依法向当事人收取的费用。

仲裁机构是独立的民间机构，其出面处理相关纠纷，完全建立在当事人意思自治的基础上。当事人申请仲裁的同时，就等同于与仲裁机构达成一项服务合同。仲裁员要以专业的法律知识和正直的道德情操来处理纠纷事件，保证仲裁活动的公正进行。可以说，仲裁机构提供给纠纷当事人的是一种有偿的法律服务，即当事人在享受法律服务的同时需要支付给仲裁机构相应的服务费用。《仲裁委员会仲裁收费办法》第3条规定，案件受理费用于给付仲裁员报酬、维持仲裁委员会正常运转。因此，仲裁费用的收取不以营利为目的，其在性质上为服务费用。

仲裁费用一般由案件受理费和案件处理费两部分构成。案件受理费，是指仲裁机构受理具体仲裁案件后，依照规定的收费标准向当事人收取的费用。案件处理费，是指仲裁机构在审理具体仲裁案件中的合理的实际开支，按规定应由当事人承担的费用，如仲裁员办理案件的报酬、差旅费、食宿费、聘请速录员速录费，以及仲裁庭聘请专家、鉴定人和翻译等费用。广义上的仲裁费用，还包括当事人实际支付的其他费用，如律师费、保全费、当事人自行调查取证费及差旅费等。

案件受理费的具体标准，由仲裁机构在仲裁案件受理费表规定的幅度范围内确定，并报仲裁机构所在地的省、自治区、直辖市人民政府物价管理部门核准。案件受理费应根据当事人的争议金额，按照一定的比例收取，实行递减的原则。[①] 争议金额以当事人请求的数额为准；请求的数额与实际争议金额不一致的，以实际争议金额为准；申请仲裁时争议金额未确定的，由仲裁机构根据争议所涉及权益的具体情况确定预先收取的案件受理费数额。案件处理费的具体标准，按照国家有关规定执行；国家没有规定的，按照案件实际支出收取。实践中，仲裁机构大都制定了案件处理费标准。

仲裁当事人应当于提出仲裁申请或反请求之时，按照机构规则的规定预交案件受理费。案件处理费中的证人、鉴定人、翻译人员等因出庭而支出的食宿费、交通费、误工补贴，以及咨询、鉴定、勘验、翻译等费用，由提出申请的一方当事人预付。当事人未在规定时间内预交仲裁费的，视为未提出或者撤回仲裁申请、仲裁反请求。当事人撤回仲裁申请、反请求的，预交的案件处理费不予退回。仲裁庭尚未组成的，预交的案件受理费全部退回；仲裁庭已经组成的，预交的案件受理费酌情退回。

仲裁费用的承担采用仲裁庭决定原则和败诉负担的原则。不论当事人是否提出，仲裁庭均有权在裁决书中确定各方当事人应当承担的仲裁费用。除非当事人另有约定，仲裁费用原则上由败诉的当事人承担；当事人部分胜诉，部分败诉的，由仲裁庭根据当事人责任大小确定其各自承担的比例。当事人自行和解或者经仲裁庭调解结案的，当事人可以协商确定各自承担的比例。

对于当事人实际支付的其他费用，当事人要求对方承担的，则必须提出具体的请求和相应事实、证据材料。仲裁庭裁定败诉方补偿胜诉方因办理案件而实际支付的其他费用是否合理时，应具体考虑案件的裁决结果、复杂程度、胜诉方当事人或代理人的实际工作量以及案件的争议金额等因素。

思考题

一、不定项选择题

1. 美国A公司与中国B公司在履行合同过程中发生了纠纷。按合同中的仲裁条款，A公

[①] 各国一般规定仲裁机构应根据当事人争议的金额，按照一定的比例收取。但关于收取的具体方法各国规定有所不同：有的实行递增的原则，即争议财产的价值越大，征收的比例越高；有的实行递减的原则，即争议财产的价值越大，征收的比例越低。

司向中国某仲裁委员会提交了仲裁申请。问该仲裁庭的组成可以有哪几种方式？（　　）（2002年司考卷三第67题）

  A. 双方当事人各自选定1名仲裁员，第三名仲裁员由当事人共同选定
  B. 3名仲裁员皆由当事人共同选定
  C. 3名仲裁员皆由当事人委托仲裁委员会主任指定
  D. 双方当事人各自选定1名仲裁员，第三名仲裁员由当事人共同委托仲裁委员会主任指定

本章思考题参考答案

  2. 吉林市甲公司与长春市乙公司发生服装买卖合同纠纷，由北京仲裁委员会进行仲裁，双方当事人约定，请求仲裁庭在裁决书中不要写明下列事项。对此请求，下列哪些事项仲裁庭可以准许？（　　）（2003年司考卷三第65题）

  A. 仲裁请求
  B. 争议事实
  C. 裁决理由
  D. 仲裁费用

  3. 根据我国仲裁法的规定，下列哪些关于仲裁程序的表述是正确的？（　　）（2003年司考卷三第74题）

  A. 仲裁应当开庭进行，但当事人可以约定不开庭
  B. 仲裁不公开进行，但如不涉及国家秘密，当事人可以约定公开进行
  C. 对仲裁庭的组成，当事人可以约定由3名仲裁员组成仲裁庭
  D. 当事人对仲裁的调解书不得申请撤销，对裁决书可以申请撤销

  4. 某仲裁委员会在开庭审理兰屯公司与九龙公司合同纠纷一案时，九龙公司对仲裁庭中的一名仲裁员提出了回避申请，经审查后该仲裁员被要求予以回避，仲裁委员会依法重新确定了仲裁员。关于仲裁程序如何进行，下列哪一选项是正确的？（　　）（2007年司考卷三第50题）

  A. 已进行的仲裁程序应当重新进行
  B. 已进行的仲裁程序有效，仲裁程序应当继续进行
  C. 当事人请求已进行的仲裁程序重新进行的，仲裁程序应当重新进行
  D. 已进行的仲裁程序是否重新进行，仲裁庭有权决定

  5. 根据《仲裁法》，仲裁庭作出的裁决书生效后，在下列哪一情形下仲裁庭不可进行补正？（　　）（2011年司考卷三第50题）

  A. 裁决书认定的事实错误
  B. 裁决书中的文字错误
  C. 裁决书中的计算错误
  D. 裁决书遗漏了仲裁评议中记录的仲裁庭已经裁决的事项

二、简答题
1. 简述仲裁程序的基本原则。
2. 仲裁需要遵循哪些程序规范?
3. 简述申请仲裁的条件。
4. 仲裁开庭审理的一般程序是什么?
5. 简述简易仲裁程序的特点。
6. 比较合并仲裁和合并审理。

第七章 仲裁证据

> **导语**
>
> 仲裁证据是仲裁活动的基础和核心,被部分学者称为"仲裁之王"。尽管仲裁证据规范主要由仲裁规则提供,但我国仲裁机构通过仲裁规则确立的仲裁证据规范多参照民事诉讼证据规范。在介绍仲裁证据的基本概念后,本章重点研究仲裁证据的收集、提交、质证、审核、认证、保全等问题。

第一节 仲裁证据概述

一、仲裁证据的作用

根据《仲裁法》第1条,公正及时解决经济纠纷,保护当事人的合法权益,保障社会主义市场经济健康发展,是仲裁法的总体立法目的。其中,公正解决经济纠纷是其他立法目的得以实现的基础。没有公正性,及时性也就无从谈起。而对当事人的合法权益的保护和对社会主义市场经济健康发展的保障,也都源于仲裁解决经济纠纷的公正性。那么,公正性的标尺是什么?根据《仲裁法》第7条,公正性源于两个层面的根本要求,即仲裁应当根据事实且符合法律规定。

与法官类似,仲裁员并不是案件的亲历者。为了获得有利于己的仲裁结果,双方当事人均会向仲裁庭主张案件事实并提供相应的证据。《仲裁法》第23条规定,仲裁申请书应当载明的事项包括:(1)当事人的姓名、性别、年龄、职业、工作单位和住所,法人或者其他组织的名称、住所和法定代表人或者主要负责人的姓名、职务;(2)仲裁请求和所根据的事实、理由;(3)证据和证据来源、证人姓名和住所。仲裁庭根据《仲裁法》第43条,在对当事人提供的证据及特殊情况下由其自行收集的证据进行严格审查后,对案件事实进行客观判断,并在此基础上作出仲裁裁决。据此,仲裁庭对案件进行审理和裁决也将运用三段论,即以法律规范或当事人之间的合同为大前提,以认定的事实为小前提,在此基础上导出法律后果,并最终判断是否支持申请人的仲裁请求。而在仲裁裁决的三段论中，仲裁证据是仲裁活动的基础和核心，是联系实体法与程序法的桥梁和纽带，①证据也被学者称为"仲裁之王"。②

二、仲裁证据规则的定位

虽然仲裁证据是仲裁活动的重要组成部分，但《仲裁法》中涉及证据的规范数量却并不多。集中规定仲裁证据的法律规范是第43条到第46条，共计4个条文。其中，《仲裁法》第43条规定当事人的举证责任以及仲裁庭自行收集证据；第44条规定仲裁鉴定；第45条规定仲裁证据的出示和质证；第46条则规定仲裁证据保全程序。与此形成鲜明对比的是《民诉法》关于证据的法律规定。《民诉法》第一编第六章专门规定证据，包括第63条至第81条，共计19个条文。不仅如此，为了更进一步细化和完善我国民事诉讼证据制度，最高人民法院还于2001年颁布《证据规定》，共计83条，上述条文中的多数内容在《民诉法解释》第90—124条中继续得以体现和坚持。2016年，最高人民法院对外发布《最高人民法院关于民事诉讼证据的解释（征求意见稿）》，该征求意见稿共计125条，在诸如证明标准、程序事项的证明等方面均有重大突破和进一步发展。2019年12月25日，最高人民法院发布《最高人民法院关于修改〈关于民事诉讼证据的若干规定〉的决定》，修改后的《证据规定》共计100条。

为何仲裁证据规则与民事诉讼在质和量上形成如此反差？这又是否说明仲裁证据只具有理论上的核心价值，并未获得立法上的重视？不仅如此，上述问题也无法通过对民事诉讼证据规则的援引得到解决。以民事诉讼特别程序为例，其采取"一般—特殊"之规定方式。根据《民诉法》第177条，凡是特别程序没有规定的，适用民事诉讼法和其他法律的有关规定。然而，《仲裁法》却并未采取上述立法技术。这并不是立法者的疏忽，而是有意为之。③《民诉法》之所以详细规定民事诉讼证据，与民事诉讼作为法定纠纷解决方式的定位密切相关。民事诉讼，是指民事争议的当事人向人民法院提出诉讼请求，人民法院在双方当事人和其他诉讼参与人的参加下，依法审理和裁判民事争议的程序和制度。民事诉讼是依照一定的法律规范，严格按照预定的程序和方式进行的。为了保证民事诉讼的公正性，民事诉讼法规定了一套比其他民事争议解决制度更为复杂的程序。④以民事诉讼证据规范为例，其同样体现出民事诉讼的刚性。这背后蕴含着防止司法权滥用，限缩法官自由裁量空间的考量。⑤而《仲裁法》对证据部分进行简单规定，并不表明仲裁证据在仲裁活动中无足轻重，而是意图为仲裁证据制度带来更多柔性，使其与民事诉讼相比更能体现高效性、低成本、非公开和柔性化的民商事纠纷解决特征。与当事人不能选择法官不同，仲裁员是当事人一致确定的，当事人对

---

① 参见江伟、肖建国主编：《仲裁法》（第3版），中国人民大学出版社2016年版，第180页。
② 参见刘敏、陈爱武主编：《现代仲裁制度》，中国人民公安大学出版社2002年版，第66页。
③ 有学者认为，适用法院证据规则将违背当事人诉诸仲裁的动机。参见宋连斌主编：《仲裁法》，武汉大学出版社2010年版，第196页。
④ 参见张卫平：《民事诉讼法》（第5版），法律出版社2019年版，第5—6页。
⑤ 参见宋朝武：《仲裁证据制度研究》，中国政法大学出版社2013年版，第2—3页。

仲裁员更加信赖，在当事人没有特别约定的情形下，仲裁庭可以按照其认为适当的方式进行仲裁、庭审、调查和取证。① 基于上述考虑，《仲裁法》第15条第3款规定，中国仲裁协会依照本法和民事诉讼法的有关规定制定仲裁规则。

三、仲裁证据制度的功能

由于《仲裁法》中只有简单和个别的证据规定，且仲裁证据相比民事诉讼证据更强调其柔性，甚至被认为是软法，② 导致某些《仲裁法》教科书并不包含仲裁证据的专门内容。相应地，仲裁证据理论也较为匮乏。③ 那么，仲裁证据制度是否有用？是否值得在教科书中做专门讲述？本书认为，答案是肯定的。

相较于诉讼证据，仲裁证据固然存在软法特征，仲裁当事人有权突破、改变甚至创设仲裁活动中的仲裁证据制度。但仲裁证据制度的柔性真正落到实处，有赖于当事人对仲裁证据制度的充分理解和正确运用。而对于没有足够仲裁和诉讼法律知识的当事人而言，这无疑是一种苛求。没有足够知识储备和律师智力支持的当事人，无法了解仲裁证据的概念、种类、制度和规则背后的真实含义，此时由当事人约定仲裁证据规则，不仅无法充分反映仲裁当事人的自主性，还可能因此给仲裁活动带来障碍。不仅如此，仲裁案件发生时通常表明当事人双方已经产生分歧和争议，此时再要求当事人就复杂的仲裁证据规则达成一致更是难上加难。而在分歧和争议发生之前就要求当事人就全部仲裁证据规则形成一致意见，将大幅度增加交易成本，且不甚现实。在国际商事仲裁中，一般认为仲裁庭有权确定审理案件适用的证据规则。而在我国，仲裁庭一般会依照民事诉讼的证据法律规范和司法解释规定行事。但考虑到仲裁的民间性和当事人的高度自治性，仲裁庭采取的证据规则较民事诉讼更为自由和宽松。④ 为了明确仲裁证据规则，一些仲裁委员会制定了仲裁证据指引规则，以帮助当事人、律师和仲裁庭在仲裁中更加有效地处理证据问题。与此同时，仲裁证据指引通常强调其并不是仲裁规则的组成部分，经当事人在具体案件中约定后方可使用。且当事人可通过协商一致的方式，在具体案件中变更某些规则。⑤

与《中国国际经济贸易仲裁委员会证据指引》（以下简称《证据指引》）的出发点一致，在教科书中专门论述仲裁证据，也是以帮助当事人、律师和仲裁庭在仲裁中更加有效处理证据问题为出发点，为当事人圈定仲裁证据规则的内容、范围及其逻辑关系，使其能够理解其选择或变更的仲裁证据规则会对案件产生何种实质影响，也使仲裁员理解和明确当事人对仲裁证据规则的选择如何影响仲裁活动和仲裁裁决的最终作出。在此基础上，当事人可以自主选择证据规则，而仲裁庭也能在充分和正确理解当事人选择的基础上作出裁决，使仲裁证据

---

① 参见江伟、肖建国主编：《仲裁法》（第3版），中国人民大学出版社2016年版，第184页。
② 参见宋朝武：《仲裁证据制度研究》，中国政法大学出版社2013年版，第2—3页。
③ 参见谭兵主编：《中国仲裁制度的改革与完善》，人民出版社2005年版，第282页。
④ 参见张冬主编：《仲裁法教程》，对外经济贸易大学出版社2007年版，第142页。
⑤ 参见《中国国际经济贸易仲裁委员会证据指引》前言。

真正体现其柔性，贯彻当事人的自主性。

四、仲裁证据基本原理

《仲裁法》第43条以下虽然使用了若干仲裁证据术语，却并未作进一步解释。对此，有结合民事诉讼证据理论对其基本概念进行介绍和讨论的必要，特别是结合仲裁证据的柔性特征，描绘出当事人可以在何种范围内和程度上进行选择、改造和创设。

（一）仲裁证据的概念

一般认为，民事诉讼中的证据，是指在民事诉讼中能够证明案件真实情况的各种资料。[①]相应地，仲裁证据可以被理解为在仲裁中能够证明案件真实情况的各种资料。证据概念包含两种含义：一是作为证据信息物质载体，是用于认定事实的资料，通常称为"证据资料"；二是利用某种物体和其他形式作为证明案件事实的方法，通常称为"证据方法"。在我国，证据概念侧重于第一种含义，即强调证据信息物质载体，这也导致随着社会生活的发展和科学技术的进步，立法上产生了不断扩充证据类型的需要。以电子证据为例，2012年以前的《民事诉讼法》并未规定"电子数据"。为了避免误解，2012年《民事诉讼法修正案》将第63条第1款的表述从"证据有下列几种"修改为"证据包括"，强调证据并非仅有法律列举的几种，并未排除其他材料作为证据的能力。与此同时，考虑到随着信息技术的飞速发展，电子计算机等各类电子设备在社会生活中被广泛运用，越来越多的证据以电子数据的形式表现出来，2012年《民事诉讼法》第63条明确将"电子数据"作为法定证据种类。[②]相反，若强调证据的第二种含义，即利用某种物体和其他形式作为证明案件事实的方法，那么"电子数据"中有电子签名技术的部分将成为书证的一部分，[③]而其他"电子数据"则成为法官"勘验笔录"的对象。随着2012年《民事诉讼法》第63条第1款的表述从全部列举式变为部分列举式，上述两种含义之间的优劣问题可能会随之减弱。但诸如书证程序是否仅限于纸质材料等问题依旧有进一步讨论和明确的必要。

结合仲裁证据，特别是考虑到其柔性特征，仲裁证据应该被理解为可以证明案件事实的各种资料。仲裁庭不宜以当事人提交的资料不符合证据种类中的任何一种为由拒绝接受其为认定案件事实的证据。

（二）仲裁证据的合法性与证据能力

证据合法性与证据能力是一对相互联系的概念。证据的合法性，是指使用特定证据认定

[①] 参见张卫平：《民事诉讼法》（第5版），法律出版社2019年版，第211页。
[②] 参见王胜明主编：《中华人民共和国民事诉讼法释义》，法律出版社2012年版，第136—137页。
[③] 如《德国民事诉讼法》第371条之一第1款规定，如果私电子文档载有合格的电子签名，则关于私文书证明力的规定于此准用。对于根据《电子签名法》审查作出的电子形式的真实性声明，只有在关于签名密钥持有者声明的事实足以引起严重怀疑时，方能动摇其真实性。参见《德国民事诉讼法》，丁启明译，厦门大学出版社2016年版，第91页。

案件事实时必须符合法律规定的要求，否则不具有证据效力。合法性主要包括四方面要求：证据主体合法；证据形式合法；证据取得方法合法；证据程序合法。而证据能力是指特定的证据材料所具有的认定事实的资格。证据能力与证据的合法性被认为是从不同视角对证据的判断。证据能力侧重于资格的角度，是对一般证据的抽象要求；证据的合法性既包括抽象的能力要求，也包含具体的要求。①

对于仲裁证据而言，其同样应遵循证据的合法性与证据能力要求，例如不能正确表达意思的人不宜作为证人。不过，与民事诉讼证据相比，仲裁证据有其特性。总体上，只要证据资料不显著违反所适用法律的强制性规定或者违反公序良俗原则，仲裁庭就应当认定其具有证据能力。原因在于，仲裁主要作为商人之间解决交易过程中产生的权利义务争议的手段，理性的商人通过非法途径获得证据的情形并不常见，即使偶有发生，也主要表现为侵犯商业秘密等可以通过民事诉讼或刑事诉讼手段予以救济和防范的情形，没有必要在仲裁中强行排除该证据。此外，仲裁具有民间性，当事人的意思自治在仲裁中得到高度重视和尊重，证据规则呈现柔性化，仲裁庭在事实认定方面被赋予了更多自由裁量权。②

具体而言，《仲裁法》第44条第1款规定："仲裁庭对专门性问题认为需要鉴定的，可以交由当事人约定的鉴定部门鉴定，也可以由仲裁庭指定的鉴定部门鉴定。"与此形成对比的是《民诉法》第76条第1款规定："当事人可以就查明事实的专门性问题向人民法院申请鉴定。当事人申请鉴定的，由双方当事人协商确定具备资格的鉴定人；协商不成的，由人民法院指定。"对于民事诉讼鉴定而言，鉴定人的资格是鉴定证据合法性和证据能力的应有之义。对此，2001年《证据规定》第27条规定，鉴定机构或者鉴定人员不具备相应的鉴定资格的，当事人对人民法院委托的鉴定部门作出的鉴定结论有异议申请重新鉴定的，人民法院应予准许。这一要求继续沿用在现行《证据规定》第32条、第36条和第40条。对此有观点认为，基于仲裁当事人自愿性的原则，对于仲裁中的专家鉴定人员，只要是当事人共同选择或者当事人均同意的专家即可进行鉴定，没有必要硬性规定必须具备某种证书。③而对于证人证言，有观点认为，只要当事人没有相反的意思表示，仲裁员可以根据案情自由决定证据的取舍和证明力的大小，甚至可以依据传闻证据作出裁决。④

不仅如此，民事诉讼有证据程序合法性要求，即证据材料要作为证据还必须经过一定的诉讼程序，没有经过法律规定的程序，该证据仍然不能作为认定案件的根据，这一程序就是质证。根据《民诉法》第68条，证据应当在法庭上出示，并由当事人互相质证。根据《民诉法》第200条第1款第4项，原判决、裁定认定事实的主要证据未经质证构成当事人申请再审的法定事由。而《民诉法解释》第103条第1款进一步明确，证据应当在法庭上出示，由当事人互相质证。未经当事人质证的证据，不得作为认定案件事实的根据。与此不同，尽管《仲裁法》第45条规定证据应当在开庭时出示，当事人可以质证，但第58条规定的法定撤销仲

---

① 参见张卫平：《民事诉讼法》（第5版），法律出版社2019年版，第212—213页。
② 参见宋朝武：《仲裁证据制度研究》，中国政法大学出版社2013年版，第67页。
③ 参见宋朝武：《仲裁证据制度研究》，中国政法大学出版社2013年版，第89页。
④ 参见宋朝武：《仲裁证据制度研究》，中国政法大学出版社2013年版，第2—3页。

裁决事由并不包括"证据未经质证"。

(三)仲裁证据的证明力

证据的证明力,是指证据能够证明案件事实的证明程度。证明力与证据能力是容易混淆和混用的概念。证明力不同于证据能力,证明力以证据能力为前提,没有证据能力,就无所谓证明力大小。例如,一旦认定不能正确表达意思的人欠缺作为证人的证据能力,就没有必要再评价其"证言"对事实主张的证明程度大小和证明力的强弱。

对于证明力的有无及其大小之确定,主要有两种处理模式:一是法定证据主义;二是自由心证主义。法定证据主义认为,证据证明力的有无和大小原则上应该由法律加以规定;而自由心证主义则认为,法律无法预设某项证据在具体案件中证明力的有无和大小,对此应该交由法官自由判断。①

一般认为,我国民事诉讼法并没有明确采用何种处理模式,但自由心证是判断证据证明力的有无和大小的基础。《民诉法》第64条第3款规定:"人民法院应当按照法定程序,全面地、客观地审查核实证据。"《证据规定》第85条第2款规定:"审判人员应当依照法定程序,全面、客观地审核证据,依据法律的规定,遵循法官职业道德,运用逻辑推理和日常生活经验,对证据有无证明力和证明力大小独立进行判断,并公开判断的理由和结果。"《民诉法解释》第105条进一步规定:"人民法院应当按照法定程序,全面、客观地审核证据,依照法律规定,运用逻辑推理和日常生活经验法则,对证据有无证明力和证明力大小进行判断,并公开判断的理由和结果。"可见,法官在判断证据的证明力时同样需要凭自己的"良心"和"理性",我国民事证据证明力的大小和有无采取了自由心证主义。

与民事诉讼证据的证明力相比,仲裁证据更强调其自主性和柔性特征。仲裁庭同样应依照法定程序,全面、客观地审核证据;依据法律的规定,遵循职业道德,运用逻辑推理和日常生活经验,对证据有无证明力和证明力大小独立进行判断,并公开判断的理由和结果。这一认识也得到了《证据指引》第18条的证实:"某项证据是否可予采纳,以及证据的关联性、重要性和证明力,由仲裁庭自行决定。"第19条规定了不予采纳的情形,具体为根据仲裁庭认为适当的免于披露义务的规则,仲裁庭可决定对当事人提供的某项证据不予采纳,尤其是那些律师与客户之间的保密通信或涉及当事人之间和解谈判的证据;仅在调解程序中披露的证据和信息在仲裁中不具有可采纳性,不得作为仲裁裁决的依据。第20条规定,对当事人提出质疑的无原件的书证,仲裁庭可结合其他证据、当事双方的事实主张以及全部案情,决定予以采纳。第21条对未经庭审质证的证人证言不得单独作为认定事实根据作出规定。不过,上述具有法定证据规则色彩的规定只有在当事人在具体案件中约定适用《证据指引》后方可成为仲裁证据证明力的规则。

---

① 参见张卫平:《民事诉讼法》(第5版),法律出版社2019年版,第212—213页。

（四）仲裁证据的种类

尽管《仲裁法》第44条仅对鉴定作出规定，但不能据此认为仲裁证据仅包含鉴定一类。正如上述仲裁证据概念的界定，仲裁证据是可以证明案件事实的各种资料。是故，《民诉法》第63条所列举的证据种类以及其他种类的证据均可以用来在仲裁活动中证明案件事实。[1]如《广仲规则》第36条、《合仲规则》第28条参照《民诉法》将仲裁证据的种类确定为当事人的陈述、书证、物证、视听资料、电子数据、证人证言、鉴定意见、勘验笔录。再如《证据指引》第6条对书证、第8条对事实证人、第9条对专家意见、第10条对查验与鉴定作出了规定。

虽然部分仲裁委员会的仲裁规则和《证据指引》填补了《仲裁法》对证据种类列举的留白，但仲裁证据的种类依旧有其特殊性，不能完全比照民事诉讼证据种类及其具体规定处理。民事诉讼证据种类实质上是证据资料的不同表现形式，是8种证据方法，而不是说证据的载体只有8种。[2]是故，民事诉讼法对每种证据程序都有较为严格的规定，例如《民诉法》第70条规定，书证应当提交原件。物证应当提交原物。提交原件或者原物确有困难的，可以提交复制品、照片、副本、节录本。而《民诉法解释》第111条进一步对"提交书证原件确有困难"的情形进行了列举：（1）书证原件遗失、灭失或者毁损的；（2）原件在对方当事人控制之下，经合法通知提交而拒不提交的；（3）原件在他人控制之下，而其有权不提交的；（4）原件因篇幅或者体积过大而不便提交的；（5）承担举证证明责任的当事人通过申请人民法院调查收集或者其他方式无法获得书证原件的。而《证据指引》第6条则对书证作更为宽松的理解和把握：除纸质文件外，书证包括数据电文（如电子文件、电子邮件）等具有可读性的电子版证据。

不仅如此，《证据指引》中还存在8种法定证据种类之外的类型，如第9条规定，当事人可就特定问题提交专家意见以支持己方的主张。专家意见应包括：（1）专家的姓名、地址、与各当事人间的关系以及个人专业背景介绍；（2）为出具专家意见而了解的事实、阅读的文件及其他信息来源；（3）专家个人的意见和结论，包括形成意见和得出结论所使用的方法和依据；（4）出具意见的日期及专家本人的签名。仲裁庭可自行指定一名或多名专家。双方当事人应对仲裁庭指定的专家予以协助，提供其要求的文件和信息。专家应出具专家意见，交由双方当事人评论。当事人或仲裁庭选定某专业机构出具专家意见的，实际代表该机构出具意见的专家个人视为本条意义上的专家。

由此可见，仲裁证据种类较民事诉讼更为灵活，而证明程序也较民事诉讼更为宽松，上述处理无不体现出仲裁的民间性和自治性特征。仲裁证据的种类划分无须完全参照诉讼证据进行。而共通的证据种类在仲裁活动中的作用也存在不同。例如在国际商事仲裁中，基于节约成本和提高效率的考虑，物证通常以现场检验或专家意见形式发挥作用。对于复杂的或者

---

[1] 参见宋连斌主编：《仲裁法》，武汉大学出版社2010年版，第197页。
[2] 参见张卫平：《民事诉讼法》（第5版），法律出版社2019年版，第215页。

专业性强的争议点，当事人和仲裁庭常常倾向于聘请专家提供专家意见。①

（五）本证与反证

本证与反证是一对表明证据与证明责任分担关系的概念。本证是承担证明责任的当事人对其事实主张的证明活动。反证是不承担证明责任的当事人反驳对方事实主张的证明活动。那么，仲裁证据是否也要运用本证和反证这一对概念？这取决于仲裁活动是否也存在证明责任分配问题。本书认为，答案是肯定的。《仲裁法》第43条第1款规定："当事人应当对自己的主张提供证据。"上述表述与《民诉法》第64条第1款基本一致："当事人对自己提出的主张，有责任提供证据。"而《民诉法》第64条第1款经历了从举证责任到证明责任的理论变迁。在实践和理论的共同推进之下，《民诉法解释》第90条将其表述为："当事人对自己提出的诉讼请求所依据的事实或者反驳对方诉讼请求所依据的事实，应当提供证据加以证明，但法律另有规定的除外。在作出判决前，当事人未能提供证据或者证据不足以证明其事实主张的，由负有举证证明责任的当事人承担不利的后果。"同样，仲裁活动中的证明责任也得到了各仲裁机构的承认。仲裁当事人的证明责任，是指在仲裁程序中，当事人各方对其申诉、答辩和反请求所依据的事实必须提供证据加以证明，并对因缺乏证据或证据不足以证明自己的主张而导致案件事实无法查清、真伪不明承担不利的裁判后果。在我国仲裁实践中，各大仲裁机构的仲裁规则普遍采取双重含义说。②

（六）仲裁证明标准

虽然我国仲裁实践认可证明责任的作用，但结果意义上的证明责任毕竟以主要事实真伪不明作为适用前提，是故，仲裁所采取的证明标准将影响真伪不明的范围。所谓证明标准，是指仲裁庭在仲裁活动中认定案件事实所要达到的证明程度，也是其判定待证事实的基准。从学理上看，证明标准主要有三种基本形态，从高到低分别是排除一切合理怀疑、高度盖然性和优势盖然性。我国民事诉讼中分别出现过上述证明标准。排除一切合理怀疑的超高证明标准主要体现为《民诉法解释》第109条："当事人对欺诈、胁迫、恶意串通事实的证明，以及对口头遗嘱或者赠与事实的证明，人民法院确信该待证事实存在的可能性能够排除合理怀疑的，应当认定该事实存在。"而高度盖然性是民事诉讼中的一般证明标准。《民诉法解释》第108条第1款规定："对负有举证证明责任的当事人提供的证据，人民法院经审查并结合相关事实，确信待证事实的存在具有高度可能性的，应当认定该事实存在。"而《最高人民法院关于民事诉讼证据的解释（征求意见稿）》第15条则确立了降低的证明标准："申请回避、申请诉讼保全措施和申请证人出庭作证等程序性事实，由负有举证证明责任的当事人提供相应证据并进行必要说明，人民法院认为该事实有可能存在的，可以准许当事人的申请。"最终，降低证明标准被2019年修改后的《证据规定》第86条第2款吸收："与诉讼保全、回避

---

① 参见赵秀文：《国际商事仲裁法原理与案例教程》，法律出版社2010年版，第253页。
② 参见江伟、肖建国主编：《仲裁法》（第3版），中国人民大学出版社2016年版，第186页；叶青主编：《中国仲裁制度研究》，上海社会科学院出版社2009年版，第204—206页。

等程序事项有关的事实,人民法院结合当事人的说明及相关证据,认为有关事实存在的可能性较大的,可以认定该事实存在。"

相应地,真伪不明的范围也因为证明标准的选取而出现不同样态:对于排除一切合理怀疑的证明标准而言,从50%的证明程度到排除一切合理怀疑的超高程度之间都处于真伪不明状态,即结果意义证明责任的适用空间较广;对于高度盖然性,从50%的证明程度到高度盖然性的程度之间处于真伪不明状态;而对于优势盖然性而言,理论上仅有50%这一点处于真伪不明之状态,结果意义上证明责任的适用空间极为狭窄(详见图7-1)。

那么,仲裁活动的证明标准为何?考虑到仲裁活动的民间性和自主性以及证据制度的柔性,有些仲裁机构将其证明标准确定为以优势盖然性为原则,以高度盖然性为例外。如《证据指引》第24条规定:"(一)针对某一事实,双方当事人分别举出相反证据的,仲裁庭可依优势证据原则加以认定。(二)对涉及欺诈的事实,仲裁庭应根据有充分说服力的证据加以认定。"当然,考虑到《证据指引》补充当事人意思自治的定位,当事人完全可以约定在仲裁活动中采取不同的证明标准。

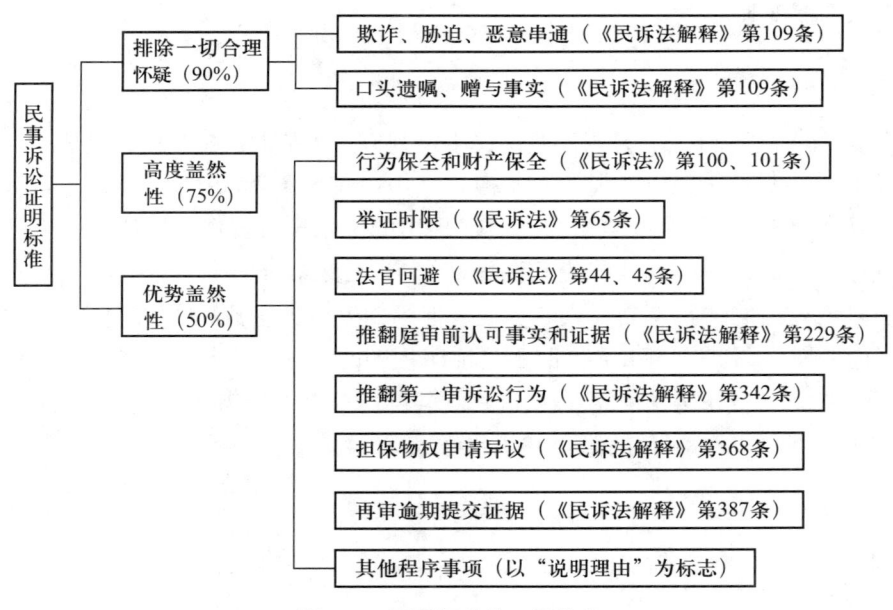

图7-1 证明标准的三层结构

第二节 仲裁证据的提交和收集

法院和仲裁庭并非案件的亲历者。当事人向法院主张事实并提交证据,以帮助法院构建对案件事实的认知,是认定民事诉讼事实的主要方式。[①]在当事人之间利益对立和获得有利裁判结果的欲求的基础上,由双方当事人分别提供事实和证据,并不比法院依职权搜集事

---

① 叶青主编:《中国仲裁制度研究》,上海社会科学院出版社2009年版,第209页。

实和证据更偏离客观真实，甚至前者更能揭示案件事实的真相。①不仅如此，由当事人提供事实和证据还具有经济性，并能够在程序上保持裁判者的客观中立性。鉴于仲裁机构的民间性，其在搜集事实证据方面的能力和精力都极为有限，故而，仲裁活动更强调当事人提供事实和证据，这也是仲裁活动尊重当事人意思自治的具体表现之一。

《仲裁法》第43条规定："当事人应当对自己的主张提供证据。仲裁庭认为有必要收集的证据，可以自行收集。"据此，《仲裁法》确立了以当事人提供证据为原则，以仲裁庭收集证据为补充的证据提交和收集制度。以下分别从证据收集和提交主体的角度加以论述。

一、当事人提供证据

《仲裁法》第43条第1款规定，当事人应当对自己的主张提供证据。对该条的理解与适用无法绕开《民诉法》第64条第1款，而这一条文正是证明责任的核心法律根据。《民诉法》第64条第1款在语义上指向了提供证据责任和证明责任，这也能为《仲裁法》第43条第1款之解读提供基本框架。②

（一）证据提出责任

强化当事人的举证责任③，是贯穿我国民事审判方式改革的一条主线，其要着力克服的就是法院对举证和证明工作大包大揽的原有模式。1982年《民诉法（试行）》在第六章专门规定证据，并且在第56条规定："当事人对自己提出的主张，有责任提供证据。人民法院应当按照法定程序，全面地、客观地收集和调查证据。"虽然第56条规定在第1款首先明确了提供证据证明自己提出的主张是当事人的责任，但第2款又重申了人民法院依法全面客观收集和调查证据的职权。因此，当事人依旧不是证明程序的主导者。④相比1982年《民诉法（试行）》第56条，1991年《民诉法》第64条进一步强调由当事人提出证据。此后，虽然2007年、2012年以及2017年《民诉法》的修正并未再触及第64条，但是，我国司法实践对当事人提

---

① 参见[德]罗森贝克等：《德国民事诉讼法》（上），李大雪译，中国法制出版社2007年版，第525页。
② 参见刘敏、陈爱武主编：《现代仲裁制度》，中国人民公安大学出版社2002年版，第85—87页。
③ 对于证明责任制度，我国现有三种称谓。法律和原有司法解释称"举证责任"，学界一般用"证明责任"，《民诉法解释》称为"举证证明责任"。相对于前两种称谓，第三种称谓在学术研究中基本不用。参见李浩：《民事诉讼法适用中的证明责任》，载《中国法学》2018年第1期。
④ 对此，时任最高人民法院院长任建新在第十四次全国法院工作会议上强调当事人的举证责任："民事诉讼法（试行）规定，当事人对自己提出的主张，有责任提供证据。但是，过去在法院审理民事案件和经济纠纷案件中，往往忽略了当事人的举证责任，承担了大量调查、收集证据的工作。这既增大了法院的工作量，影响办案效率；也没有依法充分调动当事人及其诉讼代理人的积极性。今后要依法强调当事人的举证责任，本着'谁主张，谁举证'的原则，由当事人及其诉讼代理人提供证据，法院则应把主要精力用于核实、认定证据上。当然，在必要时，法院有权也有责任依照法定程序收集和调查证据。当事人及其诉讼代理人提供的证据，应当在开庭审理中相互质证；当事人及其诉讼代理人伪造证据的，已经查实，要依法予以制裁。"

供证据的重视程度越来越高，法官调查搜集证据的范围得到了进一步和实质性的限缩。①我国《仲裁法》于1994年颁布，实施于1995年9月1日。是故，其在颁布实施之初就在第43条充分借鉴了1991年《民诉法》第64条对当事人证据提出责任的规定，这既是我国民事审判方式改革成果在仲裁领域的反映，也体现出仲裁活动民间性和自主性的本质属性。

（二）证明责任

除了在提供证据责任层面的努力，我国证明责任还经历了从主观意义向客观意义的重大转变，并形成目前证明责任和提供证据责任相互区分和密切配合的格局。证明责任，是作为裁判基础的法律要件事实真伪不明时，一方当事人承担的不利后果。

随着《民诉法解释》的颁布实施，我国语境下证明责任的三重含义（客观证明责任、主观证明责任和动态举证责任）及其相互关系成为突出的法律问题。虽然民事诉讼体制转型的初衷是给法院减负，给当事人压担子，但是这客观上为我国民事诉讼法律制度和理论体系的现代化注入了强劲的动力。然而，无法忽视的是这种作用机制给证明责任论带来的潜在局限，特别是司法实践在吸收理论成果时产生的微妙变化。由于改革的目标是把举证工作交给当事人，因此，在第一个步骤上较为轻松地达成了共识。不过，证明责任论的核心问题并非回答举证是法官还是当事人的事情，而是处理真伪不明时哪一方当事人对何种事项承担诉讼风险（第二个步骤）。显然，证明责任论的供给与司法实践最迫切的需求之间存在较大的错位。司法实践需要的主要是罗森贝克（Rosenberg）的主观证明责任。②相反，罗氏理论的核心却是客观证明责任，证明责任规则被认为主要不是对诉讼活动的制裁，而是用于克服客观上存在的真伪不明。③

目前，虽然理论界对证明责任的基本概念和理论构成达成了相当程度的共识，但司法实务对证明责任的内涵与外延依旧存在认识模糊和把握不清晰的问题。实务部门将证明责任从作为大前提的法律层面降格为作为小前提的事实层面，并意图使其担负起克服"证明难"这一本就不可完成的任务，而直接解决证明难的配套证据制度又尚未在我国全面建立起来④。有鉴于此，有学者提出，我国应当建立证明责任与具体举证责任的"法律—事实"二元格局，以实现证明责任概念和理论的纯化。⑤当然，具体举证责任并非与证明责任毫无关联，对具体事实主张的证明也往往是以避免真伪不明为目标的。以混合动力汽车为例，汽油发动机是客观证明责任，为了避免出现真伪不明的情况，就需要通过证据使法官确信相关构成要件的

---

① 《证据规定》的起草者认为，1982年《民诉法（试行）》已经将当事人举证和法院调查收集证据置于了同等重要的地位。该法第56条是为了在举证问题上发挥当事人和法院两方面的积极性。但这一规定在实践中产生的突出问题是加重了人民法院的责任，导致办案效率低下，案件久拖不决，当事人及其代理人没有举证积极性。参见最高人民法院民事审判第一庭：《民事诉讼证据司法解释的理解与适用》，中国法制出版社2002年版，第5页。
② 对我国传统举证责任的梳理及其批判，参见霍海红：《证明责任：一个功能的视角》，载《北大法律评论》（第6卷第2辑），北京大学出版社2005年版，第635页以下。
③ 参见［德］罗森贝克等：《德国民事诉讼法》（下），李大雪译，中国法制出版社2007年版，第848页。
④ 参见李浩：《民事证明责任研究》，法律出版社2003年版，第73—78页。
⑤ 参见胡学军：《具体举证责任论》，法律出版社2014年版，第63页。

存在。虽然客观证明责任隐藏于汽车机身内部，但它为汽车源源不断地提供着动力。而具体举证责任就像电动机。驱动电动机的电池依靠汽车制动或者滑行来充电，具体举证责任最深层次的动力来源依旧是真伪不明的败诉风险。为此，本证方就需要将法官的确信拉高到证明标准以上，而反证方就需要再次将法官的临时心证拉低到证明标准以下，从而体现出具体举证责任或证明的必要性在当事人之间来回摇摆的外观，并最终建立起法官的心证。尽管如此，我们却不能认为电动机是汽油发动机的组成部分，即认为具体举证责任是证明责任的一重内涵。虽然电动机的动力来源同样是汽油发动机，但是，其制度范畴和作用机制都具有独特性。我国证明责任的内涵与外延如图7-2所示。

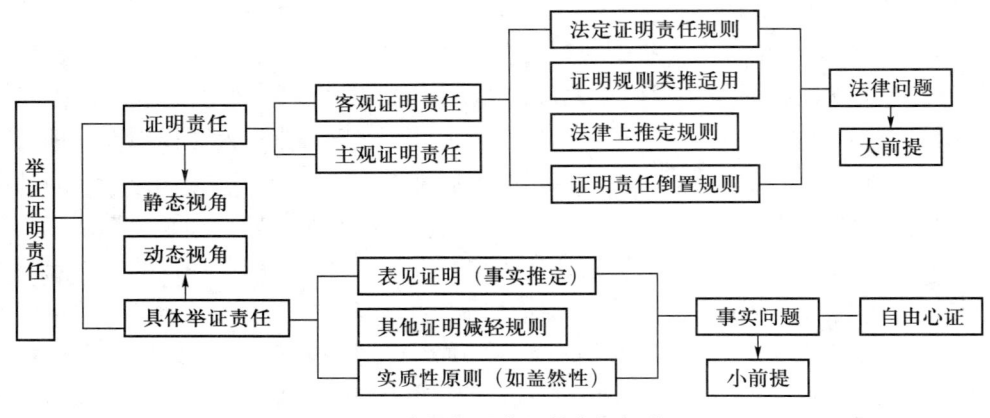

图7-2 我国证明责任的内涵与外延

结合我国仲裁证据制度，由于仲裁活动的证明标准以优势盖然性为原则，以高度盖然性为例外，这便使仲裁活动中证明责任裁决的适用范围变得相当狭窄。尽管如此，当事人为了避免败诉而向仲裁庭提供证据的动力却来源于避免真伪不明的出现。因而，虽然证明责任裁决出现的可能性要低于证明责任判决，但证明责任在仲裁活动中依旧具有重要作用。

（三）证明责任的分配

《仲裁法》第43条第1款规定，当事人应当对自己的主张提供证据。但仅据此尚无法确定证明责任的分配。其与《民诉法》第64条第1款存在同样的问题：若当事人双方分别主张互为反面的事实，究竟谁应当承担证明责任？若当事人双方分别对相反事实承担证明责任，则会出现双方当事人对同一要件事实承担证明责任的僵局。对此，《证据指引》第一章专门规定举证责任，并于第1条"举证责任的承担"规定："（一）当事人对其主张的事实承担举证责任。（二）对合同成立或生效的事实有争议的，由主张合同成立或生效的一方当事人承担举证责任；主张合同变更、解除、终止、撤销的一方当事人对引起合同关系变动的事实承担举证责任。（三）对合同履行事实发生争议的，由负有相关履行义务的当事人承担举证责任。（四）请求损害赔偿与其他救济的一方当事人以及反驳该等请求的对方当事人，应对支持各自主张的事实承担举证责任。主张约定的违约金低于或高于实际损失的，提出该主张的当事人承担举证责任。"由于商事仲裁制度可以用于平等主体的公民、法人和其他组织之间发生的合同纠纷和其他财产权益纠纷，仲裁机构在分配证明责任时通常会参照《民诉法解释》第91条的规定："人民法院应当依照下列原则确定举证证明责任的承担，但法律另有规定的除外：（一）主张法律关系存在的当事人，应当对产生该法律关系的基本事实承担举证证明责任；（二）主张法律关系变更、消灭或者权利受到妨害的当事人，应当对该法律关系变更、消灭或者权利受到妨害的基本事实承担举证证明责任。"诚然，基于仲裁的自主性与民间性，当事人也可以约定由仲裁庭根据公平原则分配证明责任。

（四）仲裁举证时限

虽然《仲裁法》并没有规定举证时限，但考虑到仲裁活动民间性和自主性的特征，当事人可以约定仲裁举证时限。《证据指引》第5条第1款规定："仲裁庭可对当事人提交证据规定合理的期限，或对分次提交证据做出期限安排。当事人应在仲裁庭规定的期限内完成举证。对逾期提交的证据，仲裁庭有权不予接受。原则上，举证和证据交换应在仲裁庭就争议实体问题举行开庭审理（"庭审"）之前完成。"《贸仲规则》第41条第2款也规定："仲裁庭可以规定当事人提交证据的期限。当事人应在规定的期限内提交证据。逾期提交的，仲裁庭可以不予接受。当事人在举证期限内提交证据材料确有困难的，可以在期限届满前申请延长举证期限。是否延长，由仲裁庭决定。"不仅如此，其第3款又再次明确了逾期提交证据的不利后果："当事人未能在规定的期限内提交证据，或虽提交证据但不足以证明其主张的，负有举证责任的当事人承担因此产生的后果。"与上述规则类似，《北仲规则》第33条第2款规定："仲裁庭有权要求当事人在一定期限内提交证据材料，当事人应当在要求的期限内提交；逾期提交的，仲裁庭有权拒绝接受。当事人另有约定或者仲裁庭认为有必要接受的除外。"虽然上述仲裁机构的规则或证据指引表述有所不同，但无不赋予仲裁庭较大的自由裁量权。当然，当事人也可以对举证时限及其失权后果进行约定。

二、仲裁庭自行调查证据

与《民诉法》第64条第2款类似，《仲裁法》第43条第2款也在当事人提供证据之外，规定了仲裁庭可以在其认为有必要收集证据时，自行收集。不过，仲裁庭自行调查证据的制度机理和立法目的与法院自行调查证据存在本质区别。作为代表国家行使国家审判权的公权力机关，法官可以调用国家权力调查收集证据，被要求配合的主体必须服从国家公权力。为了避免国家公权力滥用，并保障法院中立性这一司法裁判的生命线，民事诉讼法及其司法解释的着眼点在于通过列举方式明确哪些情形可以由法院依职权调查证据，进而对"人民法院认为审理案件需要的证据"这一条件进行限定，如《民诉法解释》第94条和第96条分别对"当事人及其诉讼代理人因客观原因不能自行收集的证据"和"人民法院认为审理案件需要的证据"进行了列举。

相反，仲裁庭自行调查证据并不基于国家公权力，故而，对仲裁庭自行调查证据进行限定的初衷是保障其仲裁活动的中立性。遗憾的是，虽然各仲裁机构的仲裁规则或证据指引均规定仲裁庭在必要时可自行调查证据,但并没有进一步解释何谓"必要时"。对此,有观点认为,在以下情形仲裁庭应自行收集证据:(1)当事人各自向仲裁庭所提供的证据相互对立,而且根据已有的证据仲裁庭又无法作出判断。(2)对于某些关键性的证据,当事人及其代理人确实由于客观原因不能自行收集。例如有些证据由国家有关部门保存,按照规定不能交给当事人个人,所以只能由仲裁庭通过一定途径去收集。(3)一些专门性或技术性的问题,仲裁庭需要交由当事人约定的或仲裁庭指定的鉴定部门进行鉴定。①

本书认为,一种可行的限定方案是以《民诉法解释》第94条和第96条为参照,结合仲裁活动的自身特点来界定《仲裁法》第43条第2款的适用范围。由于《民诉法》第64条第2款在人民法院认为审理案件需要的证据之外,还规定当事人及其诉讼代理人因客观原因不能自行收集的证据,故而,《仲裁法》第43条第2款中"仲裁庭认为有必要收集的证据"可以包含"仲裁当事人及其代理人因客观原因不能自行收集的证据",这也为学界所认可。在此基础上,仲裁庭认为有必要收集而自行收集证据包括:(1)由国家有关部门保存且当事人及其诉讼代理人无权查阅调取的证据;(2)涉及国家秘密、商业秘密或者个人隐私的证据;(3)当事人及其诉讼代理人因客观原因不能自行收集的其他证据;(4)当事人涉嫌恶意串通损害他人合法权益而提供的证据;(5)涉及回避等程序性事项的证据。

三、仲裁庭自行调查证据的局限性

如上所述,仲裁庭并非公权力机关,其在自行调查证据的能力方面存在诸多局限,这也体现在仲裁庭自行调查证据的方式上。《广仲规则》第38条规定:"当事人调查收集证据确有困难的,经当事人申请,仲裁庭认为必要的,可以出具协助调查函。当事人的代理律师可以持协助调查函向有关单位和个人调查收集证据。"在《仲裁法》未授权仲裁庭针对当事人以外的单位和个人强制性收集证据的情形下,仲裁庭自行调查取证难谓有强制力,而其出具的协助调查函也难有约束当事人以外的其他单位和个人的效果。②与此形成鲜明对比的是法院依职权调查证据。《民诉法解释》第97条规定:"人民法院调查收集证据,应当由两人以上共同进行。调查材料要由调查人、被调查人、记录人签名、捺印或者盖章。"而《民诉法》第114条第1款专门对此进行规定:"有义务协助调查、执行的单位有下列行为之一的,人民法院除责令其履行协助义务外,并可以予以罚款:(一)有关单位拒绝或者妨碍人民法院调查取证的;……"并在第2款对其后果加以明确:"人民法院对有前款规定的行为之一的单位,可以对其主要负责人或者直接责任人员予以罚款;对仍不履行协助义务的,可以予以拘留;并可以向监察机关或者有关机关提出予以纪律处分的司法建议。"

鉴于仲裁机构的民间性,如何真正落实《仲裁法》第43条第2款规定的仲裁庭自行调查取证,是亟须在立法论和法解释论中明确的问题。依据配合调查收集证据的主体是仲裁当事

---

① 参见江伟、肖建国主编:《仲裁法》(第3版),中国人民大学出版社2016年版,第191页。
② 参见江伟、肖建国主编:《仲裁法》(第3版),中国人民大学出版社2016年版,第191页。

人还是案外人，可以对其进行不同的制度设计。

《仲裁法》第43条第1款规定当事人应当对自己的主张提供证据。这就意味着，如果承担证明责任的当事人拒绝配合仲裁庭调查证据，将面临其事实主张无法被仲裁庭认可的风险和负担，这构成了当事人配合证据调查的根本保障。而对于不承担证明责任的当事人拒绝配合仲裁庭调查证据，《民诉法》及其司法解释已经提供了较为完善的处理经验。如《民诉法解释》第112条规定："书证在对方当事人控制之下的，承担举证证明责任的当事人可以在举证期限届满前书面申请人民法院责令对方当事人提交。申请理由成立的，人民法院应当责令对方当事人提交，因提交书证所产生的费用，由申请人负担。对方当事人无正当理由拒不提交的，人民法院可以认定申请人所主张的书证内容为真实。"对此，《证据指引》第23条规定："经仲裁庭准予特定披露请求后，或在仲裁庭直接要求披露特定的证据后，相关当事人无正当理由拒绝披露的，仲裁庭可以做出对拒绝披露方不利的推定。"而对配合调查主体是案外人的情形，仲裁庭确实力有不逮。为此，有观点认为宜由法律直接规定在仲裁程序中由法院协助当事人或仲裁庭获得证据。[①]

第三节　仲裁证据的审核认定

仲裁庭在当事人的事实主张和提出的证据基础上，需要对案件事实进行还原和再现，并将经过审核认定的案件事实作为小前提，以相应法律规范作为大前提，推导出裁决结果。是故，仲裁证据的审核认定具有重要作用，是《仲裁法》第7条规定的"仲裁应当根据事实，符合法律规定，公平合理地解决纠纷"的关键一环。仲裁证据的审核认定虽以仲裁员的自由心证为基础，但还需要满足法定程序要求，否则可能构成《仲裁法》第58条第3项规定的撤销仲裁裁决的法定事由，即"仲裁庭的组成或者仲裁的程序违反法定程序的"。除了法定程序瑕疵可能构成撤销仲裁裁决的法定事由，《仲裁法》第58条第4项"裁决所根据的证据是伪造的"和第5项"对方当事人隐瞒了足以影响公正裁决的证据的"还从证据审核认定的结果上作出了规定。

一、质证

质证，是当事人及其代理人以及第三人在仲裁庭或办案秘书的主持下，对证据的真实性、合法性、关联性以及证明力的有无和大小予以说明和质辩的活动或过程。质证既是实体正义的保障，也是程序正义的体现。兼听则明，偏信则暗。仲裁庭只有就证据的真实性、合法性、关联性以及证明力的有无和大小充分听取双方当事人的意见，才能获得对案件事实更为正确和真实的认知。不仅如此，质证也能够使当事人充分发表自己的意见，吸收当事人的不满，避免突袭裁决，并在结果上增加当事人对裁决的接受度。鉴于此，《仲裁法》第45条

---

① 参见江伟、肖建国主编：《仲裁法》（第3版），中国人民大学出版社2016年版，第191页。

规定："证据应当在开庭时出示，当事人可以质证。"但是，与《民诉法》第68条关于"证据应当在法庭上出示，并由当事人互相质证"的规定不同，仲裁当事人质证并非"应当"，而是"可以"。而此处的"可以"是否表明仲裁庭可以将未经质证的证据作为认定案件事实的根据呢？对此一般认为，《仲裁法》第45条使用"可以"表明如果在开庭审理阶段当事人双方没有质证，也不能认为违反了法定程序。这与民事诉讼法的规定不同，但如果双方有契约表明质证为必经程序，仲裁审理没有经过质证应视为违反法定程序。不过从我国仲裁实践来看，人们并不重视仲裁程序的合意。①

理论探讨

（一）质证的主体

在仲裁活动中进行质证的主体是当事人及其代理人，而非仲裁庭。仲裁庭是认证的主体，而不是质证的主体。据此，《证据指引》第15条规定："仲裁庭应确保一方当事人有机会对对方当事人提交的所有证据发表质证意见。质证意见可以采用口头或书面形式。"对质证主体加以特别说明，是为了强调仲裁庭根据《仲裁法》第43条第2款自行调查收集的证据不能径行作为认定案件事实的证据。即便是仲裁庭自行收集或者法院协助获得的证据，仲裁庭也应向当事人提供质证机会。②如《南仲规则》第35条第2款规定："仲裁庭自行收集的证据应当送达当事人，由当事人发表质证意见。"

（二）质证的客体和程序

质证的客体是证据。在当事人向仲裁庭提交证据和当事人申请仲裁庭调查收集证据的情况下，质证的客体和程序都相对明确和完善。而对于仲裁庭依职权调查收集的证据是否属于质证的对象，存在两种不同观点。一种观点认为，质证的对象具有广泛性和开放性，当事人提供、仲裁庭自行收集、法院协助获取的各类证据材料原则上均需要经过当事人质证，才可能被作为认定案件事实的依据。③另一种观点则认为，依职权调查收集的证据不属于质证的对象。对此应在开庭时出示，听取当事人的意见，并可以就调查收集该证据的情况予以说明。④本书认为，无论是否将仲裁庭依职权调查收集的证据作为质证的对象，都不会剥夺当事人的知情权和发表意见的程序权利。对此可供参照《证据规定》第62条的规定："质证一般按下列顺序进行：（一）原告出示证据，被告、第三人与原告进行质证；（二）被告出示证据，原告、第三人与被告进行质证；（三）第三人出示证据，原告、被告与第三人进行质证。人民法院根据当事人申请调查收集的证据，审判人员对调查收集证据的情况进行说明后，由提出申请的当事人与对方当事人、第三人进行质证。人民法院依职权调查收集的证据，由审判人员对调查收集证据的情况进行说明后，听取当事人的意见。"

《仲裁法》并未对质证顺序进行规定，《证据指引》针对不同证据种类进行了关于质证

---

① 参见张卫平：《民事诉讼法》（第5版），法律出版社2019年版，第513页。
② 参见江伟、肖建国主编：《仲裁法》（第3版），中国人民大学出版社2016年版，第193页。
③ 参见江伟、肖建国主编：《仲裁法》（第3版），中国人民大学出版社2016年版，第194页。
④ 参见张卫平：《民事诉讼法》（第5版），法律出版社2019年版，第256页。

的特别规定。其第16条规定:"(一)开庭审理的案件,书证应在庭审过程中出示,由当事人口头质证。为避免不必要的拖延,当事人应仅针对有争议的书证发表意见,并集中说明哪些书证不应被仲裁庭采纳为证据。(二)对复印件与原件可能不一致的书证,当事人及仲裁庭可要求核对原件。(三)对视听资料和物证,准用本条第一款对书证进行质证的原则。视听资料是否在庭审过程中播放或全部或部分播放,由仲裁庭在与当事人协商后决定。"第17条对证人、专家、查验人和鉴定人的质询作出规定:"(一)原则上,证人和专家应出席庭审或通过远程视频参加庭审,并接受安排其出庭的一方当事人的询问和对方当事人的盘问。(二)质询程序由仲裁庭主持。除非双方当事人同意,证人和专家在作证之前不应出席庭审。仲裁庭应确保双方当事人获得质询的机会,但可对询问或盘问的时间加以限制。(三)对证人和当事人一方聘请的专家的质询,通常可采用询问、盘问和再次询问的顺序。仲裁庭可决定将证人的书面证言或专家的书面意见作为对询问的回答,并直接进入盘问阶段。(四)仲裁庭指定的专家、查验人或鉴定人应当出席庭审,仲裁庭应确保双方当事人有机会对他们进行质询。(五)在与当事人协商后,仲裁庭可安排双方的专家或证人进行对质。(六)仲裁庭可限制当事人提出某个问题,或告知证人、专家、查验人或鉴定人对某个问题无需做出答复。仲裁庭可随时向证人、专家、查验人或鉴定人提问。"

质证保障的是当事人发表意见的机会,并不要求实际上发生过质证活动。《证据指引》第15条将其表述为"仲裁庭应确保一方当事人有机会就对方当事人提交的所有证据发表质证意见"。如果当事人拒绝质证,并不影响仲裁庭将该证据作为认定案件事实的依据。而当事人在证据交换中认可并记录在卷的证据,经仲裁庭在庭审中说明后可以不经出示直接作为认定案件事实的依据,除非当事人反悔并有相反证据足以推翻。[①]

二、认证

认证就是仲裁庭对经过质证或者当事人在证据交换中认可的各种证据材料作出审查判断,确认其能否作为认定案件事实的根据。认证的具体内容是对经过质证的各种证据材料是否具有证明力以及证明力大小进行审查确认。对此,《证据指引》在第四章专门规定"证据的认定",其中第18条规定:"某项证据是否可予采纳,以及证据的关联性、重要性和证明力,由仲裁庭自行决定。"这再次重申仲裁活动以自由心证为原则,以法定证据为例外。第19—21条则规定具体的证据认定方法。根据第19条规定,仲裁庭可决定对当事人提交的某项证据不予采纳,尤其是律师与客户之间的保密通讯或涉及当事人之间和解谈判的证据等免于披露的证据。此外,仅在调解程序中披露的证据和信息不得作为仲裁裁决的依据。根据第20条规定,仲裁庭可结合其他证据、当事人的事实主张和全部案情决定是否采纳无原件的书证。据此,在当事人提出质疑时,无原件的书证不能单独作为认定案件事实的根据。[②]存在类似

[①] 参见江伟、肖建国主编:《仲裁法》(第3版),中国人民大学出版社2016年版,第194页。
[②] 类似规定参见《证据规定》第89条。

限定的还有第21条,即"无正当理由未出庭接受质询的证人,其证言不得单独作为认定事实的根据"。

总体而言,我国《仲裁法》并未全面详尽地规定认证规则。究其原因,一方面是受仲裁民间性和自主性的影响,《仲裁法》将这部分规则交由当事人协商处理,在仲裁活动中则由各仲裁机构通过仲裁规则或证据指引加以填充;另一方面则是认证活动所坚持的自由心证原则。由于仲裁庭要根据自己的认知和良心来确定证据证明力的有无和大小,故而无须也无法对每种具体情形详加规定。不过,必须强调的是对认证过程的公开,否则仲裁活动将难以真正实现以事实为依据和以法律为准绳。《仲裁法》第54条规定:"裁决书应当写明仲裁请求、争议事实、裁决理由、裁决结果、仲裁费用的负担和裁决日期。当事人协议不愿写明争议事实和裁决理由的,可以不写。裁决书由仲裁员签名,加盖仲裁委员会印章。对裁决持不同意见的仲裁员,可以签名,也可以不签名。"据此,只要当事人并未协议同意不写明争议事实和裁决理由,仲裁庭就有义务详细和充分地说明其认证的经过和结果。此外,还有观点认为,考虑到仲裁员的经验或许尚不丰富,尽管仲裁庭可以对证据的认定充分发挥自由裁量权,但适度归纳和公开仲裁员认证的基本趋势,依旧有助于当事人及其律师更为有效地准备证据和进行质证。[①]

第四节 仲裁证据保全

从申请仲裁到质证认证再以此为基础作出仲裁裁决需要一定的时间。虽然仲裁活动相比民事诉讼更具经济性和效率性,但其本质并无实质改变,这包括:(1)证据可能由于自身的原因发生自然变化,如不及时采取一定的措施,证据可能灭失;(2)证据持有人可能损毁、转移、隐匿、篡改证据,从而使证据灭失或者无法取得。[②]基于此,诉讼证据保全的制度机理同样存在于仲裁活动中,并表现为仲裁开庭固定化和证据变动性之间的紧张关系。如何在仲裁申请之前或者在仲裁活动中对证据的现状进行固定,使其充分运用于开庭中的质证和认证活动,并使仲裁庭能够据此作出裁决,是仲裁证据保全制度的出发点和立足点。

《仲裁法》第46条规定:"在证据可能灭失或者以后难以取得的情况下,当事人可以申请证据保全。当事人申请证据保全的,仲裁委员会应当将当事人的申请提交证据所在地的基层人民法院。"第68条规定:"涉外仲裁的当事人申请证据保全的,涉外仲裁委员会应当将当事人的申请提交证据所在地的中级人民法院。"

综上,仲裁证据保全可以被界定为,在证据可能灭失或以后难以取得的情况下,法院根据仲裁委员会转交或当事人直接提出的申请对证据加以固定和保护的制度。虽然《仲裁法》第46条和第68条并未规定申请提出的时间,但参照《民诉法》第81条,可以将仲裁证据保

---

① 参见江伟、肖建国主编:《仲裁法》(第3版),中国人民大学出版社2016年版,第195页。
② 参见最高人民法院民事诉讼法修改研究小组编著:《〈中华人民共和国民事诉讼法〉修改条文理解与适用》,人民法院出版社2012年版,第203页。

全进一步划分为仲裁前的证据保全和仲裁中的证据保全。

一、仲裁前的证据保全

在仲裁提出之前,由于仲裁活动尚未开始,因此,当事人应向证据所在地、被申请人住所地或者对案件有管辖权的人民法院申请保全证据。由于仲裁前的证据保全直接受到《民诉法》的规制,因此,这部分内容可直接参考关于诉前证据保全的规定。

根据《民诉法》第81条第2款,仲裁前证据保全的适用条件包括以下几项:(1)申请人应当是本案利害关系人;(2)利害关系人应提供存在紧急情况,证据可能灭失或者以后难以取得的证据;(3)利害关系人申请证据保全应在申请仲裁前提出;(4)向有管辖权的法院提出申请;(5)人民法院要求申请人提供担保的,申请人应当提供担保。此外,根据《证据规定》第25条第1款规定,当事人或者利害关系人根据《民事诉讼法》第81条的规定申请证据保全的,申请书应当载明需要保全的证据的基本情况、申请保全的理由以及采取何种保全措施等内容。

对于仲裁前证据保全的具体实施,《证据规定》第26条规定:"当事人或者利害关系人申请采取查封、扣押等限制保全标的物使用、流通等保全措施,或者保全可能对证据持有人造成损失的,人民法院应当责令申请人提供相应的担保。担保方式或者数额由人民法院根据保全措施对证据持有人的影响、保全标的物的价值、当事人或者利害关系人争议的诉讼标的金额等因素综合确定。"第27条规定:"人民法院进行证据保全,可以要求当事人或者诉讼代理人到场。根据当事人的申请和具体情况,人民法院可以采取查封、扣押、录音、录像、复制、鉴定、勘验等方法进行证据保全,并制作笔录。在符合证据保全目的的情况下,人民法院应当选择对证据持有人利益影响最小的保全措施。"不仅如此,对申请证据保全错误造成的财产损失,《证据规定》第28条还专门明确了其请求权基础。

值得注意的是,国内有些仲裁机构的仲裁规则也允许当事人在申请仲裁之前向仲裁机构申请证据保全,如《北仲规则》第17条第4款、《广仲规则》第26条第4款。

二、仲裁中的证据保全

《仲裁法》第46条规定,当事人申请证据保全的,仲裁委员会应当将当事人的申请提交证据所在地的基层人民法院。亦即,仲裁委员会并不具备直接实施证据保全的权限,这也是由仲裁机构的民间性特征决定的。由于仲裁委员会无法自行实施证据保全,因此根据《仲裁法》第46条规定,应将当事人的申请提交给证据所在地的基层人民法院。值得明确的是,在仲裁过程中,当事人可否根据《民诉法》第81条规定向法院提出证据保全?一般认为,鉴于《民诉法》第81条第2款只规定利害关系人在申请仲裁前向法院申请诉前证据保全。在当事人提出仲裁申请后,上述限定条件已经无法得到满足,故而当事人只能经由仲裁机构向法院转交证据保全申请。① 上海市高级人民法院《关于执行〈中华人民共和国仲裁法〉若干问题的处理意见》第7条第1款规定："根据仲裁法第二十八条、第四十六条、第六十八条、《中华人民共和国民事诉讼法》（以下简称民事诉讼法）第二百五十八条规定，仲裁当事人申请财产保全或证据保全，应当由仲裁机构将当事人的申请提交有管辖权的法院审查。仲裁当事人直接向法院申请的，法院不予受理。当事人申请解除财产保全或证据保全，也应由仲裁机构将当事人的申请书提交原受理法院予以审查。仲裁当事人直接向法院申请的，法院不予受理。"由于仲裁机构转交证据保全申请的处理方法费时费力，而且在结果上可能造成证据的灭失，因此，有观点认为应该采取"双轨制"，即既允许当事人在情况紧急下直接向法院申请，也准许当事人在仲裁程序进行过程中通过仲裁机构向法院提出申请。② 无论是当事人直接向法院申请证据保全，还是通过仲裁机构向法院提出申请，法院均应按照《民诉法》规定通知当事人直接向法院提交相应材料，并在独立审查后依法自行作出裁定。

思考题

一、不定项选择题

本章思考题参考答案

1. 关于法院与仲裁庭在审理案件有关权限的比较，下列哪些选项是正确的？（　　）（2012年司考卷三第85题）

A. 在一定情况下，法院可以依职权收集证据，仲裁庭也可以自行收集证据

B. 对专门性问题需要鉴定的，法院可以指定鉴定部门鉴定，仲裁庭也可以指定鉴定部门鉴定

C. 当事人在诉讼中或仲裁中达成和解协议的，法院可以根据当事人的申请制作判决书，仲裁庭也可以根据当事人的申请制作裁决书

D. 当事人协议不愿写明争议事实和判（裁）决理由的，法院可以在判决书中不予写明，仲裁庭也可以在裁决书中不予写明

2. 甲县的佳华公司与乙县的亿龙公司订立的烟叶买卖合同中约定，如果因为合同履行发生争议，应提交A仲裁委员会仲裁。佳华公司交货后，亿龙公司认为烟叶质量与约定不符，且正在霉变，遂准备提起仲裁，并对烟叶进行证据保全。关于本案的证据保全，下列哪些表述是正确的？（　　）（2014年司考卷三第77题）

A. 在仲裁程序启动前，亿龙公司可直接向甲县法院申请证据保全

B. 在仲裁程序启动后，亿龙公司既可直接向甲县法院申请证据保全，也可向A仲裁委员会申请证据保全

---

① 参见宋朝武主编：《仲裁法学》，北京大学出版社2013年版，第140页；乔欣：《仲裁法学》（第2版），清华大学出版社2015年版，第118页；吴炯主编：《中国仲裁法律制度与实务》，中国工商出版社2007年版，第118页。

② 参见江伟、肖建国主编：《仲裁法》（第3版），中国人民大学出版社2016年版，第198页。

C. 法院根据亿龙公司申请采取证据保全措施时，可要求其提供担保
D. A 仲裁委员会收到保全申请后，应提交给烟叶所在地的中级法院

二、简答题
1. 简述仲裁证据的种类。
2. 简述仲裁机构调查证据制度。
3. 简述仲裁保全制度的改革。

第八章 仲裁与调解相结合

> **导语**
>
> 仲裁与调解相结合,是综合运用仲裁与调解两种方式解决民商事纠纷的复合型纠纷解决模式,泛指仲裁与调解的各种结合形式,包括先调解后仲裁、先仲裁后调解、仲裁与调解相融合等三大类型。而最能代表仲裁与调解相结合的方式是仲裁中的调解,它将调解融入仲裁程序中,具有契约性与准司法性的双重属性,发挥了调解与仲裁程序的共同优势。我国《仲裁法》规定了仲裁中的调解与和解裁决。仲裁实践也在不断探索仲裁与调解相结合的新方式。在仲裁程序中,仲裁庭根据当事人的协议制作的仲裁调解书与和解裁决书均与仲裁裁决书具有同等的法律效力。

第一节 仲裁与调解相结合概述

作为非诉讼纠纷解决的基本方式,以往仲裁与调解各自独立,都在民商事纠纷解决中发挥了重要的作用。然而在当代多元化纠纷解决机制的建构中,出现了仲裁与调解相结合这一新型的非诉讼纠纷解决模式,并深刻影响着仲裁实践。

一、仲裁与调解相结合的产生

仲裁与调解相结合,是综合运用仲裁与调解两种方式解决民商事纠纷的复合型纠纷解决模式,泛指仲裁与调解的各种结合形式。作为两种不同的纠纷解决方式,调解与仲裁各具优势,但也存在自身无法克服的缺陷。就调解而言,其本质是争议双方通过形成合意化解纠纷,具有程序灵活、成本低廉、尊重当事人的意思自治等优势。但调解也有明显的缺陷,即调解的成功依赖于双方达成合意,一旦合意无法达成,就不能解决纠纷,还需要寻找其他纠纷解决方式。即便达成了调解协议,因调解协议通常不具有强制执行力,如果当事人拒绝履行调解协议,则通过调解解决纠纷的努力仍旧以失败告终,还要依赖其他纠纷解决方式,导致纠纷解决成本的增加和效率的降低。与调解不同,虽然仲裁程序的启动需要双方当事人的合意，但仲裁裁决是仲裁人公断的结果，无须当事人同意，且仲裁裁决具有强制执行力，并采取一裁终局的模式，这两点构成了仲裁相对于调解的优势。但仲裁也有自身的不足。与调解的正当性源于当事人的合意，因而调解程序较为灵活不同，仲裁的正当性依赖于程序的公正。为了给当事人提供正当的程序保障，仲裁程序的设计通常较为严格和复杂，更接近诉讼，费用相对高昂。而在仲裁程序中引入调解，既能够降低仲裁的对抗性，增加当事人对纠纷解决结果的自治权，又能通过赋予调解协议与仲裁裁决同等效力的方式，使其具有强制力，从而克服调解与仲裁各自的缺陷，发挥它们的优势。正是基于上述考量，仲裁与调解相结合的复合型纠纷解决模式应运而生。

从世界各国的仲裁实践看，根据仲裁与调解结合的时机不同，仲裁与调解相结合包含了先调解后仲裁、先仲裁后调解、仲裁与调解相融合三种类型。其中，每种类型又涵盖多种方式，衍生出不同做法，它们共同构成了最广泛意义上的仲裁与调解相结合的复合型非诉讼纠纷解决模式。而狭义上的仲裁与调解相结合，主要指仲裁与调解相融合类型中的仲裁调解。

二、仲裁调解的界定

仲裁调解，也称仲裁中的调解，是指在仲裁程序进行的过程中，应当事人请求或征得双方当事人同意，由仲裁员对案件进行的调解。调解成功，依据调解协议制作仲裁调解书或裁决书；调解不成，再恢复仲裁程序。

在我国，民商事调解种类繁多。根据调解主体的不同，可分为法院调解、仲裁调解、人民调解、商事调解、行业调解、行政调解等；根据调解是否发生在诉讼中，可分为诉讼中的调解与非诉讼调解。仲裁程序中的调解属于非诉讼调解，构成我国多元化调解的重要内容。

仲裁与调解相结合体现了我国民商事仲裁制度的重要特色，仲裁调解即源于我国仲裁机构的早期实践。[1] 它创造性地将调解融入仲裁程序中，充分发挥了仲裁与调解的双重优势，形成了复合型非诉讼纠纷解决模式，并在国际上产生较大的影响。我国1995年9月1日起实施的《仲裁法》确认了仲裁中的调解制度。《仲裁法》第51条规定："仲裁庭在作出裁决前，可以先行调解。当事人自愿调解的，仲裁庭应当调解。调解不成的，应当及时作出裁决。调解达成协议的，仲裁庭应当制作调解书或者根据协议的结果制作裁决书。调解书与裁决书具有同等法律效力。"第52条规定："调解书应当写明仲裁请求和当事人协议的结果。调解书由仲裁员签名，加盖仲裁委员会印章，送达双方当事人。调解书经双方当事人签收后，即发生法律效力。在调解书签收前当事人反悔的，仲裁庭应当及时作出裁决。"上述规定构成了我国仲裁调解的法律依据。

---

[1] 1988年9月12日，中国国际贸易促进委员会第一届第三次委员会会议通过了仲裁委员会第二套仲裁规则。该仲裁规则对仲裁与调解相结合的既往实践进行了总结。根据该仲裁规则第37条规定，仲裁委员会和仲裁庭可以对其受理的案件进行调解。经调解达成和解协议的案件，仲裁庭应当根据双方当事人和解协议的内容，作出裁决书。这是我国首个明确在仲裁中可进行调解的仲裁规则，为仲裁和调解相结合奠定了立法基础。参见杜新丽：《国际商事仲裁理论与实践专题研究》，中国政法大学出版社2009年版，第206页。

仲裁调解具有以下特征：（1）仲裁调解是通过仲裁程序审结案件的一种方式。当事人申请仲裁，通过仲裁程序最终审结案件的方式有两种：一种是仲裁裁决书，另一种就是仲裁调解书。仲裁调解书与仲裁裁决书具有同等的法律效力。但应该注意的是，仲裁员对案件的调解并非基于仲裁权，仲裁员主持调解也不是仲裁权的内容，而是当事人在仲裁程序中选择进行调解的结果。换言之，仲裁员在仲裁程序中的调解权来源于双方当事人的共同授权。（2）仲裁调解以仲裁为依托，调解依附在仲裁程序中，并贯穿于仲裁程序的全过程，从立案后、开庭审理前、开庭审理中直至开庭审理结束后作出裁决前，仲裁庭均可进行调解，但仲裁调解不是作出仲裁裁决的必经阶段。（3）仲裁调解的启动与调解协议的达成均出自双方当事人的自愿。在仲裁程序中，调解的启动需双方当事人自愿。或应当事人的请求，或由仲裁庭在征得双方当事人同意的基础上进行，只要一方不同意调解，仲裁庭就不能进行调解。调解协议的达成也必须体现双方当事人的合意，是双方当事人协商一致的结果。这表明仲裁调解的运用是有条件的、相对的，具有不确定性。（4）通常情况下审理案件的仲裁员同时也是调解活动的主持者，即"仲调合一"。在仲裁程序进行中的调解，仲裁员可以担任调解员，调解结束后又可以恢复仲裁员的身份。仲裁员兼任调解员，履行仲裁与调解的双重职能。（5）与人民调解等其他非诉讼的调解不同，仲裁调解对调解程序的要求与调解协议合法性的审查更为严格，这是由仲裁的"类诉讼"性质决定的，也是仲裁调解书的法律效力等同于仲裁裁决书，能够作为申请人民法院强制执行依据的必然要求，亦是仲裁程序更强调程序公正的体现。（6）仲裁中达成的调解协议，经仲裁庭制作仲裁调解书便具有了与仲裁裁决同等的法律效力，若当事人不履行仲裁调解书中规定的义务，另一方可申请人民法院强制执行。

需要说明的是，在我国，通常意义上的仲裁调解就是指"仲裁中的调解"，即由同一仲裁组织在仲裁程序中对案件进行调解，根据调解结果以及当事人对结案方式的选择决定是否恢复仲裁程序，即"仲调合一"。近年来，一些仲裁机构成立调解中心，制定调解规则，双方当事人可申请仲裁机构内设的调解中心进行调解。如果在调解中心调解员主持下达成协议，双方当事人可申请仲裁，请求仲裁庭依据协议的内容制作调解书或裁决书。这种仲裁与调解相结合的方式属于"先调解后仲裁"的类型。还有的仲裁规则规定，在仲裁过程中，可交由调解员主持调解，主持仲裁审理的仲裁员不参与调解，也即"仲调分离"。各地仲裁机构的实践对我国仲裁与调解相结合的探索具有重要意义，为我国仲裁调解制度的多元化发展提供了新的契机。

三、仲裁调解的性质

仲裁调解是融合仲裁程序与调解程序的复合型纠纷解决模式，仲裁调解的性质也体现了调解程序与仲裁程序的本质，具有契约性与准司法性的双重属性。

仲裁调解的契约性主要体现在：（1）仲裁调解程序的启动必须经双方当事人明示同意，在仲裁程序中以调解方式解决争议须出自双方当事人的自愿。调解协议的内容必须体现双方当事人的合意，是双方当事人意思表示一致的结果。（2）仲裁调解的程序运行存在当事人双方协商约定的可能性，包括调解的方式、调解的时机等，通常情况下，主持调解的仲裁庭应予尊重。（3）当事人达成调解协议后存在撤回仲裁请求、申请仲裁庭根据调解协议制作仲裁调解书或裁决书等多种选择，最终以何种方式结案，一定程度上取决于当事人的选择。

仲裁调解的准司法性主要表现在：（1）在仲裁程序中，依据仲裁庭主持达成的调解协议制作的仲裁调解书，与仲裁裁决书具有同等的效力，包括对当事人之间实体权利义务关系的确认效力，以及具有强制执行的效力等，这是仲裁中的调解具有准司法性的核心体现。（2）仲裁中的调解，最终的结果包括达成调解协议与未达成调解协议两种情形。未达成调解协议的，则恢复仲裁审理程序，通过作出仲裁裁决解决纠纷。这表明仲裁中的调解无论是否达成协议，除撤回仲裁请求外，都要通过作出具有强制执行效力的仲裁裁决书或仲裁调解书最终解决纠纷，这也是仲裁的准司法性在仲裁调解中的反映。（3）仲裁中的调解程序应为当事人双方提供最低限度的程序保障。诉讼中的法院调解是法院行使审判权的一种方式，这就决定了法院调解应遵循依法审判的基本要求，因此法院调解需要有严格的程序作保障。与法院调解相比，尽管仲裁中的调解程序强调灵活、方便与快捷，但仍应为当事人提供最低限度的程序保障，如任何一方当事人均不得在仲裁程序中援引对方当事人或调解员在调解过程中的陈述或意见，调解中承认的事实不能作为仲裁裁决的依据等。对仲裁调解正当程序的要求，也是仲裁程序所具有的准司法性在仲裁调解程序中的折射。

总之，仲裁中的调解是契约性与准司法性两者的有机结合，其中契约性是本质属性，处于主导地位；准司法性是重要属性，处于从属地位。契约性体现了对当事人意思自治的尊重，准司法性反映了对当事人意思自治的限制，两者共同维护仲裁中调解制度的正常运转。基于契约性因素，调解程序体现了当事人完全独立的意思自治，当事人享有充分的程序选择权和程序自主权，调解方式具有灵活、快捷、方便等优点。而准司法性因素又使仲裁中调解的最终裁决具有强制执行等司法裁判所具有的效力。准司法性的存在是为了更好地保证契约性的实现。契约性与准司法性兼备的仲裁中的调解能够实现和维护当事人高度意思自治的权利，使他们有条件充分参与程序，实现仲裁利益。

四、仲裁调解与仲裁和解

除仲裁调解外，在仲裁程序中，当事人也可以自行和解。《仲裁法》第49条规定："当事人申请仲裁后，可以自行和解。达成和解协议的，可以请求仲裁庭根据和解协议作出裁决书，也可以撤回仲裁申请。"该条规定即我国仲裁和解的法律依据。

仲裁和解，也称仲裁中的和解，是指在仲裁机构受理案件后，至仲裁裁决作出前，当事人通过协商，就已提交仲裁的民商事争议达成的和解。仲裁和解是当事人处分自己实体权利与程序权利的集中体现，既可以发生在开庭期间，也可以发生在庭外，但都是在没有仲裁庭主持的情况下，由当事人确定和解方案。双方当事人在仲裁期间达成和解协议后，可选择以下两种方式结束仲裁程序：一是双方当事人可共同申请仲裁庭根据和解协议制作裁决书，仲裁庭在依据和解协议作出仲裁裁决时，应进行必要的审查，和解协议的内容不得违反法律的禁止性规定。根据和解协议制作的裁决书也具有与仲裁裁决书同等的法律效力。二是仲裁申请人可撤回仲裁申请，仲裁机构也可撤销案件，从而终结仲裁程序。

仲裁和解与仲裁调解均属于复合型非诉讼纠纷解决方式，和解与调解均基于当事人双方共同的选择，和解或调解协议均为双方当事人在平等基础上自愿协商所达成的关于纠纷解决的合意，最终的目的均为解决争议，终结仲裁程序。

尽管仲裁调解与仲裁和解存在很多相同之处，但二者也有明显的区别。仲裁调解是仲裁程序的组成部分，是将调解融入仲裁程序中。仲裁调解是在仲裁员主持下进行的，虽然调解的启动与调解协议的达成需要双方当事人的申请或同意，但仲裁员在其中发挥着重要作用。而仲裁和解无仲裁员的参与，和解协议的达成是双方当事人自主协商的结果，达成和解协议的过程也不属于仲裁程序的组成部分。当然，当事人达成和解协议，既可以是双方自行协商的结果，也可以是在第三方促成下进行协商的结果。换言之，当事人的和解并不排斥第三方的加入，和解也可以在仲裁程序之外的第三方主持下达成，但第三方不是仲裁程序中的仲裁员，这是仲裁中的调解与和解的最显著区别。

虽然仲裁和解无仲裁员的参与，但如果当事人选择申请仲裁庭将和解协议制作成裁决书，则其与仲裁程序中仲裁员依据调解协议制作的仲裁调解书在法律效力上并没有本质区别。这是因为在仲裁程序进行过程中，无论是当事人自行协商达成的和解协议，还是经第三方促成的和解协议，与当事人在仲裁中经仲裁员主持而达成的调解协议均是当事人意思自治的结果，共同体现为双方当事人的解纷合意。所以无论依据和解协议还是调解协议作出的最终裁决，法律效力完全相同。正因为如此，当下越来越多的仲裁机构的仲裁规则将仲裁调解的规则准用于仲裁和解。

当然，除申请将和解协议制作成裁决书外，当事人也可选择撤回仲裁申请从而终结仲裁程序，此时的和解协议应当具有民事合同的效力。然而，这一点也不构成与仲裁调解的区别，因为即便在仲裁程序中双方达成调解协议，当事人也有权选择撤回仲裁申请，而不制作仲裁调解书，此时的调解协议，也仅具有民事合同的效力，而不具有等同仲裁裁决书的效力。

五、仲裁调解的功能

与单独的仲裁程序或调解程序相比，仲裁调解这种仲裁与调解相结合的复合型纠纷解决模式具有如下功能：

第一，仲裁调解能够实现最大效率的资源配置。从博弈论的视角来看，商事交往中的当事人之所以产生纷争对抗，无非是因各方当事人试图维系的利益格局被打破，而诉诸争议解决的目标在于重新确定利益均衡，但在这一过程中，各方都希冀己方利益的最大化。仲裁中一旦融入调解元素，当事人各方便可开诚布公地提出和解意见、互谅互让地在妥协与较量中寻求平衡点，节约争议解决的时间与成本，实现最大效率的资源配置。

第二，仲裁调解能够最大限度发挥当事人争议解决的主动性，进一步凸显对当事人意思自治原则的尊重。意思自治是当代社会主体处理涉及自己的民事权益时普遍遵循的基本原则，体现为自主选择、自主参与、自主行为、自主负责。仲裁与调解都以当事人明确表示参与为基本前提，当事人意思自治原则为其正当性基础。虽然现代调解开始融入了强制性因素，仲裁也具有准司法性质，但以当事人意思自治为出发点的同质性，为两者的结合创造了条件。在仲裁程序中启动调解程序、决定仲裁员是否可以担任调解员、调解协议的达成等重大问题都需要遵循当事人意思自治原则，都需要以当事人合意为前提，最大限度延伸了仲裁制度与调解制度的自治性这一共同的内在属性。无论在实体上还是在程序控制上，仲裁调解制度都给予了当事人更大的尊重，赋予当事人解决争议的主动权，使其拥有针对争议由自己作出终局决定的机会，这是仲裁调解得到当事人青睐的重要因素。

第三，仲裁调解能够实现民商事纠纷的彻底解决。仲裁调解未必与仲裁案件完全融合，通常情况下，允许调解的范围超出仲裁请求，从而使纠纷有可能得到彻底解决。此外，我国现行仲裁法尚未认可仲裁第三人制度，但随着民商事交易与财产关系的复杂化，仲裁当事人之间的纷争可能涉及案外第三人的民事权益。尽管第三人不具备仲裁当事人的地位，却可以有条件地吸收第三人参加到仲裁开始后的调解程序中来。[1]这更加有利于实现纠纷的彻底解决。

总之，仲裁与调解相结合既能借助仲裁的终局性与可强制执行性优势，又能吸收调解的灵活性特色，反映了非诉讼纠纷解决方式追求从对抗走向对话、从胜负之争走向合作共赢的理念变迁，也顺应了社会对纠纷解决多元化的时代需求。

值得一提的是，尽管仲裁与调解相结合具有突出的优势，在仲裁实践中发挥了重要的作用，但理论上否定仲裁与调解相结合的声音从来没有停止过，尤其是仲裁中的调解，因仲裁员与调解员身份的同一性，遭到人们对程序公正性与仲裁结果公正性的质疑。[2]为此，需要不断完善仲裁中调解的规则，确保仲裁调解制度的公正性。

第二节　仲裁与调解相结合的方式

一、仲裁与调解相结合的主要方式

仲裁与调解相结合的产生，是对当代社会争议解决方式多元化需求的现实回应。作为新兴的复合型非诉讼纠纷解决模式，在全球仲裁实践中，仲裁与调解的组合形式与融合程度一直处于不断变化与调整之中，并逐步形成灵活多样且各具特色的仲裁与调解相结合的方式。[3]

---

[1] 参见张建：《仲裁中的调解与和解问题刍议——兼议现行〈仲裁法〉相关条款的修订方向》，载《南都学坛》2017年第1期。
[2] 樊堃：《仲裁在中国：法律与文化分析》，樊堃等译，法律出版社2017年版，第177页。
[3] 关于仲裁与调解相结合的主要方式，主要参考周杨：《我国仲裁调解制度研究》，湘潭大学出版社2017年版；范愉主编：《多元化纠纷解决机制》，厦门大学出版社2005年版；乔欣主编：《和谐文化理念视角下的中国仲裁制度研究》，厦门大学出版社2011年版。

（一）先调解后仲裁

先调解后仲裁，即当事人为解决争议，先启动调解程序，调解未成功的，可以依据仲裁条款或仲裁协议申请仲裁。先调解后仲裁模式具体可分为以下几种方式：

1. 同一中间人的先调解后仲裁

同一中间人的先调解后仲裁方式，通常表现为调解先行，若调解阶段双方当事人能够达成调解协议，程序即告终结；调解不成或部分纠纷未得到解决的，则进入仲裁程序。程序启动前，由当事人共同指定一位中间人为调解员，调解员负责组织双方磋商促成合意达成。如调解失败，调解员将转换为仲裁员，案件进入仲裁审理阶段。该方式最显著的特点是当事人书面约定由同一人担任调解和仲裁的中间人，调解程序结束后由调解员继续担任仲裁程序中的仲裁员。这种结合形式又有很多变体，当事人可以通过选择调解规则或仲裁规则以及事先约定等方式确定该种结合形式的细节问题，如协议约定还是临时约定、由调解转化为仲裁的时机、在调解阶段是否可以私下会见当事人等。

这种方式的优势是，由于调解员对于争议的内容已在调解程序中有相当的了解，在进入仲裁阶段后，由同一调解员担任的仲裁员由于熟悉案情，能够迅速作出判断，有利于提高纠纷解决的效率。但由于调解员与仲裁员的身份同一，也有观点质疑这种方式，认为其为了效率而剥夺了当事人对调解员是否继续担任仲裁员的选择权，有违意思自治原则。

2. 非同一中间人的先调解后仲裁

非同一中间人的先调解后仲裁的特点是仲裁员与调解员由不同的人担任，当事人事先分别选定调解人和仲裁人，调解程序结束后，调解员将向仲裁员传达调解阶段达成的协议，但不会透露私下会晤的保密信息。调解员把达成的方案交给仲裁员，仲裁员从协议书中采纳一部分，再通过仲裁审理裁决未解决的问题。在这一方式中，仲裁员也会参与到公开调解、最终会议等调解程序中，以便了解案情，从而节省在仲裁程序中再一次对案件事实进行审查和判断所花费的时间。但调解员与当事人的私下沟通交流、达成共识等调解评议工作则无须仲裁员参加。如果调解不成，仲裁员将进行仲裁并最终作出裁决。

这种方式的优势在于，由于仲裁员在调解阶段就介入案件，缩短了纠纷解决的时间，即使案件调解不成，也不需要进行二次事实认定，直接由仲裁员作出仲裁裁决即可。而且，仲裁员在调解评议阶段的回避，也保证了仲裁员不会过多接触法律事实外的信息，从而减少了不公正、不透明等现象的发生。其缺陷在于仲裁员在调解阶段即介入事实发现程序，相当于在调解阶段同时开启了仲裁程序，无论调解阶段能否达成协议，当事人都必须为仲裁员参与案件审理支付相应费用，仲裁员也有可能因案件调解解决而浪费了时间。此外，由于仲裁员列席，当事人为了给仲裁员留下深刻印象，以便在其后的仲裁程序中获胜，将使调解变得和仲裁一样充满对抗性。

3. 建议性先调解后仲裁

建议性先调解后仲裁类似于非同一中间人的先调解后仲裁方式，仲裁员和调解员也由不同的第三人担任。所不同的是，如果在调解阶段当事人未能达成合意，调解员将根据其了解的案件情况和相关法律规定向仲裁员提供一份裁决建议书。该建议书没有法律效力,仲裁员也无义务采纳,但由于调解员经历了听证质证阶段,对案件进行了深入了解,仲裁员通常会采纳调解员提供的解决方案。

4. 终局性先调解后仲裁

终局性先调解后仲裁,是指调解程序结束后仍不能达成一致意见的,由争议双方各自向仲裁庭提交争议解决的备选方案,仲裁庭必须在当事人提供的方案中选择较为合理的一个,且不能对被选中的方案作任何更改。因仲裁员必须从当事人双方提出的方案中进行选择,这种压力促使当事人在调解阶段的讨价还价中尽量提出更为合理的要求,以避免仲裁员采纳对方的方案。这种方式通过将仲裁员的裁量权限制在最小范围内,达到避免仲裁员过分妥协而作出不合理裁决的目的。

终局性先调解后裁决的方式通常仅适用于案情简单、可以完全以金钱量化的争议。除此之外,如果当事人双方提交的解决方案不令人满意,仲裁员同样只能选择其中之一,而无法以他认为合理的方式作出裁决,这可能导致纠纷解决的不公正。尤其是在复杂的纠纷中,这种情况发生的可能性更大。[①]

5. 选择性先调解后仲裁

在调解员与仲裁员的选任方面,如由经历了调解阶段并掌握案件情况的调解员转变为仲裁员,负责仲裁案件的审理,可能对程序公正产生影响;而限制调解员进入仲裁程序,规定仲裁员必须由调解员以外的人来担任,则无异于将调解和仲裁程序简单相加。为了避免上述两种方式可能造成的不便,仲裁实践中又产生了选择性先调解后仲裁的方式。这种方式从尊重当事人意思自治的角度出发,赋予双方当事人一种程序选择权,即在调解程序结束后仲裁程序开始前,任何一方当事人均有权拒绝调解员转化为仲裁员,且不需要任何理由。

这种方式有利于当事人在调解阶段毫无负担地坦诚协商,不必担心来自调解员的压力,从而提高调解成功的可能性。然而,这种方式也会带来成本的增加和效率的降低,因为当事人一旦拒绝调解员进入仲裁阶段,在新的仲裁员挑选和任命、仲裁员进行事实调查等程序上必定耗费时间和金钱,也造成了资源的浪费。

6. 仲裁机构附设调解

近年来,越来越多的仲裁机构根据商事案件的实际需要,开始设立专门的商事调解中心,这种由仲裁机构设立的调解中心,可称为仲裁机构附设调解。纠纷发生后,当事人既可以根据仲裁协议约定将争议的案件提交仲裁机构,由仲裁机构将案件交由内设调解中心进行先行调解;也可以直接将案件提交商事调解中心请求调解。调解员的选任由当事人自行决定,通常从仲裁机构或调解机构的名册中选定。调解成功后,当事人可以要求由仲裁机构对调解结果进行审查确认,以制作仲裁裁决书的形式赋予调解结果强制执行效力。调解不成时,当事人可申请启动仲裁程序。仲裁员可否由调解程序中的调解员担任,由当事人协商决定。

[①] 范愉主编:《多元化纠纷解决机制》,厦门大学出版社2005年版,第462页。

这种方式赋予了仲裁机构附设调解的职能，有利于调解与仲裁的无缝衔接。但如果调解不成，还需通过仲裁程序最终解决，实际上仍然适用了调解和仲裁两种程序解决纠纷。

（二）先仲裁后调解

先仲裁后调解，是指先启动仲裁程序，仲裁员根据当事人陈述的事实和提交的证据，依据相关法律作出仲裁裁决，但该仲裁结果并不立刻向当事人公开，而是暂时封存，双方当事人由仲裁程序转入调解程序。在调解阶段，调解员组织双方当事人围绕争议进行会谈、协商，争取达成调解协议。如调解成功，双方当事人达成调解协议，则仲裁阶段作出并封存的仲裁裁决宣告失效；如调解不成，仲裁员公开仲裁裁决。这种先仲裁后调解的方式，进入调解程序后，因案件已经历仲裁阶段，仲裁裁决也已作出，客观上为双方当事人提供了良好的、宽松的商谈环境，有助于调解协议的达成。但如果纠纷存在调解解决的较大可能时，还必须先进行仲裁程序，显然增加了不必要的成本负担。

先仲裁后调解的另一种形式是仲裁程序终结后，当事人利用调解程序解决仲裁裁决执行中的问题。仲裁裁决通常具有强制执行力，在当事人对生效的仲裁裁决申请强制执行的过程中，如遇到困难与问题，经双方当事人同意，可通过调解程序达成协议以解决仲裁裁决执行过程中的问题。这种方式更接近于独立的调解或临时调解。[1]

（三）仲裁与调解相融合

仲裁与调解相融合是指在仲裁程序中融入调解，仲裁程序与调解程序交替适用。仲裁与调解相融合模式具体可分为以下几种方式：

1. 仲裁中的调解

仲裁中的调解源于我国，由中国国际经济贸易仲裁委员会在早期的仲裁实践中创立。它创造性地将调解融入仲裁程序中，开创了仲裁与调解相结合的先河。仲裁中的调解最重要的特点是负责仲裁审理的仲裁员兼任调解员。仲裁中的调解是仲裁与调解相结合的典型表征，也是仲裁与调解中应用最早、最为广泛的一种方式。[2]

仲裁中的调解具有程序灵活、效率性与实效性较高、尊重当事人意思自治等其他仲裁与调解相结合方式不可比拟的优势，但仲裁员与调解员合一模式可能带来的是否会剥夺当事人的选择权、调解中仲裁员与当事人的单方接触以及调解中所获得的信息等是否会影响程序公正与实体公正等问题也成为普遍推广该方式的阻力。不过，实证表明，越来越多的仲裁机构通过附加各种条件实质上已经接受了仲裁中调解的方式。例如所有的仲裁规则都允许仲裁员在当事人同意的情况下将和解协议记入仲裁裁决；在当事人同意的情况下，允许仲裁员与调解员由同一人担任。[3]这表明，通过程序规则的完善，仲裁中的调解在世界各国仲裁实践中越来越得到认可与推广。

---

[1] 参见范愉主编：《多元化纠纷解决机制》，厦门大学出版社2005年版，第455页。
[2] 参见樊堃：《仲裁在中国：法律与文化分析》，樊堃等译，法律出版社2017年版，第161页。
[3] 参见樊堃：《仲裁在中国：法律与文化分析》，樊堃等译，法律出版社2017年版，第162页。

2. 影子调解

影子调解，是指当事人为解决争议先启动仲裁程序，在仲裁进行到适当的时候，启动平行的调解程序，由调解员对当事人的争议进行调解。如果调解成功，当事人双方达成调解协议，仲裁程序即告终结；如果调解失败，则争议案件继续由平行的仲裁程序解决。在影子调解中，仲裁员和调解员由不同的人担任，调解机构和仲裁机构是两个不同的机构，调解程序和仲裁程序亦相互独立。

影子调解的最大缺点是成本高昂。调解员和仲裁员分别独立意味着当事人必须为此支付两笔费用。同时，由于启动调解程序时，调解员对纠纷的事实一无所知，必须与仲裁员一样耗费时间了解案情，当事人为解决纠纷所花费的时间也因此大大增加。[①]

3. 和解裁决

和解裁决是仲裁与调解相融合的一种特殊方式，它是指当事人在仲裁程序外自行协商，或在第三方的协调下达成和解协议，双方依据仲裁条款，请求仲裁机构根据和解协议作出仲裁裁决的方式。和解裁决是对当事人之间纠纷解决达成的合意进行效力确认的手段。根据当事人之间达成的和解协议，仲裁庭以裁决书形式制作的法律文书即和解裁决书。在全球仲裁机构中，对和解协议以裁决书形式确认的立法与实践比较普遍。

从最广泛的意义上说，上述先调解后仲裁、先仲裁后调解以及仲裁与调解相融合三种模式下的各种方式均可作为仲裁与调解相结合的表现形式，它们在各国仲裁实践中发挥着各自的作用。不过，最能体现仲裁与调解相结合的方式，则是仲裁中的调解。也正因为如此，如何发挥仲裁中调解的优势，通过程序设计，防止和避免因仲裁员与调解员由同一人担任的"仲调合一"可能带来的对程序公正的减损，成为仲裁与调解相结合所要解决的首要课题。

二、仲裁与调解相结合在中国的立法与实践

作为最具中国特色的复合型纠纷解决模式，仲裁中的调解、和解仲裁等仲裁与调解相结合的方式已为我国《仲裁法》所认可。我国仲裁机构也在不断探索仲裁与调解相结合的新模式，极大地丰富了我国仲裁与调解相结合的理论与实践。

（一）仲裁中的调解

我国是仲裁与调解相结合的发源地，仲裁实践中仲裁员与调解员由同一人担任的仲裁调解方式被广泛接受，且受到当事人的普遍好评，被国际社会誉为"东方经验"。我国仲裁法已将仲裁中的调解实践通过立法予以确立，各地的仲裁规则，尽管具体规定有差异，但都无一例外地授权仲裁员在当事人同意调解的前提下于仲裁程序中进行调解。不过，仲裁法并未

[①] 参见范愉主编：《多元化纠纷解决机制》，厦门大学出版社2005年版，第464页。

就仲裁调解的具体程序作出安排。根据《仲裁法》的有关规定、代表性的仲裁规则[①]及仲裁实践的具体做法，仲裁中的调解大体上按照以下程序进行：

1. 仲裁调解由谁启动

根据仲裁法的规定，仲裁庭在作出裁决前，可先行调解，当事人自愿调解的，仲裁庭应当调解。从仲裁法的规定来看，仲裁进行中调解的启动分三种情况：一是当事人双方在仲裁程序中共同请求仲裁庭调解，仲裁庭应当进行调解；二是一方当事人请求调解，仲裁庭在征得对方同意的基础上，应当调解；三是仲裁庭在仲裁程序进行中可询问当事人是否同意调解，在双方当事人均同意调解的情形下，仲裁员才可以进行调解。由此可见，尽管在仲裁程序中，仲裁庭有权根据争议案件的需要决定可否先行调解，但能否进行调解必须先征得双方当事人的同意，仲裁庭不得强制当事人进行调解。

还应当说明的是，仲裁法规定，仲裁庭可以先行调解。仲裁中的调解人即为审理仲裁案件的仲裁庭，包括普通仲裁程序中的合议仲裁庭与简易仲裁程序中的独任仲裁庭。就合议庭而言，除非有当事人的共同约定，应由该合议庭的全体成员进行调解。如当事人有特别约定，也可由首席仲裁员主持案件的调解，但不应当由一方当事人所选择的仲裁员单独主持调解。[②]

2. 仲裁调解何时启动

根据仲裁法的规定，只要在仲裁裁决作出前，当事人或仲裁员均可提出调解的请求或建议，但何时提出，法律并无明确的规定。既然是仲裁中的调解，从法理上分析，在仲裁机构

---

① 《贸仲规则》第47条专门就仲裁中的调解作出规定："（一）双方当事人有调解愿望的，或一方当事人有调解愿望并经仲裁庭征得另一方当事人同意的，仲裁庭可以在仲裁程序中对案件进行调解。双方当事人也可以自行和解。（二）仲裁庭在征得双方当事人同意后可以按照其认为适当的方式进行调解。（三）调解过程中，任何一方当事人提出终止调解或仲裁庭认为已无调解成功的可能时，仲裁庭应终止调解。（四）双方当事人经仲裁庭调解达成和解或自行和解的，应签订和解协议。（五）当事人经调解达成或自行达成和解协议的，可以撤回仲裁请求或反请求，也可以请求仲裁庭根据当事人和解协议的内容作出裁决书或制作调解书。（六）当事人请求制作调解书的，调解书应写明仲裁请求和当事人书面和解协议的内容，由仲裁员署名，并加盖'中国国际经济贸易仲裁委员会'印章，送达双方当事人。（七）调解不成功的，仲裁庭应当继续进行仲裁程序并作出裁决。（八）当事人有调解愿望但不愿在仲裁庭主持下进行调解的，经双方当事人同意，仲裁委员会可以协助当事人以适当的方式和程序进行调解。（九）如果调解不成功，任何一方当事人均不得在其后的仲裁程序、司法程序和其他任何程序中援引对方当事人或仲裁庭在调解过程中曾发表的意见、提出的观点、作出的陈述、表示认同或否定的建议或主张作为其请求、答辩或反请求的依据。（十）当事人在仲裁程序开始之前自行达成或经调解达成和解协议的，可以依据由仲裁委员会仲裁的仲裁协议及其和解协议，请求仲裁委员会组成仲裁庭，按照和解协议的内容作出仲裁裁决。除非当事人另有约定，仲裁委员会主任指定一名独任仲裁员成立仲裁庭，由仲裁庭按照其认为适当的程序进行审理并作出裁决。具体程序和期限，不受本规则其他条款关于程序和期限的限制。"

《北仲规则》第43条也规定了仲裁中的调解："（一）仲裁庭可以根据当事人的请求或者在征得当事人同意的情况下按照其认为适当的方式进行调解。（二）调解达成协议的，当事人可以撤回仲裁申请，也可以请求仲裁庭根据调解协议的内容制作调解书或者裁决书。（三）调解书应当写明仲裁请求和当事人协议的结果。调解书由仲裁员签名，加盖本会印章，送达各方当事人。调解书经各方当事人签收即发生法律效力。（四）对于调解书中的文字、计算错误或者类似错误，仲裁庭应当补正。当事人也有权在签收调解书后30日内要求补正。调解书的补正为调解书的组成部分，经送达当事人后生效。（五）调解不成的，任何一方当事人均不得在之后的仲裁程序、司法程序和其他任何程序中援引对方当事人或仲裁庭在调解过程中的任何陈述、意见、观点或建议作为其请求、答辩或者反请求的依据。"

② 乔欣主编：《和谐文化理念视角下的中国仲裁制度研究》，厦门大学出版社2011年版，第252页。

受理案件后至仲裁庭作出裁决前均有调解的可能，仲裁员应当考虑各个案件的不同情况，选择调解的最佳时机。通常情况是，案件开庭审理初期和辩论结束后是容易启动调解的两个阶段。在开庭审理初期，当事人了解了双方的争议焦点及对方的证据材料后，如果发现己方证据处于不利地位，可能更倾向于调解。在辩论结束后，争议的事实已经明确，仲裁裁决结果对当事人已经具有可预测性，此时通过调解解决更具效率。

值得注意的是，我国仲裁中的调解并不明确区分"调解阶段"与"仲裁阶段"，仲裁程序进行的任何阶段都存在调解的可能，且调解的进行也不仅仅限于仲裁开庭审理阶段，大量的案件在开庭前、多次开庭的间隔中、庭审结束后直至裁决作出前均可进行调解。这一点与其他亚洲国家不同。在其他亚洲国家，如果当事人在仲裁中请求调解，则仲裁员将在调解期间中止仲裁。因此，中国模式代表着最彻底的调解与仲裁相结合。[①]

3. 调解的进行

仲裁中的调解程序如何进行，无论是法律还是各地的仲裁规则均无特别明确的规定。仲裁庭主持调解时，通常要求双方当事人或其委托代理人到场参与调解，当然也不排除电话沟通等便捷的商谈方式。调解既可以对席进行，也允许"私访"，即仲裁员与一方当事人单独商谈。而初步的调解方案，既可能来源于一方当事人，也可能基于仲裁员的建议。调解的范围，不限于仲裁请求，可以超出仲裁请求的范围达成调解协议。当然，最终调解协议的达成必须经双方当事人同意。

4. 调解的结束

仲裁中的调解，通常在以下两种情况下结束：（1）因双方当事人达成调解协议而结束。在仲裁庭主持下，如果双方当事人经过协商，就争议的权利义务关系达成协议，经双方签字确认后调解程序即告结束。（2）因双方当事人未达成调解协议而结束。在仲裁庭主持调解的过程中，任何一方当事人提出终止调解，或虽然当事人未提出，但仲裁庭认为双方无调解成功的可能时，均应终止调解，调解活动即告结束。

对于通过仲裁中的调解达成调解协议的，当事人可以撤回仲裁申请，也可以请求仲裁庭根据调解协议的内容制作调解书或裁决书。当事人请求仲裁庭根据调解协议制作调解书或裁决书的，仲裁庭应当对调解协议进行审查。只要调解协议没有违反法律的禁止性规定，仲裁庭就应对调解协议进行确认，并制作调解书或裁决书。

根据《仲裁法》第52条的规定，调解书应当写明仲裁请求和当事人协议的结果，调解书由仲裁员签名、加盖仲裁委员会公章，送达双方当事人。此外，我国《仲裁法》没有规定实践中存在的调解书出现错误时如何补正的问题。对此，《北仲规则》第43条第4款规定："对于调解书中的文字、计算错误或者类似错误，仲裁庭应当补正。当事人也有权在签收调解书后30日内要求补正。调解书的补正为调解书的组成部分，经送达当事人后生效。"

对于因无法达成协议而结束调解活动的，仲裁庭应当继续进行仲裁程序并作出仲裁裁决。此外，为了避免调解中的信息影响最终的仲裁裁决，《北仲规则》第43条第5款与《贸

[①] 樊堃：《仲裁在中国：法律与文化分析》，樊堃等译，法律出版社2017年版，第177页。

仲规则》第47条第9款均规定，如果调解不成功，任何一方当事人均不得在其后的仲裁程序、司法程序和其他任何程序中援引对方当事人或仲裁庭在调解过程中曾发表的意见、提出的观点、作出的陈述、表示认同或否定的建议或主张作为其请求、答辩或反请求的依据。

（二）和解仲裁

当事人双方达成和解协议后，通过仲裁程序，依据和解协议作出仲裁裁决的和解仲裁是世界各国仲裁实践普遍认可的做法，我国《仲裁法》与各地仲裁机构的仲裁规则也有相关的规定。

根据《仲裁法》第49条的规定，当事人申请仲裁后，可以自行和解，达成和解协议的，可以请求仲裁庭根据和解协议制作裁决书。仲裁法的这一规定实质上就是和解仲裁的一种表现形式。

当事人发生争议后，双方可以依据仲裁条款或仲裁协议向仲裁机构申请仲裁。仲裁机构受理后，并不意味着该争议只能通过仲裁庭予以解决，当事人仍然可以自主协商，达成和解协议，以解决争议。达成和解协议后，当事人可选择撤回仲裁，也可申请仲裁庭依据和解协议制作裁决书，这就是我国《仲裁法》规定的仲裁和解制度。仲裁庭依据当事人的申请，根据和解协议制作的裁决书即和解裁决，其法律效力等同于仲裁裁决书。

仲裁法规定的当事人自行和解，需要发生在特定的时限内，即仲裁机构受理案件后至仲裁庭作出裁决前。当事人达成的和解既可能是双方自行协商的结果，也可能在第三人的沟通与协调下达成，但这都不影响其作为仲裁和解的性质定位。当事人在仲裁程序中达成和解协议后，有权请求仲裁庭依据和解协议制作仲裁裁决书，从而结束仲裁程序。

需要强调的是，对当事人自主达成的和解协议，如当事人选择申请仲裁庭根据和解协议制作裁决书方式结案，仲裁庭应当对和解协议进行审查，如和解协议没有违反法律的禁止性规定，应当根据和解协议制作裁决书。

（三）仲裁机构附设调解

近年来，如何充分发挥调解解决纠纷的优势，构建多元化调解格局成为完善我国纠纷解决机制的重要内容。在仲裁领域，一些仲裁机构借鉴国外经验，进行了大胆的探索，通过在仲裁机构中设立专门的调解中心，创新性地将仲裁和独立调解进行有机结合，实现了调解与仲裁的衔接。其中，最具代表性的是2011年《北京仲裁委员会调解中心调解规则》。

根据该规则的规定，调解中心可接受当事人的委托，由当事人选择调解中心的调解员主持调解。经调解，双方达成和解协议的，可申请仲裁机构通过制作调解书或裁决书的方式确认和解协议。由此，开创了我国仲裁机构可独立调解的新做法，实现了调解与仲裁的无缝对接，标志着我国在仲裁与调解相结合的实践中又增添了一种新模式。

此外，根据《北京仲裁委员会调解中心调解规则》的规定，调解中心还可以接受仲裁程序中当事人的请求，委派调解员主持调解，如达成和解协议，仲裁庭可依据该和解协议的内容制作调解书或裁决书。

实务研究

除建立仲裁机构附设的调解中心进行独立调解外，近年来，一些仲裁机构还积极与行业协会联合，建立专业性仲裁调解中心，取得了较好的社会效果。

第三节　仲裁调解的法律效力

根据我国《仲裁法》的规定，我国仲裁调解的结果以仲裁调解书、和解裁决书以及和解协议的形式加以体现。仲裁调解的法律效力即仲裁调解书、和解裁决书以及和解协议的法律效力。

一、仲裁调解书

（一）仲裁调解书的概念

仲裁调解书，是指仲裁庭制作的，确认双方当事人之间就争议的实体权利义务关系所达成的调解协议内容的法律文书。与仲裁调解书不同，调解协议是在仲裁程序中，双方当事人在仲裁庭的主持下，经过协商，就争议的实体权利义务的确定所达成的合意。调解协议未经仲裁庭以制作调解书的方式确认，只具有民事合同的效力。仲裁调解书则具有与仲裁裁决书同等的法律效力。仲裁调解书产生于我国仲裁调解的实践，是我国仲裁机构对仲裁中的调解的结果进行效力确认的一种独特形式，只适用于国内仲裁。

根据《仲裁法》的规定，在仲裁庭的主持下双方当事人达成调解协议的，仲裁庭应当制作调解书或根据协议的结果制作裁决书。调解书与裁决书具有同等的法律效力。由此可见，仲裁程序中，对于当事人在仲裁庭主持下所达成的调解协议，仲裁庭制作调解书或根据当事人的请求制作裁决书是仲裁庭的法定职责。只要当事人双方达成调解协议，仲裁庭就应当以调解书或裁决书的形式将调解协议的内容加以确定。

（二）仲裁调解书的制作

与仲裁裁决不同，仲裁调解应当尊重当事人的意思自治，遵循自愿平等的原则，达成的调解协议应充分反映当事人的意愿，该特点也体现在仲裁调解书的制作中。根据我国《仲裁法》第52条的规定，仲裁调解书应当写明仲裁请求和当事人协议的结果。调解书由仲裁员签名，加盖仲裁委员会印章，送达双方当事人。

仲裁庭制作调解书必须按照法律规定并具备相应的程序要件。仲裁调解书的结构由首部、正文、尾部三部分组成，仲裁实践中具体包括以下内容：（1）首部。在仲裁调解书的首部，主要列明仲裁调解书的标题、案件编号、当事人及其委托代理人的基本情况。（2）正文。正文是仲裁调解书的核心部分，应当写明仲裁请求、双方当事人争议的主要事实、双方当事人达成协议所包含的事项与内容以及仲裁费用的分担等。（3）尾部。尾部主要表明仲裁调解书的效力、仲裁员的签名，并加盖仲裁委员会印章。

（三）仲裁调解书的效力

根据《仲裁法》的规定，仲裁调解书经双方当事人签收后，即发生法律效力。在调解书签收前当事人反悔的，仲裁庭应当及时作出裁决。这表明与仲裁裁决书一经作出立即生效不同，仲裁调解书以送达当事人并经当事人签收为生效要件，当事人在调解书签收前有反悔权。当事人拒绝签收调解书的，仲裁庭应当继续审理并及时作出裁决。

仲裁庭依据当事人之间达成的调解协议制作的调解书经当事人双方签收后，具有与生效的仲裁裁决书同等的法律效力。具体表现为：（1）确认双方当事人之间的实体权利义务。仲裁调解书一旦生效，意味着双方当事人之间的实体权利义务争议得到解决，双方不得再行争议。（2）双方当事人之间提请仲裁的争议已获终局解决，当事人不得以同一事实和理由再行申请仲裁，也不得向人民法院提起诉讼。（3）具有强制执行力。仲裁调解书生效后，如果义务人不履行仲裁调解书所确定的实体义务，权利人有权依据仲裁调解书向人民法院申请强制执行，受申请的人民法院应当执行。《仲裁法解释》第28条进一步明确规定，当事人请求不予执行仲裁调解书的，人民法院不予支持。

需要注意的是，对当事人在仲裁庭主持下达成的调解协议，仲裁庭是否应当进行审查？我国《仲裁法》对此没有明确规定。通常认为，仲裁庭应当对当事人的调解协议进行审查，除要审查仲裁调解书是否符合形式要件外，还应对调解协议进行适度的实质审查，包括调解协议不能违反法律的禁止性规定，不能侵害国家利益、社会公共利益和他人合法权益等。而对于当事人可否就超出仲裁请求范围的事项达成协议，我国《仲裁法》亦无规定。从仲裁实践看，为了彻底解决纠纷，仲裁庭对超出仲裁请求范围的和解协议通常保持宽容的态度，尽量尊重当事人的合意结果。

二、和解裁决书

（一）和解裁决书的概念

和解裁决书，是指在仲裁程序中，仲裁庭制作的确认当事人自行达成的和解协议内容的法律文书。仲裁中的和解裁决书是仲裁庭对当事人之间为解决实体权利义务争议所达成的合意进行效力确认的一种方式，也是仲裁中的特殊制度，得到了各国仲裁机构较为普遍的认可。

根据我国《仲裁法》的规定，当事人申请仲裁后，可以自行和解。达成和解协议的，可以请求仲裁庭根据和解协议作出裁决书。据此，我国也通过立法的方式确认仲裁中的和解裁决。

（二）和解裁决书与仲裁裁决书、仲裁调解书的区别

和解裁决书是仲裁裁决书的特殊形式，它是以裁决的方式对当事人所达成的和解协议的确认。和解裁决书与仲裁庭通过审理，依据仲裁庭确认的事实，适用法律作出的一般意义上

的仲裁裁决相比，存在以下两方面的区别：一是制作的依据不同。和解裁决书制作的依据是当事人双方达成的和解协议，和解裁决书是仲裁庭对双方当事人解决争议所形成的合意的确认。而仲裁裁决书是仲裁庭经过完整的审理程序，在认定案件事实，并适用法律基础上作出的，仲裁裁决书反映了仲裁庭的意志。二是裁决书所记载的内容不同。和解裁决书记载的内容较为简略，通常仅记载仲裁请求与和解协议的具体内容即可。而仲裁裁决书对记载的内容要求严格，通常应当写明仲裁请求与答辩意见、双方争议的事实、质证与认证结果、仲裁庭意见以及裁决结果等。

在我国，和解裁决书与仲裁调解书都是依据当事人解决纠纷达成的合意形成的，且法律效力相同。但和解裁决书与仲裁调解书仍然存在以下不同：一是生效的时间不同。和解裁决书是仲裁裁决书的特殊形式，与仲裁裁决书一样，仲裁庭一经作出立即生效，向当事人送达和解裁决书时，如当事人拒绝签字并不影响和解裁决书的效力。而根据我国《仲裁法》的规定，仲裁调解书以当事人双方签收为生效要件。换言之，仲裁调解书作出后并不立即发生法律效力，当事人有权拒绝在已作出的调解书上签字，从而使仲裁调解书不生效力。二是能否成为涉外强制执行的依据不同。我国是《纽约公约》的签约国，根据该公约的规定，只有仲裁裁决书才能成为向其他签约国法院申请承认和执行的根据，而我国仲裁机构制作的仲裁调解书则不能得到承认。因此，如果仲裁裁决书的内容涉及在外国法院执行的，当事人通常要求仲裁庭作出和解裁决书，以便有利于得到外国法院的承认和执行。

（三）和解裁决书的效力

根据我国《仲裁法》的规定，和解裁决书与仲裁调解书具有同等的法律效力。因此，和解裁决书一经作出，其法律效力与生效的仲裁调解书等同，即：（1）确认实体权利义务关系；（2）结束仲裁程序，不得就同一争议再行申请仲裁，或向人民法院起诉；（3）具有强制执行力。

与仲裁调解书一样，对于自行达成的和解协议，当事人请求仲裁庭制作和解裁决书的，仲裁庭也应当进行审查，包括形式审查和实质审查。对于违反法律的禁止性规定，侵害国家、社会公共利益或他人合法权益的和解协议，仲裁庭应要求当事人予以纠正。

实务研究

三、和解协议

仲裁中的和解协议是指双方当事人在仲裁进行过程中，经自主协商，对所达成的解决争议的合意结果进行确认的书面契约。对当事人在仲裁程序中所达成的和解协议，尽管我国《仲裁法》并未明确规定其形式，但通常双方当事人都会选择以书面方式记录和解协议。

根据我国《仲裁法》的规定，当事人申请仲裁后，可以自行和解。达成和解协议的，除可以请求仲裁庭根据和解协议作出裁决书外，也可以撤回仲裁申请。因达成和解协议，当事人选择撤回仲裁申请也是仲裁程序终结的一种方式。此时，就涉及如何认定和解协议的效力问题。

通常认为，和解协议是双方当事人对实体权利进行处分的结果，体现双方当事人的真实意思表示，具有民事合同的效力。和解协议一经作出，对双方当事人均具有约束力，义务人应当按照和解协议自觉履行义务。但是，根据《仲裁法》第50条的规定，仲裁中的和解协议本身不具有强制执行的效力，如双方当事人达成和解协议后，一方当事人撤回仲裁申请，另一方不能自觉履行和解协议的，当事人可以根据仲裁协议申请仲裁。

需要说明的是，在仲裁实践中，经审理案件的仲裁员主持调解，双方当事人达成协议的，也存在一方当事人撤回仲裁请求的可能。此时，当事人达成的协议即为和解协议，也具有民事合同的效力。

此外，我国仲裁实践中，通过申请仲裁机构附设的调解中心进行调解，达成调解协议后，如双方当事人并未申请仲裁庭以仲裁调解书或和解裁决书的方式确认调解协议，则调解协议也仅具有民事合同的效力。义务人如果不履行调解协议，权利人也不能向人民法院申请强制执行，但可以请求人民法院对调解协议进行司法确认。

思考题

一、不定项选择题

本章思考题参考答案

1. 关于仲裁调解，下列哪些表述是正确的？（　　）（2010年司考卷三第81题）

A. 仲裁调解达成协议的，仲裁庭应当根据协议制作调解书或根据协议结果制作裁决书

B. 对于事实清楚的案件，仲裁庭可依职权进行调解

C. 仲裁调解达成协议的，经当事人、仲裁员在协议上签字后即发生效力

D. 仲裁庭在作出裁决前可先行调解

2. 海云公司与金辰公司签订了一份装饰工程合同。合同约定，金辰公司包工包料，负责完成海云公司办公大楼的装饰工程。事后双方另行达成了补充协议，约定因该合同的履行发生纠纷，由某仲裁委员会裁决。在装饰工程竣工后，质检单位鉴定复合地板及瓷砖系不合格产品。海云公司要求金辰公司返工并赔偿损失，金辰公司不同意，引发纠纷。假设仲裁机构受理了海云公司的仲裁申请，仲裁过程中海云公司与金辰公司达成调解协议，可以何种方式结案？（　　）（2005年司考卷三第96题）

A. 撤回仲裁申请

B. 仲裁庭作出准许撤回仲裁申请的裁决书

C. 仲裁庭制作调解书

D. 仲裁庭根据调解协议制作裁决书

3. 某仲裁委员会仲裁某一合同争议案件时，根据甲、乙双方当事人的意愿首先进行了调解并达成调解协议，甲方愿意赔偿乙方经济损失1万元，仲裁庭根据调解协议制作了裁决

书，根据上述情况，谢列哪一选项是正确的？（　　）（2008年司考四川延考卷三第34题）

　　A. 仲裁庭制作完成裁决书后该裁决书即发生法律效力
　　B. 裁决书经双方当事人签收后才发生法律效力
　　C. 甲方在签收裁决书前反悔的，仲裁庭应当依法重新作出裁决
　　D. 甲方在签收裁决书后反悔的，可以以裁决书是根据调解协议的内容制作为由向法院申请撤销该裁决

　　4. 甲市L区居民叶某购买了住所在乙市M区的大亿公司开发的位于丙市N区的商品房一套，合同中约定双方因履行合同发生争议可以向位于丙市的仲裁委员会（丙市仅有一家仲裁机构）申请仲裁。因大亿公司迟迟未按合同约定支付房屋，叶某向仲裁委员会申请仲裁。大亿公司以仲裁机构约定不明，向仲裁委员会申请确认仲裁协议无效。经审查，仲裁委员会作出了仲裁协议有效的决定。在第一次仲裁开庭时，大亿公司声称其又向丙市中级法院请求确认仲裁协议无效，申请仲裁庭中止案件审理。在仲裁过程中仲裁庭组织调解，双方达成了调解协议，仲裁庭根据协议内容制作了裁决书。后因大亿公司不按调解协议履行义务，叶某向法院申请强制执行，而大亿公司则以调解协议内容超出仲裁请求为由，向法院申请不予执行仲裁裁决。（2016年司考卷三第99、100题）

　　（1）双方当事人在仲裁过程中达成调解协议，仲裁庭正确的结案方式是（　　）。
　　A. 根据调解协议制作调解书
　　B. 应当依据调解协议制作裁决书
　　C. 将调解协议内容记入笔录，由双方当事人签字后即发生法律效力
　　D. 根据调解协议的结果制作裁决书

　　（2）大亿公司以调解协议超出仲裁请求范围为由，请求法院不予执行仲裁裁决，法院正确的做法是（　　）。
　　A. 不支持，继续执行
　　B. 应支持，并裁定不予执行
　　C. 应告知当事人申请撤销仲裁裁决，并裁定中止执行
　　D. 应支持，必要时可通知仲裁庭重新仲裁

　　5. 甲公司与乙公司之间的买卖合同纠纷，双方在仲裁过程中达成和解协议，此种情况下甲公司不具有下列哪一种权利？（　　）（2004年司考卷三第42题）
　　A. 请求仲裁庭根据和解协议作出裁决书
　　B. 撤回仲裁申请
　　C. 对仲裁协议进行反悔，请求仲裁庭依法作出裁决
　　D. 请求法院执行仲裁过程中达成的和解协议

　　6. 甲、乙在合同中约定因合同所发生的争议，提交某仲裁委员会仲裁。后双方发生争议，甲向约定的仲裁委员会申请仲裁，但乙对仲裁协议的效力提出异议。对此，乙就仲裁协议的效力有权向谁申请认定？（　　）（2005年司考卷三第79题）
　　A. 该仲裁委员会所在地基层法院

B. 该仲裁委员会所在地中级法院

C. 该仲裁委员会

D. 甲居住地的基层法院

7. 下列关于仲裁裁决的哪些观点是正确的？（　　）（2006年司考卷三第85题）

A. 当事人可以请求仲裁庭根据双方的和解协议作出裁决

B. 仲裁庭可以根据双方当事人达成的调解协议作出裁决

C. 仲裁裁决应当根据仲裁庭多数仲裁员的意见作出，形不成多数意见的，由仲裁委员会讨论决定

D. 仲裁裁决一经作出立即发生法律效力

8. 甲公司与乙公司签订了一份钢材购销合同，约定因该合同发生纠纷双方可向A仲裁委员会申请仲裁，也可向合同履行地B法院起诉。关于本案，下列哪些选项是正确的？（　　）（2010年司考卷三第84题）

A. 双方达成的仲裁协议无效

B. 双方达成的管辖协议有效

C. 如甲公司向A仲裁委员会申请仲裁，乙公司在仲裁庭首次开庭前未提出异议，A仲裁委员会可对该案进行仲裁

D. 如甲公司向B法院起诉，乙公司在法院首次开庭时对法院管辖提出异议，法院应当驳回甲公司的起诉

二、简答题

1. 简述仲裁与调解相结合在我国《仲裁法》中的体现。
2. 简述仲裁调解的性质。
3. 简述和解裁决的效力。

第九章 仲裁临时措施

> **导语**
>
> 在仲裁庭作出终局裁决前,为保证将来裁决的执行或防止当事人的其他法益遭受损害,法院、仲裁庭或紧急仲裁员(庭)根据申请所采取的临时措施主要包括仲裁财产保全和行为保全措施两种。仲裁财产保全、确保型行为保全与制止型行为保全之间,在适用条件、适用程序上有较大的区别。仲裁临时措施可以采用裁决、命令等不同形式,对当事人、法院发生相应的法律效力。

第一节 仲裁临时措施概述

一、仲裁临时措施的概念和特点

(一)概念

仲裁临时措施(interim measures),也称临时性保全措施(interim measures of protection、provisional remedies)、临时性救济(interim measures of relief、interim relief),广义上是指在仲裁终局裁决作出之前,法院或者仲裁机构、仲裁庭、紧急仲裁员根据一方当事人的请求,对被申请人的相关财产、本案相关证据采取保全措施,或者责令被申请人为或不为一定行为等,以保障仲裁程序顺利进行、维护当事人权益、保证终局裁决将来得以执行。狭义上,仲裁临时措施仅指为保证将来仲裁裁决的执行或避免一方当事人合法权益受到严重损害而采取的保全措施,但不包括中间裁决、仲裁程序令和仲裁证据保全等广义上的临时措施。本书依据我国《民诉法》《仲裁法》的规定,采用狭义上的概念。

(二)特点

在商事仲裁中,仲裁临时措施是一个被广泛使用的概念,与民事诉讼法上的保全程序具有相似性。其特点在于：（1）以实现本案权利为最终目的，并不解决当事人之间的实质争议，而为实质争议的终局裁决提供支持和保障。（2）具有依附性，须依赖本案仲裁程序而存在。（3）具有预防性和暂定性。出于保护权利的紧迫性，作出仲裁临时措施，不需要像解决实体争议的终局裁决那样最终确认权利，只要申请人能对其权利的存在进行必要的释明即可；仲裁临时措施不具有最终确定权利归属的性质，不能对争议的实体内容进行预先判断，仅具有暂定权利存在的性质。（4）具有"双重可获得性"[①]。临时措施的作出主体，并不限于法院，还包括仲裁庭，即仲裁庭也有采取临时措施的权力。当事人或利害关系人可以向法院申请保全，也可以在法律、仲裁规则或仲裁协议有规定时，申请仲裁庭作出临时措施。

二、仲裁临时措施的法律渊源

仲裁临时措施普遍存在于所有法律体系，规定于国际商事仲裁法律文件、各国国内法中，并且在各仲裁机构的仲裁规则中往往有进一步明确、细化的规定。这里择其要者列举如下：

（一）国际商事仲裁法律文件

如2006年《国际商事仲裁示范法》第9条和第17条、2003年《解决国家与他国国民间投资争端公约》第47条、1965年《布鲁塞尔条约》第6条等。遗憾的是，我国加入的《纽约公约》对仲裁临时措施未作出明确的规定。

（二）国内立法

仲裁临时措施一般规定于各国的民事诉讼法或者仲裁法中。我国《民诉法》第101条规定了仲裁前保全，《仲裁法》第28条和《民诉法》第272条规定了仲裁中保全。

（三）机构仲裁规则

仲裁临时措施在1998年《伦敦国际仲裁院仲裁规则》第25条、2003年《美国仲裁协会国际仲裁规则》第21条、1998年《国际商会仲裁规则》第23条第1款、2017年《斯德哥尔摩商会仲裁院仲裁规则》第37条、2003年《解决投资争端国际中心（ICSID）仲裁规则》第39条等国际著名仲裁机构的仲裁规则中均有所规定。在我国，《贸仲规则》第23条、《北仲规则》第17、62、63条等机构仲裁规则文本中，也进一步明确了仲裁临时措施。

三、仲裁临时措施的分类

依据不同的标准，可以对仲裁临时措施作不同的分类。

[①] 关于"双重可获得性"特征，参见任明艳：《国际商事仲裁中临时性保全措施研究》，上海交通大学出版社2010年版，第17页。

（一）仲裁前保全和仲裁中保全

以申请临时措施的时间为标准，可以将其分为仲裁前保全和仲裁中保全两种。

由于仲裁前保全适用于紧急情况，因此，临时措施要尽快作出并且执行，以防止临时措施的目的落空。为此，法律一般对仲裁前保全的要件及其证明、审查程序、审查标准、审查期限、临时措施的执行等问题，作出不同于仲裁中保全的规定。

（二）仲裁财产保全与仲裁行为保全

根据临时措施所保全的是被申请人的责任财产或者本案争议的标的物，还是被申请人的行为，可以将其分为仲裁财产保全与仲裁行为保全。

仲裁财产保全的功能是保证将来仲裁裁决的执行，保全的对象限于本案金钱请求所指向的债务人责任财产或者本案争议的标的物。因此，在仲裁请求为金钱请求或交付物的请求的仲裁案件中，有仲裁财产保全适用的空间。

仲裁行为保全在功能上与仲裁财产保全部分相同，但也有差异，尤其是仲裁行为保全还具有"维持现状"（preserving the status quo）的特殊功能，即在当事人纠纷解决之前保持当事人法律关系的状态，使当事人的地位在仲裁裁决作出之前不发生改变。与之相适应，仲裁行为保全的对象既可能是作为本案仲裁请求的责令被申请人作为或不作为，也可能是为了防止一方当事人受到其他损害而责令对方作出一定行为或者禁止其作出一定行为。

（三）实体性临时措施与程序性临时措施

以临时措施的性质及所要实现的目的为标准，可以将其分为实体性临时措施与程序性临时措施。

所谓实体性临时措施，是指旨在解决当时所产生的与案件整体纠纷存在必要联系的争议的临时措施。此处的争议应能被独立解决，且若不被及时解决，将导致最终仲裁裁决的价值无法实现。例如，仲裁庭所采取的禁止在某期间内清偿债务、解散公司等临时措施。而程序性临时措施，是指与仲裁庭推进仲裁程序有关，与当事人实体权利义务的分配无关的临时措施，如要求一方当事人提交证据，关于开庭程序、开庭议题等问题作出的决定等。[①]

仲裁临时措施的目的，并非仅仅在于处理程序性事项，仲裁庭对实体性争议也可以采用临时措施。实体性临时措施的目的是在作出终局裁决之前，在仲裁程序的特定阶段明确当事人之间的权利与义务。实体性临时措施虽然可以被仲裁庭在任何时间更改、终止或撤销，但是在特定的时间内它将约束当事人之间的实质性关系，并在某种意义上决定了当事人之间权利义务的分配。[②]因而，相较于程序性临时措施，作出实体性临时措施的风险性更大，应当

[①] 参见胡海帆：《国际商事仲裁中临时措施可执行性问题研究》，载中国国际经济贸易仲裁委员会网站，http://www.cietac.org/index.php?m=Article&a=show&id=30，2019年12月10日访问。

[②] See Gerold Herrmann, "Does the World Need Additional Uniform Legislation on Arbitration?", *Arbitration International*, 1999, Volume 15, Issue 3, pp. 211, 230.

更加慎重。

（四）一般临时措施与涉第三人临时措施

根据临时措施是否指向当事人以外的第三人，可以将其分为一般临时措施和涉第三人临时措施。

商事仲裁以仲裁协议为基石，仲裁权源自仲裁协议，故仲裁庭所作的包括临时措施在内的任何决定，一般只能指向当事人。但在商事仲裁中，仲裁庭作出直接涉及第三人的指令或决定是无法避免的。例如，买卖合同双方争议的货物由第三人合法占有，仲裁庭需要针对该货物采取保全措施时，自然难以绕过占有货物的第三人。仲裁法理论上，允许仲裁庭采取的涉第三人临时措施，是指对第三人利益可能产生影响的临时措施，而非直接针对第三人的临时措施。例如，仲裁庭不能对银行下达冻结令，要求冻结仲裁当事人在银行的存款，但是仲裁庭有权命令一方当事人禁止转移其特定银行账户的存款，此时，作为第三人的银行的利益在该临时措施中被间接地波及和影响。[1]在民事诉讼中，法院享有普遍的、固有的管辖权，可以对第三人直接采取保全措施；而在商事仲裁中，通说认为，仲裁庭无权对第三人作出有约束力的临时措施决定。[2]因此，要使某项临时措施直接对第三人产生法律约束力，当事人应当向法院提出申请，由法院作出具有强制执行力的保全裁定。

四、仲裁临时措施的意义

仲裁临时措施与民诉法上的保全程序一样古老，并且在仲裁制度的发展演变中不断强化，目前已成为商事仲裁的一项基本制度。它不仅是仲裁程序顺利进行和仲裁裁决有效执行的必要保障，也是实现当事人的仲裁意愿、达成仲裁价值目标、使仲裁制度保持活力并促进商事仲裁进一步发展的不可或缺的要素。如果仲裁裁决作出之前缺乏必要的临时措施机制，裁决对于胜诉方而言可能变成一纸空文。

具体而言，仲裁临时措施的意义集中体现在两个方面：（1）有助于确保仲裁裁决得以执行。在终局裁决作出前，对方可能通过恶意转移、隐匿或者变卖财产，或者采取其他方式使己方资信状况恶化、偿债能力降低，导致即使最终胜诉，当事人也难以实现仲裁裁决所确定的权利。而通过采取查封、扣押、冻结债务人的财产等仲裁临时措施，可以固定债务人的责任财产，防止其财产的不当减少或处分，保证裁决能够得到执行。尤其在国际商事仲裁中，由于当事人分属不同国家，往往案情复杂、证据较多、仲裁时间较长，仲裁临时措施的保障作用更为明显、突出。（2）有助于维持现状，防止对当事人一方造成重大损害。一方面，仲裁裁决作出前，当事人之间发生争议的权利义务关系处于待定状态，而与之相关的其他实体

---

[1] See Pierre A. Karrer, "Interim Measures Issued by Arbitral Tribunals and the Courts: Less Theory Please", in Albert J van den Berg (ed.), *International Arbitration and National Courts: The Never Ending Story*, *ICCA Congress Series*, No. 10, The Hague/London/New York: Kluwer, 2001, pp. 103–106.

[2] 参见任明艳：《国际商事仲裁中临时性保全措施研究》，上海交通大学出版社2010年版，第51页。

法律关系应当不受影响。以合同纠纷仲裁为例，不能因发生某项合同权利义务争议而使该合同中的其他权利义务关系都停滞下来。否则，若没有发生争议的合同义务因仲裁程序而不履行或者不继续履行，则违约的一方当事人会因其违约行为而获得更大的利益，有违合同目的。另一方面，对于发生争议的具体权利义务而言，在仲裁庭作出最终裁决前，通过发布仲裁临时措施，明确当事人之间的法律关系状态，不允许任何一方当事人改变法律关系现状，有利于维护当事人的主体地位，鼓励交易，促进合同履行，也有助于仲裁裁决内容的实现。

第二节　采取仲裁保全措施的主体

一、仲裁保全的权力分配模式

在20世纪中期之前，由于各国立法者和法院不信任仲裁，将仲裁保全的权力误认为国家的主权权力，仲裁保全的权力由法院垄断性行使。20世纪80年代以来，人们对商事仲裁与民事诉讼的关系有了根本改观，有利于仲裁、友好于仲裁的观念被各国普遍接受，仲裁庭开始分享仲裁保全的决定权。近20年来，在国际商事仲裁实践的推动下，为满足仲裁庭组庭之前采取仲裁保全措施的实际需要，各国又逐步赋予紧急仲裁员（庭）采取临时措施的权力。从比较法来看，各国对于仲裁保全的权力分配，存在着三种不同的立法模式：

（一）法院独占仲裁保全决定权模式

在这种模式下，保全决定权由法院垄断行使，完全排除仲裁庭作出临时措施的可能性。这在早期非常常见，但目前只有意大利、阿根廷、希腊和我国等少数几个国家在立法上采此模式。①例如1994年《意大利民事诉讼法典》第818条明确规定："仲裁庭本身不得扣押财产，也不得采用其他临时保护措施。"

采此模式的理由在于：一是认为保全程序是一种强制性措施，仲裁庭与仲裁机构不享有公权力，强制性措施只能由法院依当事人的申请实施。二是从实践角度，认为仲裁庭不能像法院那样办理无对方参与的单方保全程序，或者仲裁庭发布的仲裁保全措施存在执行难问题。三是个别国家仲裁制度发展缓慢，对于仲裁保全缺乏足够的重视。

（二）仲裁庭独占仲裁保全决定权模式

这种模式将保全决定权作为仲裁庭的专属权力，法院无权作出仲裁临时措施。这一极端的权力分配模式，尚未得到各国国内法的支持，但司法实践中，美国一些法院在解释《纽约公约》第3条2款关于"仲裁协议项下的事项应当提交仲裁解决"之规定时，认为当事人有仲裁协议的，法院应拒绝行使仲裁保全决定权；如果当事人一方向法院申请临时措施，就

---

① ［美］加里·B.博恩：《国际仲裁：法律与实践》，白麟等译，商务印书馆2015年版，第272页。

是逃避约定的解决争议的方法——仲裁，所以主张将命令采取保全措施的权力交给仲裁庭行使。这种观点，遭到学术界的批评。[①]另外，《解决国家与他国国民间投资争端公约》第26、47条的规定，出于实现投资争议的非政治化、摆脱国内法的控制以创建一个自治性的仲裁机制的考虑，本质上也排除了法院作出仲裁保全决定的权力。

（三）并存权力模式

在这种模式下，法院和仲裁庭分享仲裁保全决定权，均有权发布仲裁临时措施。从世界各国和地区立法和商事仲裁实践来看，并存权力模式已被普遍接受。

根据法院和仲裁庭分享的仲裁保全决定权的二次分配方式，并存权力模式又可分为以下具体类型：

1. 自由选择模式

所谓自由选择模式，是指法院和仲裁庭在发布临时措施上享有平行权力，所作的仲裁临时措施具有同等的效力，当事人可以自由选择向其中一个权力主体提出仲裁保全的申请。采此模式的典型代表是《国际商事仲裁示范法》以及参照该示范法进行立法的国家，如德国、印度等。1998年修订的《德国民事诉讼法》几乎全面吸收了《国际商事仲裁示范法》的规定，在第1033、1041条明确规定了法院和仲裁庭在发出临时措施方面具有同等的地位和权力，当事人可以自由选择向法院还是仲裁庭申请仲裁保全。

实际上，越来越多的国际和国内立法文件确认仲裁庭与法院平行行使仲裁保全决定的作出权，当事人可以选择由仲裁庭还是法院来决定仲裁保全问题。当事人有约定的，从其约定；当事人没有约定的，则适用法律的规定。例如，2002年《韩国仲裁法》第10条、《瑞士国际私法法典》第183条、《保加利亚国际商事仲裁法》第9、21条都承认法院与仲裁庭享有平行权力。

2. 法院附属模式

法院附属模式是指当事人在申请仲裁保全时，应当首先向仲裁庭申请，法院只有在仲裁庭无权或无法有效地发布临时措施时才能行使保全决定权。该模式为仲裁庭和法院的仲裁保全决定权设定了先后顺序：仲裁庭的权力具有优先性，而法院的权力处于附属地位。该模式有利于减少法院对仲裁的干预，可以充分体现仲裁的独立性、自治性以及法院对仲裁的支持。[②]英国和我国香港特别行政区仲裁法采取了这一模式。

3. 权力清单模式

此模式根据仲裁临时措施的种类和性质分配法院与仲裁庭的权限，由法院和仲裁庭分别行使不同类型的仲裁保全决定权。一般而言，强制性临时措施，由法院行使仲裁保全决定权；反之，由仲裁庭行使。例如，对于涉第三人的临时措施，往往因具有强制性色彩，超出仲裁庭的管辖权限而需要动用国家公权力，不宜由民间机构来行使，故要交给法院采取这种

---

① 参见赵千喜：《国际商事仲裁中临时措施的适用问题：兼及中国仲裁立法的完善》，载《仲裁与法律》2005年第2期。
② 参见任明艳：《国际商事仲裁中临时性保全措施研究》，上海交通大学出版社2010年版，第58页。

类型的仲裁临时措施。又如，查封、扣押财产等仲裁临时措施，虽然针对的是当事人，但也具有强制性因素，故由法院行使保全决定权。尼德兰、比利时、印度尼西亚等国采此模式。

4. 权力接续模式

此模式根据仲裁临时措施的发布时间分配法院与仲裁庭的权限。具体而言，法院有权在仲裁庭组建之前行使仲裁保全决定权；一旦仲裁庭组庭成功，就由仲裁庭行使仲裁保全决定权。其理论基础在于，作为两种不同的争议解决方式，仲裁与诉讼应当发挥互补的功能，在仲裁庭组建前由法院行使仲裁保全决定权，有助于仲裁程序的顺利进行。①《国际商会仲裁规则》第23条、2000年《美国统一商法典》第8条等采此模式。

二、我国仲裁保全决定权的平行分配

虽然我国《仲裁法》《民诉法》在立法层面坚持法院独占仲裁保全决定权，但在理论上，主张仲裁庭享有仲裁保全决定权的观点，已经成为学界的共识。我国民诉法和仲裁法理论以商事仲裁的意思自治原则以及仲裁保全程序中的审执分立原则为理论根据，来阐明仲裁庭与法院享有同等的仲裁保全决定权的正当性基础。

一方面，尽管《仲裁法》《民诉法》未规定仲裁庭发布临时措施的权力，但基于商事仲裁的意思自治原则，当事人援引仲裁规则或仲裁协议中关于仲裁庭有权发布临时措施的规定或约定时，应认可其效力。这是因为，尊重当事人在仲裁协议中的约定，尊重当事人对仲裁规则的选择，都是仲裁意思自治原则的要求。仲裁意思自治原则在法律规范的位阶上，应当高于《仲裁法》《民诉法》关于由法院行使仲裁保全决定权的规定；而且对于由法院行使仲裁保全决定权的法律规范，不宜解释为强制性规范。这样可以为仲裁庭行使保全决定权提供理论上的依据。

另一方面，依据保全程序中的审执分立原则，保全决定程序与保全执行程序分别遵循不同的程序原理，采用不同的制度设置，并且由不同的机构践行这两种程序。

在我国，过去的理论往往以仲裁机构为民间机构、无强制性权力为理由，否认仲裁庭享有仲裁保全决定权。这种观点的局限性在于混淆了保全决定与保全执行的关系，将保全执行程序所具有的强制性权力张冠李戴到保全决定上。实际上，仲裁庭作出保全决定的权力与它作出仲裁裁决的权力一样，不需要以任何强制性权力为前提。

在仲裁庭作出仲裁保全决定的权限上，只要把握了保全决定程序与保全执行程序的分立理论，就比较容易得出令人信服的结论。因为，仲裁机构作为民间解决纠纷的机构，尽管没有强制性权力，但是享有作出仲裁裁决这一执行依据的权力是毋庸置疑的。从本质上看，仲裁保全裁定与仲裁裁决在具有执行力、可以成为执行依据这一层面上，并没有多大的区别，甚至在一定意义上说，仲裁庭保全决定作出权来源于或派生于仲裁裁决权。保全裁定与仲裁裁决的差异仅仅在于保全裁定是临时性救济的裁定，而仲裁裁决则是为解决本案实体权利义

---

① 参见任明艳：《国际商事仲裁中临时性保全措施研究》，上海交通大学出版社2010年版，第48页。

务的争议所作出的终局裁决。

依据保全程序审执分立理论,承认仲裁庭享有保全决定的作出权,并不排斥法院在此问题上的固有权限,仲裁庭并不独占临时措施的作出权,而是与法院享有平行的权力。仲裁保全决定程序与保全执行程序分立后,就把原来笼罩在仲裁保全制度上的强制性色彩予以分解、剥离,从中离析出不具有强制性色彩的保全决定程序,使民间仲裁机构足以胜任该程序的运作。尤其在仲裁庭组成以后,仲裁庭对案情最为了解,对是否需要采取保全措施最为明了,由仲裁庭作出仲裁临时措施可以避免时间上的拖延,有利于仲裁裁决的执行。

三、我国采取仲裁保全措施的主体

按照现行法和各机构仲裁规则的规定,我国仲裁保全的权力主体有人民法院、仲裁庭、紧急仲裁员(庭)。

(一)人民法院

人民法院拥有最广泛的保全决定权,有权处理包括仲裁保全在内的所有争议解决程序中的保全申请。

(二)仲裁庭

仲裁机构受理案件后组成的仲裁庭有权对当事人的临时措施申请进行审理并且作出裁定。例如《贸仲规则》第23条第3款规定:"经一方当事人请求,仲裁庭依据所适用的法律或当事人的约定可以决定采取其认为必要或适当的临时措施,并有权决定由请求临时措施的一方当事人提供适当的担保。"

(三)紧急仲裁员(庭)

紧急仲裁员(庭)也称应急仲裁员(庭),最早规定于美国仲裁协会(AAA)2009年仲裁规则和斯德哥尔摩商会仲裁院(SCC)2010年仲裁规则之中,是指在仲裁庭组成之前,根据一方当事人的申请,由仲裁机构指定一名特殊的仲裁员采取临时措施,向当事人提供紧急救济。紧急仲裁员(庭)实际上承担着在实体仲裁庭组成之前对案件进行处理的职责。为便于履行职能,仲裁规则原则上将属于包括自裁管辖权在内的仲裁庭的权力都授予紧急仲裁员(庭)。目前国际著名仲裁机构仲裁规则,大都引入了紧急仲裁员(庭)制度。[1]紧急员(庭)的出现反映了组庭前临时措施的重要性,也代表了国际仲裁规则的发展方向。

我国的紧急仲裁员(庭)制度,是通过机构仲裁规则确立的。例如《贸仲规则》《北仲

---

[1] 如国际商会仲裁院仲裁规则、新加坡国际仲裁中心仲裁规则、香港国际仲裁中心仲裁规则、荷兰仲裁协会仲裁规则、澳大利亚国际仲裁中心仲裁规则等。

规则》均引入了紧急仲裁员（庭）制度。[①] 目前看，内容最为翔实的，当数《上海自贸区仲裁规则》。该规则用四个条文详细阐明了紧急仲裁庭的组成方式、程序、权限、作出临时措施的条件和程序、变更临时措施决定的条件和程序（参阅本章第三节）以及临时措施的效力（参阅本章第四节）。

关于紧急仲裁庭的组成方式、程序、权限，规定于《上海自贸区仲裁规则》第21条。按此，当事人在仲裁案件受理后至仲裁庭组成前提出临时措施申请的，可以根据执行地国家/地区有关法律的规定向仲裁委员会提交组成紧急仲裁庭的书面申请。当事人提交组成紧急仲裁庭的书面申请，应当说明理由；是否同意组成紧急仲裁庭，由仲裁委员会决定。仲裁委员会同意组成紧急仲裁庭的，当事人应当按规定预缴费用。申请组成紧急仲裁庭手续完备的，仲裁委员会主任可在3日内在仲裁员名册中指定1名仲裁员组成紧急仲裁庭处理临时措施申请。秘书处应将紧急仲裁庭的组成情况通知当事人。接受指定组成紧急仲裁庭的仲裁员应根据该规则第31条的规定履行披露义务。当事人可根据该规则第32条的规定对组成紧急仲裁庭的仲裁员申请回避。紧急仲裁庭应在仲裁庭组成之日解散，并应向仲裁庭移交全部案卷材料。除非当事人另有约定，组成紧急仲裁庭的仲裁员不再担任与临时措施申请有关的争议案件的仲裁员。紧急仲裁庭的程序不影响仲裁程序的进行。

关于紧急仲裁庭作出临时措施的条件和程序，规定于《上海自贸区仲裁规则》第22条。首先，对于提交紧急仲裁庭的临时措施申请，紧急仲裁庭应以执行地国家/地区有关法律规定的形式作出书面决定，并说明理由。紧急仲裁庭作出的临时措施决定，应当署名并加盖仲裁委员会印章。其次，紧急仲裁庭作出临时措施决定前，可以根据临时措施申请的内容要求申请临时措施的当事人提供适当的担保。最后，紧急仲裁庭应在组成之日起20日内作出临时措施决定，当事人提供担保的，紧急仲裁庭应在当事人提供担保之日起10日内作出。

第三节　仲裁财产保全与行为保全

一、仲裁财产保全

（一）仲裁中财产保全

1. 概念

仲裁中财产保全，是指仲裁机构在受理案件之后、仲裁庭作出裁决之前，人民法院或仲裁庭、紧急仲裁员（庭）根据保全申请，对仲裁当事人的财产或者仲裁争议标的物采取限制

[①] 例如，《贸仲规则》第23条第2款规定："根据所适用的法律或当事人的约定，当事人可以依据《中国国际经济贸易仲裁委员会紧急仲裁员程序》（本规则附件三）向仲裁委员会仲裁院申请紧急性临时救济。紧急仲裁员可以决定采取必要或适当的紧急性临时救济措施。紧急仲裁员的决定对双方当事人具有约束力。"

当事人处分的临时措施，以保证裁决将来能够执行。

根据《仲裁法》第28条第1、2款的规定，一方当事人因另一方当事人的行为或者其他原因，可能使裁决不能执行或者难以执行的，可以申请财产保全。当事人申请财产保全的，仲裁委员会应当将当事人的申请依照民事诉讼法的有关规定提交人民法院。

2. 适用条件

根据现行法的规定，向人民法院申请仲裁中财产保全，应当具备以下条件：（1）当事人的仲裁请求必须具有给付内容，包括给付金钱或者交付物，但排除完成行为的给付请求；（2）存在着仲裁裁决将来难以执行的情形；（3）发生在仲裁案件受理后、仲裁庭作出裁决之前；（4）采用书面形式，由仲裁当事人提出书面申请；（5）由仲裁机构将仲裁当事人的书面申请提交给有管辖权的人民法院。在国内仲裁案件中，有财产保全管辖权的是被申请人住所地或者财产所在地的基层人民法院；在涉外仲裁案件中，有财产保全管辖权的是被申请人住所地或者财产所在地的中级人民法院。

申请仲裁中财产保全的主体是当事人，而非仲裁机构；有权作出仲裁保全措施的机关是人民法院，仲裁机构相当于"二传手"。

3. 仲裁中财产保全的担保

按照《民诉法》的规定，对于国内仲裁案件的财产保全，申请人是否需要提供担保，由人民法院裁量确定；对于涉外仲裁案件的财产保全，人民法院经审查当事人的保全申请后，裁定保全的，应当责令申请人提供担保，申请人不提供担保的，裁定驳回申请。

（二）仲裁前财产保全

1. 概念

在紧急情况下，法院如不立即采取财产保全措施，利害关系人的合法权利会受到难以弥补的损害，因此法律赋予利害关系人在仲裁立案前申请法院采取保全措施的权利。法院根据利害关系人的申请，对相关财产采取限制当事人处分的临时措施，以保证裁决将来能够执行的行为，即仲裁前财产保全。

《仲裁法》第28条仅规定仲裁中财产保全，未明确规定仲裁前财产保全，这是《仲裁法》的一个漏洞。[①]《民诉法》第101条填补了这一立法漏洞，该条第1款第1句规定："利害关系人因情况紧急，不立即申请保全将会使其合法权益受到难以弥补的损害的，可以在提起诉讼或者申请仲裁前向被保全财产所在地、被申请人住所地或者对案件有管辖权的人民法院申请采取保全措施。"

[①] 1997年5月，最高人民法院、广东省高级人民法院、上海市高级人民法院、北京市高级人民法院、北京市第二中级人民法院、上海市第二中级人民法院、深圳市中级人民法院等人民法院以及中国国际经济贸易仲裁委员会、中国海事仲裁委员会、深圳仲裁委员会在深圳召开了"涉外仲裁司法审查研讨会"。根据会议形成的会议纪要，在提起仲裁程序之前，当事人申请财产保全的，可依据《民诉法》有关诉前财产保全的规定，直接向人民法院提出。该会议纪要起到了部分弥补法律漏洞的作用。

2. 适用条件

根据现行法的规定，向人民法院申请仲裁前财产保全，除应具备前述仲裁中财产保全的第（1）（2）（4）项条件外，还应具备"情况紧急""提供担保"两个条件。"情况紧急"是指不立即采取相应的财产保全措施，可能使申请人的合法权益受到难以弥补的损害。这就要求人民法院在接到申请后，需要斟酌各种可能的因素，在很短时间内作出快速的判断。仲裁前财产保全申请人应当提供相当于请求保全的数额（《民诉法解释》第152条第2款）的担保。申请人不提供担保的，法院应当裁定驳回财产保全申请。因申请保全错误给被申请人造成损失的，被申请人可以从申请人提供担保的财产中得到赔偿。

此外，利害关系人申请仲裁前财产保全，可以直接向人民法院提出申请，不必由仲裁机构转交，以增强仲裁财产保全的时效性，防止因转交申请而造成拖延，贻误财产保全的时机。

二、仲裁行为保全

（一）仲裁行为保全的功能与分类

1. 仲裁行为保全的功能

《民诉法》第100条中清晰地表达了行为保全制度的两大立法目的和意旨，即避免出现"使判决难以执行或者造成当事人其他损害"的情形。具体而言，行为保全制度的设立，一是为了确保判决的执行，二是防止给当事人造成其他损害。在大陆法系国家，这两种立法目的分别对应着两种不同的假处分制度：前者是一般假处分，后者是制止性假处分（为定暂时状态假处分的一种类型）。在英美法系国家，仲裁行为保全体现为临时禁令。

2. 仲裁行为保全的分类

以仲裁行为保全的功能为标准，可以将仲裁行为保全分为确保型仲裁行为保全和制止型仲裁行为保全两类。

（1）确保型仲裁行为保全，指在仲裁当事人一方请求对方实施一定行为或请求不得实施一定行为的仲裁案件中，为确保将来仲裁裁决得以执行，法院或仲裁庭依据当事人的申请采取的行为保全措施。例如，甲主张对乙公司的房屋有租赁合同关系存在，在仲裁中申请仲裁庭作出行为保全措施，责令乙不得妨碍其使用租赁物。与仲裁财产保全一样，确保型仲裁行为保全以保证本案仲裁裁决将来的执行为其基本功能。

（2）制止型仲裁行为保全，指对于仲裁当事人双方争议的法律关系，不待仲裁机构受理案件或者仲裁庭作出生效裁决，就有暂时维持权利义务现状的必要性，法院依据当事人的申请采取的行为保全措施。制止型仲裁行为保全具有多重制度目的，除了暂时性地保全申请人的权利外，还有维持仲裁程序的秩序与和平的目的。当然，制止型仲裁行为保全，以防止给仲裁当事人造成其他损害为基本功能。这里的"其他损害"，是指申请人在仲裁案件中提出的仲裁请求所保护的法益以外的其他合法权益遭受的损害。可见，制止型仲裁行为保全在一定意义上独立于本案仲裁请求。

制止型仲裁行为保全中，以维持现状为目的之仲裁行为保全较为常见，这主要体现于合同纠纷仲裁中的继续履行合同以及合同终止后合同当事人的利益保护上。前者是指，在合同有效，可以继续履行但出现了履行障碍时，双方当事人消除履行障碍的努力，不会影响合同的继续履行，法院或仲裁庭有权根据当事人一方的行为保全申请，责令依据某一暂定方案继续履行合同。例如，双方当事人在建设工程合同履行过程中，由于出现了订立合同时未曾预料的问题，导致合同的履行变得困难重重，为此双方要及时对原有合同条款进行必要的调整补充，有新增工程的，原合同的工程款和工程进度的约定，也要相应调整。如果双方就此未协商一致而产生了争议：一方请求对方支付工程款，否则就要停工；另一方当事人则不愿意马上支付新增加的工程款，要求按照原合同约定继续履行合同，一方当事人可以申请法院或仲裁庭发布行为保全性质的仲裁临时措施，要求对方当事人继续履行合同。[1]后者是指，在合同因一方当事人根本违约而解除等导致合同终止的情形中，对方当事人为了使其合法权益不受严重损害，有权在合同终止后的权利义务分配争议仲裁案件中请求仲裁庭或法院采取行为保全措施，责令过错方当事人不得实施一定的行为。

案例研习

我国的机构仲裁规则中，《北仲规则》第17条第1款[2]和《上海自贸区仲裁规则》第18条[3]明确规定了仲裁行为保全，但未进一步规定仲裁行为保全的不同类型及其具体适用的规则。我国民事诉讼和商事仲裁实践对于仲裁行为保全尚未给予足够的重视，也缺乏相应的案例积累可供借鉴。

案例研习

（二）仲裁行为保全的适用条件

1. 概述

确保型仲裁行为保全与仲裁财产保全的功能相同，都是为了保证仲裁裁决将来得到执行，因此适用条件可以大体参照仲裁财产保全。不过，在保全的对象和内容上，确保型仲裁行为保全仍不同于仲裁财产保全，故有特别的适用条件：（1）有初步证据表明申请人的合法权益正在或者将要受到被申请人的侵害；（2）如不采取仲裁行为保全措施，将会给申请人仲裁请求以外的其他法益造成损害或者使其损害扩大；（3）如不采取仲裁行为保全措施，可能给申请人造成的损害大于如采取仲裁行为保全措施可能给被申请人造成的损害；（4）采取仲裁行为保全措施不会损害社会公共利益。

2. 仲裁前行为保全的适用条件

结合国际上关于诉前禁令和仲裁前临时禁令的立法和判例，一般认为我国仲裁前行为保

---

[1] 参见赵秀文：《论国际商事仲裁中临时性保全措施的发布与实施（上）》，载《河南省政法管理干部学院学报》2002年第3期。

[2] 第17条第1款规定："一方当事人因另一方当事人的行为或者其他原因，可能使裁决难以执行或者造成当事人其他损害的，可以提出申请，要求对另一方当事人的财产进行保全、责令其作出一定行为或者禁止其作出一定行为。"

[3] 第18条规定，当事人可以根据临时措施执行地所在国家/地区有关法律的规定，申请仲裁委员会及/或具有管辖权的法院作出要求对方作出一定行为及/或禁止其作出一定行为的临时措施。

全的适用应当具备难以弥补的损害[①]、申请人与被申请人之间的利益平衡、申请人胜诉的可能性、不损害社会公共利益等四项条件。以下重点分析前三项条件。

（1）关于"难以弥补的损害"，解释上既包括金钱损害，也包括非金钱损害。具有以下三种情形之一的，构成"难以弥补的损害"：一是金钱损害结果难以计量。在被申请人的侵权行为给申请人造成的金钱损害难以计量时，法院可以考虑同意申请人的仲裁前禁令申请，以防止申请人的损害继续扩大。二是被申请人无能力赔偿。有证据表明被申请人不具备足够的赔偿能力的，申请人的损失就可能得不到补偿，将来的仲裁裁决可能成为"一纸空文"。一般而言，被申请人的偿付能力越差，给予仲裁前临时禁令的可能性就越大。三是侵权行为持续、扩大。在侵权纠纷中，如果放任被申请人的侵权行为持续进行，就有可能导致市场份额降低、损害商誉、引起消费者误解等申请人损失持续扩大、难以弥补的情形，需要适用仲裁前临时禁令来解决这一问题。

（2）关于"申请人与被申请人之间的利益衡量"，应当是，采取仲裁前临时禁令给被申请人造成的损害没有明显超过不采取仲裁前临时禁令给申请人造成的损害。只要申请人举证证明不采取仲裁前禁令措施会给申请人造成"难以弥补的损害"这一要件，就可以推定满足"没有明显超过"这一利益衡量要求，以减轻申请人的举证责任。

（3）关于"申请人胜诉的可能性"，不同于终局裁决的是，仲裁前行为保全具有程序法性质和效力。对于申请人胜诉可能性的判断，只能是基于在案证据的可能性判断，要求不能过高，应当采取相对灵活的标准。

3. 仲裁行为保全申请的审理与程序保障

除了紧急性仲裁行为保全外，对于仲裁行为保全申请的审理，原则上应当奉行两造对立言词辩论审理原则，法院或仲裁庭应根据双方当事人提出的事实和证据情况，要求双方当事人言词辩论后，再决定是否采取仲裁行为保全措施。仲裁行为保全申请的审理，还应当遵循正当程序原则（principle of due process），法院或仲裁庭要将开庭或听证通知提前送达被申请人，使其有机会实质性地参与开庭或听证程序，收集证据，做好言词辩论的准备工作。被申请人有权及时知悉法院或仲裁庭即将下令采取的仲裁临时措施，并有权在合理的时间内提出异议、陈述意见。考虑到仲裁庭的权力不同于法院的审判权，其来源于当事人的授权，各国仲裁立法和仲裁规则均要求，仲裁庭必须在听取另一当事人的陈述和辩解后，才能决定是否采取仲裁临时措施。

在我国，当事人、利害关系人不服人民法院作出的仲裁保全裁定的，可以根据《民诉法解释》第171条的规定寻求复议这一救济途径。按此，当事人、利害关系人不服保全裁定的，不得上诉，但可以自收到裁定书之日起5日内向作出裁定的人民法院申请复议。人民法院应当在收到复议申请后10日内审查。认为正确的，驳回当事人的申请；认为不当的，变更或者撤销原裁定。不过，

实务研究

[①] 国际商事仲裁实践中，也有人主张不采用"难以弥补的损害"要件，只要存在"严重的"或"实质性的"损害或损害风险即可。参见［美］加里·B.博恩：《国际仲裁：法律与实践》，白麟等译，商务印书馆2015年版，第278页。

对于仲裁庭或紧急仲裁员（庭）作出的仲裁临时措施应如何救济，目前我国各机构仲裁规则大都缺乏明确规定，而《上海自贸区仲裁规则》第23条对当事人不服临时措施的救济条件和程序作出了细致的规定。

对于某些情况紧急案件，法院或仲裁庭、紧急仲裁员（庭）认为不适宜双方陈述意见或对立辩论的，可以采用书面审理方式，仅依据申请人提供的证据材料，不经过听证就发出仲裁前临时禁令，避免程序的过分拖延。例如，制止专利侵权行为案件，确定专利侵权等事实需要一定的证据调查时间和两造对立的辩论、意见陈述时间，为了避免侵权结果的扩大，法院或仲裁庭、紧急仲裁员（庭）可以依申请人的请求作紧急处置。

第四节　仲裁临时措施的形式与效力

一、仲裁临时措施的形式

（一）仲裁庭发布临时措施的形式

仲裁庭或紧急仲裁员（庭）发布临时措施的形式多样，没有统一的做法，不同国家的仲裁立法和机构仲裁规则的规定也各不相同。实践中，可能采用的形式和名称五花八门，常见的有命令（order）和裁决（award）两种传统的形式。此外，还有决定（decision）、指令（direction）、建议（recommendation）等其他形式。[①]

总体来说，在世界范围内，仲裁庭发布临时措施主要采取裁决和命令两种形式。"命令"的优点包括：一是可以与仲裁庭的终局裁决作明确的界分，外观上更容易识别仲裁庭所行使的不同职能；二是和裁决相比，命令的发布更为方便快捷。而"裁决"的优点在于：一是比较正式，对当事人遵守仲裁庭下达的临时措施更有说服力；二是裁决的作出，往往建立在仲裁庭给当事人提供更为充分的程序保障基础之上，而"裁决"以外的其他形式，并不强调作出临时措施的正当程序要求。

（二）法院发布仲裁临时措施的形式

关于法院发布仲裁临时措施的形式，两大法系国家和地区有不同的做法。英美法系采用临时禁令，方式上属于法庭的命令；大陆法系一般将仲裁保全措施作为程序事项看待，仲裁临时措施往往以裁定形式出现。不过，有的国家根据当事人获得仲裁临时措施的程序保障程度设定临时措施的形式。例如《德国民事诉讼法》第922条第1款以保全措施是否经过言词辩论来区分临时措施的形式：经过言词辩论程序保障的，采用判决形式，此时，民诉法关于

[①] 参见任明艳：《国际商事仲裁中临时性保全措施研究》，上海交通大学出版社2010年版，第98页。

判决的一般规定，也适用于仲裁临时措施判决；不进行言词辩论的，由法院作出裁定。①不论以判决还是裁定的形式发布仲裁临时措施，法院裁判的主文必须包含对仲裁保全种类和保全的债权等的说明，但以裁定形式发布的仲裁临时措施可以不载明裁判理由，②但驳回临时措施申请的裁定必须阐明理由，以便二审法院进行审查。

按照我国《民诉法》第100、101条的规定，人民法院发布仲裁临时措施，不区分是否进行听证、辩论，均依法采用裁定的形式。这一点，与我国台湾地区的立法相同。我国台湾地区"民诉法"也规定，不论法院对临时措施申请是批准还是驳回，均以裁定方式为之。

二、仲裁临时措施的效力

（一）仲裁庭发布仲裁临时措施的效力

仲裁庭发布的仲裁临时措施的法律效力可以从对当事人的约束力、对仲裁庭的效力、既判力和执行力等方面加以说明。

1. 对当事人的约束力

（1）遵守和履行临时措施。仲裁权来自当事人双方的授权，临时措施决定权属于仲裁权的组成部分，因此，当事人双方遵守和履行临时措施，是仲裁意思自治原则的要求。相关统计数据表明，当事人自觉遵守并履行仲裁庭所作的决定，是仲裁实践的常态。例如，2001年对美国仲裁协会的调查显示，90%的仲裁庭临时措施得到了主动履行。③依据国际商会仲裁院仲裁前裁判程序所作出的5个临时措施也全部得到了自觉履行。④

当事人没有自觉遵守和履行仲裁庭发布的临时措施，将承担不利法律后果，仲裁庭有权对不履行自己决定的当事人采取处罚措施：一是交纳拖延费用或进行惩罚性损害赔偿。二是不利推断。在当事人支配着相关证据而无正当理由不出示时，仲裁庭发布的临时措施被当事人拒绝执行，会给仲裁庭留下不好的印象，一定程度上会影响仲裁庭对案件事实认定及责任分配等问题的处理。⑤

我国现行法未规定仲裁庭发布临时措施制度，但一些机构仲裁规则引入了此制度，并且明确课予当事人遵守仲裁庭发布的临时措施的义务。例如，《上海自贸区仲裁规则》第24条规定："当事人应当遵守紧急仲裁庭及/或仲裁庭作出的临时措施决定。"《贸仲规则》第23条

---

① 参见［德］汉斯-约阿希姆·穆泽拉克：《德国民事诉讼法基础教程》，周翠译，中国政法大学出版社2005年版，第429页。
② 反对说认为，仲裁临时措施的裁定书载明裁判理由更为恰当。原因在于，当事人针对该裁定提起诉讼救济时，可以减轻其判断胜诉可能性的难度。参见周翠：《中外民事临时救济制度比较研究》，清华大学出版社2014年版，第34页。
③ See Richard W. Naimark & Stephanie E. Keer, "Analysis of UNCITRAL Questionnaires on Interim Relief", *Mealey's International Arbitration Reports*, Volume 16, Issue 3, 2001, p.26.
④ See Emmanuel Gaillard & Philippe Pinsolle, "The ICC Pre-Arbitral Referee: First Practical Experiences", *Arbitration International*, Volume 20, Issue 1, 2004, p.13.
⑤ See Robert B. von Mehren, "Rules of Arbitral Bodies Considered from a Practical Point of View", *Journal of International Arbitration*, Volume 9, Issue 3, 1992, pp. 105, 111.

也作了类似规定。不过，遗憾的是，上述仲裁规则没有进一步说明违反该义务所要承担的不利后果。

（2）当事人不服临时措施的救济方式。对于仲裁庭发布的临时措施，当事人不服的，有何救济方式，目前尚不明确。从理论上说，为减少司法权对商事仲裁的干预和介入，大陆法系各国原则上禁止当事人对仲裁庭临时措施提起司法监督，不能请求法院撤销。我国《仲裁法》规定的撤销仲裁裁决制度，不能适用于临时措施，因为这里的"裁决"，特指仲裁庭就本案实体权利义务争议作出的终局裁决，故不包括仲裁庭发布的临时措施。

2. 对仲裁庭的效力

仲裁庭发布的临时措施，对其发布主体仲裁庭也具有拘束力。其中，程序性临时措施由于本质上是就程序问题所作的临时性决定，因此，可以被仲裁庭在任何时间予以中止、变更或撤销。[①] 仲裁庭有权根据案情和仲裁程序的需要，根据当事人的申请或依职权加以调整或者发布新的临时措施。而对于实体性临时措施，仲裁庭虽然可以予以中止、变更或撤销，但应当限于法律或仲裁规则有明确规定的情形，按照规定的条件、程序、期限进行变更与撤销。例如，由仲裁庭通过终局裁决一并回应临时措施是否中止、变更或撤销的问题。而且，仲裁庭的所有临时措施，都应当受仲裁庭作出的最终裁决的约束，即最后的终局裁决可以对先前的临时措施予以修改、中止或撤销。[②] 当然，仲裁庭在作出终局裁决时，也会考虑以往发出的仲裁临时措施。

3. 既判力与执行力

（1）既判力。仲裁庭发布临时措施的效力与临时措施的形式、性质有一定关联。一般而言，仲裁庭以裁决形式作出的临时措施，性质上不同于以命令或其他形式作出的临时措施。尤其是对于"实体性临时措施"，仲裁庭会更加慎重，往往会进行听证和辩论，给利益相关方较为充分的程序保障，因此，可以具有更强的包括既判力在内的效力，在争议被最终解决之前规制当事人之间的实体性关系并为仲裁裁决的终局执行提供保障。对此，部分学者认为，实体性临时措施与《纽约公约》中所规定的仲裁裁决应当等同看待，二者在效力和功能上并无根本区别。[③]

（2）执行力。仲裁庭临时措施具有可执行性、强制执行力，可以成为法院的强制执行依据。这一点，已在德国、瑞士、新加坡、英国等国家的法律和《国际商事仲裁示范法》中得到了确认。《德国民事诉讼法》第1041条第1、2款规定，当事人无其他约定时，仲裁庭依一方当事人的申请可以命令采取对争议标的所必要的暂时措施或保全措施。仲裁庭采取这些措施时可以要求任何一方当事人提供适当的担保。法院依一方当事人的申请可以执行第1款的措施，但以另一方当事人未向法院申请相应的保护权利的暂时措施为限。为执行上述措施，

[①] See Laurence W. Craig, William W. Park & Jan Paulsson, *International Chamber of Commerce Arbitration*, New York: Oceana, 2000, p. 466; Michael Pryles, "Interlocutory Orders and Convention Awards: the Case of Resort Condominiums v. Bolwell", *Arbitration International*, 1994, Volume 10, Issue 4, p.385.

[②] 参见任明艳：《国际商事仲裁中临时性保全措施研究》，上海交通大学出版社2010年版，第101页。

[③] See Ali Yesilirmak, *Provisional Measures in International Commercial Arbitration*, Kluwer Law International, 2005, p.356.

法院在其认为有必要时，可以发出其他的命令。《新加坡国际仲裁法》第12条第7款、1996年《英国仲裁法》第44条第2款也对此作了规定。《国际商事仲裁示范法》第17H条第1款规定，仲裁庭发出的临时措施具有约束力，并且除非仲裁庭另有规定，经向有管辖权的法院提出申请后予以执行。根据此条，不论该临时措施是由哪一国作出的，均可寻求执行，因此允许临时措施在仲裁地之外获得执行。

近年来，仲裁法理论倾向于将仲裁庭发出的临时措施解释为具有"终局性"特征，因为其处理了仲裁裁决作出之前关于救济的请求，因此应与可执行的仲裁裁决等同看待，根据适用于仲裁裁决执行的基本规定予以执行。[1]

（二）法院发布仲裁临时措施的效力

1. 对当事人的效力

在大陆法系国家，法院发布的仲裁临时措施对当事人具有约束力。不服该临时措施的，法律规定有相应的救济措施。例如《德国民事诉讼法》规定，当事人不服临时措施判决的，可以提起二审控诉，但不得提起三审上告（第542条第2款）。如果不服驳回假扣押裁定，败诉金额超过600欧元的，债权人可以提起二审即时抗告（第567条第1款第2项）；对于假扣押裁定，债务人可以提出异议寻求救济（第924条第1款），但异议不停止假扣押裁定的执行，必须通过言词辩论后的终局判决来判断假扣押裁定的合法性（第924条第2款第3项、第925条第1款）。[2]

我国《民诉法》将关于财产保全和行为保全两种临时措施的裁定，归属于人民法院作出的多种民事裁定的特殊类型，对于当事人无疑具有约束力。按照《民诉法》第108条的规定，不服法院作出的临时措施裁定的，当事人只能通过复议寻求救济，不能提起上诉，也不能提出异议。《民诉法解释》第171条进一步明确了复议程序，即当事人可以自收到裁定书之日起5日内向作出裁定的人民法院申请复议，人民法院应当在收到复议申请后10日内审查。裁定正确的，驳回当事人的申请；裁定不当的，变更或者撤销原裁定。

2. 对法院的效力

临时措施对作出主体法院也有拘束力。按照德国民诉法的规定，法院应当将临时措施的判决送达双方当事人。但送达并非法院执行仲裁临时措施的前提要件，只要法院在执行一周之内补充送达即可。至于临时措施的裁定，法院仅依职权送达保全申请人，而非被申请人。对于被申请人的送达，由申请人自行完成。申请人在法院作出仲裁临时措施裁定后，仍有机会斟酌决定是否真正动用临时措施以及是否通知被申请人；法院作出的驳回申请裁定，应当正式送达申请人，但不必通知被申请人（第922条第3款），以便申请人可以提起二审上诉（抗告）程序（第576条第1款第2项）。[3]

在我国，法院发布的仲裁临时措施裁定，应当送达当事人。由于该裁定不能上诉，按照

---

[1] 参见［美］加里·B.博恩：《国际仲裁：法律与实践》，白麟等译，商务印书馆2015年版，第283页。
[2] 参见［德］汉斯-约阿希姆·穆泽拉克：《德国民事诉讼法基础教程》，周翠译，中国政法大学出版社2005年版，第429页。
[3] 参见周翠：《中外民事临时救济制度比较研究》，清华大学出版社2014年版，第36—37页。

《民诉法》第155条的规定,依法不准上诉的裁定,在送达后即发生法律效力,法院受其拘束。只有在《民诉法》明确规定的情况下,法院才能解除保全裁定或撤销保全裁定。

3. 既判力与执行力

(1)既判力。对于法院发布的仲裁临时措施是否具有既判力,理论上虽有争议,但基本共识是承认其有限的既判力。德国学者一般认为,对于法院驳回临时措施申请的裁判,应当根据该裁判的具体情形分别判断:如果临时措施的申请因未能说明理由(疏明)而被法院驳回,该裁判不产生既判力,申请人可以通过强化对理由的说明或者借助其他证明手段,再次向法院提出仲裁临时措施的申请。但是,如果法院在裁判中否定了临时措施申请的理由,该裁判具有既判力,申请人只有基于前一临时措施裁判作出后出现的新理由,才可以再次向法院申请仲裁临时措施。此际,因前后两个临时措施申请的诉讼标的不同,在后的申请可以提起。①

在我国,学界对于仲裁财产保全裁定和仲裁行为保全裁定,多以其属于程序性裁定、不解决实体性争议为由,认为没有既判力。因此,理论上,申请临时措施被法院裁定驳回后,不影响申请人再次向法院申请。实践中,有的法院禁止申请人基于同一理由再次提出申请,理论依据也并非既判力理论,而是诉的利益理论,即认为申请人再次基于同一理由提出保全申请的,因欠缺保护的利益而应予以驳回。

(2)执行力。法院根据申请人的保全申请所作的仲裁临时措施裁定,有明确的给付内容,符合强制执行法上关于执行依据构成要件的,均具有执行力。这一点,无论是大陆法系国家的假扣押、假处分,还是英美法系国家的临时禁令,概莫能外。

以德国为例。《德国民事诉讼法》第928条规定,除非存在特殊规定,临时措施裁判属于保全执行依据,其执行程序准用民事诉讼法强制执行的相关规定。

我国《民诉法》第224条规定,发生法律效力的法院判决、裁定,属于法定的执行依据,具有执行力,当事人可以申请作出裁定的人民法院或者与作出裁定的法院同级的被执行财产所在地的人民法院强制执行。法院发布的仲裁临时保全裁定,属于该条规定的一种执行依据,有强制执行力,可以据此执行。②

思考题

一、不定项选择题

本章思考题参考答案

1. 根据我国《仲裁法》规定,财产保全措施的决定权属于(　　)。
   A. 人民法院
   B. 仲裁庭
   C. 仲裁委员会
   D. 仲裁协会

---

① 参见周翠:《中外民事临时救济制度比较研究》,清华大学出版社2014年版,第38页。
② 参见肖建国主编:《民事执行法》,中国人民大学出版社2014年版,第121页。

2. 关于我国仲裁中的财产保全制度，下列说法正确的有（　　）。
A. 仲裁机构和仲裁庭均无法决定采取财产保全措施
B. 当事人在仲裁中可以直接向人民法院申请财产保全
C. 仲裁中的财产保全以申请人提供担保为必备条件
D. 只有中级人民法院才有权决定采取财产保全措施

二、简答题
1. 简述我国仲裁前行为保全的适用条件。
2. 简述我国当事人申请仲裁中财产保全的条件。

三、案例分析题
海南省天南公司与海北公司于1998年6月签订了一份融资租赁合同，约定由天南公司进口一套化工生产设备，租给海北公司使用，海北公司按年交付租金。海南省A银行出具担保函，为海北公司提供担保。后来天南公司与海北公司因履行合同发生争议。如果本案通过仲裁程序处理，天南公司申请仲裁委员会对海北公司的财产采取保全措施，仲裁委员会应当如何处理？（2000年司考卷四第5题第3小题）

第十章　仲裁裁决的司法审查

> **导语**
>
> 仲裁裁决的司法审查，反映了司法权与仲裁权之间的关系，是法院运用其司法审判权审查民间性仲裁裁决的既判力、执行力的制度，主要有仲裁裁决的撤销、不予执行、承认与执行等类型。其中，仲裁裁决的撤销是域外普遍存在的一种司法审查方式，也是国际公约确立的一种制度安排。作为民事执行依据之一种，仲裁裁决书的执行遵循民事执行的一般原则、制度和程序，但也有若干特别规定。仲裁裁决的不予执行制度，集中反映了仲裁裁决执行的特点，也体现出法院对仲裁进行司法监督的难点。在有利于仲裁、友好于仲裁、友善于仲裁的背景下，基于程序法上的诚实信用原则以及对仲裁程序中当事人意思自治的尊重等考虑，我国法律对不予执行仲裁裁决的事由和适用范围进行了必要的调整和限缩解释，以促进民商事仲裁的健康发展。

第一节　仲裁裁决的司法审查概述

一、仲裁裁决司法审查的概念

仲裁裁决司法审查，是指法院运用其司法审判权对于民间性仲裁裁决的既判力、执行力进行审查判断的制度。

该概念包含以下内容：（1）民商事仲裁奉行一裁终局原则，但一裁终局针对的是当事人之间的民商事争议，并不能据此否定司法最终原则；（2）仲裁裁决具有既判力，但可以通过法院的司法审查，消除其既判力；（3）仲裁裁决并不当然具有执行力，只有法院经过司法审查作出许可执行的裁定后，仲裁裁决才发生强制执行效力，当事人才能据以执行。[①]

[①] 仲裁裁决在理论上不能当然具有执行力，但我国《仲裁法》第62条以及《民诉法》第237条第1款采取国内仲裁裁决当然具有执行力的立法模式，债务人拒不履行仲裁裁决确定的给付义务的，对方当事人可以向有管辖权的人民法院申请执行，而受申请的人民法院应当执行。

二、仲裁裁决司法审查的类型

（一）域外仲裁裁决司法审查的类型

仲裁裁决的司法审查类型，反映着法院与仲裁之间的关系模式。不同国家和地区在不同历史时期，法院司法权介入民商事仲裁的程度各不相同，因此形成了不同的司法审查类型。从目前来看，域外仲裁裁决司法审查的类型主要有以下几种：

1. 对仲裁裁决提起异议或上诉

该立法例将仲裁裁决视为一审，当事人对裁决不服的，有权向法院提出异议或上诉，由法院进行司法审查，以确认、撤销、修改或更正裁决。采此立法例的有英国、美国、法国和我国澳门特别行政区等。

2. 申请撤销仲裁裁决或提起撤销仲裁裁决之诉

该立法例认为仲裁裁决一经作出即有既判力，欲消除仲裁裁决的既判力，当事人可以向法院申请撤销或提起撤销仲裁裁决之诉。采此立法例的有德国、奥地利、瑞士、日本、韩国以及我国台湾地区等。

3. 申请承认与执行外国仲裁裁决

按照《纽约公约》第5条的规定，在承认和执行外国仲裁裁决时，作为《纽约公约》缔约国的承认和执行地国法院，有权对外国仲裁裁决进行事后干预和监督。

4. 申请宣告准许执行仲裁裁决

该立法例认为仲裁裁决虽有既判力，但并不当然具有强制执行力。要获得强制执行力，须由当事人申请法院作出宣告，准许执行仲裁裁决的裁定或决定。采此立法例的主要有日本、韩国和我国台湾地区等。

（二）我国仲裁裁决的审查类型

按照《仲裁司法审查规定》第1条的规定，我国仲裁裁决司法审查，采用了上述四种模式中的第2、3两种类型。一方面，《仲裁法》第58、70条规定了申请撤销仲裁裁决的条件和程序；另一方面，因我国加入了《纽约公约》，《民诉法》第283条明确规定了人民法院承认和执行外国仲裁机构的裁决的条件和程序，对外国仲裁裁决的司法审查应当遵守《纽约公约》的要求。

同时，基于我国社会转型期特殊的司法审查政策，以及我国内地和港澳台地区相互间执行仲裁裁决的实际需要，我国现行法又增设了不予执行仲裁裁决、申请认可和执行香港特别行政区、澳门特别行政区和台湾地区仲裁裁决等司法审查类型。

三、我国仲裁裁决司法审查的政策演变

仲裁裁决的司法审查，归根结底反映了司法权与仲裁权之间的关系，即法院司法权对

仲裁裁决进行司法监督究竟应达到何种程度。从比较法上看，各国对仲裁裁决司法审查的态度，都经历了一个变化的过程，总体上是从司法权中心主义下司法审查的严格走向宽缓，司法审查权的行使由积极走向谦抑。我国从1995年重建民商事仲裁制度以来，法院司法权对仲裁裁决的司法审查，也经历了相似的政策演变过程。

（一）仲裁裁决司法审查政策的演变轨迹

1. 1995年—2005年：严格司法审查阶段

在我国民商事仲裁制度的初创时期，对于仲裁裁决采取何种强度的司法审查，曾经成为《仲裁法》起草中的一个争点。特别是在司法审查方式的选择上，要不要同时规定撤销仲裁裁决与不予执行仲裁裁决制度，更成为检验仲裁裁决司法审查制度的试金石。当时有观点提出，撤销仲裁裁决的条件与不予执行仲裁裁决没有什么区别，如果不予执行与撤销仲裁裁决两种司法审查并行，会造成仲裁裁决司法审查强度过大，有碍民商事仲裁的发展。立法者基于当时我国仲裁机构过多、仲裁员素质较低、仲裁程序不规范等实际状况，认为一裁终局后，需要加强法院的司法监督，仅仅依靠法院在执行程序的不予执行监督是不够的，还须设立撤销仲裁裁决的程序。[①]最终《仲裁法》设立了撤销仲裁裁决制度。全国人大常委会法制工作委员会在《关于中华人民共和国仲裁法（草案）的说明》中认为，规定申请撤销裁决的程序，有利于保护当事人的合法权益，减少仲裁工作中的失误，美国、德国、法国、日本等许多国家都有这样的程序。

从1995年到2005年，人民法院对仲裁裁决的司法审查也贯彻了立法宗旨，"严"字当头，审查力度大，仲裁裁决被人民法院撤销或裁定不予执行的比例较高。这种严格司法审查既体现在基于同一事由的撤销或不予执行申请的重复审查上，也体现在对于司法审查法定事由的解释适用上。

2. 2006年至今：适度司法审查阶段

2006年最高人民法院发布的《仲裁法解释》，是最高人民法院改变仲裁司法政策的重大标志。从此之后，全国法院逐步调整仲裁裁决司法审查的口径标准，转向适度的司法审查策略。

2006年是一个特殊的年份。该年度全国法院共办理民事案件653万件[②]，而全国185家仲裁机构2006年办理民商事仲裁案件的总量刚刚突破6万件[③]。人民法院案多人少的矛盾开始凸显。为此，我国加快构建多元化纠纷解决机制，倡导通过协商、调解、仲裁等诉讼外的纠纷解决方式化解争议，坚持把非诉讼纠纷解决机制挺在前面。最高人民法院也发布了一系列规范性文件，如《深化纠纷解决体制改革意见》《自贸区司法保障意见》《两岸司法服务措施》

---

① 参见全国人大常委会法制工作委员会民法室、中国国际经济贸易仲裁委员会秘书局编著：《中华人民共和国仲裁法全书》，法律出版社1995年版，第56—57页。
② 佟季：《2006年全国法院审理各类案件情况》，载《人民司法（应用）》2007年第5期。
③ 参见《2006年全国各仲裁委员会受理案件情况》，载贵阳仲裁委员会网，http://www.gyac.org.cn/ArtcleDetail.aspx?ID=55，2021年3月18日访问。

《衔接意见》等，确立和夯实了民商事仲裁在纠纷解决体系中的重要地位。

经过十多年的发展，民商事仲裁逐步形成了一套行之有效的解决民商事争议的仲裁规则，中国国际经济贸易仲裁委员会、北京仲裁委员会等仲裁机构开始了国际化之路，与国际商事仲裁接轨。人民法院在多年的司法审查过程中，也认识到民商事仲裁具有自身独特的规律性要求，如高度的自治性、保密性、专业性、灵活性等。过去的严格司法审查政策，在一定程度上背离了民商事仲裁的本旨，因此，法院司法权要充分尊重民商事仲裁，而不能削足适履，通过司法审查将民商事仲裁塑造成"第二法院"。

在上述背景下，法院司法权对仲裁裁决进行适度的司法审查是大势所趋，目前已成为最高人民法院和各地人民法院的共识，友好于仲裁、有利于仲裁、友善于仲裁的局面正在形成。

《仲裁法》的修改已被纳入十三届全国人大常委会的立法规划。未来我国是否继续维持撤销裁决和不予执行的双重司法监督方式，值得斟酌。有学者认为两者虽有相同之处，但本质上仍存在区别，发挥着不同的功能，不可相互取代。也有学者认为，从双轨走向并轨后，有必要废除不予执行制度，仅保留撤销裁决制度。理由如下：（1）不予执行制度与撤销裁决制度的功能设置基本相同，两种监督方式并存在法理上形成悖论，有立法重复之嫌，造成司法资源浪费；（2）两种程序并存容易被当事人滥用，有悖于仲裁的效率性。[①]本书认为，与适度司法审查政策相呼应，未来修改《仲裁法》时，应当对不予执行制度作出必要的调整。具体方案见本章第三节的相关内容。

（二）仲裁司法审查案件报核与适度司法审查政策

在适度司法审查政策的形成过程中，仲裁司法审查案件报核这一体现上级法院对下级法院司法审查内部监督的制度发挥了重要作用。

1998年最高人民法院发布了《撤销裁决通知》，决定就人民法院撤销涉外仲裁裁决建立报告制度。要求下级法院在裁定撤销裁决之前，须在受理申请后30日内报请本辖区所属高级人民法院进行审查。如果高级人民法院同意撤销裁决，应在15日内将其审查意见报最高人民法院。待最高人民法院答复后，方可裁定撤销裁决。据此，将涉外裁决的撤销权集中在最高人民法院，以强化撤销涉外裁决的司法控制，减少撤销的概率。

2017年《仲裁司法审查报核规定》明确规定：各中级人民法院或者专门法院办理涉外涉港澳台仲裁司法审查案件，经审查拟不予执行或者撤销我国内地仲裁机构的仲裁裁决，不予认可和执行香港特别行政区、澳门特别行政区、台湾地区仲裁裁决，不予承认和执行外国仲裁裁决，应当向本辖区所属高级人民法院报核；高级人民法院经审查拟同意的，应当向最高人民法院报核。待最高人民法院审核后，方可依最高人民法院的审核意见作出裁定。对于非涉外涉港澳台仲裁司法审查案件，经审查拟不予执行或者撤销我国内地仲裁机构的仲裁裁

---

① 贺晓翔：《从双轨走向并轨：我国国内仲裁与涉外仲裁司法审查制度之反思与重构》，载《人民司法（应用）》2013年第17期。

决，应当向本辖区所属高级人民法院报核；待高级人民法院审核后，方可依高级人民法院的审核意见作出裁定。

四、仲裁裁决司法审查的意义

法院对仲裁裁决的司法审查，在比较法上是一种普遍性的制度安排，具有以下意义：

一是充分发挥司法最终解决纠纷的作用。法院司法权是国家的公权力，在法律适用上法院享有"最后发言权"。仲裁庭是否准确理解和适用法律，涉及一国法律适用的统一问题。赋予法院对仲裁裁决的司法审查权，是确保法律统一适用的必然要求。

二是保障仲裁的公正性。仲裁以尊重当事人的意愿为基础，仲裁庭基于当事人双方的授权行使仲裁权，作出仲裁裁决。赋予法院监督仲裁裁决的权力，可以有效防止仲裁员的武断，纠正仲裁过程中的程序性违法行为，对于实现仲裁的公正性起着兜底保障作用。

第二节 仲裁裁决的撤销

一、撤销仲裁裁决的概念和意义

（一）撤销仲裁裁决的概念

撤销仲裁裁决，是指仲裁裁决作出和生效后，如具备法律规定的条件和事由，当事人或利害关系人有权提起诉讼，请求法院撤销该裁决以维护其合法权益的制度。1985年《国际商事仲裁示范法》采纳了这一制度。美国、德国、法国、日本等许多国家的有关立法都对撤销仲裁裁决的程序作了明确的规定。我国《仲裁法》第五章"申请撤销裁决"也确立了该制度。在理解这一概念时，应当把握撤销仲裁裁决的主体与客体两个要素。

1. 仲裁裁决撤销权的主体归属

仲裁裁决撤销权归属法院。对于国内仲裁裁决而言，行使撤销权的法院比较容易确定。但对于国际仲裁裁决而言，因涉及当事人的国籍国、住所地国、仲裁地国、财产所在地国等数个国家，当事人请求撤销仲裁裁决时，究竟由哪一个国家的法院管辖就成为问题。目前普遍接受的观点及做法，是由作出仲裁裁决的本国法院行使管辖权，即一国法院只能对撤销本国的仲裁裁决之诉进行管辖。

我国《仲裁法》第58、70条对我国法院撤销本国仲裁裁决（包括国内仲裁裁决和涉外仲裁裁决）作了规定。按照通行的理解，我国法院只能撤销本国仲裁裁决。

2. 仲裁裁决撤销权的客体范围

仲裁裁决有中间裁决和终局裁决之分。终局裁决是仲裁庭在案件审理结束时就当事人提交仲裁的实体争议所作的终局性判断。对仲裁裁决的撤销，往往是针对终局裁决（包括部分裁决）而言的。

有疑问的是中间裁决能否撤销。中间裁决，也称临时性裁决，是为了保障仲裁程序的顺利进行，仲裁庭根据有关法律和仲裁规则就程序方面的问题作出的一种决定。其并不属于通常所说的可予强制执行的关于实体问题的仲裁裁决。由于中间裁决并没有处分当事人之间的实质争议，也不具有可强制执行性，所以，当事人或利害关系人对中间裁决不能申请撤销。当事人对中间裁决有异议时，可以向仲裁庭提出申请，请求仲裁庭加以修正，或者在终局裁决作出之后向法院申请撤销终局裁决，保障自己的实体权益。

另外，国际仲裁实践普遍认为，中间裁决不具有终局性，仲裁庭在之后的审理过程中有可能对中间裁决作出修正或者补充。如果法院撤销中间裁决，很大程度上打击了仲裁庭决定程序性事项的权力，造成仲裁效率的低下；而对于程序性事项，诸如审计、检验等，进行司法审查进而决定是否应当撤销也会极大浪费司法资源。所以无论是从国际仲裁实践经验还是从学理上分析，不处理实体争议的中间裁决不应当被法院撤销，因而当事人或案外人对中间裁决有异议的，不得向法院提出撤销中间裁决的请求。

关于仲裁调解书能否被撤销，理论上尚有争议。《仲裁法》第58条虽未明确规定人民法院是否有权撤销仲裁调解书，但根据《仲裁法》第51条第2款有关"调解书与裁决书具有同等法律效力"的明文规定，以及实践中将仲裁调解书与和解裁决书等同看待的惯例，《仲裁法》第58条规定的"仲裁裁决"应作扩张解释，包括和解裁决书和仲裁调解书。2013年最高人民法院《关于人民法院应否受理撤销仲裁调解书申请的复函》明确指出："根据《仲裁法》第五十八条第一款的规定，当事人可以向人民法院申请撤销仲裁裁决，该法第五十一条第二款规定，仲裁调解书与仲裁裁决书具有同等法律效力，这就意味着，仲裁调解书也应纳入司法审查的范围。因此，当事人依照我国仲裁法第五十八条的规定向人民法院申请撤销仲裁调解书的，人民法院应予受理。"

（二）撤销仲裁裁决的意义

撤销仲裁裁决具有救济和监督两层意义：一方面，申请撤销仲裁裁决权是法律赋予当事人、利害关系人的一项重要诉讼权利，撤销仲裁裁决为当事人、利害关系人提供了寻求司法救济来纠正错误仲裁裁决的重要手段；另一方面，撤销仲裁裁决也是法院对仲裁实施司法监督和司法控制的一种重要措施，是实现仲裁公正的保证。

二、撤销仲裁裁决的法律性质

（一）撤销仲裁裁决之诉的争讼性质与非讼性质

争讼程序与非讼程序的本质区别在于两方面：一是是否存在对立的双方当事人；二是双方当事人是否对具体的民事实体法律关系或者民事权益存在争议。

在《民事案件案由规定》中，申请撤销仲裁裁决被列为"适用特殊程序案件案由"之一种。

而所谓的"适用特殊程序案件案由",基本上属于非讼事件或者临时救济程序,如申请确定监护人、申请宣告死亡、申请诉前保全、申请海事强制令、申请承认和执行判决等。由此可以看出,最高人民法院似乎有意将撤销仲裁裁决之诉视同非讼程序案件。

本书认为,撤销仲裁裁决程序是法院运用司法权对仲裁裁决进行司法审查的一种形式,解决的是当事人之间的实体权利义务纠纷,且客观上存在实质上对立的双方当事人,无论从制度渊源还是法理基础上看,都属于争讼程序。法院对于撤销仲裁裁决之诉,应当比照民事诉讼普通程序处理。

(二)争讼性撤销仲裁裁决之诉的类型

作为争讼性的撤销仲裁裁决之诉,在法律上面临确认之诉说、给付之诉说、形成之诉说的争议。本书赞成形成之诉说,理由如下:

首先,当仲裁裁决存在程序违法或法律上的瑕疵时,申请人就取得了程序法上的撤销权。申请人享有的撤销权,在性质上属形成权,法院如果认为原告的形成权存在,而作出了撤销仲裁裁决的判决或裁定,是以判决或裁决的形式直接形成了法律上的效果,变更了过去的法律关系状态。因此,当事人以形成权为依据,向法院提起的撤销仲裁裁决之诉,应为形成之诉。

其次,根据有关国际法律文件和国内法律的规定,当事人行使撤销权,提起撤销仲裁裁决之诉,都要受到除斥期间的限制,如果当事人在规定的期间内没有行使该权利,即使该仲裁裁决存在瑕疵,仍然有效。由此可见,仲裁裁决在撤销前是有效的,因法院的撤销而变成无效,因此,撤销仲裁裁决之诉为形成之诉。

再次,给付之诉说不足信。法院对于有瑕疵的仲裁裁决,基于当事人的申请,依照法律的规定,可以撤销该裁决,使仲裁裁决失去效力,并非仅仅命被告不得主张仲裁裁决的效力;如果法院责令被告不得主张仲裁裁决的效力,似乎已经承认仲裁裁决效力的存在,只是被告不得主张而已,这不符合逻辑。另外,给付之诉说认为,仲裁裁决由仲裁员而非法官作出,因此法院不得撤销其效力,难以令人信服。

理论探讨

最后,确认之诉说也不可取。在撤销仲裁裁决之诉中,法院如果认为原告的申请有理由,将会撤销有瑕疵的仲裁裁决,而非仅仅确认其效力存在与否。

三、撤销仲裁裁决的事由

(一)撤销仲裁裁决的事由概说

撤销仲裁裁决的事由,即法院据以撤销仲裁裁决的原因和依据。

从英国、美国、德国、法国、日本等国家仲裁法或民诉法的规定看,撤销仲裁裁决的事由虽不完全相同,但大致是一致的。总体而言,可以把大多数国家允许对仲裁裁决提出异议的理由分为仲裁员个人不当行为的问题(如贿赂、欺诈、偏袒、偏见和违反自然公正原则)、裁决本身的问题、仲裁庭管辖权方面的问题、仲裁程序问题、公共政策问题等五类。其中，可由当事人提出的理由限于前四类，而公共政策则属于法院考虑的范围。

具体言之，可归为以下几种情形：(1) 缺乏有效的仲裁协议；(2) 仲裁程序违反正当程序或自然正义；(3) 仲裁庭无权或越权仲裁；(4) 仲裁庭的组成或仲裁程序的进行违反应予遵守的法律或规则；(5) 裁决在形式上缺乏有效性（如仲裁员未署名、裁决应当却没有附具理由等）；(6) 裁决的事项不具有可仲裁性；(7) 违反公共秩序或公共政策。公共秩序的概念并不明确，在适用上具有极大的灵活性和不确定性，它既包括程序方面的内容，也牵涉实体范畴的内容。上述情形，除第7种可能涉及实体内容外，其余均为程序事项。在撤销仲裁裁决中，法院只审查程序事项不审查实体事项是一项为绝大多数国家普遍接受和遵循的基本原则。

我国《仲裁法》区别国内仲裁裁决与涉外仲裁裁决，分别规定了不同的撤销仲裁裁决的事由，赋予涉外仲裁优惠待遇。根据《仲裁法》第58条的规定，撤销国内仲裁裁决的事由为：(1) 没有仲裁协议的；(2) 裁决的事项不属于仲裁协议的范围或者仲裁委员会无权仲裁的；(3) 仲裁庭的组成或者仲裁的程序违反法定程序的；(4) 裁决所根据的证据是伪造的；(5) 对方当事人隐瞒了足以影响公正裁决的证据的；(6) 仲裁员在仲裁该案时有索贿受贿、徇私舞弊、枉法裁决行为的；(7) 法院认定裁决违背社会公共利益的。[①] 从这一规定来看，人民法院在撤销国内仲裁裁决时，既审查仲裁程序，也审查裁决的实体内容，审查的范围还是比较广泛的。

依照《仲裁法》第70条，撤销涉外仲裁裁决的事由规定在《民诉法》第274条第1款，具体为：(1) 当事人在合同中没有订立仲裁条款或者事后没有达成书面仲裁协议的；(2) 被申请人没有得到指定仲裁员或者进行仲裁程序的通知，或者由于其他不属于被申请人的原因未能陈述意见的；(3) 仲裁庭的组成或者仲裁的程序与仲裁规则不符的；(4) 裁决的事项不属于仲裁协议的范围或者仲裁机构无权仲裁的。可见，人民法院对涉外仲裁裁决只进行程序审查，而不审查裁决的实体。这与国际社会的普遍实践是一致的。

(二) 我国撤销仲裁裁决的程序性事由

1. 没有仲裁协议

仲裁协议是仲裁庭仲裁权的来源，是仲裁制度的基础。对于没有仲裁协议而申请仲裁的，仲裁机构不予受理，更不能对案件作出裁决。否则，当事人有权向人民法院申请撤销裁决。

"没有仲裁协议"包括三种情形：(1) 仲裁协议是以一种契约的形式存在的、载明将纠纷提交仲裁的意思表示，无论是当事人在合同中订立的仲裁条款还是事前或事后达成的单独的仲裁协议书，都属于当事人达成的仲裁协议。如果当事人没有达成仲裁协议，当事人之间

---

① 维护社会公共利益是我国的司法准则之一，也是世界各国的通例。社会公共利益是指社会全体成员的利益。社会公共利益和个人利益、局部利益既有统一协调的一面，又有矛盾冲突的一面。违背社会公共利益的表现形式多种多样，难以一一详尽列举，通常是指违背我国法律的基本制度与准则、违背社会和经济生活的基本原则等。

就没有仲裁的合意。从理论上讲，仲裁协议属于仲裁管辖权的取得要件和法院管辖权的抗辩要件，因此，仲裁机构或仲裁庭有义务主动审查以仲裁协议为基础的仲裁管辖权是否存在。（2）当事人就某一争议事项达成的仲裁协议，可以被事后达成的新的合意取代。（3）《仲裁法解释》第18条规定："仲裁协议被认定无效或者被撤销的，视为没有仲裁协议。"仲裁协议被认定为无效或者被撤销，就自始不产生任何效力，依据这样的仲裁协议作出的裁决就失去了应有的基础。

2. 仲裁的事项不属于仲裁协议的范围或者仲裁机构无权仲裁

按照《仲裁裁决执行规定》第13条的规定，仲裁裁决的事项应属于可仲裁的事项，即平等主体的公民、法人和其他组织之间发生的合同纠纷和其他财产权益纠纷。争议事项的可仲裁性是《仲裁法》的强制性规定，不得违反。就不可仲裁的事项申请仲裁并作出裁决的，构成可撤销事由。此外，仲裁裁决事项必须是仲裁协议确定的事项，且以当事人仲裁请求为限。如果当事人申请仲裁的事项超出仲裁协议约定的范围或者仲裁请求的范围，此仲裁裁决也应予撤销或部分撤销。其中，若超出仲裁协议约定的事项与其余仲裁事项是可分的，或者超出仲裁请求的部分与其余部分是可分的，则撤销部分仲裁裁决；不可分的，则撤销全部仲裁裁决。

3. 仲裁庭的组成或者仲裁的程序违反法定程序和当事人选择的仲裁规则

（1）"违反法定程序"的含义。"违反法定程序"有广义和狭义之分。狭义上仅指违反仲裁法规定的程序（《仲裁法》第70条）。广义上是指违反仲裁法规定的仲裁程序、当事人选择的仲裁规则或者当事人对仲裁程序的特别约定，可能影响案件公正裁决（《仲裁法解释》第20条、《仲裁裁决执行规定》第14条）。

根据《仲裁法》的规定，仲裁庭是由3名仲裁员组成，还是由1名仲裁员组成，由双方当事人约定；仲裁员应当由当事人选定或委托仲裁委员会主任指定。只有当事人没有在规定的期限内约定仲裁庭组成方式或者选定仲裁员时，才由仲裁委员会依照职权指定。若仲裁庭的组成违反了仲裁法的规定，则该仲裁庭作出的仲裁裁决应予撤销。

仲裁必须按照法定或约定的程序进行，同时仲裁规则与仲裁具有不可分性。仲裁机构没有按照仲裁程序规则规定的期限将全部文件或材料送达双方当事人，或者当事人没有得到指定仲裁员或者进行仲裁程序的通知，或者因不可归责于当事人的事由而使当事人在仲裁程序中未能陈述意见，或未能获得充分的陈述或辩论的机会，或者有关仲裁员有法定回避情形而未予回避，等等，均是违反仲裁程序的做法。对于先予仲裁裁决的撤销，《"先予仲裁"批复》明确规定两种情况构成"违反法定程序"：一是仲裁机构未依照《仲裁法》规定的程序审理纠纷或者主持调解，径行根据当事人在纠纷发生前签订的和解或者调解协议作出仲裁裁决、仲裁调解书的；二是仲裁机构在仲裁过程中未保障当事人申请仲裁员回避、提供证据、答辩等仲裁法规定的基本程序权利的。总之，在违背上述法定仲裁程序和仲裁规则基础上作出的仲裁裁决，属于可撤销的仲裁裁决。

（2）违反法定程序和仲裁规则的主要类型。主要有以下十一种：①违反仲裁协议关于仲裁庭人数组成的约定的；②未给当事人选定或者共同选定仲裁员的机会的；③没有在法律规定或者仲裁规则规定的期限内向被申请人送达仲裁申请书副本、仲裁规则和仲裁员名册的；④没有向被申请人提供仲裁规则中规定的答辩期间的；⑤未以适当方式通知当事人参加庭审的；⑥当事人有正当理由申请延期开庭而未予准许，当事人未能出庭的；⑦证据未向对方当事人展示的，但证据由其提供者除外；⑧当事人未协议不开庭审理而未开庭审理的；⑨未给予当事人陈述和辩论的机会的；⑩仲裁庭未形成多数意见时未按照首席仲裁员的意见裁决的；⑪违反一裁终局的规定的。

下面具体就仲裁送达、仲裁开庭与仲裁一裁终局问题作具体说明。首先是仲裁送达问题。送达是保障双方当事人准确获取仲裁信息，进行程序参与的前提。对于违反仲裁规则进行送达，使得当事人无法及时、准确、公平地参与仲裁程序的，构成撤销仲裁或不予执行的法定事由。其次是仲裁开庭问题。《仲裁法》第39条规定："仲裁应当开庭进行。当事人协议不开庭的，仲裁庭可以根据仲裁申请书、答辩书以及其他材料作出裁决。"可见，仲裁以开庭审理为原则，以当事人协议不开庭审理为例外，赋予了当事人自由选择的权利，也符合仲裁便捷、高效、保密的特点。最高人民法院在《关于撤销中国国际经济贸易仲裁委员会（2002）贸仲裁字第0039号裁决一案的复函》中指出："仲裁庭在审理台湾桦庆塑胶制品有限公司与烟台开发区塑料制网有限责任公司合作经营合同一案中，未经双方当事人同意即对台湾桦庆塑胶制品有限公司提出的反请求进行书面审理，违反了仲裁规则的规定，属于民事诉讼法第二百六十条第一款①规定的'仲裁程序与仲裁规则不符'的情形，依法应当予以撤销。"最后是仲裁一裁终局问题。《仲裁法》第9条规定："仲裁实行一裁终局的制度。裁决作出后，当事人就同一纠纷再申请仲裁或者向人民法院起诉的，仲裁委员会或者人民法院不予受理。裁决被人民法院依法裁定撤销或者不予执行的，当事人就该纠纷可以根据双方重新达成的仲裁协议申请仲裁，也可以向人民法院起诉。"据此确立了仲裁一裁终局的效力。即使不服仲裁裁决，当事人也不能通过上诉途径获得救济，仲裁庭也不得撤销自己作出的已生效裁决。

（3）仲裁程序"违反法定程序"的法律适用顺序。仲裁应当遵循的程序规则，既包括仲裁法的规定，也包括当事人约定的程序规则或者指定的仲裁规则。处于第一顺位的是《仲裁法》的强制性规定。处于第二顺位的是当事人在《仲裁法》强制性规定之外就仲裁庭的人数、委任方式、仲裁地点、仲裁程序等事项进行约定，或者直接指定适用的仲裁规则。处于第三顺位的是《仲裁法》的任意性规定，即在《仲裁法》没有强制性规定，当事人也没有特别约定的情况下，仲裁庭可以按照《仲裁法》的任意性规定进行仲裁。②处于第四顺位的是仲裁庭自由裁量确定的仲裁程序，即在《仲裁法》没有规定，当事人也没有约定的情况下，仲裁庭可以在不违反最低限度正当程序要求下自由决定仲裁的程序和裁决的方式。③

（4）只有违反仲裁程序和仲裁规则且可能影响案件公正裁决时，才能撤销仲裁裁决。违

---

① 即现行《民诉法》第274条第1款——编者注。
② 参见沈德咏、万鄂湘主编：《最高人民法院仲裁法司法解释的理解与适用》，人民法院出版社2007年版，第181—182页。
③ 如《国际商事仲裁示范法》第19条第2款规定，如未达成这种协议，仲裁庭可以在本法规定的限制下，按照它认为适当的方式进行仲裁。《韩国仲裁法》第20条第2款规定，如未能达成上款所述之约定，仲裁庭可以以其认为适当的方式进行仲裁程序，但不得违反本法之规定。赋予仲裁庭之权力应当包括决定证据的可采纳性、相关性、实质性以及效力的权力。

反了《仲裁法》规定的或者当事人指定的仲裁规则中关于仲裁员组成和仲裁程序的规定，并不必然导致仲裁裁决被撤销。在仲裁程序的违反影响到或者可能影响到仲裁裁决的正确性，即仲裁公正价值可能得不到满足、当事人的权利保护受到实质性损害时，各国仲裁法通常都会赋予当事人司法救济的机会，此时撤销仲裁裁决才有必要。我国现行法也是如此。

（5）弃权规则的例外。适用的仲裁程序或仲裁规则经特别提示，当事人知道或者应当知道法定仲裁程序或选择的仲裁规则未被遵守，仍然参加或者继续参加仲裁程序且未提出异议，在仲裁裁决作出之后以违反法定程序为由申请不予执行仲裁裁决的，人民法院不予支持（《仲裁裁决执行规定》第14条第3款）。

（三）我国撤销仲裁裁决的实体性事由

在我国近年的司法实践中，最高人民法院及地方各级人民法院在处理撤销裁决案件时，有意识地减少对实体问题进行不必要的干涉。只有存在明显违反程序或明显可能存在不公正的情形时，法院才会对实体问题进行干预。即便进行干预，大多也以证据的合法性（如《仲裁法》第58条规定的伪造证据或隐瞒证据）等为切入口。

1. 仲裁裁决所依据的证据是伪造的

证据是仲裁庭查明案件真实情况、分清是非、确定双方当事人的责任界限并作出仲裁裁决的根据。当事人必须向仲裁庭提供真实的证据。当事人提供了伪造的证据，并满足以下条件的，法院应撤销仲裁裁决：（1）该证据已被仲裁裁决采信；（2）该证据属于认定案件基本事实的主要证据；（3）该证据经查明确属通过捏造、变造、提供虚假证明等非法方式形成或者获取。实践中伪造书证尤其伪造合同或合同上签名的情况居多。①

2. 对方当事人隐瞒了足以影响公正裁决的证据

在仲裁程序中，认定案件基本事实的主要证据多由当事人提供。仲裁证据依据其分布状况，可以分为本人持有的证据、对方持有的证据和第三人持有的证据三种。当事人持有的证据可以简单分为两大类：一类是对当事人自身有利的证据，另一类是对当事人不利的证据。当事人都希望仲裁庭作出对自身有利的裁决，因而可能隐藏那些对自己不利的证据。有些情况下，仲裁庭可以采取推定证据方法强制当事人提交证据。也就是说，如果当事人一方知悉存在该证据，能合理地指出对方当事人持有对判明争议具有实质性意义的证据，要求对方当事人出示或者请求仲裁庭责令其提交，但对方当事人无正当理由未予出示或者提交的，仲裁庭可以从对方当事人的拒绝合作行为中得出该证据对对方当事人不利的结论，对方当事人将承受因此而产生的风险。不过，当事人一方在仲裁过程中隐瞒已掌握的证据，仲裁裁决作出后，该方当事人以己方所隐瞒的证据足以影响公正裁决为由申请不予执行仲裁裁决的，人民法院不予支持（《仲裁裁决执行规定》第16条第2款）。所谓"足以影响公正裁决的证据"，

---

① 例如，（2014）鞍民一初字第00005号裁定书："该合同经鉴定后被认定文件的形成方式不一致，第1页和第4页印刷体字迹是用喷墨打印机打印的，第2页和第3页是用静电复印机复印的，故该合同不符合证据真实性的要求，依照《中华人民共和国仲裁法》第五十八条第一款第四项的规定，该仲裁裁决应当予以撤销。"又如在（2014）穗中法仲审字第106号裁定书中，因合同一方当事人的签名系伪造，法院撤销了该仲裁裁决。

是指直接关系到仲裁裁决的最后结论的证据。这些证据通常与仲裁案件所涉及的纠纷或争议的焦点或重要情节有着直接的联系，同时这些证据也直接影响着仲裁庭对案件事实的正确判断。因此，在当事人隐瞒了足以影响公正裁决的证据的情况下所作出的仲裁裁决应当被撤销。①

四、撤销仲裁裁决的程序

（一）提出撤销仲裁裁决申请

1. 申请条件

按照我国《仲裁法》第58、59、70条的规定，申请撤销仲裁裁决必须符合下列条件：（1）申请主体必须是仲裁当事人。由于仲裁当事人与仲裁裁决的结果有直接的利害关系，仲裁裁决也决定着当事人的合法权益是否得到了保护或者受到了侵害。所以，法律规定提出撤销仲裁裁决申请的主体是当事人，包括仲裁申请人和被申请人。与仲裁裁决有利害关系的第三人不能申请撤销仲裁裁决。②考虑到虚假仲裁的规制，未来修改《仲裁法》时，宜增加第三人撤销仲裁裁决之诉制度。（2）必须在法定期限内提出撤销仲裁裁决申请。我国《仲裁法》第59条规定，当事人申请撤销仲裁裁决的，应当自收到裁决书之日起6个月内提出。该6个月属于除斥期间。（3）必须有证据证明仲裁裁决有法律规定的应予撤销的情形。当事人所提供的证据能否证明存在法律规定的应予撤销的情形，需要人民法院审查认定。

2. 管辖法院

按照《仲裁法》第58条的规定，有管辖权的人民法院是仲裁委员会所在地的中级人民法院。该管辖规定非常类似于专属管辖。

3. 申请形式

申请撤销仲裁裁决，既可以采用书面的申请书形式，也可以口头起诉或口头申请。

申请书应当记明下列事项：（1）申请人或者被申请人为自然人的，应当载明其姓名、性别、出生日期、国籍及住所；为法人或者其他组织的，应当载明其名称、住所以及法定代表人或者代表人的姓名和职务。（2）裁决书的主要内容及生效日期。（3）具体的请求和理由。

4. 法院受理

对于申请人的申请，人民法院应当在7日内审查决定是否受理。申请人提交的文件不符合申请形式要求，经人民法院释明后提交的文件仍然不符合《仲裁司法审查规定》第6条规定的，裁定不予受理。申请人向对案件不具有管辖权的人民法院提出申请的，人民法院应当

---

① 例如，（2014）二中执异字第00921号裁决书："申请执行人衣素均在本案审查过程中认可被执行人孟宏斌在仲裁前已经向其偿还36.9万元，但其在仲裁庭审过程中隐瞒了收取银行转账款项和现金的相关证据，足以影响仲裁庭作出公正的裁决，故被执行人尹小斌申请不予执行仲裁裁决的请求成立，本院予以支持。"

② 最高人民法院于2001年在《关于对崇正国际联盟集团有限公司申请撤销仲裁裁决人民法院应否受理的复函》中指出，《仲裁法》第70条规定的"当事人"是指仲裁案件的申请人或被申请人，崇正国际联盟集团有限公司并非V19990351号仲裁案件的申请人或被申请人，该公司不具备申请撤销该仲裁裁决的主体资格，故对该申请人民法院不予受理。应当

告知其向有管辖权的人民法院提出申请，申请人仍不变更申请的，裁定不予受理。人民法院立案后发现不符合受理条件的，裁定驳回申请。裁定驳回申请的案件，申请人再次申请并符合受理条件的，人民法院应予受理。当事人对不予受理、驳回申请的裁定不服的，可以提起上诉（《仲裁司法审查规定》第7、8条）。

人民法院受理仲裁司法审查案件后，应当在5日内向申请人和被申请人发出通知书，告知其受理情况及相关的权利义务。

法院受理申请后，可以产生中止执行仲裁裁决的特殊效力。《仲裁法》第64条规定，一方当事人申请执行裁决，另一方当事人申请撤销裁决的，法院应当裁定中止执行。

5. 管辖权异议

人民法院受理仲裁司法审查案件后，被申请人对管辖权有异议的，应当自收到人民法院通知之日起15日内提出。人民法院对被申请人提出的异议，应当审查并作出裁定。当事人对裁定不服的，可以提起上诉。在中国领域内没有住所的被申请人对人民法院的管辖权有异议的，应当自收到人民法院通知之日起30日内提出（《仲裁司法审查规定》第10条）。

（二）法院对撤销裁决申请的审查处理

1. 审判组织与开庭形式

（1）合议庭审理。根据《仲裁法》的规定，中级人民法院受理撤销仲裁裁决申请后，应当组成合议庭审查撤销裁决请求是否成立，以示司法监督仲裁的慎重。

（2）询问当事人。合议庭可以开庭审理，也可以不开庭审理，如果不开庭审理应当询问当事人（《仲裁法解释》第24条）。合议庭审查申请人的申请材料后，如果认为案件事实清楚、法律关系明确，可以不开庭审理，但应询问当事人；如果没有发现新的情况，合议庭可以直接合议后作出裁定。询问当事人时，应制作询问记录，并留卷备查。

2. 申请人的举证责任

（1）起诉时提供初步证据的义务。申请人除了提交撤销仲裁裁决申请书外，还需向人民法院提交初步证明其申请书中所列撤销事由的证据或证据材料，法院才能受理其撤销申请。

（2）法院审查阶段申请人的举证责任。申请人对于其撤销请求所赖以成立的撤销事由之存在，负有客观举证责任。申请人应当提供证据证明撤销事由的存在，如果所提供的证据不足以证明其主张的撤销事由成立，或者提供的证据所证明的事实并非撤销事由，申请人将承担举证不能的败诉风险。

3. 人民法院的审查处理

人民法院应当在受理撤销裁决申请之日起2个月内进行审查，并且根据不同情形分别作出以下四类裁定：（1）裁定撤销裁决。经审理查明，撤销事由成立，法院裁定撤销全部或部分仲裁裁决。（2）裁定驳回申请。人民法院经审查，未发现仲裁裁决具有法定可撤销理由的，应在受理撤销仲裁裁决申请之日起2个月内作出驳回申请的裁定。（3）裁定中止撤销程序。法院受理撤销裁决的申请后，认为可以由仲裁庭重新仲裁的，通知仲裁庭在一定期限内重新仲裁，裁定中止撤销程序。仲裁庭在法院指定的期限内重新仲裁的，人民法院应当裁定终结撤销仲裁裁决程序(《仲裁法解释》第22条)。(4)裁定恢复撤销程序。人民法院通知仲裁庭重新仲裁后,仲裁庭在指定期限内未开始重新仲裁的,法院应当裁定恢复撤销程序。

4. 对撤销仲裁裁决或驳回申请裁定的救济

法院作出的撤销仲裁裁决和驳回申请的裁定具有终局性的特点,一经送达即发生法律效力,当事人申请复议、提出上诉或者申请再审的,人民法院不予受理(《仲裁司法审查规定》第20条)。具体表现在:

(1)对裁定不能上诉。1997年《最高人民法院关于人民法院裁定撤销仲裁裁决或驳回当事人申请后当事人能否上诉问题的批复》指出,对人民法院依法作出的撤销仲裁裁决或驳回当事人申请的裁定,当事人无权上诉。人民法院依法裁定撤销仲裁裁决的,当事人可以根据双方重新达成的仲裁协议申请仲裁,也可以向人民法院起诉。

(2)对裁定不能申请再审。1999年《最高人民法院关于当事人对人民法院撤销仲裁裁决的裁定不服申请再审人民法院是否受理问题的批复》指出,根据《仲裁法》第9条规定的精神,当事人对人民法院撤销仲裁裁决的裁定不服申请再审的,人民法院不予受理。2004年《最高人民法院关于当事人对驳回其申请撤销仲裁裁决的裁定不服而申请再审,人民法院不予受理问题的批复》指出,当事人对人民法院驳回其申请撤销仲裁裁决的裁定不服而申请再审的,人民法院不予受理。

(3)检察院不能对裁定提起抗诉。2000年《最高人民法院关于人民检察院对撤销仲裁裁决的民事裁定提起抗诉,人民法院应如何处理问题的批复》指出,检察机关对发生法律效力的撤销仲裁裁决的民事裁定提起抗诉,没有法律依据的,人民法院不予受理。依照《仲裁法》第9条的规定,仲裁裁决被人民法院依法撤销后,当事人可以重新达成仲裁协议申请仲裁,也可以向人民法院提起诉讼。《最高人民法院关于人民检察院对不撤销仲裁裁决的民事裁定提出抗诉人民法院应否受理问题的批复》指出,人民检察院对发生法律效力的不撤销仲裁裁决的民事裁定提出抗诉,没有法律依据的,人民法院不予受理。

仲裁裁决被人民法院依法撤销后,当事人之间的纠纷并未解决,当事人可以重新达成仲裁协议申请仲裁或者向人民法院起诉。

仲裁裁决被撤销后,法院对裁决的执行程序就失去了执行依据,法院应解除已经实施的执行措施,并裁定终结仲裁裁决的执行程序。

撤销仲裁裁决的申请被驳回后,双方当事人必须按照仲裁裁决所确定的权利义务自动履行。如果不自动履行仲裁裁决,权利方当事人可以向法院申请恢复执行程序,法院也可依职权恢复执行程序。

五、重新仲裁制度

(一)重新仲裁的概念和意义

重新仲裁是指在撤销仲裁裁决程序中,人民法院经审查认定该仲裁裁决存在瑕疵,且该瑕疵可以通过仲裁庭重新裁决予以弥补修正的，发回仲裁庭进行重新审理的制度（《仲裁法》第61条）。重新仲裁是原仲裁案件仲裁程序的继续，是仲裁裁决撤销程序中法院在尊重裁决终局性基础上的司法支持与监督。

《仲裁法》设立重新仲裁制度的目的，是给仲裁庭提供纠正自身失误和裁决瑕疵的机会，减少裁决被撤销的可能，保证当事人以仲裁方式解决争议的意愿得以实现。重新仲裁制度既体现了人民法院在监督仲裁中给予仲裁机构和仲裁庭越来越多司法支持的普遍趋势，也反映了在解决社会纠纷方面追求效率、合理分配社会资源的理念。国外仲裁法和仲裁国际条约都非常重视重新仲裁制度。

（二）重新仲裁的适用条件

重新仲裁至少应当具备下列三个条件：(1) 须在撤销仲裁裁决程序中启动，执行仲裁裁决程序中不能重新仲裁。(2) 启动重新仲裁程序，须符合撤销仲裁裁决的法定事由。《仲裁法解释》第21条规定，仲裁裁决所根据的证据是伪造的或者对方当事人隐瞒了足以影响公正裁决的证据，当事人申请撤销国内仲裁裁决的，人民法院可以依据《仲裁法》第61条的规定通知仲裁庭在一定期限内重新仲裁。(3) 仲裁裁决的错误是仲裁庭可以通过重新仲裁加以纠正的错误。这是重新仲裁的实质要件，也是决定重新仲裁范围的最本质的条件。

（三）重新仲裁的程序

1. 法院通知重新仲裁

《仲裁法》第61条使用的是"可以"，即在可以撤销仲裁裁决也可以发回重新仲裁时，由法官自由裁量决定是否发回重新仲裁。作为仲裁裁决瑕疵补救的一种手段，从解决纠纷的效率、成本方面来看，适用重新仲裁的手段优于撤销仲裁裁决的手段。在适合重新仲裁的情况下，法官应尽可能地通知仲裁庭重新仲裁。

法院通知仲裁庭重新仲裁时，应当在通知中说明要求重新仲裁的具体理由（《仲裁法解释》第21条第2款）。

2. 仲裁庭决定是否重新仲裁

按照《仲裁法》的规定，重新仲裁程序是否能够启动，最终取决于仲裁庭是否同意重新仲裁。法院可依职权通知仲裁庭重新仲裁，但该通知对仲裁庭只是一种"授权行为"，而非一种"命令行为"，仲裁庭可以进行重新仲裁，也可以拒绝进行重新仲裁。

3. 重新仲裁的仲裁庭组成

重新仲裁是由原仲裁庭重新仲裁，不存在组成新的仲裁庭的问题。由原仲裁庭重新仲裁，尊重了当事人的意愿，也给仲裁庭一个自我纠正错误的机会，有利于仲裁庭作出公正裁决。

4. 重新仲裁时仲裁庭的审理范围

重新仲裁制度旨在有针对性地、公平而又经济地消除仲裁程序中的瑕疵，因此，重新仲裁审理的范围受一定的限制，仲裁庭应围绕法院认定的仲裁程序中的缺陷进行审理。

5. 重新仲裁时当事人增加或者撤销仲裁请求、放弃部分仲裁请求和提出反请求的处理

当事人在重新仲裁中原则上不得增加仲裁请求、放弃部分仲裁请求和提出反请求，除非当事人对新增的请求能够达成和解或者一致；当事人也不得撤回原仲裁申请，除非当事人就此达成一致且当事人撤回申请不损害他人的利益。

6. 重新仲裁的期限

仲裁强调解决纠纷的效率，故重新仲裁的期限一般不宜过长。按照《仲裁法》的规定，人民法院审理撤销仲裁裁决案件的期限为2个月，重新仲裁作为撤销仲裁裁决程序的组成部分，可以考虑不超过2个月的时间。开始重新仲裁的时间，以不超过10天为宜，重新仲裁的审限以不超过60天为宜。当然，重新仲裁的期限不计入人民法院的审限。

7. 重新仲裁程序对原仲裁裁决的效力

当事人提起撤销裁决申请后，在法院作出撤销仲裁裁决裁定或者仲裁庭作出重新仲裁裁决决定或变更原仲裁裁决之前，该仲裁裁决都是有效的。

第三节 仲裁裁决的执行与不予执行

一、仲裁裁决的执行与执行依据

（一）仲裁裁决执行的概念和类型

仲裁裁决的执行，也称仲裁裁决的强制执行，是指国家设立的执行机构依据债权人的申请和生效的仲裁裁决书（或调解书，下同），运用国家强制力，强制债务人履行义务，以实现仲裁法律文书所载明的债权的活动。

根据生效的仲裁裁决法律文书所载债权的性质，仲裁裁决的执行有给付金钱的执行、交付物的执行和完成行为的执行三类。其中交付物的执行和完成行为的执行合称非金钱债权的执行。因实现的权利性质不同，三类的执行措施和方法也有所不同。

（二）仲裁裁决的执行依据

《仲裁法》第62条规定当事人有权向人民法院申请执行仲裁裁决。《民诉法》第237条第1款也规定，对依法设立的仲裁机构的裁决，一方当事人不履行的，对方当事人可以向有管辖权的人民法院申请执行。据此，我国学者一般认为，仲裁裁决书是仲裁机构根据当事人在仲裁协议中的约定作出的有关当事人民事权利义务关系的判断。生效的仲裁裁决书不仅具有既判力，有给付内容的仲裁裁决书还具有强制执行力，可以作为债权人申请执行的根据。[1] 因此，执行依据通常理解为仲裁裁决本身。

---

[1] 参见江伟、肖建国主编：《仲裁法》（第3版），中国人民大学出版社2016年版，第297—298页。

仲裁裁决存在以下情形之一的，不具有执行力，不能申请执行：（1）权利义务主体不明确；（2）金钱给付具体数额不明确或者计算方法不明确导致无法计算出具体数额；（3）交付的特定物不明确或者无法确定；（4）行为履行的标准、对象、范围不明确；（5）仲裁裁决或者仲裁调解书仅确定继续履行合同，但未明确继续履行的权利义务以及履行的方式、期限等具体内容，导致无法执行（《仲裁裁决执行规定》第3条）。

但是，从比较法上看，仲裁裁决并不自带执行力，仲裁裁决本身不是执行名义。①在德日等国，作为执行名义的生效法律文书均为公文书，而仲裁是私人花钱购买商业服务的行为，具有民间性，仲裁机构和仲裁庭不属于国家机关或者其他依法具有社会管理职能的组织②，因此仲裁庭作出的仲裁裁决也不具有任何官方色彩，不可能自然具有执行力。毕竟执行力是以国家强制作为后盾的，没有公权力加持，不得作为执行名义。我国现行立法过分拔高了仲裁裁决的法律效力，直接赋予其执行力、物权变动的效力，将其规定为独立的执行名义，学界将仲裁裁决书解释为与法院裁判具有相同地位和效力的法律文书，是一种误认。要使仲裁裁决产生执行力，必须由法院作前置性审查，转化为公文书。实际上，仲裁裁决非经法院审查作出可执行裁定（决定），不得执行，因此，执行名义应当是法院宣告仲裁裁决可以执行的裁定，③而非仲裁裁决本身。张卫平教授也指出："在原理上，仲裁裁决必须得到司法机关的认可并赋予执行力，才能被强制执行。也就是说，只有与国家司法机关的确认裁决相结合，仲裁裁决才能够成为执行根据。"④

二、仲裁裁决的执行程序

（一）当事人申请执行

债权人在债务人逾期不履行或拒绝履行仲裁裁决书确定的义务时，可以在《民诉法》第239条规定的两年申请执行时效内提出执行申请。对方提出时效届满抗辩的，由执行法院进行审查，认为抗辩成立的，裁定驳回执行申请；认为抗辩不成立的，继续执行。

申请人提交的文件应当符合《仲裁司法审查规定》第5、6条规定的条件，不符合且经人民法院释明后提交的文件仍然不符合规定的，裁定不予受理。人民法院立案后发现不符合受理条件的，裁定驳回申请。当事人对不予受理、驳回申请的裁定不服的，可以提起上诉。

（二）执行管辖

仲裁裁决的执行，由被申请执行人住所地或者被执行的财产所在地人民法院管辖。依

---

① 参见［德］弗里茨·鲍尔、霍尔夫·施蒂尔纳、亚历山大·布伦斯：《德国强制执行法》（上册），王洪亮、郝丽燕、李云琦译，法律出版社2019年版，第299—300页。
② 参见《民诉法解释》第114条前半段。
③ 参见《德国民事诉讼法》第794、1053、1060—1061条，《日本仲裁法》第45、46条，《韩国仲裁法》第14条。
④ 张卫平：《现行仲裁执行司法监督制度结构的反思与调整——兼论仲裁裁决不予执行制度》，载《现代法学》2020年第1期。

照规定,当事人对仲裁机构作出的仲裁裁决或者仲裁调解书申请执行的,由被执行人住所地或者被执行的财产所在地的中级人民法院管辖(《民诉法》第224条、《仲裁裁决执行规定》第2条)。符合下列条件的,经上级法院批准,中级人民法院可以参照《民诉法》第38条的规定指定基层法院管辖:(1)执行标的额符合基层人民法院一审民商事案件级别管辖受理范围;(2)被执行人住所地或者被执行的财产所在地在被指定的基层人民法院辖区内。

(三)先予仲裁裁决的申请执行

"先予仲裁"是指当事人在签订、履行网络借贷合同且未发生纠纷时,即请求仲裁机构依其现有协议先行作出具有约束力和执行力的法律文书,包括仲裁调解书和根据调解协议制作的仲裁裁决。"先予仲裁"的特点有:(1)当事人订立借款合同当天即签订调解协议,并在两份协议中对仲裁事项作出约定。(2)在合同尚未履行或者未完全履行的情况下申请仲裁,仲裁机构即根据之前的调解协议作出仲裁裁决或者调解书,同时出具生效证明。相关文书签署、送达等均在网络上完成。(3)借款合同的出借人不明,部分合同上仅有借款人和居间人(即网贷平台),没有列明出借人。(4)调解协议上的申请人为网贷平台,而网贷平台的经营范围不包括金融借贷业务;网贷平台则称通过债权转让方式取得债权,并申请仲裁、强制执行。(5)调解协议对借款人的权利进行诸多限制。例如,明确约定对案件进行不公开、不开庭审理并同意在网络上完成审理;借款人对申请人提交的借款合同或者其他支付凭证以及其他相关证据材料均无异议;放弃提供证据;借款人放弃对仲裁请求的答辩权和其他权利等。

《"先予仲裁"批复》指出,根据《仲裁法》第2条的规定,仲裁机构可以仲裁的是当事人间已经发生的合同纠纷和其他财产权益纠纷。因此,网络借贷合同当事人申请执行仲裁机构在纠纷发生前作出的仲裁裁决或者调解书的,人民法院应当裁定不予受理;已经受理的,裁定驳回执行申请。理由在于,此类文书虽然名为仲裁裁决书、调解书,但不是《民诉法》《仲裁法》意义上的仲裁裁决书或者调解书,其性质类似于对合同进行见证。对这类所谓的仲裁裁决或者调解书强制执行,缺乏法律依据。

实务研究

(四)法院受理

仲裁裁决的给付内容不明确或权利义务主体不明确导致无法执行的,人民法院可以裁定驳回执行申请。对仲裁裁决主文中的文字、计算错误以及仲裁庭已经认定但在裁决主文中遗漏的事项,可以补正或说明的,人民法院应当书面告知仲裁庭补正或说明,或者向仲裁机构调阅仲裁案卷查明。仲裁庭不补正也不说明,且人民法院调阅仲裁案卷后执行内容仍然不明确具体无法执行的,可以裁定驳回执行申请;申请执行人不服的,可以自裁定送达之日起10日内向上一级人民法院申请复议(《仲裁裁决执行规定》第3、4、5条)。

法院受理后,应当按照《民诉法》的规定向债务人送达执行通知书,责令其在指定的期间履行,逾期不履行的,强制执行。被执行人不履行仲裁裁决书确定的义务,并有可能隐匿、转移财产的,执行员可以立即采取强制执行措施。

(五）法院执行与执行中止、终结

我国《民诉法》第三编"执行程序"专章规定了执行措施。人民法院执行仲裁裁决，可以采取查封、扣押、冻结、划拨、拍卖、变卖等执行措施。

《仲裁法解释》第25条规定，人民法院受理当事人撤销仲裁裁决的申请后，另一方当事人申请执行同一仲裁裁决的，受理执行申请的人民法院应当在受理后裁定中止执行。当事人提出撤销裁决申请，经法院审理后，可能会产生三种结果：一是裁定重新仲裁；二是撤销仲裁裁决；三是驳回申请。所以，法院在受理当事人执行仲裁裁决的申请后，应当裁定中止执行。为防止申请撤销仲裁裁决的一方滥用撤销程序拖延执行，也为了防止日后执行的困难，在裁定中止执行的同时，人民法院原则上应当责令申请撤销仲裁裁决的一方提供担保。

被执行人申请撤销仲裁裁决并已由人民法院受理的，或者被执行人、案外人对仲裁裁决执行案件提出不予执行申请并提供适当担保的，执行法院应当裁定中止执行。中止执行期间，人民法院应当停止处分性措施，但申请执行人提供充分、有效的担保请求继续执行的除外；执行标的查封、扣押、冻结期限届满前，人民法院可以根据当事人申请或者依职权办理续行查封、扣押、冻结手续（《仲裁裁决执行规定》第7条第1款）。

在不予执行仲裁裁决案件审查期间，当事人向有管辖权的人民法院提出撤销仲裁裁决申请并被受理的，执行法院应当裁定中止对不予执行申请的审查；仲裁裁决被撤销或者决定重新仲裁的，执行法院应当裁定终结执行，并终结对不予执行申请的审查；撤销仲裁裁决申请被驳回或者申请执行人撤回撤销仲裁裁决申请的，执行法院应当恢复对不予执行申请的审查；被执行人撤回撤销仲裁裁决申请的，执行法院应当裁定终结对不予执行申请的审查，但案外人申请不予执行仲裁裁决的除外（《仲裁裁决执行规定》第20条第2款）。

三、仲裁裁决的不予执行

（一）不予执行概述

不予执行是指人民法院在对仲裁裁决的申请执行书予以审查或执行过程中，因出现法定的原因裁定停止执行并结束执行程序的行为。

撤销仲裁裁决和不予执行仲裁裁决都是人民法院对仲裁行使司法监督权的体现，都是在法定情形下对仲裁裁决作出的否定性评价。但两者也有不同之处，具体体现在：（1）提出请求的当事人不同。只要对仲裁裁决确定的权利义务关系有提起撤销之诉的利益，任何一方当事人，甚至是利害关系人都有权提出撤销仲裁裁决申请；而有权申请不予执行仲裁裁决的主体，是仲裁裁决执行中的被执行人和案外人。（2）提出请求的期限不同。申请撤销仲裁裁决的，应当自收到仲裁裁决书之日起6个月内向人民法院提出；而申请不予执行仲裁裁决则是在一方当事人申请执行仲裁裁决并且进入执行程序之后提出。（3）管辖法院不同。当事人申请撤销仲裁裁决，应当向仲裁机构所在地的中级人民法院提出；而当事人申请不予执行仲裁裁决只能向申请执行人提出执行申请的法院提出。(4)审查的权力主体不同。撤销仲裁裁决申请由人民法院的民事审判庭进行审查和裁定；而不予执行申请则由人民法院执行局进行审查和裁定。(5)是否重新仲裁不同。在撤销仲裁裁决的程序中，法院认为可以由仲裁庭重新仲裁的，应通知仲裁庭在一定期限内重新仲裁；而在不予执行仲裁裁决的程序中，法院不可要求仲裁庭重新仲裁。

(二)申请不予执行的事由和时间

不予执行的事由，即法院据以裁定不予执行仲裁裁决的原因和依据。当事人申请不予执行裁决与申请撤销裁决的事由，目前已经实现了统一。本章前面已有阐明，这里不再赘述。

被执行人申请不予执行仲裁裁决的，对同一仲裁裁决的多个不予执行事由应当一并提出。不予执行仲裁裁决申请被裁定驳回后，再次提出申请的，人民法院不予审查，但有新证据证明存在《民诉法》第237条第2款第4、6项规定情形的除外(《仲裁裁决执行规定》第10条)。

被执行人应当在执行通知书送达之日起15日内书面提出不予执行仲裁裁决申请；有《民诉法》第237条第2款第4、6项规定情形且执行程序尚未终结的，应当自知道或者应当知道有关事实或案件之日起15日内提出书面申请。在该期限届满前，被执行人已向有管辖权的人民法院申请撤销仲裁裁决且已被受理的，自人民法院驳回撤销仲裁裁决申请的裁判文书生效之日起重新计算期限。

(三)对不予执行的限制

1. 对以相同理由申请法院重复监督的限制

当事人向人民法院申请撤销仲裁裁决被驳回后，又在执行程序中以相同事由提出不予执行申请的，人民法院不予支持；当事人向人民法院申请不予执行被驳回后，又以相同事由申请撤销仲裁裁决的，人民法院不予支持(《仲裁裁决执行规定》第20条、《仲裁法解释》第26条)。

实践中，当事人往往以相同的理由先申请撤销然后申请不予执行仲裁裁决，或者先申请不予执行被驳回后再申请撤销仲裁裁决。这种情形会带来两大问题：一是法院的双重监督问题；二是仲裁的效率低下问题。同一法院或者不同法院要对同一仲裁裁决前后进行两次司法审查，有可能得出完全不同的两种结论，不仅有损司法机关的权威，还在一定程度上加重了法院的工作负担，造成有限司法资源的浪费。同时，把两类功能基本相同的监督方式重复设置，将使仲裁的效率大打折扣，不能充分发挥其解决纠纷的优势，易导致当事人滥用不予执行申请权，规避法律，拖延执行，不利于权利人迅速实现其权利。可见，限制当事人以相同理由申请法院重复监督是有必要的。

2. 对当事人以仲裁协议无效为由申请撤销或不予执行的限制

当事人在仲裁程序中未对仲裁协议的效力提出异议，在仲裁裁决作出后以仲裁协议无效为由主张撤销仲裁裁决或者提出不予执行抗辩的，人民法院不予支持(《仲裁法解释》第27条)。

仲裁协议是仲裁机构取得仲裁管辖权的依据，也是整个仲裁程序赖以进行的基础。对于仲裁协议的效力,理论上采取默示有效原则,即当事人未依法律的规定主张既存的仲裁协议无效的,视为当事人已经认可了仲裁协议的效力。根据《仲裁法》第20条第2款和《仲裁法解释》第13、14条的规定,当事人在仲裁庭首次开庭前没有对仲裁协议的效力提出异议,而后向人民法院申请确认仲裁协议无效的,人民法院不予受理。同样,当事人在仲裁庭首次开庭前未主张仲裁协议无效,在申请撤销或不予执行仲裁裁决程序中,为防止当事人出于拖延执行的目的再以仲裁协议无效为由申请撤销或不予执行仲裁裁决,并避免仲裁机构和法院因认识不同而对仲裁协议的效力作出相互冲突的判断,有必要限制当事人以仲裁协议无效为由再行申请撤销或不予执行仲裁裁决。

3. 对仲裁调解书或基于和解协议作出的仲裁裁决书申请不予执行的限制

被执行人申请不予执行仲裁调解书或者根据当事人之间的和解协议、调解协议作出的仲裁裁决的,人民法院不予支持,但该仲裁调解书或者仲裁裁决违背社会公共利益的除外(《仲裁裁决执行规定》第17条)。仲裁调解书或基于和解协议作出的仲裁裁决书所确认的债权债务关系,实际上反映了当事人真实的意思表示,并给了当事人在意思表示失真的情形下予以补救的机会。在仲裁裁决执行过程中,当事人事后向人民法院请求不予执行上述两种文书的,有悖诚信原则,也缺乏法律依据,故对上述不予执行抗辩进行限制是必要的。

(四)不予执行的审查程序

1. 审判组织:合议庭审理

根据《仲裁法》第63、71条和《民诉法》第237条的规定,人民法院受理不予执行仲裁裁决申请后,应当组成合议庭审查请求是否成立,以示司法监督仲裁的慎重。

被执行人、案外人对仲裁裁决执行案件申请不予执行的,负责执行的中级人民法院应当另行立案审查处理;执行案件已指定基层人民法院管辖的,应当于收到不予执行申请后3日内移送原执行法院另行立案审查处理(《仲裁裁决执行规定》第2条第3款)。

2. 举证责任

对于仲裁裁决是否具有法定的不予执行的理由,除了涉及社会公共利益的事由外,由被执行人承担举证责任。被执行人应当提供证据证明不予执行的事由存在,如果所提供的证据不足以证明其主张的事由成立,被执行人将承担申请被驳回的风险。

3. 人民法院的审查处理

根据审理撤销、不予执行仲裁裁决案件的实际需要,人民法院可以要求仲裁机构作出说明或者向相关仲裁机构调阅仲裁案卷(《仲裁法解释》第30条)。

对于不予执行申请,经人民法院审查后,作出不予执行或者驳回申请的裁定,并可以送达相关的仲裁机构。其中,不予执行仲裁裁决的裁定书应送达双方当事人和仲裁机构(《民诉法》第237条)。

(五)对不予执行裁定的救济

人民法院裁定不予执行仲裁裁决、驳回或者不予受理不予执行仲裁裁决申请后,当事人对该裁定提出执行异议或者申请复议的，人民法院不予受理（《仲裁裁决执行规定》第22条第1款）；当事人可以根据双方达成的书面仲裁协议重新申请仲裁，也可以向人民法院起诉（《民诉法》第237条）。

申请执行人对人民法院作出的不予执行仲裁裁决的裁定，不得上诉，不能申请再审。被执行人申请执行回转或者解除强制执行措施的，人民法院应当支持。原申请执行人对已履行或者被人民法院强制执行的款物申请保全的，人民法院应当依法准许；原申请执行人在人民法院采取保全措施之日起30日内，未根据双方达成的书面仲裁协议重新申请仲裁或者向人民法院起诉的，人民法院应当裁定解除保全（《仲裁裁决执行规定》第21条第2款）。

（六）案外人申请不予执行仲裁裁决

1. 案外人申请不予执行仲裁裁决的意义

为了规制商事仲裁实践中虚假仲裁现象①，给虚假仲裁中利益受到侵害的案外人以救济，弥补我国现行法的制度漏洞，最高人民法院在《仲裁裁决执行规定》第9、18条增设了案外人申请不予执行仲裁裁决制度。

2. 案外人申请不予执行仲裁裁决的条件

案外人应当向人民法院提交申请书以及证明其请求成立的证据材料。不予执行仲裁裁决的申请应当符合以下条件：（1）有证据证明仲裁案件当事人恶意申请仲裁或者虚假仲裁，损害其合法权益；（2）案外人主张的合法权益所涉及的执行标的尚未执行终结；（3）自知道或者应当知道人民法院对该标的采取执行措施之日起30日内提出。

3. 法院裁定不予执行的条件

人民法院经审查，认定案外人符合以下条件的，应当裁定不予执行：（1）案外人系权利或者利益的主体；（2）案外人主张的权利或者利益合法、真实；（3）仲裁案件当事人之间存在虚构法律关系，捏造案件事实的情形；（4）仲裁裁决主文或者仲裁调解书处理当事人民事权利义务的结果部分或者全部错误，损害案外人合法权益。

4. 法院裁定不予执行的救济

人民法院基于案外人申请裁定不予执行，当事人不服的，可以自裁定送达之日起10内向上一级人民法院申请复议，案外人可以申请执行回转或者解除强制执行措施；法院裁定驳回或者不予受理案外人提出的不予执行申请，案外人不服的，可以自裁定送达之日起10日内向上一级人民法院申请复议（《仲裁裁决执行规定》第22条第3款）。

四、不予执行与撤销裁决的司法报核

对于涉外涉港澳台仲裁司法审查案件，各地法院拟裁定不予执行或者撤销我国内地仲

---

① 虚假仲裁与虚假诉讼本质上相同，最高人民法院在《防范和制裁虚假诉讼意见》中对于虚假诉讼的识别和规制，已经形成了一套有效的应对措施。

机构的仲裁裁决,不予认可和执行我国香港特别行政区、澳门特别行政区、台湾地区仲裁裁决的,不予承认和执行外国仲裁裁决的,应当向本辖区所属高级人民法院报核;高级人民法院经审查拟同意的,应当向最高人民法院报核。待最高人民法院审核后,方可依最高人民法院的审核意见作出裁定(《仲裁司法审查报核规定》第2条)。

对于非涉外涉港澳台仲裁司法审查案件,各地法院拟不予执行或者撤销我国内地仲裁机构的仲裁裁决的,应当向本辖区所属高级人民法院报核;待高级人民法院审核后,方可依高级人民法院的审核意见作出裁定。但以下情形下,应当向最高人民法院报核,待最高人民法院审核后,方可依最高人民法院的审核意见作出裁定:(1)仲裁司法审查案件当事人住所地跨省级行政区域;(2)以违背社会公共利益为由不予执行或者撤销我国内地仲裁机构的仲裁裁决(《仲裁司法审查报核规定》第2、3条)。

下级法院报请上级法院审核的案件,应当将书面报告和案件卷宗材料一并上报。书面报告应当写明审查意见及具体理由。上级法院收到下级法院的报核申请后,认为案件相关事实不清的,可以询问当事人或者退回下级法院补充查明事实后再报。上级法院应当以复函的形式将审核意见答复下级法院。

思考题

一、不定项选择题

本章思考题参考答案

1. 张某根据与刘某达成的仲裁协议,向某仲裁委员会申请仲裁。在仲裁审理中,双方达成和解协议并申请依和解协议作出裁决。裁决作出后,刘某拒不履行其义务,张某向法院申请强制执行,而刘某则向法院申请裁定不予执行该仲裁裁决。法院应当如何处理?(   )(2007年司考卷三第49题)

A. 裁定中止执行,审查是否具有不予执行仲裁裁决的情形
B. 终结执行,审查是否具有不予执行仲裁裁决的情形
C. 继续执行,不予审查是否具有不予执行仲裁裁决的情形
D. 先审查是否具有不予执行仲裁裁决的情形,然后决定后续执行程序是否进行

2. 根据我国仲裁法和民事诉讼法的规定,出现下列哪些情形时,人民法院对仲裁裁决不予执行?(   )(2002年司考卷三第78题)

A. 载有仲裁条款的合同被确认无效
B. 一方当事人申请执行裁决,另一方当事人申请撤销仲裁裁决
C. 仲裁裁决书认定事实的主要证据不足
D. 仲裁庭的组成违反法定程序

3. 王某面临多起民事纠纷,拟通过诉讼或仲裁的方式解决,但王某对诉讼和仲裁的作用以及两者相互之间的区别联系等不够了解,遂就有关问题进行咨询。请回答下列问题:(2002年司考卷三第94-96题)

（1）下列有关仲裁与民事诉讼两者的关系的表述中，哪些是正确的？（　　）
    A. 各类民事纠纷既可以用仲裁的方式解决，也可以用诉讼的方式解决
    B. 请求仲裁机构解决纠纷，应当以双方当事人之间有仲裁协议为条件，而进行民事诉讼则不一定要求双方当事人之间有进行民事诉讼的协议
    C. 仲裁案件，通常情况下不公开审理，而法院审理民事案件通常情况下应公开审理
    D. 审理案件的仲裁员可以由双方当事人选定或仲裁委员会主任指定，审理案件的法院审判员则原则上不可以由当事人选定，除非经人民法院院长同意

（2）法院对仲裁裁决的监督主要表现在哪些方面？（　　）
    A. 当事人不服仲裁裁决的，可以到法院另行起诉
    B. 当事人认为仲裁裁决具有可撤销情形的，可以向有关法院申请撤销仲裁裁决
    C. 人民法院在仲裁裁决不应当执行的情形下，裁定不予执行仲裁裁决
    D. 人民法院在执行仲裁裁决过程中，发现仲裁裁决有错误，可依职权予以改变

（3）法院对仲裁活动的支持表现在下列哪些方面？（　　）
    A. 当事人在仲裁中申请财产保全且符合条件的，由人民法院裁定采取财产保全措施
    B. 在仲裁过程中，出现妨害仲裁秩序的情形的，仲裁委员会可以向法院请求排除妨碍
    C. 具有给付内容的仲裁裁决生效后，在义务人拒不履行义务时，权利人可以向有关法院申请执行仲裁裁决
    D. 法院可以以适当的方式对仲裁委员会的仲裁业务进行业务指导

4. 甲乙两公司因贸易合同纠纷进行仲裁，裁决后甲公司申请执行仲裁裁决，乙公司申请撤销仲裁裁决，此时受理申请的人民法院应如何处理？（　　）（2003年司考卷三第28题）
    A. 裁定撤销仲裁裁决
    B. 裁定终结执行
    C. 裁定中止执行
    D. 将案件移交上级人民法院处理

5. 关于法院对仲裁的司法监督的说法，下列哪一选项是错误的？（　　）（2010年司考卷三第44题）
    A. 仲裁当事人申请财产保全，应当向仲裁机构申请，由仲裁机构将该申请移交给相关法院
    B. 仲裁当事人申请撤销仲裁裁决被法院驳回，此后以相同理由申请不予执行的，法院不予支持
    C. 仲裁当事人在仲裁程序中没有提出对仲裁协议效力的异议，此后以仲裁协议无效为由申请撤销或不予执行的，法院不予支持
    D. 申请撤销仲裁裁决或申请不予执行仲裁裁决程序中，法院可通知仲裁机构在一定期限内重新仲裁

6. 甲公司因与乙公司合同纠纷申请仲裁，要求解除合同。某仲裁委员会经审理裁决解除双方合同，还裁决乙公司赔偿甲公司损失6万元。关于本案的仲裁裁决，下列哪些表述是

正确的？（　　）（2010年司考卷三第86题）

  A. 因仲裁裁决超出了当事人请求范围，乙公司可申请撤销超出甲公司请求部分的裁决
  B. 因仲裁裁决超出了当事人请求范围，乙公司可向法院提起诉讼
  C. 因仲裁裁决超出了当事人请求范围，乙公司可向法院申请再审
  D. 乙公司可申请不予执行超出甲公司请求部分的仲裁裁决

  7. 甲不履行仲裁裁决，乙向法院申请执行。甲拟提出不予执行的申请并提出下列证据证明仲裁裁决应不予执行。针对下列哪一选项，法院可裁定驳回甲的申请？（　　）（2011年司考卷三第49题）

  A. 甲、乙没有订立仲裁条款或达成仲裁协议
  B. 仲裁庭组成违反法定程序
  C. 裁决事项超出仲裁机构权限范围
  D. 仲裁裁决没有根据经当事人质证的证据认定事实

二、简答题
1. 简述案外人申请不予执行仲裁裁决的条件。
2. 简述"先予仲裁裁决"不得作为执行依据的理由。

第十一章 虚假仲裁的防范

> **导语**
>
> 防范虚假仲裁的潜台词是双方当事人恶意串通进行的仲裁可能损害国家利益、集体利益或第三人合法权益（以下简称"第三人权益"）。部分学者主张，基于裁决效力相对性原则，仲裁裁决原则上对第三人没有效力，双方当事人恶意串通进行的仲裁裁决不可能侵害第三人权益，故防范虚假仲裁属于伪命题。但实际上，无论是哪种类型的仲裁裁决，在客观上均有可能侵害第三人权益或者成为仲裁当事人侵害第三人权益的过渡性手段。仲裁程序、执行程序、诉讼程序均存在防范虚假仲裁之必要。本章以债务人通过虚假仲裁转移责任财产为中心，在论证防范虚假仲裁重要性的基础上，对虚假仲裁的防范问题进行体系研究。

第一节 虚假仲裁对第三人权益的侵害

一、仲裁裁决与仲裁调解书的效力及其相对性原则

（一）仲裁裁决与仲裁调解的法律效力

根据《仲裁法》第51、52、57条的规定，裁决书自作出之日起发生法律效力，调解书经双方当事人签收后与裁决书具有同等法律效力。至于裁决书与调解书具有何种"法律效力"，《仲裁法》及其相关司法解释没有作出明确的规定。结合《民诉法》第237条以及《证据规定》第10条的规定，仲裁裁决具有与确定判决相似的法律效力，不仅可以禁止当事人针对仲裁裁决指向的纠纷再生争议，当事人还可以直接向人民法院申请强制执行，并豁免当事人对"已为仲裁机构的生效裁决所确认的事实"的证明责任。在传统大陆法系国家和地区，合意型裁决与决定型裁决具有同等效力，而仲裁裁决与确定判决具有同等效力。[①] 但是，与我国的仲

---

① 参见《德国民事诉讼法》第1053条第2款、第1055条，《日本仲裁法》第38条第3款、第45条第1款，等等。

裁裁决能够直接充当执行名义不同,德国与日本的国内仲裁裁决只有经过法院宣告可以执行,才开始产生执行力,①我国台湾地区"仲裁法"第37条第2款确立了"仲裁判断,须声请法院为执行裁定后,方得为强制执行"的原则,但又例外地规定若干双方当事人书面约定仲裁判断无须法院裁定即得为强制执行的情形。②显而易见,尽管大陆法系国家和地区均采取仲裁裁决与确定判决具有同等效力的表述,但均对仲裁裁决的执行力作出了需要事先经过法院审查及宣告可执行的要求。与此不同,我国仲裁机构作出的仲裁裁决与仲裁调解书均具有与确定判决完全相同的法律效力,无须人民法院进行可执行宣告,即可以向人民法院申请强制执行。

(二)仲裁裁决与仲裁调解书效力的相对性原则

仲裁程序具有保密性及封闭性,不仅排除第三人参加仲裁程序,而且第三人难以知悉仲裁相关信息。与确定判决效力相对性原则相似,仲裁裁决原则上仅对参加仲裁程序的当事人发生法律效力。由于仲裁程序仅适用于合同纠纷及其他财产性纠纷,除了部分公司纠纷仲裁裁决以外,其他仲裁裁决都不存在相对性原则的例外。③但是,与确定判决效力存在绝对化趋势相似,仲裁裁决在实践中的效力也存在绝对化的趋势,不仅裁决主文具有执行力,裁决理由也具有预决效力,不仅仲裁当事人受既判力及预决效力的拘束,涉及第三人的其他案件原则上也不得作出与确定裁决认定事实相反或矛盾的事实认定。诚然,实践操作未必符合制度理性,学者倡导将相对性原则贯彻到相关仲裁及司法实践中不无道理。

理论探讨

二、仲裁裁决侵害第三人实体权益情形的类型化分析

即使坚持效力相对性原则,仲裁裁决仍然存在侵害第三人权益的可能性。这是因为,国内仲裁裁决具有执行力,债权人可以通过强制执行的方式原始取得债务人的财产,基于强制执行引起的物权变动完全可能导致第三人实体权益受损。即使在立法论上坚持具有给付内容的仲裁裁决不具有执行力的方案,法院根据债权人申请作出许可执行裁定后亦存在通过强制执行侵害第三人合法权益的可能,而且确认裁决与形成裁决在客观上也可能给第三人的实体权益造成不利影响。

---

① 参见《德国民事诉讼法》第1060条、《日本民事诉讼法》第45条。
② 我国台湾地区"仲裁法"第37条第2款规定,仲裁判断,须声请法院为执行裁定后,方得为强制执行。但合于下列规定之一,并经当事人双方以书面约定仲裁判断无须法院裁定即得为强制执行者,得径为强制执行:(1)以给付金钱或其他代替物或有价证券之一定数量为标的者。(2)以给付特定之动产为标的者。
③ 参见张卫平:《现行仲裁执行司法监督制度结构的反思与调整——兼论仲裁裁决不予执行制度》,载《现代法学》2020年第1期。

（一）给付裁决对第三人权益造成侵害的情形

根据我国《民诉法》第237条的规定，给付裁决具有执行力，债权人可以持给付裁决直接向人民法院申请强制执行。所谓的"执行力"，是指为了实现裁判中所命令的给付内容而可以利用强制执行程序的裁判属性。[①]执行力只是赋予债权人请求债务人履行义务或申请法院强制执行的资格，尚不足以对第三人的实体权益造成侵害。债务人根据给付裁决向债权人履行给付义务，或者债权人以给付裁决为依据向法院申请强制执行的，将导致债务人责任财产减少或特定物权属发生变动，进而可能对第三人的实体权益造成侵害。债务人因向债权人履行裁决确定的义务导致第三人实体权益遭受侵害的，第三人可通过行使债权人撤销权寻求救济。与此不同，债权人或拍定人基于强制执行取得债权人财产的所有权的，可以构成非基于法律行为的物权变动[②]，进而阻却第三人通过债权人撤销权追回被处分的责任财产。正因为如此，坚持仲裁裁决相对性原则的学者亦认可第三人具有排除对己的执行力的利益。[③]在解释论上，具有给付内容的仲裁裁决自作出之日产生执行力，该执行力可以对第三人的实体权益造成威胁。债权人启动强制执行程序的，该威胁便具有现实性，应当承认第三人有权排除对其造成不利影响的执行力。在立法论上，仲裁裁决经过司法确认才被赋予执行力，但自法院作出许可执行裁定后，便存在解释论方案的适用空间。

（二）形成裁决对第三人权益造成侵害的情形

只有具有财产内容的形成诉权，才可以通过形成裁决的方式行使。该类形成诉权可以分为请求变动债权债务关系的形成诉权、请求变动物权关系的形成诉权两种类型。

1. 变动债权债务关系的形成裁决对第三人权益的侵害

通过虚假仲裁变动债权债务关系以逃避金钱债权执行的情形主要包括以下两种情形：（1）执行债务人与案外人通过裁决，虚构或夸大案外人对执行债务人享有的债权（特别是优先债权），并申请参与分配，以降低执行债权的受偿比例，甚至直接导致执行债权无从实现。比如，执行债务人（房屋买受人）与案外人（房屋出卖人）恶意串通，让案外人以受执行债务人欺诈为由请求仲裁庭裁定增加房屋买卖合同的价款，案外人进而就增加的价款申请参与执行分配。（2）执行债务人与案外人通过裁决，放弃或缩小执行债务人对案外人享有的债权

---

① ［日］新堂幸司：《新民事诉讼法》，林剑锋译，法律出版社2008年版，第508页。
② 《民诉法解释》第493条规定："拍卖成交或者依法定程序裁定以物抵债的，标的物所有权自拍卖成交裁定或者抵债裁定送达买受人或者接受抵债物的债权人时转移。"《最高人民法院关于适用〈中华人民共和国民法典〉物权编的解释（一）》第7条规定："人民法院、仲裁机构在分割共有不动产或者动产等案件中作出并依法生效的改变原物权关系的判决书、裁决书、调解书，以及人民法院在执行程序中作出的拍卖成交裁定书、变卖成交裁定书、以物抵债裁定书，应当认定为民法典第二百二十九条所称导致物权设立、变更、转让或者消灭的人民法院、仲裁机构的法律文书。"第8条进一步明确："依据民法典第二百二十九条至第二百三十一条规定享有物权，但尚未完成动产交付或者不动产登记的权利人，依民法典第二百三十五条至第二百三十八条的规定，请求保护其物权的，应予支持。"
③ 比如，张卫平教授认为："正是因为他人之间的仲裁裁决对案外人没有拘束力，因此案外人无须推翻该仲裁裁决，需要排除其对己的执行力即可。"张卫平：《现行仲裁执行司法监督制度结构的反思与调整——兼论仲裁裁决不予执行制度》，载《现代法学》2020年第1期。

或者优先受偿权，导致执行债务人的责任财产减少。比如，执行债务人（被许可人）与案外人（许可人）恶意串通，让案外人以受执行债务人欺诈为由请求仲裁庭撤销专利许可使用合同，从而实现减少责任财产的目的。由此可见，执行债务人与案外人变动债权债务关系具有相对性，原则上不应当对执行债权人的权益造成不利影响。但是，一方面，执行债务人对案外人享有的债权，可以直接或间接成为责任财产，执行债务人通过虚假仲裁方式减少甚至否认其对案外人享有的债权，可以实现转移财产的目的。另一方面，案外人对执行债务人享有的债权通过裁决得以扩张的，案外人可以通过申请参与分配制度降低执行债权的受偿比例；若案外人通过形成裁决确定的债权属于优先债权，还可能从根本上排除执行债权实现的可能性。

2. 变动物权关系的形成裁决对第三人权益的侵害

既有研究成果表明，《民法典》第229条规定的可以直接引起物权变动的生效裁判应当作限缩解释，即只有以下两种类型的形成判决才可以导致物权变动：一类是当事人协议不成，法院对共有财产分配作出的形成判决；另一类是在认可合同被撤销情况下存在物权变动时，法院作出的撤销合同的形成判决。① 形成诉权的行使方式有诉讼与仲裁两种，而且前述两类形成判决均指向财产性纠纷，故存在与前述两种形成判决相似的形成裁决。在只有直接引起物权变动的形成判决及形成裁决才可能侵害第三人实体权益的预设下，对《民法典》第229条的适用范围进行限缩解释，绝大多数裁决将不能直接引起物权变动，使得被执行人与案外人通过虚假仲裁转移财产的目的落空，有利于遏制虚假仲裁。② 实际上，前述结论仅适用于被告或被申请人通过虚假诉讼或虚假仲裁将案外人所有或共有的财产变更为原告或申请人所有的情形，而没有考虑被告或被申请人通过虚假诉讼或虚假仲裁将其所有或共有的财产变更为原告或申请人所有以逃避执行的情形。

（三）确权裁决对第三人权益造成侵害的情形

确权裁决不会引起物权变动，不等于不会损害第三人实体权益。引起物权变动的形成裁决的实质是改变财产的实体权属关系，主要表现为执行债务人通过虚假仲裁将其财产转归仲裁申请人所有，以实现转移财产及规避执行的不法目的。与此不同，确认财产属于仲裁申请人所有的确权裁决并不涉及财产权属关系变化，其实质是确认外观上属于执行债务人所有的财产属于仲裁申请人所有，其排除强制执行的效果丝毫不比形成裁决逊色。在仲裁申请人持确权裁决请求排除强制执行的情形下，除非法律及司法解释另有规定，人民法院不可能仅以形式化原则为由继续执行涉案财产。否则，相当于要求人民法院采取或继续实施明知缺乏实体法依据的不当执行行为，明显违反《证据规定》第10条的规定。③ 基于此，《最高人民法院关于人民法院办理执行异议和复议案件若干问题的规定》第26条第1款第1项规定，金钱

---

① 参见任重：《论虚假诉讼：兼评我国第三人撤销诉讼实践》，载《中国法学》2014年第6期。
② 参见任重：《论虚假诉讼：兼评我国第三人撤销诉讼实践》，载《中国法学》2014年第6期。
③ 根据《证据规定》第10条的规定，已为仲裁机构的生效裁决所确认的事实，当事人无须举证证明，但当事人有相反证据足以反驳的除外。

债权执行中，案外人依据执行标的被查封、扣押、冻结前作出的另案生效法律文书提出排除执行异议，而且该法律文书系就案外人与被执行人之间的权属纠纷以及租赁、借用、保管等不以转移财产权属为目的的合同纠纷，判决、裁决执行标的归属于案外人或者向其返还执行标的且其权利能够排除执行的，人民法院应予以支持。

第二节　仲裁程序对虚假仲裁的防范

根据《仲裁法》第14、16、18条的规定，仲裁委员会之间没有隶属关系，不同仲裁委员会也不存在管辖分工问题，只能分别受理仲裁协议选定其为仲裁机构的案件。同时，《仲裁法》第76条规定当事人应当按照其选定的仲裁委员会制定并经物价管理部门核准的仲裁费用收取办法交纳仲裁费用。商事仲裁不属于国家提供的公共服务，而是当事人自行按照市场规律承担费用的纠纷解决服务。在此种语境下，不同仲裁委员会在事实上构成竞争关系。在排除行政干预的条件下，作为经济理性人的商主体通常会选定商事仲裁服务性价比最高的仲裁委员会。除了仲裁委员会为追求经济利益而放任虚假仲裁等极端例外情形，为了争夺高端商事仲裁服务市场份额，仲裁委员会在客观上具有抵制虚假仲裁的动力。因而，国内仲裁委员会都特别关注其作出的仲裁裁决及仲裁调解书被人民法院依法裁定不予执行或予以撤销的情况，而降低仲裁裁决及仲裁调解书被裁定不予执行或予以撤销概率的重要手段就是避免虚假仲裁的发生。

一、在仲裁规则中确立诚信原则

由于虚假仲裁会给仲裁公信力带来致命的打击，尽管国内仲裁委员会公布的仲裁规则普遍避免出现"虚假仲裁"的字眼，但实际上均在致力于强化对虚假仲裁的防范。虚假仲裁是仲裁当事人恶意串通的结果，从正面强化仲裁法律关系主体的诚信义务，有助于从根本上防范虚假仲裁的发生。基于此，尽管《仲裁法》没有确立诚信原则，但国内仲裁委员会公布的仲裁规则普遍参照《民诉法》第13条第1款的规定，要求仲裁法律关系主体遵循诚实信用原则。比如，《北仲规则》第2条第4款规定："本会、仲裁庭、当事人及其代理人均应当本着诚信、善意、合作及妥善解决纠纷的原则适用本规则。"再如，《贸仲规则》第9条规定："仲裁参与人应遵循诚实信用原则，进行仲裁程序。"诚然，诚信原则还需要进一步贯彻到具体的仲裁规则及仲裁实践中去。比如，《深仲规则》确立了诚信合作基本原则，从防止"虚假和解"、杜绝"牵手仲裁"、反对伪证、促进诚信合作等多个方面贯彻落实诚信原则。[①]

[①] 参见《中共深圳国际仲裁院党组关于巡察整改情况的通报》，载深圳新闻网，http://www.sznews.com/zhuanti/content/2020-01/09/content_22765611.htm，2020年3月30日访问。

二、仲裁程序全程防范虚假仲裁

尽管仲裁法律关系主体均应当遵循诚信原则，但显然难以指望试图进行虚假仲裁的当事人遵循诚信原则，仲裁委员会及仲裁庭是在仲裁程序中防范虚假仲裁的主体。为了避免仲裁程序沦为仲裁当事人侵害他人合法权益的手段，维护本仲裁委员会的公信力，仲裁委员会普遍致力于全程防范虚假仲裁的发生。仲裁程序全程都应当防范虚假仲裁，具体包括：（1）在案件受理阶段，仲裁委员会的立案部门积极提示和预警虚假仲裁风险及其后果，在对仲裁申请相关事项进行形式审查的基础上，要求当事人签署诚信仲裁承诺书，在卷宗材料中标注可能涉及虚假仲裁的敏感信息。（2）在案件受理后开庭审理前，在从事向当事人发送仲裁通知、接收被申请人答辩意见、确定仲裁庭组成人员等工作时，仲裁委员会的案件管理部门会接触到更多的材料及信息，发现存在虚假仲裁嫌疑的，应当再次警示当事人，与仲裁庭做好沟通及对接工作。（3）在开庭审理阶段，仲裁庭可以观察出庭人员的表现，重点审查是否存在矛盾陈述、让渡利益是否合乎常理、言辞表达是否正常，并通过证据核查、交叉询问等方式进一步加强虚假仲裁的心证，排除虚假仲裁的嫌疑。（4）对于经过庭审仍不能消除虚假仲裁嫌疑的案件，仲裁庭应当更加重视证据链条的清晰性与完整性要求。在案证据不足以使仲裁庭形成心证并认可申请人的主张的，仲裁庭可以证据不足为由裁决驳回其仲裁请求。对于双方当事人事先达成和解，急于要求仲裁庭出具调解书的情形，仲裁庭更应对调解协议的合法性审慎审查，经审查确实存在虚假仲裁情形的，经谨慎论证后，裁决驳回申请人的仲裁申请。[①] 显而易见，仲裁委员会普遍抵制虚假仲裁，但又不愿直接揭开虚假仲裁的面纱，以兼顾维护仲裁委员会与仲裁当事人（某种意义上相当于客户）之间的关系。诚然，实践中也有部分仲裁委员会直接向当事人挑明虚假仲裁的事实，不仅依职权通知可能遭受虚假仲裁侵害的第三人参加仲裁程序，还以虚假仲裁为由直接驳回仲裁申请，并出台了专门防范虚假仲裁的规范性文件。[②]

三、仲裁结束后的内部自查自纠

根据《仲裁法》第52、57条的规定，仲裁调解书经双方签收后即发生法律效力，而仲裁裁决书自作出之日起发生法律效力。由于我国商事仲裁采取"一裁终局"的基本制度，[③] 尽管仲裁庭可以根据《仲裁法》第56条的规定针对裁决书中的文字、计算错误或者仲裁庭已经裁

[①] 参见王瑞华：《仲裁实务中虚假仲裁的识别与应对》，载《北京仲裁》（第109辑），中国法制出版社2019年版。

[②] 如《金华仲裁委员会关于做好防范虚假仲裁案件有关工作的意见》《贵阳仲裁委员会关于做好防范虚假仲裁案件有关工作的意见》《台州仲裁委员会关于防范虚假仲裁案件意见》等。

[③] 诚然，"一裁终局"制度在仲裁实践中也已经有所突破。比如，《深仲规则》第68条创设了"选择性复裁"机制，允许当事人依据约定将仲裁庭已经作出裁决的争议提交仲裁机构，由另行组成的仲裁庭重新审理，并作出终局裁决机制。但因"选择性复裁"机制以仲裁当事人事先明确约定为适用条件，尚不足以向第三人提供救济。

决但在裁决书中遗漏的事项进行补正裁决，但不得依职权或依申请撤销已经发生法律效力的裁决书或调解书。但是，为了减轻虚假仲裁可能给仲裁委员会带来的负面影响，实践中已有仲裁委员会在仲裁裁决书生效后启动内部自查自纠程序，向执行法院发出承认其所作出的裁决书涉嫌虚假仲裁的公函，建议执行法院中止或不予执行该仲裁裁决书。诚然，《仲裁裁决执行规定》已经突破了《仲裁法》《民诉法》规定的不予执行仲裁裁决制度，授权案外人对仲裁当事人恶意申请仲裁或虚假仲裁且损害其合法权益的裁决书或调解书申请不予执行。但是，案外人申请不予执行的前提是裁决书或调解书进入执行程序。若虚假仲裁案件没有进入执行程序，案外人依然没有办法消除虚假仲裁对其造成的损害。而且，虚假仲裁本身也对仲裁的公信力造成极大的伤害，仲裁机构内部防范虚假仲裁的重要性丝毫不亚于外部监督机制。因而，仲裁委员会自行开展的内部自查自纠试点，只要不违反《仲裁法》的规定，就不应当被禁止，甚至可以作为创新制度写入仲裁规则，以警示拟在该仲裁委员会进行虚假仲裁的当事人。

实务研究

第三节　执行程序对虚假仲裁的防范

绝大多数虚假仲裁以逃避执行为目的，执行程序是防范虚假仲裁的主要领域。以逃避执行为目的骗取仲裁裁决书或仲裁调解书（以下简称"仲裁裁决"）的情形，大致可以分为以下几种类型：（1）通过虚假仲裁否认或缩小执行债务人（包括潜在的执行债务人，下同）对案外人享有的财产权利（包括债权），以实现转移责任财产的目的。（2）通过虚假仲裁虚构或扩大案外人对执行债务人享有的债权（尤其是优先债权），借助参与执行分配制度降低执行债权的实现程度甚至导致执行债权无从实现。（3）通过虚假仲裁的方式将已经被采取控制性执行措施的财产（以下简称"查控财产"）确认或分配给案外人，或者通过形成裁决使查控财产转归案外人所有，或者确认案外人对执行标的享有其他足以排除强制执行的权益，并借助案外人异议及案外人异议之诉对抗强制执行。（4）通过虚假仲裁的方式虚构或扩大案外人对查控财产享有承租权、优先购买权等实体权益，加大查控财产的处分难度，降低查控财产的成交价，并在查控财产被成功处置情形下实际上收回了查控财产的部分价值。以逃避执行为目的的虚假仲裁，已经成为减损仲裁公信力以及侵害执行债权人权益的重要因素，我国民事程序法学界以及实务部门均对虚假仲裁的执行程序应对方案进行了有益探索。

一、调整具有给付内容仲裁裁决发生执行力的时间及其方式

国内仲裁裁决主文载明给付义务的，除非仲裁主文另有说明，该仲裁裁决自作出之日起具备执行力。这种自动获得执行力的附带赋权模式减轻了债权人申请强制执行的难度，但这也给虚假仲裁裁决进入执行程序提供了极为便利的制度条件。同时，由于强制执行遵循形式化原则，执行法院也难以有效应对进入执行程序的虚假仲裁裁决。更为重要的是，仲裁委员会既不属于国家机关，也不属于其他依法具有社会管理职能的组织，其作出的仲裁裁决不属

于公文书,不具备充当执行依据的条件。①基于此,传统大陆法系国家和地区普遍认为给付裁决不能自动产生执行力,只有经过法院的司法审查,确认不存在撤销仲裁裁决事由的许可执行裁定确定后,给付裁决才具备执行力。通过该方案,可以大大降低虚假仲裁的便利性,为法院审查虚假仲裁提供制度依据,反向遏制虚假仲裁的蔓延。诚然,仲裁裁决的许可执行程序遵循"不告不理"原则,不仅程序仅依债权人的申请启动,而且对于撤销仲裁裁决事由是否存在或成立采取言词辩论主义。但裁决侵害公共利益或争议缺乏可仲裁性的,法院可以未经债务人抗辩为由驳回债权人的许可执行申请。显而易见,相对于现行法律采取的执行力自动获得模式而言,前述方案不仅更符合执行依据的形式要件,而且有利于仲裁裁决执行程序贯彻"执行及时、不间断原则"。②为了缓解"案多人少"的审判压力以及回应仲裁实务界的呼吁,最高人民法院在事实上贯彻了"仲裁扶持政策"。前述方案因将司法审查前置于执行申请,体现出更强的司法监督色彩,故遭受不少仲裁行业人士的抵制。

二、明确财产被查控后作出的确权裁决不影响执行程序进行

《民诉法解释》第479条规定,在执行中,被执行人通过仲裁程序将人民法院查封、扣押、冻结的财产确权或者分割给案外人的,不影响人民法院执行程序的进行。案外人不服的,可以根据《民诉法》第227条规定提出异议。最高人民法院增加该规定的理由是:厘清仲裁程序与执行程序的关系,防止被执行人与案外人利用仲裁制度对抗执行,架空案外人异议之诉制度。③根据《证据规定》第10条的规定,"已为仲裁机构的生效裁决所确认的事实"属于当事人无须举证证明但对方可以通过相反证据予以反驳的事实。在司法实践中,被执行人为逃避执行而与案外人恶意串通,将已被执行法院查封、扣押、冻结的财产确权或分割给案外人的情形较为常见。鉴于民商事仲裁在某种意义上具有花钱买服务的性质,相对于诉讼确权而言,被执行人与案外人"手牵手"进行仲裁确权的成本和风险更低。这是因为,与利害关系人得以诉讼第三人身份参加诉讼程序不同,我国尚未确立第三人可以强制性加入他人仲裁程序的制度,申请执行人无法参与到被执行人与案外人进行的仲裁确权程序,而且仲裁委员会即使发现虚假仲裁也不能直接采取相应的惩戒措施。因而,被执行人与案外人达成仲裁条款或者仲裁协议并通过仲裁程序将查封物确权或者分割的,涉嫌侵犯申请执行人对查控财产

---

① 所谓"执行依据",是指债权人据以申请执行和执行机关据以采取执行措施的生效法律文书。其中,"法律文书",是指特定国家机关、组织在其权限范围内对特定事项出具的具有法律效力的公文书。参见肖建国主编:《民事执行法》,中国人民大学出版社2014年版,第113—114页。根据《民诉法解释》第114条的规定,公文书是指国家机关或者其他依法具有社会管理职能的组织,在其职权范围内制作的文书。
② 及时实现生效法律文书确定的债权是民事执行的首要价值取向,"执行及时、不间断原则"是效率价值取向在基本原则层面的体现。在现行国内仲裁裁决执行体制下,除非当事人自仲裁裁决生效之日起6个月内向法院申请撤销仲裁裁决,进入执行程序的仲裁裁决无须司法审查,但被执行人及案外人可以申请不予执行仲裁裁决。法院裁定不予执行的,需要层报最高人民法院或者高级人民法院核准。执行法院在不予执行仲裁裁决申请的司法审查结束前中止执行程序降低了执行效率,继续执行又存在执行回转的风险。
③ 参见江必新主编:《新民诉解释法义精要与实务指引》(下册),法律出版社2015年版,第1119页。

享有的民法上的保存利益，而且剥夺了申请执行人获得正当程序保障的机会。但是，如果禁止被执行人与案外人通过仲裁方式解决查控财产相关纠纷，又涉嫌妨碍当事人对纠纷解决方式的选择权。鉴于我国尚未确立确定判决与仲裁裁决效力相对性原则，受《民诉法解释》第93条规定的效力（积极既判力及所谓的"预决效力"）拘束的主体不限于仲裁当事人，案外人取得确权或者分割查控财产的仲裁裁决后，根据《民诉法》第227条规定提出异议的，执行法院在过去通常不得不裁定中止针对该查控财产的执行程序。《民诉法解释》第479条既可以理解为《民诉法解释》第93条第1款第6项的例外情形，也可以理解为仲裁裁决效力向相对性原则的回归。

三、突破只有被执行人才可以申请不予执行仲裁裁决的限制

根据《仲裁法》第58条以及《民诉法》第237条的规定，案外人既无权申请撤销仲裁裁决，也无权申请裁定不予执行仲裁裁决。由于《民诉法》第56条为案外人以第三人身份参加诉讼程序以及授权遭受虚假诉讼侵害的案外人提起第三人撤销之诉。相较虚假诉讼，当事人利用虚假仲裁逃避执行的难度及风险要小得多。因而，在仲裁裁决的执行实践中，部分当事人以恶意申请仲裁或以"手拉手"虚假仲裁方式损害案外人合法权益的问题日趋严重。通过强制执行实现虚假仲裁裁决确定的虚假或不实债务，不仅强化了虚假仲裁对案外人合法权益的侵害，还将严重减损商事仲裁与强制执行的公信力。《仲裁裁决执行规定》在被申请人申请不予执行仲裁裁决制度之外，创立了案外人申请不予执行制度，以强化对虚假仲裁的防范。通过司法解释确立案外人申请不予执行制度尽管涉嫌"造法"，但在《仲裁司法审查规定》制定过程中，最高人民法院征求全国人大法工委、国务院法制办、各仲裁机构及专家学者对此问题的意见时，各界均较为一致地认为这一规定十分有必要，并且认为案外人申请不予执行的条件不应当过于严苛。《仲裁裁决执行规定》第9条最终将案外人申请不予执行仲裁裁决或仲裁调解书的条件确定为以下三项：（1）有证据证明仲裁案件当事人恶意申请仲裁或者虚假仲裁，损害其合法权益；（2）案外人主张的合法权益所涉及的执行标的尚未执行终结；（3）自知道或者应当知道人民法院对该标的采取执行措施之日起30日内提出。其中，所谓的"执行标的"，是指作为执行标的（对象）的法律关系，而非仅指一个标的物。比如，当事人通过虚假仲裁裁决确认了一个虚构债权，在这个仲裁裁决的执行中，损害案外人合法权益的执行标的是这个虚构债权，可能涉及各种执行财产，而非仅指一个执行标的物。[①] 诚然，与被申请人申请不予执行制度相似，执行法院基于案外人申请作出的不予执行仲裁裁决或仲裁调解书的裁定书，在理论上仅消除该仲裁裁决或仲裁调解书侵害或危及案外人的执行力，而不能消除其他执行力以及既判力。然而，《仲裁裁决执行规定》第22条虽规定不服裁定书的当事人或案外人可以向上一级法院申请复议，但复议裁定不予执行仲裁裁决或仲裁调解书

---

① 参见刘贵祥等：《〈关于人民法院办理仲裁裁决执行案件若干问题的规定〉的理解与适用》，载《人民司法（应用）》2018年第13期。

的，仲裁裁决或仲裁调解书指向的纠纷恢复到未决状态，并且不受原仲裁协议的拘束。

四、通过仲裁虚构或夸大债权并申请执行、参与分配、宣告破产的应对

（一）申请执行通过仲裁虚构或夸大债权的应对

案外人申请不予执行的条件是知悉侵害其合法权益的仲裁裁决正处于执行状态。但是，基于仲裁具有保密性以及仲裁执行案件管辖的特殊性，[①]除非仲裁申请人以仲裁裁决为依据申请排除执行或参与分配，案外人很难及时发现侵害其合法权益的仲裁裁决和以其为执行依据的执行案件。根据《仲裁裁决执行规定》第9条的规定，案外人申请不予执行仲裁裁决受"案外人主张的合法权益所涉及的执行标的尚未执行终结"与"知道或者应当知道人民法院对该标的采取执行措施之日起三十日内提出"双重期间限制，以最先届满者为准。在仲裁当事人借助仲裁程序与执行程序损害案外人合法权益的情形下，被执行人会积极配合强制执行，以迅速实现转移财产及降低案外人申请不予执行的概率。与此同时，由于强制执行奉行形式化原则，执行法院通常不会主动审查执行依据是否涉嫌虚假仲裁问题。也正因为如此，在立法论上，本书坚持以前置性司法审查为仲裁裁决发生执行力的条件。在解释论上，虚假仲裁在实践中通常被认为违反社会公共利益，进而强化执行法院对虚假仲裁的职权审查义务，并承认人民法院可以依职权裁定不予执行侵害案外人合法权益的仲裁裁决。[②]但是，这与当事人主义民事程序构造不能兼容，在案多人少、执行任务极为繁重的情况下，前述方案真正落地亦非易事。参照防范虚假诉讼的最新研究成果，[③]结合我国执行信息化建设趋势，在受理仲裁裁决的执行申请时，可以借助现代信息化手段，对可能与本案执行构成竞合或冲突的裁判文书或执行案件进行自动识别及警示。对于疑似虚假仲裁的执行案件，经人民法院释明当事人

[①] 根据《仲裁裁决执行规定》第2条的规定，仲裁执行案件原则上由被执行人住所地或者被执行财产所在地的中级人民法院管辖。与此不同，根据《民诉法》第224条以及《民诉法解释》第462条的规定，绝大多数确定民事裁判的执行案件是由基层法院受理的。根据北京市高级人民法院执行局雷运龙副局长在北大—金杜洞见纠纷解决主题沙龙（第二期）"仲裁裁决的执行与不执行"上的介绍，2013—2017年，北京全市各中级法院每年受理的民商事仲裁裁决执行案件分别为393件、460件、857件、1421件、1406件，占当年全市各中级法院执行案件总数的比例分别为28.6%、37.8%、28.6%、34.5%和59.3%，其中占当年各中级法院民商事执行案件总数的比例分别为46.4%、56.6%、56.2%、77.8%和72.1%。

[②]《仲裁裁决执行规定》第11条第1款规定，人民法院对不予执行仲裁裁决案件，应当组成合议庭，围绕被执行人申请的事由、案外人的申请进行审查；对被执行人没有申请的事由不予审查，但仲裁裁决可能违背社会公共利益的除外。2007年《最高人民法院关于已经查封的财产又被仲裁裁决确权给案外人的情况如何处理问题的复函》载明："在人民法院已经查封的财产又被仲裁裁决确权给案外人的情况下，执行法院可以依照民事诉讼法第二百一十三条第三款的规定对仲裁裁决进行审查。如果认定当事人恶意串通进行仲裁裁决损害其他债权人利益，妨害执行秩序，执行法院应当依法将该裁决视为有违社会公共利益的情形而裁定不予执行。同时，还应将此种行为视为妨害人民法院执行的行为，依法予以制裁。"关于依职权撤销仲裁裁决的典型案例，参见刘方、赵丽：《法院执行仲裁裁决应主动进行可执行性及社会公益损害审查》，载《人民法院报》2015年12月23日，第8版。

[③] 参见肖建国：《民事程序构造中的检察监督论纲——民事检察监督理论基础的反思与重构》，载《国家检察官学院学报》2020年第1期。

仍坚持执行申请的，除非案件显而易见已经毫无争议地构成虚假仲裁，人民法院应当通知受虚假仲裁侵害的案外人或检察机关，由遭受虚假仲裁侵害的案外人或者代表国家利益及社会公共利益的检察机关申请不予执行。

（二）以通过仲裁虚构或夸大的债权申请参与分配的应对

在被执行人的责任财产已被人民法院采取控制性执行措施的情形下，与被执行人通过仲裁裁决虚构或夸大债权的仲裁申请人申请参与执行分配的，可以降低执行债权的实现比例；案外人虚构或夸大的债权是对查控财产享有优先受偿权的债权的，还可能从根本上排除执行债权通过查控财产实现的可能性。案外人以仲裁裁决为依据申请参与分配的实质是两个以上执行案件的全部或部分合并，申请参与执行分配的其他债权人具有申请执行人的法律地位。同时，根据《民诉法解释》第511条的规定，执行法院必须向申请执行人送达财产分配方案，应当推定申请执行人知悉其他债权人以仲裁裁决为依据申请参与执行分配的事实。诚然，参与执行分配制度也向申请执行人提供了分配方案异议及分配方案异议之诉两种救济，但前述两种救济程序只能围绕着债权是否存在、分配金额多少、分配顺序等问题展开,[1]不能针对作为参与分配依据的仲裁裁决是否正确或合法等问题提出分配方案异议及提起分配方案异议之诉。[2]基于此，在仲裁债权人申请参与执行分配的语境下，申请执行人以案外人身份申请不予执行仲裁裁决的权利，不被其提出分配方案异议及提起分配方案异议之诉的权利吸收。

（三）以通过仲裁虚构或夸大的债权申请债务人破产的应对

根据《民诉法解释》第510条的规定，无法通过参与分配程序实现的剩余债权，被执行人应当继续清偿，而且不受申请执行时效的限制，债权人发现被执行人有其他财产的，可以随时请求人民法院执行。与此不同，案外人通过仲裁程序虚构或夸大债权并向人民法院申请被执行人破产，则可以实现"毕其功于一役"的逃债目的。诚然，案外人以债权人身份申请债务人破产，不以其对债务人取得生效法律文书为条件，但事先通过仲裁裁决对虚构或夸大的债权予以确认，既有利于向法院证明债务人丧失债务清偿能力的事实（即具备破产原因），也有利于申请人在后续的破产清算中获得清偿。因而，虚假破产的情形包括但不限于虚假仲裁，但虚假仲裁作为虚假破产的前置步骤在实践中仍较为常见。《制裁规避执行意见》第10条规定："执行法院发现被执行人有虚假破产情形的，应当及时向受理破产案件的人民法院提出。申请执行人认为被执行人利用破产逃债的，可以向受理破产案件的人民法院或者其上级人民法院提出异议，受理异议的法院应当依法进行监督。"相对于《企业破产法》仅授权

---

[1] 参见肖建国主编：《民事执行法》，中国人民大学出版社2014年版，第308页。
[2] 2017年《江苏省高级人民法院执行异议及执行异议之诉案件审理指南（一）》第10条第1款对此作出了明确的规定，即执行分配方案异议之诉只能针对执行法院制定的分配方案，包括参与分配的债权数额、优先受偿权是否成立及其分配顺序、分配份额、分配比例等。

债务人对破产申请异议而言,[①] 前述规定实质上赋予了作为申请执行人的债权人对破产申请提出异议的权利,由受理异议的法院对受理破产申请的裁定书启动审判监督程序。但是,由于仲裁裁决没有进入执行程序,无论是破产申请的立案审查程序,还是受理破产申请裁定书的审判监督程序,人民法院均没有办法依职权或依申请裁定不予执行仲裁裁决。也正因如此,最高人民法院在起草相关司法解释以及《民事强制执行法》时均倾向于授权第三人提起撤销仲裁裁决或仲裁调解书的诉讼实施权。在目前的法律框架下,申请执行人以虚假破产为由,对破产申请提出异议的,人民法院恐怕只能适用《仲裁法》第58条第3款关于"人民法院认定该裁决违背社会公共利益的,应当裁定撤销"的规定,依职权裁定撤销侵害申请执行人权益的仲裁裁决,并在此基础上撤销受理破产申请裁定及驳回破产申请。当然,也有学者认为,仲裁裁决效力具有相对性,只要未经履行或执行引发物权变动,仲裁裁决确定的给付请求权仅具有相对效力,人民法院在审查破产原因时,可以无视其既判力及预决效力,通过申请执行人提起债权人撤销权诉讼。但是,这更多的是理想化的立法论方案,不仅直接违反《证据规定》第10条的规定,债权人撤销权诉讼也难以完全发挥撤销仲裁裁决的制度效果。

此外,被执行人通过虚假仲裁加重查控财产负担以加大其变价难度及降低其成交价的,由于仲裁裁决没有进入执行程序,申请执行人也不能申请不予执行仲裁裁决。鉴于该种情形涉及的问题与上述最后一种情形相同,本书不再赘述。

第四节 诉讼程序对虚假仲裁的防范

一、仲裁财产保全申请司法审查程序对虚假仲裁的防范

为了及时对抗执行和营造两造对抗的假象,虚假仲裁当事人可能根据《民诉法》第101条规定提出仲裁前财产保全申请,或者根据《仲裁法》第28条规定向受理仲裁申请的仲裁委员会提出仲裁中财产保全申请。无论是仲裁前财产保全申请,还是仲裁中财产保全申请,均由被保全财产所在地或被申请人住所地的人民法院进行审查。[②] 在审查财产保全申请是否符合"利害关系人因情况紧急,不立即申请保全将会使其合法权益受到难以弥补的损害""一方当事人因另一方当事人的行为或者其他原因,可能使裁决不能执行或者难以执行"等条件时,人民法院获得了防范虚假仲裁的机会。

---

① 《企业破产法》第10条第1款规定:"债权人提出破产申请的,人民法院应当自收到申请之日起五日内通知债务人。债务人对申请有异议的,应当自收到人民法院的通知之日起七日内向人民法院提出。人民法院应当自异议期满之日起十日内裁定是否受理。"
② 在级别管辖方面,根据《执行规定》第9、10条的规定,在国内仲裁过程中,当事人申请财产保全,由基层人民法院裁定并执行;在涉外仲裁过程中,当事人申请财产保全,由中级人民法院裁定并执行。

（一）仲裁保全申请人必须提供明确的被保全财产信息

利害关系人申请仲裁前财产保全的，应当提供担保并提供明确的被保全财产信息；当事人申请仲裁中财产保全的，法院裁量决定是否要求保全申请人提供担保，并明确要求保全申请人提供明确的被保全财产信息。根据《民诉法》第101条、《财产保全规定》第10条第1款的规定，案外人以利害关系人身份在申请仲裁前申请财产保全的，应当同时满足提供担保及提供明确的被保全财产信息两方面的条件，否则，人民法院应当直接驳回其财产保全申请。与此不同，案外人以仲裁当事人身份在仲裁过程中申请财产保全的，应当通过仲裁机构向人民法院提交申请书及仲裁案件受理通知书等相关材料。[①] 同时，参照诉讼中的财产保全规则，[②] 人民法院可以裁量是否要求保全申请人提供担保，也可以在保全申请人提供了被保全财产的具体线索的前提下作出概括性保全裁定。[③] 但是，保全申请人据以申请保全的给付请求权未经生效法律文书确定，通过网络执行查控系统采取保全措施涉嫌违反比例原则。因而，各地法院自行限制概括性保全制度的适用范围，只有对涉及弱势群体利益的案件，才可以例外采取概括性保全模式。[④] 在现行法律和司法解释没有对仲裁中保全是否适用概括性保全制度作出规定的情况下，考虑到商事仲裁案件通常不涉及民生或影响社会稳定等特殊因素，仲裁中的财产保全不宜采取概括性保全模式。

（二）人民法院应调查被保全财产的涉诉及涉执行情况

人民法院根据保全申请人提供的被保全财产信息裁定对特定的房屋、土地、银行账户、车辆等财产采取保全措施的，应当确保裁定书对该财产内容作出明确且具体的描述，如被保全的财产为车辆，应具体到车牌号。对被保全财产进行明确且具体的描述，为人民法院依

[①] 参见《仲裁法》第28条第2款、《财产保全规定》第3条。
[②] 根据《民诉法》第100条以及《财产保全规定》第10条第2款、第11条的规定，当事人在诉讼中申请财产保全的，人民法院根据案情自行决定是否要求其提供担保，并保全人确因客观原因不能提供明确的被保全财产信息，但提供了具体财产线索的，人民法院可以作出概括性保全措施，并可以根据申请保全人的书面申请，通过网络执行查控系统对裁定保全的财产或者保全数额范围内的财产进行查询，并采取相应的查封、扣押、冻结措施。
[③] 关于概括性保全问题，请参见肖建国、张宝成：《财产保全标的物特定化之反思》，载《国家检察官学院学报》2017年第3期。
[④] 2018年《重庆市高级人民法院关于进一步规范民事财产保全工作的通知》第3条要求全市法院慎用网络查找保全财产。具体内容包括：（1）人民法院办理民事财产保全案件，应当根据当事人、利害关系人提交的明确财产信息或具体财产线索实施保全，原则上不通过网络执行查控系统为当事人、利害关系人查找被保全人的财产。（2）对于诉中保全案件，当事人提供了具体财产线索，但确因客观原因不能提供明确、完整的被保全财产信息的，人民法院可以依法裁定采取财产保全措施。诉中保全案件实施过程中，通过网络执行查控系统或其他途径发现财产线索的，在征求当事人意见的基础上，人民法院可以依法采取财产保全措施。（3）涉民生保全案件确需通过网络执行查控系统查询被保全人财产的，经保全申请人书面申请，可以通过网络执行查控系统在裁定保全数额范围内查询被保全人的财产，并采取相应的查封、扣押、冻结措施。随后，重庆市北碚区人民法院印发的《民事财产保全工作暂行办法》明确要求提高保全裁定书的制作要求，强调财产内容的明确性和具体性，限制保全标的概括性表述，避免因财产内容不明确而降低保全效率或者损害被保全人的其他财产权益。具体规定了保全标的为房屋、土地、银行账户、车辆等财产形式时应当明确的程度：保全标的为房屋、土地的，应明确到区、县范围；保全标的为车辆的，应明确到车牌号。只有对涉民生案件或可能影响社会稳定等案件中的财产保全，才可以为了保护特殊主体的合法诉求而采取概括保全模式。

职权调查被保全财产的涉诉及涉执行状况奠定了基础。为了提高调查效率及贯彻诚实信用原则，人民法院可以要求被申请人报告拟被保全财产的涉诉及涉执行情况，拒不报告或虚假报告的，人民法院可以对其采取罚款、拘留等强制措施。在此基础上，人民法院借助网络执行查控系统、审判业务管理系统等平台调查该财产的涉诉及涉执行状况，以便甄别仲裁保全申请的背后是否存在虚假仲裁问题。伴随着人民法院信息化与智能化建设的不断深入，人民法院调查被保全财产涉诉及涉执行情况的难度及其工作量均呈现逐渐降低的趋势。

（三）人民法院在财产保全程序对虚假仲裁的防范方法

在审查财产保全申请时，人民法院发现当事人存在虚假仲裁合理怀疑的，可以依法裁定驳回财产保全申请。这是因为，保全申请人对被申请人享有的给付请求权是虚构的，自然不存在因该给付请求权得不到实现而导致其合法权益受损的情形。在此基础上，人民法院应当向仲裁委员会发出司法建议，提醒仲裁委员会与仲裁庭重点审查当事人是否构成虚假仲裁。在审查财产保全申请程序中，人民法院收集或形成的相关材料，有助于仲裁委员会或仲裁庭审查虚假仲裁问题的，应当一并向仲裁委员会提供其复印件。人民法院采取财产保全措施后发现虚假仲裁，而且该错误财产保全给案外人造成损失的，保全申请人应当依法承担赔偿责任。[①]

二、增设案外人撤销仲裁裁决、调解书之诉制度之争

由于仲裁程序的保密性及封闭性，受虚假仲裁损害的案外人通常难以及时发现并有效阻止仲裁裁决、调解书的作出。《仲裁法》《民诉法》均没有向遭受仲裁裁决、调解书损害的案外人提供救济程序。在前述两方面因素的共同作用下，虚假仲裁实际上比虚假诉讼更为适合充当逃避执行的手段。最高人民法院此前仅允许符合《民诉法》第227条规定的部分案外人通过异议及异议之诉阻止针对特定财产的强制执行，至于当事人通过虚假仲裁转移财产问题，最高人民法院直至2017年才通过《仲裁司法审查规定》为案外人提供申请不予执行仲裁、调解书的救济。由于排除强制执行与不予执行的事由及其效果完全不同，案外人有权通过非讼程序或争讼程序请求排除执行，不能成为反对授权案外人申请不予执行仲裁裁决、调解书的理由。在增设案外人申请不予执行仲裁裁决、调解书制度之后，围绕着是否有必要进一步增设案外人撤销仲裁裁决、调解书制度，存在着广泛的争议。

（一）排除执行异议不能代替不予执行请求

根据《仲裁法》第58条的规定，只有当事人才具备向人民法院申请撤销仲裁裁决的主体资格。作出该仲裁裁决的仲裁委员会及案外人均不能作为申请撤销仲裁裁决的主体。[②]即

[①] 参见2005年《最高人民法院关于当事人申请财产保全错误造成案外人损失应否承担赔偿责任问题的解释》。
[②] 陈龙业：《最高人民法院研究室关于仲裁委员会及案外人能否作为申请撤销仲裁裁决主体问题的研究意见》，载江必新主编：《司法研究与指导》（总第3辑），人民法院出版社2013年版，第162页。

使是当事人，也只能申请撤销仲裁裁决，而无权申请撤销仲裁调解书。[①] 在仲裁裁决、调解书的执行程序中，案外人可以根据《仲裁裁决执行规定》的规定申请裁定不予执行仲裁裁决、调解书。案外人对执行标的享有足以排除强制执行的实体权益的，还可以根据《民诉法》第227条的规定提出案外人异议及提起案外人异议之诉。但是，裁定不予执行与裁定排除执行属于两种并行不悖的救济方式，前者适用于遭受虚假仲裁侵害的案外人，后者适用于对执行标的享有足以排除强制执行的案外人。同时具备申请不予执行及提出排除执行异议的条件的，案外人可以同时或先后启动两种救济措施。案外人异议及案外人异议之诉不能撤销或不予执行仲裁裁决，仅适用于案外人对执行标的享有实体权益的虚假仲裁。因而，作为（潜在的）被执行人的债务人虚假仲裁转移责任财产的，作为（潜在的）申请执行人的案外人无法通过案外人异议及异议之诉寻求救济，在立法论层面赋予案外人申请不予执行仲裁裁决、调解书权利的必要性已经毋庸置疑。

（二）不予执行制度未能周延地保护案外人

在理论上讲，不予执行仲裁裁决、调解书裁定仅消灭对案外人合法权益（包括国家利益及社会公共利益）造成损害的执行力，未涉案外人合法权益的"剩余执行力"以及仲裁裁决、调解书的其他法律效力不受影响。但是，《民诉法》第237条第5款、《仲裁法》第9条第2款、《仲裁裁决执行规定》第22条均默认不予执行仲裁裁决、调解书具有与撤销仲裁裁决、调解书相同的效力，仲裁裁决、调解书的所有效力均归于消灭。在两者事由及效力完全相同的情况下，只要仲裁裁决、调解书进入执行程序，知悉该执行事件的案外人向人民法院申请裁定不予执行和申请撤销仲裁裁决、调解书没有实质区别。在法律效果完全相同的语境下，如果受虚假仲裁损害的案外人申请不予执行仲裁裁决、调解书的条件与申请撤销仲裁裁决的条件完全相同，就没有必要再向案外人提供撤销仲裁裁决、调解书的救济途径。但是，只有虚假仲裁当事人进入执行程序，案外人才具备申请撤销仲裁裁决、调解书的主体资格。而如前所述，具有给付内容的仲裁裁决、调解书未经强制执行也可能给案外人的实体权益造成损害。申请不予执行仲裁裁决、调解书还受"案外人主张的合法权益所涉及的执行标的尚未执行终结"和"知道或者应当知道人民法院对该标的采取执行措施之日起三十日内"双重期间限制，故案外人因不能归责于本人的事由未在前述期间内申请不予执行仲裁裁决的，仍有必要保留案外人进一步寻求救济的其他途径。

在实践中，根据债务人逃避履行义务的内容，以逃避执行为目标的虚假仲裁可以分为以逃避履行物之给付义务为目标的虚假仲裁和以逃避履行金钱给付义务为目标的虚假仲裁两类。以逃避履行物之给付义务为目标的虚假仲裁，主要包括以下几种类型：（1）通过形成裁决、调解书，将被申请人的财产变更为申请人所有；（2）通过确权裁决、调解书，将实质上属于被申请人所有的财产伪装为自始属于申请人所有；（3）通过给付裁决、调解书，虚构被

[①] 陈龙业：《最高人民法院研究室关于人民法院应否受理当事人提起的申请撤销仲裁调解书之诉问题的研究意见》，载张军主编：《司法研究与指导》（总第2辑），人民法院出版社2012年版，第90页。

申请人对申请人负有交付或返还特定财产的义务;(4)通过某种类型的仲裁裁决、调解书,虚构特定财产的物上负担(抵押、租赁等),增加该财产的交付难度或者减损该财产的价值。以逃避履行金钱给付义务为目标的虚假仲裁,主要包括以下几种类型:(1)转移责任财产型,即债务人通过形成、确权、给付裁决或调解书,将其责任财产转移至案外人名下;(2)虚构优先债权型,即债务人与他人恶意串通,虚构或夸大对查控财产享有优先受偿权的债权,或者为他人的债权虚构优先受偿权,使得案外人难以或无法查控财产进而无法实现其金钱债权;(3)虚构普通债务型,即债务人通过虚假仲裁虚构或夸大债务,以降低案外人通过责任财产实现金钱债权的比例;(4)增设物上负担型,即债务人通过某种类型的仲裁裁决、调解书,虚构责任财产(含查控财产在内)的物上负担(抵押、租赁等),增加该财产成交的难度或者降低其成交价。显而易见,债务人为了逃避执行而与他人骗取的仲裁裁决、调解书,绝大多数不具有给付内容,即使具有给付内容,也较少进入执行程序,不予执行仲裁裁决、调解书制度无法向案外人提供周延的事后救济。

(三)常规诉讼无法向案外人提供周延救济

利用申请不予执行仲裁裁决、调解书以及案外人异议、案外人异议之诉等内置于执行程序的救济制度,受虚假仲裁损害的案外人可以根据《民法典》《企业破产法》等规定提起独立于执行程序的以下两种常规诉讼:(1)根据《民法典》第154条的规定,案外人可以将恶意串通的仲裁当事人诉至法院,请求法院确认损害案外人合法权益的民事法律行为无效。但是,仲裁行为不属于当事人可以通过该诉讼谋求宣告其无效的民事法律行为。(2)根据《民法典》第538条、《制裁规避执行意见》第14条第2款等规定,案外人可以提起债权人撤销权诉讼,请求法院撤销债务人放弃到期债权、无偿或以明显不合理低价转让财产、明显不合理低估财产价值的以物抵债协议、放弃其未到期的债权或者放弃债权担保、恶意延长到期债权的履行期等损害债权人的债务人行为。但是,前者的确认对象是"民事法律行为",后者的撤销对象是"债务人的行为",即使案外人胜诉,也不因此导致仲裁裁决、调解书的效力自始无效。尽管确认判决或撤销判决导致仲裁裁决、调解书丧失实体法依据,但案外人无法根据确认判决或撤销判决追回被债务人转移的财产,而只能求助于作出该判决的人民法院依职权撤销该仲裁裁决、调解书。相较于人民法院依职权撤销仲裁裁决、调解书,第三人撤销之诉的模式更有利于维持"两造对抗"的基本程序构造,强化实体法律关系及程序法律关系的协调性:在确认民事法律关系无效的基础上,进一步减少仲裁裁决、调解书给案外人造成的不利影响。

(四)小结

基于以上理由,在起草相关司法解释及《民事强制执行法》的过程中,最高人民法院均提出了增设案外人撤销仲裁裁决、调解书之诉的思路,并得到了多数学者的认同。诚然,案外人撤销仲裁裁决、调解书之诉具有非常救济程序属性,应当严格遵循比例原则。一方面,案外人可以通过常规救济途径寻求解除虚假仲裁给其造成的不利影响的,不应当向案外人开放撤销仲裁裁决、调解书之诉的渠道。另一方面，对于案外人撤销仲裁裁决、调解书之诉案件，人民法院只能撤销对案外人实体权益造成不利影响的裁决（调解书）内容或效力。案外人提出撤销与其合法权益无关的裁决（调解书）内容或效力请求的，人民法院应当以缺乏诉的利益为由予以驳回，但案件涉及国家利益及社会公共利益的除外。比如，债务人通过形成裁决转移责任财产的，案外人仅需消除该裁决的形成力即可达致诉讼目标，而且应当以其金钱债权全部实现为限。

思考题

一、不定项选择题

1. 关于虚假仲裁，下列说法正确的是（　　）。
A. 只有形成裁决，才可能损害案外人合法权益
B. 确权裁决不可能损害案外人合法权益
C. 给付裁决不可能损害案外人合法权益
D. 所有类型的裁决都有可能损害案外人合法权益

本章思考题参考答案

2. 关于案外人申请不予执行仲裁裁决，下列选项哪些是错误的？（　　）
A. 即使仲裁裁决没有进入执行程序，案外人也可以申请不予执行仲裁裁决
B. 形成裁决与确权裁决，不能适用案外人申请不予执行仲裁裁决制度
C. 根据《民诉法》第227条规定提出异议的案外人，不能申请撤销仲裁裁决
D. 只要仲裁裁决的执行程序仍在继续，案外人就可以申请不予执行仲裁裁决

二、简答题

简述案外人撤销仲裁裁决、调解书之诉。

第十二章　涉外仲裁与区际仲裁

> **导语**
>
> 涉外仲裁是指含有涉外因素或国际因素的仲裁。不同于涉外民事诉讼、国际公法上的国际仲裁和国内仲裁，涉外仲裁承载更充分的意思自治。涉外仲裁通常涉及法律适用的问题。中国国际经济贸易仲裁委员会和中国海事仲裁委员会是中国最为著名的常设涉外仲裁机构。涉外仲裁程序在适用案件范围、仲裁员组成、保全、临时措施以及紧急仲裁员程序等方面有特别规定。我国涉外仲裁机构作出的裁决、《纽约公约》成员国仲裁机构作出的裁决，可以依据《纽约公约》获得互相申请承认和执行；我国涉外仲裁机构作出的裁决在公约非成员国申请承认和执行、公约非成员国领土内作出的仲裁裁决申请我国人民法院承认和执行的，应当按照我国与对方国家存在的相互承认和执行仲裁裁决的双边条约或互惠原则处理。中国作为多法域国家，在解决内地与港澳、大陆与台湾地区商事仲裁裁决认可和执行的区际司法协助问题时，应当遵循各法域平等、保护当事人合法权益、程序审查的原则。内地与港澳相互认可和执行仲裁裁决，应当按照各自立法和双方达成的有关司法协助的规定处理。我国台湾地区仲裁机构的裁决，当事人可以向我国大陆有关法院申请认可和执行；我国大陆仲裁机构作出的民事仲裁裁决在不违背我国台湾地区公共秩序或善良风俗的情况下，可以申请法院裁定认可。仲裁裁决具有给付内容的，可以作为执行根据。

第一节　涉外仲裁

一、涉外仲裁概述

（一）涉外仲裁的概念

涉外仲裁是指含有涉外因素或国际因素的仲裁。根据《民诉法》第271条和《仲裁法》

第65条的规定，涉外仲裁主要解决的是涉及国际经济贸易、运输和海事等商事活动中发生的争议。涉外仲裁也称为国际商事仲裁，对于何为"涉外"和"商事"，立法并未明确界定，但相关司法解释进行了细化规定。

对于何为"涉外"，需要借助司法解释对"涉外民事案件"的规定进行分析。《民诉法解释》对"涉外民事案件"的解释同样适用于涉外仲裁。《民诉法解释》第522条规定："有下列情形之一，人民法院可以认定为涉外民事案件：（一）当事人一方或者双方是外国人、无国籍人、外国企业或者组织的；（二）当事人一方或者双方的经常居所地在中华人民共和国领域外的；（三）标的物在中华人民共和国领域外的；（四）产生、变更或者消灭民事关系的法律事实发生在中华人民共和国领域外的；（五）可以认定为涉外民事案件的其他情形。"

理论探讨

对于何为"商事"，1985年由联合国国际贸易法委员会通过并经贸法委于2006年修订的《国际商事仲裁示范法》规定，对"商事"一词应作广义解释，使其包括不论是契约性或非契约性的一切商事性质的关系所引起的事项。1987年制定的《最高人民法院关于执行我国加入的〈承认及执行外国仲裁裁决公约〉的通知》重申了我国所理解的"契约性或非契约性商事关系"，具体是指由于合同、侵权或根据有关法律规定而产生的经济上的权利义务关系，例如货物买卖，财产租赁，工程承包，加工承揽，技术转让，合资经营，合作经营，勘探开发自然资源，保险，信贷，劳务，代理，咨询服务，海上、民用航空、铁路、公路的客货运输，产品责任，环境污染，海上事故，以及所有权等，但不包括外国投资者和东道国政府之间的争端。

（二）涉外仲裁的特点

涉外仲裁作为一种行之有效的解决涉外民商事争议的方法，是民商事仲裁的具体类型之一，同样具备民商事仲裁的基本特征，如自愿性、专业性、灵活性、保密性、快捷性、经济性、独立性、终局性等。

除具备一般民商事仲裁的基本特点外，涉外仲裁还具备以下几个特征：一是相较于国内仲裁，涉外仲裁在期间、送达、取证、保全等具体的程序制度方面有特殊的安排。二是涉外仲裁承载更充分的意思自治。涉外仲裁以当事人的自愿和协议为基础，仲裁庭审理案件的权力来源于当事人的同意。当事人可以自由选择仲裁事项、仲裁地、仲裁组织形式、仲裁员、仲裁程序、仲裁语言和仲裁所适用的实体法。三是涉外仲裁通常存在法律适用问题，涉外仲裁协议、仲裁程序、实体问题法律适用，既可能适用国内法，也有可能适用国际法或国际条约等。

（三）涉外仲裁与相关制度的区别

1. 涉外仲裁与国内仲裁

涉外仲裁的核心是具备涉外因素，通常涉及域外送达、取证、保全等事项，生效仲裁裁决还可能需要去外国申请承认和执行；而国内仲裁不包括涉外因素，不涉及域外的送达、取证、保全等事项，生效的国内仲裁裁决也无须到国外申请执行，直接向国内有管辖权的法院申请即可。

2. 涉外仲裁与涉外民事诉讼

涉外仲裁与涉外民事诉讼都是各国立法所认可的解决涉外民商事争议的有效方式。但二者在管辖权基础和性质上存在差异，前者的管辖权基础在于仲裁协议，性质上具有民间性、自治性，尽管其受到法院的监督和支持，但不能将其界定为司法程序，只不过是一种"准司法"的程序。后者的管辖权基础在于法律的直接规定，性质上具有公权性、强制性，是国家对涉外民事案件行使司法主权的形式。

3. 涉外仲裁与国际公法上的国际仲裁

涉外仲裁是国际私法上的国际仲裁，主要用于解决包含跨国因素的发生于平等民事主体之间的私法调整的权利义务争议，生效的裁决在一定条件下可以得到有关国家法院的强制执行。而国际公法上的国际仲裁，是和平解决国际争端的一种方式，是指国家之间发生争端后，当事国根据协议，将争端提交给它们自行选择的仲裁者处理，并相互约定遵守其裁决的争端解决方式，其裁决的效力由当事国出于道义上的责任自觉履行。

（四）涉外仲裁的法律适用

相较国内仲裁，涉外仲裁在案件处理过程中往往涉及适用何国法律的问题。涉外仲裁法律适用问题产生的原因在于法律冲突的存在。法律冲突是指两个或两个以上不同的法律同时调整一个相同的法律关系而在这些法律之间产生矛盾的社会现象。涉外仲裁的法律适用主要体现在涉外仲裁协议、仲裁程序和实体问题的认定等方面。

1. 涉外仲裁协议的法律适用

涉外仲裁协议是指双方当事人对他们相互之间业已发生或将来可能发生的涉外民商事争议交付仲裁解决的一种书面协议。实践中，涉外仲裁协议体现为合同中的"仲裁条款"和单独的仲裁协议书两种形式。涉外仲裁协议主要包括仲裁地点、仲裁组织形式、提交仲裁的事项、仲裁适用的法律、裁决的效力等内容。

关于如何确定涉外仲裁协议的准据法，包括我国在内的诸多国家的法律并没有明文规定或有关规定极为简单。涉外仲裁协议作为当事人意思自治的体现，当事人当然有权选择仲裁协议的准据法。但实践中很少有当事人单独约定仲裁协议的准据法。理论上，确定仲裁协议准据法的方式主要包括依当事人选择的法律、依最密切联系原则确定的法律、依仲裁地或裁决地的法律、依跨国法律观念、依尽量使其有效的原则以及依其他方法适用的法律等。[①] 实践中，当事人未明示选择仲裁协议的准据法时，国际上通行的做法是以仲裁地法或裁决地法作为仲裁协议的准据法。依据最密切联系原则，因履行仲裁协议的场所在仲裁地，仲裁地法往往就是与仲裁协议最密切联系的法律。

---

① 参见宋连斌：《国际商事仲裁管辖权研究》，法律出版社2000年版，第82—88页。

2. 涉外仲裁程序的法律适用

涉外仲裁由当事人和仲裁庭已经同意或采用的程序规则和仲裁地的法律进行规范。涉外仲裁所适用的程序规则即仲裁规则，当事人可以自主选择，仲裁庭必须按照当事人选择的仲裁规则进行仲裁活动，直至作出仲裁裁决。仲裁规则虽然不是法律规范，本质上是当事人制定和选择的契约性文件，但至关重要。因为涉外仲裁程序可以不适用特定国家的仲裁法律，但不能没有仲裁规则。

仲裁程序法，是指适用于仲裁本身的法律，亦即规范仲裁庭的存在及其所进行的仲裁程序的法律。与涉外民事诉讼中程序问题适用法院地法的做法不同，在国际上，仲裁程序法原则上是可以由当事人选择确定的。但在仲裁实践中，很少有当事人选择仲裁程序法。在当事人未选择仲裁程序法的情况下，一般由仲裁庭决定仲裁应适用的程序法。仲裁庭可能通过各种因素推定当事人的选择，但通常考虑选择的仲裁地，进而适用仲裁地的仲裁法。

仲裁地是指仲裁的地点或"所在地"或审理地，是仲裁自身与仲裁法律上所位于的地点的法律之间的地域联系。如果当事人未对仲裁地作出选择，则由仲裁庭为当事人选择。仲裁地的选择往往与当事人或产生争议的合同没有或几乎没有关系。

3. 涉外仲裁实体问题的法律适用

涉外仲裁实体问题的法律适用，通常由当事人确定。如果当事人未作出选择，国际仲裁实践中较普遍的做法是适用仲裁庭认为适当的法律。在仲裁实践中，《贸仲规则》规定，当事人对于案件实体适用法有约定的，从其约定。当事人没有约定或其约定与法律强制性规定相抵触的，由仲裁庭决定案件实体的法律适用。《北仲规则》对国际商事仲裁的法律适用问题作出如下规定：（1）仲裁庭应当根据当事人选择适用的法律对争议作出裁决。除非当事人另有约定，选择适用的法律系指实体法，而非法律冲突法。（2）当事人未选择的，仲裁庭有权根据案件情况确定适用的法律。（3）根据当事人的约定，或在仲裁程序中经当事人一致同意，仲裁庭可以依据公平合理原则作出裁决，但不得违背法律的强制性规定和社会公共利益。（4）在任何情况下，仲裁庭均应当根据有效的合同条款并考虑有关交易惯例作出裁决。

二、涉外仲裁机构

《仲裁法》第66条规定，涉外仲裁委员会可以由中国国际商会组织设立。涉外仲裁委员会由主任1人、副主任若干人和委员若干人组成，涉外仲裁委员会的主任、副主任和委员可以由中国国际商会聘任。第67条进一步规定，涉外仲裁委员会可以从具有法律、经济贸易、科学技术等专门知识的外籍人士中聘任仲裁员。在我国，中国国际经济贸易仲裁委员会和中国海事仲裁委员会是两个历史最悠久的涉外仲裁机构。此外，自《仲裁法》施行以来，其他仲裁委员会也在涉外仲裁领域进行了探索。

（一）中国国际经济贸易仲裁委员会

中国国际经济贸易仲裁委员会（以下简称"贸仲"）是世界上主要的常设仲裁机构之一。"贸仲"的前身是根据中央人民政府通过的《关于在中国国际贸易促进委员会内设立对外贸易仲裁委员会的决定》组建的"对外贸易仲裁委员会",1980年更名为"对外经济贸易仲裁委员会",1988年改名为"中国国际经济贸易仲裁委员会",2000年"贸仲"同时启用"中国国际商会仲裁院"的名称。"贸仲"以仲裁的方式,独立、公正地解决国际国内的经济贸易争议及国际投资争端。

"贸仲"总会设在北京,在上海、深圳、天津、重庆等地设立分会,并在香港特别行政区、加拿大温哥华、奥地利维也纳分别设立香港仲裁中心、北美仲裁中心和欧洲仲裁中心。"贸仲"及其分会/仲裁中心是一个统一的仲裁委员会,适用相同的《仲裁规则》和《仲裁员名册》。"贸仲"的《章程》明确规定,分会/仲裁中心是"贸仲"的派出机构,根据"贸仲"的授权开展仲裁工作。

在仲裁业务方面,根据现行《贸仲规则》的规定,其受案范围是根据当事人的约定受理契约性或非契约性的经济贸易等争议案件,包括国际或涉外争议案件、涉及港澳台地区的争议案件以及国内争议案件。"贸仲"受理案件的范围也不受当事人行业和国籍的限制。

"贸仲"的示范仲裁条款是"凡因本合同引起的或与本合同有关的任何争议,均应提交中国国际经济贸易仲裁委员会,按照申请仲裁时该会现行有效的仲裁规则进行仲裁。仲裁裁决是终局的,对双方均有约束力"。

(二)中国海事仲裁委员会

中国海事仲裁委员会(以下简称"海仲")成立于1959年1月,其前身为"中国国际贸易促进委员会海事仲裁委员会",1988年更名为现名。"海仲"是一家解决国内外海事海商、交通物流以及其他契约性或非契约性争议的常设仲裁机构。

"海仲"设在北京,在上海设有上海总部,在天津、重庆、香港、福州、舟山、海口设有分会/仲裁中心,并在国内主要港口城市设立办事处。为满足行业仲裁和多元化服务的需要,"海仲"还设立了航空争议仲裁中心、航空争议调解中心、计量争议仲裁中心、物流争议解决中心、渔业争议解决中心、海事调解中心等业务中心。分会/中心是"海仲"的派出机构,根据"海仲"的授权,接受仲裁申请,管理仲裁案件。"海仲"及其分会适用统一的《仲裁规则》和《仲裁员名册》,在整体上享有一个仲裁管辖权。"海仲"现行有效的仲裁规则是经修订的自2018年10月1日施行的《仲裁规则》。

在仲裁业务方面,根据现行《海仲规则》的规定,其受案范围包括海事、海商争议案件,航空、铁路、公路等相关争议案件,贸易、投资、金融、保险、建筑等其他商事争议案件。"海仲"既可受理国际或涉外争议案件,也可受理涉及香港、澳门特别行政区以及台湾地区的争议案件,还可受理国内争议案件。

"海仲"的示范仲裁条款是"凡因本合同引起的或与本合同有关的任何争议,均应提交中国海事仲裁委员会,按照申请仲裁时该会现行有效的仲裁规则进行仲裁。仲裁裁决是终局的,对双方均有约束力"。

（三）国内其他仲裁机构

自《仲裁法》颁布以来，依照其规定在直辖市、省、自治区人民政府所在地的市和其他设区的市设立或重新组建的仲裁机构，能否受理涉外仲裁案件，《仲裁法》并未明确规定。1996年《国务院办公厅关于贯彻实施〈中华人民共和国仲裁法〉需要明确的几个问题的通知》规定：新组建的仲裁委员会的主要职责是受理国内仲裁案件；涉外仲裁案件的当事人自愿选择新组建的仲裁委员会仲裁的，新组建的仲裁委员会可以受理。

实践中，北京仲裁委员会（北京国际仲裁中心）、上海国际经济贸易仲裁委员会（上海国际仲裁中心）、深圳国际仲裁院（深圳仲裁委员会）、武汉仲裁委员会、广州仲裁委员会、上海仲裁委员会等仲裁机构，都在国内外当事人的自愿选择下取得了对涉外民商事仲裁案件的管辖权。

理论探讨

三、涉外仲裁程序

（一）涉外仲裁程序概述

涉外仲裁案件的当事人将其争议的纠纷提交仲裁后，仲裁机构应当按照一定的方式、步骤和时限等要素构成的仲裁程序进行审理，并作出终局裁决。相较于国内仲裁程序，涉外仲裁程序与其在制度目的、价值目标、构成阶段、仲裁庭的组成、审理方式等方面有趋同之势。

因涉外仲裁具有国际因素或涉外因素，相较于国内仲裁程序，也有其自身的特殊性。我国涉外仲裁程序制度主要由《民诉法》第二十六章关于涉外仲裁的规定、《仲裁法》第七章关于涉外仲裁的特别规定以及涉外仲裁机构仲裁规则的相关规定构成。

（二）涉外仲裁程序的特别规定

1. 涉外仲裁程序适用的案件范围

根据《仲裁法》和涉外仲裁机构的仲裁规则的规定，涉外仲裁适用于涉外或国际争议案件，并参照适用于涉及香港特别行政区、澳门特别行政区以及我国台湾地区的争议案件。当事人对案件是否具有国际因素或涉外因素有争议的，由仲裁庭决定。

2. 仲裁庭可以由外籍仲裁员参与组成

在仲裁庭的组成方面，涉外仲裁有着特别的规定。最突出的特点在于涉外仲裁机构可以从具有法律、经济贸易、科学技术等专门知识的外籍人士中聘任仲裁员。当事人可以从仲裁机构提供的仲裁员名册中选仲裁员，也可以从仲裁员名册之外选仲裁员。如果从仲裁员名册之外选仲裁员，当事人应当向仲裁机构提供候选人的简历和具体联系方式，经仲裁机构确认后可以担任仲裁员。

通常，外籍仲裁员的报酬要比国内仲裁员高。当事人同意增加的外籍仲裁员的报酬，应当在仲裁机构规定的期限内预交。未在仲裁机构规定的期限内预交的，视为未选定仲裁员。仲裁机构的主任可以根据仲裁机构的仲裁规则代为指定仲裁员。

3. 保全、临时措施及紧急仲裁员程序

涉外仲裁当事人可以依据我国法律申请财产保全、行为保全和证据保全，涉外仲裁机构应当将当事人的申请提交被申请人住所地、财产所在地或证据所在地的中级人民法院裁定。人民法院经审查作出保全裁定的，应当责令申请人提供担保。申请人不提供担保的，裁定驳回申请。当事人申请证据保全，人民法院经审查认为无须提供担保的，当事人可以不提供担保。

在涉外仲裁程序中，根据当事人申请，仲裁庭可以依据有关法律决定采取其认为适当的临时措施，采取临时措施的决定可以仲裁庭决定、中间裁决或有关法律认可的其他方式作出。如果有必要，仲裁庭有权要求当事人提供适当的担保。此外，当事人还可依据有关法律直接向有管辖权的法院提出临时措施申请。

在组成仲裁庭之前，当事人需要申请临时措施的，可以根据有关法律规定向仲裁机构提出指定紧急仲裁员的书面申请。是否同意，由仲裁机构决定。仲裁机构同意指定紧急仲裁员的，应当在当事人预交相应费用之后及时在仲裁员名册中指定一名仲裁员，并将指定情况告知当事人。紧急仲裁员的信息披露和回避等事项，参照仲裁规则的规定办理。紧急仲裁员有权采取适当的方式对当事人的临时措施申请进行审查，但应保证当事人有合理陈述的机会。紧急仲裁员应当在适当的时间内作出相关决定、指令或裁决，并说明理由。当事人对紧急仲裁员作出的相关决定、指令或裁决有异议的，有权向紧急仲裁员提出修改、中止或撤销相关决定、指令或裁决的申请，是否同意，由紧急仲裁员决定。除非当事人另有约定，紧急仲裁员不再担任与临时措施申请有关的争议案件的仲裁员。

4. 涉外仲裁程序中的各种期限一般较长

涉外仲裁程序中各种期限一般较长，主要体现在以下几个方面：（1）双方当事人选定或委任仲裁员的期限较长，通常为自收到仲裁通知之日起20日内；（2）答辩及反请求的期限较长，通常是被申请人自收到答辩通知之日起45日内；（3）提前通知开庭的期限较长，通常应在开庭日的20日或30日前将开庭通知书送达双方当事人；（4）当事人提交证据的期限一般要长于国内仲裁的举证期限；（5）涉外仲裁裁决应当在仲裁庭组成之日起6个月内作出。

5. 确定仲裁语言

涉外仲裁的本质在于具备涉外或国际因素，当事人可能来自不同国家和地区，也有可能对仲裁语言有具体要求，因此，涉外仲裁程序中的特别规定之一就是要确定仲裁语言。在涉外仲裁程序中，当事人可以约定仲裁程序使用的语言。当事人没有约定的，仲裁机构或仲裁庭可以根据具体情况确定仲裁程序的语言。当事人约定使用两种或两种以上语言的，仲裁庭在征得当事人同意的情况下可以确定使用其中一种语言。当事人无法达成一致的，仲裁庭可以使用多种语言进行，由此增加的相关费用由当事人承担。仲裁机构或仲裁庭可以根据案件具体情况确定仲裁程序中的书面材料是否需要附具中文译本或其他语言译本。当事人或其代理人、证人需要翻译的，仲裁机构可以提供译员，也可以由当事人自行提供译员。当事人承担翻译费用。

四、涉外仲裁裁决的撤销和不予执行

法院对仲裁裁决的监督采行的是"双轨制",即将国内仲裁裁决的监督与涉外仲裁裁决的监督区分处理,对涉外仲裁或国际商事仲裁适用不同于解决国内争议的仲裁规则,给予其更宽松的行使仲裁权的空间。"双轨制"具体体现为,人民法院对涉外仲裁裁决或国际商事仲裁裁决的监督审查,仅限于程序方面;而对国内仲裁裁决的监督,不仅包括对程序方面的审查,还包括对某些实体方面的审查。[①] 法院对涉外仲裁裁决的监督方式体现为撤销和不予执行涉外仲裁裁决。

（一）涉外仲裁裁决撤销和不予执行的法定事由

根据《仲裁法》第70、71条的规定,当事人提出证据证明涉外仲裁裁决具有《民诉法》第274条第1款规定的情形之一的,经人民法院组成合议庭审查核实,裁定撤销和不予执行。撤销和不予执行涉外仲裁裁决的法定事由包括:（1）当事人在合同中没有签订仲裁条款或者事后没有达成书面仲裁协议的;（2）被申请人没有得到指定仲裁员或者进行仲裁程序的通知,或者由于其他不属于被申请人负责的原因未能陈述意见的;（3）仲裁庭的组成或者仲裁程序与仲裁规则不符的;（4）裁决的事项不属于仲裁协议的范围或者仲裁机构无权仲裁的。此外,人民法院认定执行涉外仲裁裁决违背社会公共利益的,也应裁定不予执行。

（二）涉外仲裁裁决撤销和不予执行的程序规定

1. 管辖法院

仲裁裁决作出后,任何一方当事人均可以向仲裁委员会所在地的中级人民法院申请撤销仲裁裁决。在执行程序中,被申请人可以向执行法院申请不予执行仲裁裁决。

2. 申请要求

无论是当事人向人民法院申请撤销仲裁裁决,还是被申请人向人民法院申请撤销仲裁裁决,必须向有管辖权的人民法院提出证据证明涉外仲裁裁决具有《民诉法》第274条规定的撤销或不予执行仲裁裁决的法定事由。

3. 审查处理

对于当事人提出的撤销或不予执行仲裁裁决申请,人民法院应当组成合议庭对以下内容进行审查核实:（1）提出申请的当事人是否具有申请撤销或不予执行仲裁裁决的资格;（2）当事人是否有证据证明仲裁裁决具有被撤销或不予执行的法定事由。

人民法院经审查核实,认为不具备撤销或不予执行仲裁裁决的情形的,应当裁定驳回当事人的申请;人民法院经审查核实,认为可以由仲裁庭重新仲裁的,应当通知仲裁庭在一定

---

① 参见乔欣:《仲裁法学》(第2版),清华大学出版社2015年版,第181页。

期限内重新仲裁，并裁定中止撤销程序。仲裁庭拒绝重新仲裁的，人民法院应当裁定恢复撤销程序。

涉外仲裁裁决被人民法院裁定撤销或不予执行的，当事人可以根据双方达成的书面仲裁协议重新申请仲裁，也可以向人民法院起诉。

（三）涉外仲裁裁决撤销和不予执行的报告制度

1995年最高人民法院发布的《涉外与外国仲裁通知》规定，对人民法院受理具有仲裁协议的涉外经济纠纷案、不予执行涉外仲裁裁决以及拒绝承认和执行外国仲裁裁决等问题建立报告制度。1998年4月23日，最高人民法院发布的《撤销裁决通知》规定，对人民法院撤销我国涉外仲裁裁决建立报告制度。2017年发布的《仲裁司法审查报核规定》进一步规定，各中级人民法院或者专门人民法院办理涉外涉港澳台仲裁司法审查案件，经审查拟认定仲裁协议无效，不予执行或者撤销我国内地仲裁机构的仲裁裁决，不予认可和执行我国香港特别行政区、澳门特别行政区、台湾地区仲裁裁决，不予承认和执行外国仲裁裁决，应当向本辖区所属高级人民法院报核；高级人民法院经审查拟同意的，应当向最高人民法院报核。待最高人民法院审核后，方可依最高人民法院的审核意见作出裁定。

五、涉外仲裁裁决的承认和执行

（一）中国涉外仲裁裁决在外国的承认和执行

根据《仲裁法》第72条和《民诉法》第280条第2款的规定，我国涉外仲裁机构作出的发生法律效力的仲裁裁决，当事人请求执行的，如果被执行人或其财产不在我国领域内，应当由当事人直接向有管辖权的外国法院申请承认和执行。涉外仲裁裁决的当事人向外国法院申请承认和执行，该外国法院或其他主管机构将根据有关国际条约或双边条约等进行审查，进而作出是否承认和执行的决定。

1. 在1958年《纽约公约》缔约国的承认和执行

（1）1958年《纽约公约》的主要内容。为了统一各国承认和执行外国仲裁裁决的制度，在联合国的主持下于1958年在纽约订立了《纽约公约》。我国于1986年决定加入该公约，自1987年4月22日起该公约对我国生效。《纽约公约》规定，缔约国相互承认仲裁裁决的约束力，并应该按照执行地的程序规则予以执行。

《纽约公约》第5条规定了拒绝承认和执行仲裁裁决的具体条件：① 签订仲裁协议的当事人依据对其适用的法律，有某种无行为能力的情形；或依据仲裁协议所选定的准据法，认为该仲裁协议无效；或未选定准据法而依据裁决地法，认为该仲裁协议无效。② 被执行人未接到关于指派仲裁员或仲裁程序的适当通知，或者由于其他情况未能对案件进行申辩。③ 裁决所处理的事项，非为交付仲裁事项，或者不包括在仲裁协议规定之内，或者超出仲裁协议范围。但是，如果对交付仲裁事项作出的决定与未交付仲裁事项作出的决定可以分开的,该仲裁裁决中对交付仲裁事项的决定可以得到承认和执行。④ 仲裁庭的组成、仲裁程序与当事人之间约定不符,或者当事人之间没有约定而与仲裁地所在国家的法律不符。⑤ 裁决对当事人尚无拘束力,或者裁决业经裁决地所在国或裁决所依据法律的国家的主管机关撤销或停止执行。

此外,被请求承认和执行地的国家的主管机关认定有下列情形之一的,也可以拒不承认和执行仲裁裁决:① 依据该国法律,争议事项是不能以仲裁方式解决的;② 承认或执行裁决,有违该国公共政策的。

(2)中国涉外仲裁裁决的承认和执行。我国涉外仲裁机构作出的发生法律效力的仲裁裁决,在《纽约公约》成员国申请承认和执行时,有关公约缔约国应当根据《纽约公约》规定的条件和程序进行审查,从而作出是否承认和执行的决定。

2. 在1958年《纽约公约》非缔约国的承认和执行

如果我国涉外仲裁裁决要在1958年《纽约公约》缔约国之外的国家申请承认和执行,则应当按照我国与对方国家存在的相互承认和执行仲裁裁决的双边条约或者互惠原则处理。1958年《纽约公约》第7条第1款规定,本公约的规定并不影响缔约国间所订关于承认和执行仲裁裁决的多边或双边协定的效力,双边条约或协定具有优先适用的效力。

(二)外国仲裁裁决在我国的承认和执行

1. 外国仲裁裁决在我国的承认和执行概述

根据《民诉法》第283条的规定,外国仲裁机构的裁决,需要我国法院承认和执行的,应当由当事人直接向被执行人住所地或其财产所在地的中级人民法院申请,人民法院应当按照我国缔结或参加的国际条约,或按照互惠原则办理。

根据《民诉法解释》第545条的规定,对临时仲裁庭在我国领域外作出的仲裁裁决,一方当事人向人民法院申请承认和执行的,人民法院应当按照《民诉法》第283条的规定处理。

2. 依照《纽约公约》承认和执行外国仲裁裁决的程序

(1)申请对象。申请对象应当满足以下两个条件:一是限于该公约对我国生效后在另一缔约国领土内作出的仲裁裁决,既包括外国仲裁机构作出的裁决,也包括临时仲裁庭作出的裁决;二是裁决所处理的事项应当符合我国法律的契约性和非契约性商事法律关系引起的争议。

(2)申请期间。根据《民诉法》第239条和《民诉法解释》第547条的规定,当事人申请承认和执行外国仲裁裁决的期间为2年。当事人仅申请承认而未同时申请执行的,申请执行的期间自人民法院对承认申请作出的裁定生效之日起重新计算。

(3)申请材料。当事人申请承认和执行外国仲裁裁决的,应当向有管辖权的人民法院提交申请书、生效法律文书和仲裁协议、申请人的身份证明以及其他应当提交的文件或证件(如授权委托书等)。

(4)管辖法院。当事人申请承认和执行外国仲裁裁决的案件,由被执行人住所地或其财产所在地的中级人民法院管辖。根据《海诉法》及《海诉法解释》的规定,申请承认和执行国外海事仲裁裁决的，由被执行人的财产所在地或被执行人住所地的海事法院管辖。

（5）审查处理。对于承认和执行外国仲裁裁决的案件，人民法院应当组成合议庭进行审查。人民法院应当将申请书送达被申请人，被申请人可以陈述意见。人民法院应对承认或执行外国仲裁裁决的申请进行实质审查，审查的事项限于《纽约公约》第5条所列的情形。

人民法院经审查认为符合条件，决定予以承认和执行的，应在受理申请之日起2个月内作出裁定，如无特殊情况，应在裁定后6个月内执行完毕；决定不予承认和执行的，应按照规定，在受理申请之日起2个月内上报最高人民法院。外国仲裁裁决需要我国法院执行的，当事人应当先向人民法院申请承认。人民法院经审查并裁定承认后，再根据《民事诉讼法》的规定予以执行。当事人仅申请承认而未申请执行的，人民法院仅对应否承认进行审查并作出裁定。人民法院经审查作出的裁定，一经送达即发生法律效力。

（6）申请费用。人民法院受理当事人申请承认外国仲裁裁决的，预收人民币500元。人民法院受理当事人申请和执行外国仲裁裁决的，应按照《诉讼费用交纳办法》有关规定，依申请执行的金额或标的价额预收申请费。

3. 依照其他根据的承认和执行

在《纽约公约》非缔约国领土内作出的仲裁裁决，需要向我国人民法院申请承认和执行的，应当根据该国与我国是否有双边协定区别处理。若该国与我国签订了包含相互承认和执行仲裁裁决的经贸、投资、司法协助等方面的协定，人民法院应当根据签订的双边协定审查承认和执行该外国仲裁裁决的申请。如果没有这方面的双边协定，则可以按照互惠原则处理。该国与我国既没有缔结或共同参加有关承认和执行仲裁裁决的双边协定，也没有互惠关系的，当事人可以仲裁裁决为依据向人民法院起诉，由有管辖权的人民法院依法审理并作出判决，予以执行。

第二节 区际仲裁

一、区际仲裁概述

（一）区际仲裁的概念

区际仲裁，也称为区际商事仲裁，是指在我国"一国两制"的政治体制下，各法域当事人就具有区际因素的经贸商事争议在争议发生前或发生后达成一致的仲裁意向，约定将已经发生或将要发生的争议提交指定的仲裁机构或临时仲裁庭按照约定或仲裁庭选定的仲裁规则进行审理，然后根据区际私法指引的实体法或依公平原则作出裁决，并由法院予以监督和保障的一种区际商事争议解决制度。[1]区际仲裁是因应我国"一国两制三法系四法

---

[1] 詹礼愿：《中国区际商事仲裁制度研究》，中国社会科学出版社2007年版，第25页。

域"[①]并存的格局而设计的一种仲裁制度。

(二) 仲裁领域的区际司法协助

所谓区际司法协助,是指一个国家内部不同法域的司法机关之间在司法领域的合作和互助。区际司法协助涉及刑事诉讼、民事诉讼、行政诉讼和商事仲裁等领域。在民事诉讼和商事仲裁领域,区际司法协助的范围主要包括:(1) 相互委托送达司法文书;(2) 相互委托调取证据;(3) 代为查询并提供辖区相关法律资料;(4) 相互认可和执行仲裁裁决;(5) 相互认可和执行法院民事裁判;(6) 关于仲裁程序的相互协助保全等。

我国在解决区际法律冲突和司法协助方面产生的种种问题,通常由最高人民法院与港澳台地区通过协商的方式予以解决。解决区际司法协助问题,应当遵循"一国两制"原则、各法域平等原则、保护当事人合法权益原则以及程序审查原则。[②] 其中,程序审查原则是指只要程序上符合本法域法律制度的规定,就应当依法提供司法协助,不得对仲裁裁决进行实质审查。

目前,我国现行《民诉法》没有对涉港澳台民事诉讼程序及区际司法协助作出明确具体的规定。最高人民法院先后与香港特别行政区、澳门特别行政区协商,达成了有关司法协助的若干规定,并以个案批复或规范性文件的方式发布了有关司法解释。目前,与商事仲裁裁决相互认可和执行的区际司法协助有关的安排和司法解释主要包括《内地与香港执行仲裁裁决安排》《内地与澳门认可和执行仲裁裁决安排》《认可和执行台湾裁决规定》《内地与香港仲裁保全安排》等几个规范性法律文件。

二、内地与香港特别行政区关于仲裁裁决的执行

(一) 内地与香港特别行政区相互协助仲裁保全的安排

2019年3月25日,最高人民法院制定了《内地与香港仲裁保全安排》。2019年4月,最高人民法院与香港特别行政区政府分别代表两地在香港签署了《内地与香港仲裁保全安排》,并于2019年10月1日在两地生效。"保全"与"临时措施"是不同法系的概念,前者为大陆法系的概念,后者为英美法系的概念,但两者的实质都是保障终局性仲裁裁决执行、维护当事人合法权益的预防性救济措施。[③]

[①] "一国两制三法系四法域"是指在统一的中华人民共和国内,在同一中央政府之下,在我国内地实行社会主义制度,在香港特别行政区、澳门特别行政区和台湾地区实行资本主义制度,我国内地法律制度属于社会主义法系,香港特别行政区法律制度属于普通法系,澳门特别行政区和台湾地区法律制度属于大陆法系,我国内地、香港特别行政区、澳门特别行政区、台湾地区分别实施各自的法律制度,成为4个法律制度互不相同的独立法域。

[②] 参见江伟、肖建国主编:《仲裁法》(第3版),中国人民大学出版社2016年版,第340页。

[③] 参见姜启波等:《〈最高人民法院关于内地与香港特别行政区法院就仲裁程序相互协助保全的安排〉的理解与适用》,载《人民法院报》2019年9月26日,第3版。

1. 保全的类型

《内地与香港仲裁保全安排》根据两地法律对可以申请保全的类型分别作了规定。

（1）关于可向香港特别行政区法院申请的保全类型。"保全"在香港特别行政区称为"临时措施"，是指香港特别行政区法院就在香港或香港以外开展或即将开展的仲裁程序作出临时措施，以便仲裁程序顺利进行，防止发生不可逆转的损害等。具体包括：要求当事人维持现状或恢复原状；采取行动防止目前或即将对仲裁程序发生的危害或损害，或不采取可能造成这种危害或损害的行动；提供保全资产；保全对解决争议具有相关性和重要性的证据；颁发强制令以禁止当事人转移或以其他方式处理资产，防止损坏或侵入行为；颁布命令指定财产接管人等。

（2）关于可向内地人民法院申请的保全类型。根据《仲裁法》的规定，当事人可以向内地人民法院申请保全的类型包括财产保全、行为保全和证据保全。

2. "仲裁程序"的界定

（1）"香港仲裁程序"的界定。《内地与香港仲裁保全安排》中的"香港仲裁程序"仅包括平等主体间的商事仲裁，不包括投资者与东道主国之间的投资仲裁。可以向内地人民法院申请仲裁保全的"香港仲裁程序"应当满足以下两个条件。

第一，应当以香港特别行政区为仲裁地。仲裁地在香港特别行政区是确定"香港仲裁程序"的首要条件。仲裁地在香港特别行政区包括两种类型：一是当事人在仲裁条款中约定地点为香港特别行政区；二是当事人没有约定时，仲裁庭根据其仲裁规则或一定标准确定仲裁地为香港特别行政区并记载于仲裁裁决中。

第二，仲裁程序由有关机构或常设办事处管理。《内地与香港仲裁保全安排》第2条规定了有关"机构或者常设办事处"的标准，具体名单由香港特别行政区政府向最高人民法院提供，并经双方确认。目前包括香港国际仲裁中心、中国国际经济贸易仲裁委员会香港仲裁中心、国际商会国际仲裁院亚洲事务办公室、香港海事仲裁协会、华南（香港）国际仲裁院、一邦国际网上仲调中心。

（2）"内地仲裁程序"的界定。可以向香港特别行政区法院申请仲裁保全的"内地仲裁程序"为内地仲裁机构管理的仲裁程序。由内地仲裁机构管理的、仲裁地在境外的仲裁程序，当事人同样可以向香港特别行政区法院申请保全。可见，无论仲裁地是否在内地，只要是内地仲裁机构管理的仲裁程序均可申请保全。

3. 受理保全申请的法院

（1）内地受理仲裁申请的法院。香港仲裁程序的当事人，在仲裁裁决作出前，可以参照《民诉法》《仲裁法》以及相关司法解释的规定，向被申请人住所地、财产所在地或证据所在地的内地中级人民法院申请保全。被申请人住所地、财产所在地或证据所在地在不同人民法院辖区的，应当选择向其中一个人民法院提出申请，不得分别向两个或两个以上人民法院提出申请。

（2）香港受理仲裁申请的法院。根据香港《仲裁条例》和《高等法院条例》的规定，香港特别行政区受理内地仲裁保全申请的管辖法院是香港特别行政区高等法院，与受理仲裁裁决执行申请的管辖法院是一致的。

4. 申请保全的程序

（1）仲裁中申请保全的程序。当事人在有关机构或常设办事处受理仲裁申请后提出保全申请的，应当由仲裁机构或办事处将申请材料转交人民法院。基于诉讼效率考虑，应当允许香港仲裁程序的当事人将保全申请书连同仲裁机构或办事处的转递函自行提交给内地人民法院；内地人民法院可以根据香港特别行政区政府律政司提供的联系方式向相关仲裁机构或办事处核实情况。

（2）仲裁前申请保全的程序。《内地与香港仲裁保全安排》参照《民诉法》规定了仲裁前申请保全的程序。有关机构或常设办事处受理仲裁申请前申请保全的，在香港有关机构或常设办事处受理仲裁申请后，应当由该仲裁机构或常设办事处向内地人民法院出具相关证明函件。内地人民法院采取保全措施后30日未收到有关机构或常设办事处提交的已受理仲裁案件的证明函件的，内地人民法院应当解除保全。

5. 申请保全的材料

（1）向内地人民法院申请保全的要求。当事人向内地人民法院申请保全时应当提交如下材料：保全申请书；仲裁协议；仲裁申请文件和有关证明函件；内地人民法院根据具体案情认为需要提交的其他材料。其中，保全申请书的内容包括当事人的基本情况、请求事项、请求所依据的事实理由和证据、申请保全的信息或线索、用于提供担保的内地财产信息或资信证明等其他需要载明的事项。

（2）向香港特别行政区法院申请保全的要求。当事人向香港特别行政区法院申请保全的，应当根据香港特别行政区的相关法律规定，提交申请、支持申请的誓章、附同的证物、论点纲要以及法庭命令的草拟本。同时要求载明当事人的基本情况、申请的事项和理由、申请标的所在地、被申请人的回应情况以及申请人所作的承诺等事项。

6. 保全审查及救济

被请求方法院应当尽快审查当事人的保全申请。内地人民法院可以要求申请人提供担保等，香港特别行政区法院可以要求申请人作出承诺、就费用提供保证等。经审查，当事人的保全申请符合被请求方法律规定的，被请求方法院应当作出保全裁定或命令等。当事人对被请求方法院的裁定或命令不服的，按被请求方相关法律规定进行处理。例如，在内地可以申请复议；在香港特别行政区则可以申请解除或更改。

（二）内地与香港特别行政区相互执行仲裁裁决的安排

1. 裁决范围

相互执行仲裁裁决的范围包括两方面的裁决：一是香港特别行政区法院同意执行内地仲裁机构所作的裁决；二是内地人民法院同意执行在香港特别行政区按香港《仲裁条例》所作出的裁决。

2. 管辖法院

在内地或香港特别行政区作出的仲裁裁决，一方当事人不履行仲裁裁决的，另一方当事人可以向被申请人住所地或财产所在地的有关法院申请执行。"有关法院"，在内地是指被申请人住所地或财产所在地的中级人民法院，在香港特别行政区是指香港特别行政区高等法院。

被申请人住所地或财产所在地在内地不同中级人民法院辖区的，申请人可以选择向其中一个人民法院申请执行裁决，不得分别向两个或两个以上人民法院提出申请。被申请人的住所地或财产所在地既在内地又在香港特别行政区的，申请人不得同时分别向两地有关法院提出申请。只有在一地法院执行不足以偿还其债务时，才可就不足部分向另一地法院申请执行。两地法院先后执行仲裁裁决的总额，不得超过裁决数额。

3. 申请要求

申请人向有关法院申请执行在内地或香港特别行政区作出的仲裁裁决的，应当提交执行申请书、仲裁裁决书和仲裁协议等材料。其中，执行申请书应当载明如下内容：申请人和被申请人的基本信息及证明文件、申请执行的理由和请求的内容、被申请人的财产所在地及财产状况等事项。执行申请书应当以中文文本提出，裁决书或仲裁协议没有中文文本的，申请人应当提交经正式证明的中文译本。

申请人向有关法院申请执行内地或香港特别行政区仲裁裁决的期限，应当遵循执行地法律有关时限的规定。申请人向有关法院申请执行内地或香港特别行政区作出的仲裁裁决，应当根据执行地法院有关诉讼费用的办法交纳执行费用。

4. 审查处理

在内地或香港特别行政区申请执行的仲裁裁决，被申请人接到通知后，提出证据证明有下列情形之一的，经审查核实，有关法院可裁定不予执行：（1）仲裁协议当事人依对其适用的法律属于某种无行为能力的；或者该项仲裁协议依约定的准据法无效的；或者未指明以何种法律为准时，依仲裁裁决地的法律是无效的。（2）被申请人未接到指派仲裁员的适当通知，或者因他故未能陈述意见的。（3）裁决所处理的争议不是交付仲裁的标的或者不在仲裁协议条款之内，或者裁决载有关于交付仲裁范围以外事项的决定的；但交付仲裁事项的决定可与未交付仲裁的事项划分时，裁决中关于交付仲裁事项的决定部分应当予以执行。（4）仲裁庭的组成或者仲裁庭程序与当事人之间的协议不符，或者在有关当事人没有这种协议时与仲裁地的法律不符的。（5）裁决对当事人尚无约束力，或者业经仲裁地的法院或者按仲裁地的法律撤销或者停止执行的。

有关法院依执行地法律，认定争议事项不能以仲裁方式解决的，则可不予执行该裁决。内地法院认定在内地执行该仲裁裁决违反内地社会公共利益，或香港特别行政区法院认定在香港特别行政区执行该仲裁裁决违反香港特别行政区的公共政策的，则可不予执行该裁决。

三、内地与澳门特别行政区相互认可和执行仲裁裁决的安排

（一）裁决范围

内地人民法院认可和执行澳门特别行政区仲裁机构及仲裁员按照澳门特别行政区法规在

澳门作出的民商事仲裁裁决。澳门特别行政区法院认可和执行内地仲裁机构依据我国《仲裁法》在内地作出的民商事仲裁裁决。

(二) 管辖法院

在内地或澳门特别行政区作出的仲裁裁决，一方当事人不履行的，另一方当事人可以向被申请人住所地、经常居住地或财产所在地的有关法院申请认可和执行。内地有权受理认可和执行仲裁申请的法院为中级人民法院。两个或两个以上中级人民法院均有管辖权的，当事人应当选择向其中一个中级人民法院提出申请。澳门特别行政区有权受理认可仲裁裁决申请的法院为中级法院，有权执行的法院为初级法院。

被申请人的住所地、经常居住地或财产所在地分别在内地和澳门特别行政区的，申请人可以向其中一地法院提出认可和执行申请，也可以分别向两地法院提出申请。当事人向两地法院提出申请的，两地法院都应当依法进行审查。予以认可的，采取查封、扣押或冻结被执行人财产等执行措施。仲裁地法院应当先执行清偿；另一地法院在收到仲裁地法院关于经执行债权未获清偿情况的证明后，可以对申请人未获清偿的部分进行执行清偿。两地法院执行财产的总额，不得超过依据裁决和法律规定所确定的数额。

(三) 申请要求

申请人向有关法院申请认可和执行仲裁裁决的，应当提交申请书、申请人身份证明、仲裁协议、仲裁裁决书或仲裁调解书等材料。其中，申请书的内容包括：(1) 申请人或被申请人为自然人的，应当载明其姓名及住所；为法人或其他组织的，应当载明其名称及住所，以及其法定代表人或主要负责人的姓名、职务和住所；申请人是外国籍法人或其他组织的，应当提交相应的公证和认证材料；(2) 请求认可和执行的仲裁裁决书或仲裁调解书的案号或识别资料和生效日期；(3) 申请认可和执行仲裁裁决的理由及具体请求，以及被申请人财产所在地、财产状况及该仲裁裁决的执行情况。申请人提交的材料没有中文文本的，应当提交经正式证明的中文译本。

申请人向有关法院申请认可和执行内地或澳门特别行政区仲裁裁决的期限，依据认可和执行地的法律确定。申请人申请认可和执行仲裁裁决的，应当根据执行地法律的规定，交纳诉讼费用。

(四) 审查处理

有关法院接到申请人申请后，应当按照《内地与澳门认可和执行仲裁裁决安排》的规定处理和执行。该安排没有规定的，适用认可和执行地的程序法律规定。受理申请的法院应当尽快审查认可和执行的申请，并作出裁定。法院在受理认可和执行仲裁裁决申请之前或之后，可以依当事人的申请，按照法院地法律规定，对被申请人的财产采取保全措施。

对申请认可和执行的仲裁裁决，被申请人提出证据证明有下列情形之一的，经审查核实，有关法院可以裁定不予认可：(1) 仲裁协议一方当事人依对其适用的法律在订立仲裁协议时属于无行为能力的；或者依当事人约定的准据法，或当事人没有约定适用的准据法而依仲裁地法律，该仲裁协议无效的。（2）被申请人未接到选任仲裁员或者进行仲裁程序的适当通知，或者因他故未能陈述意见的。（3）裁决所处理的争议不是提交仲裁的争议，或者不在仲裁协议范围之内；或者裁决载有超出当事人提交仲裁范围的事项的决定，但裁决中超出提交仲裁范围的事项的决定与提交仲裁事项的决定可以分开的，裁决中关于提交仲裁事项的决定部分可以予以认可。（4）仲裁庭的组成或者仲裁程序违反了当事人的约定，或者在当事人没有约定时与仲裁地的法律不符的。（5）裁决对当事人尚无约束力，或者业经仲裁地的法院撤销或者拒绝执行的。

有关法院认定，依执行地法律，争议事项不能以仲裁方式解决的，不予认可和执行该裁决。内地法院认定在内地认可和执行该仲裁裁决违反内地法律的基本原则或社会公共利益的，以及澳门特别行政区法院认定在澳门特别行政区认可和执行该仲裁裁决违反澳门特别行政区法律的基本原则或公共秩序的，不予认可和执行该裁决。

（五）特殊情形处理

一方当事人向一地法院申请执行仲裁裁决，另一方当事人向另一地法院申请撤销该仲裁裁决，被执行人申请中止执行且提供充分担保的，执行法院应当中止执行。

根据经认可的撤销仲裁裁决的判决、裁定，执行法院应当终结执行程序；撤销仲裁裁决申请被驳回的，执行法院应当恢复执行。当事人申请中止执行的，应当向执行法院提供其他法院已经受理申请撤销仲裁裁决案件的法律文书。

四、我国大陆与台湾地区相互认可和执行仲裁裁决的安排

（一）我国大陆认可和执行我国台湾地区仲裁裁决

1. 裁决范围

我国台湾地区仲裁裁决的当事人可以根据《认可和执行台湾仲裁裁决规定》的规定，向人民法院申请认可和执行台湾地区仲裁裁决。其中，"台湾地区仲裁裁决"是指有关常设仲裁机构及临时仲裁庭在我国台湾地区按照台湾地区仲裁规定就有关民商事争议作出的仲裁决，包括仲裁判断、仲裁和解和仲裁调解。[①]

2. 管辖法院

申请认可我国台湾地区仲裁裁决的案件，由申请人住所地、经常居住地或被申请人住所地、经常居住地、财产所在地中级人民法院或专门人民法院受理。申请人向两个以上有管辖权的人民法院申请认可的，由最先立案的人民法院管辖。申请人向被申请人财产所在地人民

---

① 参见邵中林、陈宏宇：《〈关于认可和执行台湾地区仲裁裁决的规定〉的理解与适用》，载《人民司法（应用）》2016年第7期。

法院申请认可的，应当提供财产存在的相关证据。

3. 申请要求

申请人同时提出认可和执行我国台湾地区仲裁裁决申请的，人民法院先按照认可程序进行审查，裁定认可后，由人民法院执行机构执行。申请人直接申请执行的，人民法院应当告知其一并提交认可申请；坚持不申请认可的，裁定驳回其申请。

申请人申请认可台湾地区仲裁裁决，应当提交申请书、仲裁协议、仲裁判断书、仲裁和解书或仲裁调解书等文件或经证明无误的副本。其中，申请书应当载明当事人的信息，申请认可的仲裁判断书、仲裁和解书或仲裁调解书的案号或者识别资料和生效日期，请求和理由，被申请人财产所在地，财产状况，以及申请认可的仲裁裁决的执行情况等事项。

申请人申请认可台湾地区仲裁裁决，应当提供相关证明文件，以证明该仲裁裁决的真实性。申请人可以申请人民法院通过海峡两岸调查取证司法互助途径查明台湾地区仲裁裁决的真实性；人民法院认为必要的，也可以就有关事项依职权通过海峡两岸司法互助途径向台湾地区请求调查取证。

申请人委托他人代理申请认可台湾地区仲裁裁决的，应当向人民法院提交由委托人签名或盖章的授权委托书。台湾地区、香港特别行政区、澳门特别行政区或外国当事人签名或盖章的授权委托书应当履行相关的公证、认证或其他证明手续，但授权委托书在人民法院法官的见证下签署或经我国大陆公证机关公证证明是在我国大陆签署的除外。

申请人申请认可和执行台湾地区仲裁裁决的期间，适用《民诉法》第239条的规定。申请人仅申请认可而未同时申请执行的，申请执行的期间自人民法院对认可申请作出的裁定生效之日起重新计算。

申请认可和执行台湾地区仲裁裁决，应当参照《诉讼费用交纳办法》的规定，交纳相关费用。

4. 审查和裁定

对申请认可台湾地区仲裁裁决的案件，人民法院应当组成合议庭进行审查。对于符合条件的申请，人民法院应当在收到申请后7日内立案，并通知申请人和被申请人，同时将申请书送达被申请人；不符合条件的，应当在7日内裁定不予受理，同时说明不予受理的理由；申请人对裁定不服的，可以提起上诉。人民法院受理认可台湾地区仲裁裁决的申请后作出裁定前，申请人请求撤回申请的，可以裁定准许。

对申请认可和执行的仲裁裁决，被申请人提出证据证明有下列情形之一的，经审查核实，人民法院裁定不予认可：（1）仲裁协议一方当事人依对其适用的法律在订立仲裁协议时属于无行为能力的；或者依当事人约定的准据法，或当事人没有约定适用的准据法而依台湾地区仲裁规定，该仲裁协议无效的；或者当事人之间没有达成书面仲裁协议的，但申请认可台湾地区仲裁调解的除外。（2）被申请人未接到选任仲裁员或进行仲裁程序的适当通知，或者由于其他不可归责于被申请人的原因而未能陈述意见的。（3）裁决所处理的争议不是提交仲裁的争议，或者不在仲裁协议范围之内；或者裁决载有超出当事人提交仲裁范围的事项的决定，但裁决中超出提交仲裁范围的事项的决定与提交仲裁事项的决定可以分开的，裁决中关于提交仲裁事项的决定部分可以予以认可。(4)仲裁庭的组成或者仲裁程序违反当事人的约定,或者在当事人没有约定时与台湾地区仲裁规定不符的。(5)裁决对当事人尚无约束力,或者业经台湾地区法院撤销或者驳回执行申请的。依据国家法律,该争议事项不能以仲裁解决的,或者认可该仲裁裁决将违反"一个中国"原则等国家法律的基本原则或损害社会公共利益的,人民法院应当裁定不予认可。

人民法院经审查能够确认台湾地区仲裁裁决真实,而且不具有上述情形的,裁定认可其效力;不能确认该仲裁裁决真实性的,裁定驳回申请。裁定驳回申请的案件,申请人再次申请并符合受理条件的,人民法院应予受理。

人民法院作出的上述裁定,一经送达即发生法律效力。

5. 特殊情况处理

人民法院受理认可台湾地区仲裁裁决的申请之前或之后,可以按照民事诉讼法及相关司法解释的规定,根据申请人的申请,裁定采取保全措施。

人民法院受理认可台湾地区仲裁裁决的申请后,当事人就同一争议起诉的,不予受理。当事人未申请认可,而是就同一争议向人民法院起诉的,亦不予受理,但仲裁协议无效的除外。

一方当事人向人民法院申请认可或执行台湾地区仲裁裁决,另一方当事人向台湾地区法院起诉撤销该仲裁裁决,被申请人申请中止认可或执行并且提供充分担保的,人民法院应当中止认可或执行程序。申请中止认可或执行的,应当向人民法院提供台湾地区法院已经受理撤销仲裁裁决案件的法律文书。台湾地区法院撤销该仲裁裁决的,人民法院应当裁定不予认可或裁定终结执行;台湾地区法院驳回撤销仲裁裁决请求的,人民法院应当恢复认可或执行程序。

对人民法院裁定不予认可的台湾地区仲裁裁决,申请人再次提出申请的,人民法院不予受理。但当事人可以根据双方重新达成的仲裁协议申请仲裁,也可以就同一争议向人民法院起诉。

(二)我国台湾地区认可和执行大陆仲裁裁决

1992年,我国台湾地区颁布了"台湾地区与大陆地区人民关系条例"(以下简称"条例")和"台湾地区与大陆地区人民关系条例施行细则"(以下简称"施行细则"),对我国大陆仲裁机构作出的仲裁裁决在台湾地区的执行问题进行了规定。其中,"条例"第74条规定:"在大陆地区作成之民事确定裁判、民事仲裁判断,不违背台湾地区公共秩序或善良风俗者,得声请法院裁定认可。前项经法院裁定认可之裁判或判断,以给付为内容者,得为执行名义。""施行细则"第68条进一步规定,依本条例第74条规定声请法院裁定认可之民事确定裁判、民事仲裁判断,应经台湾地区行政主管部门设立或指定之机构或委托之民间团体验证。这是台湾地区认可和执行大陆仲裁机构作出的仲裁裁决的最初依据。

"条例"自订立至今,已经过十多次修改,其中,1997年、2003年的修改均涉及第74条的内容。修改后的第74条增加第3款:"前二项规定,以在台湾地区作成之民事确定裁判、民事仲裁判断，得声请大陆地区法院裁定认可或为执行名义者，始适用之。"从此规定来看，我国台湾地区法院认可和执行我国大陆仲裁裁决的前提是大陆法院要认可和执行台湾地区仲裁裁决。

思考题

一、不定项选择题

关于涉外民事诉讼及仲裁中相关问题的说法，下列哪一选项是错误的？（   ）（2008年司考卷三第50题）

A. 涉外民事诉讼的财产保全，只能依申请开始，法院不能依职权进行
B. 涉外财产保全中的诉前财产保全，法院可以责令申请人提供担保
C. 涉外仲裁裁决在外国的承认与执行，只能由当事人向有关外国法院申请
D. 涉外民事判决的承认与执行，既可以由当事人向有管辖权的外国法院申请，也可以由人民法院请求外国法院承认与执行

本章思考题参考答案

二、简答题

1. 申请撤销涉外仲裁裁决与申请撤销国内仲裁裁决有哪些不同？
2. 涉外仲裁程序与国内仲裁程序有哪些不同？
3. 我国内地与港澳台地区现行仲裁制度有哪些不同？
4. 区际司法协助的主要内容有哪些？
5. 简述我国涉外仲裁的法律适用。

第十三章 特殊仲裁制度

> **导语**
> 通过民事诉讼的方式解决小额消费争议往往面临诉讼不经济问题，故部分消费者权益保护组织联合仲裁机构推出小额消费争议仲裁服务。尽管小额消费争议仲裁采取民间仲裁的形式，但不适用商事仲裁案件的收费标准。与小额消费争议仲裁不同，劳动争议仲裁、人事争议仲裁、农村土地承包经营纠纷仲裁采取行政仲裁形式，遵循与商事仲裁不同的纠纷解决原理。

第一节 小额消费争议仲裁

一、小额消费争议及其纠纷解决机制

（一）消费争议与小额消费争议

消费争议，是指消费者为生活需要购买、使用商品或者接受服务时，认为自己的合法权益受到损害而与经营者之间发生的纠纷或争议。相较于其他民事争议，消费争议具有以下特点：

第一，消费争议涉及社会生活的各个行业和各个领域，数量庞大。如根据武汉市工商局2015年发布的消费者投诉大数据显示，2015年该市共接到消费投诉举报89 897件；[1] 2018年，仅江苏扬州就受理消费者投诉3981件；[2] 2019年上半年，江苏苏州市市场监督管理局12315消

---

[1] 参见《武汉发布消费维权报告 网购纠纷猛增》，载湖北省人民政府网站，http://www.hubei.gov.cn/wsbs/bsfwtis/201603/t20160315_803465.shtml，2020年3月1日访问。

[2] 参见《2018年扬州受理消费者投诉3981件 大数据+案例为您消费提个醒儿》，载中国江苏网，http://jsnews.jschina.com.cn/yz/a/201903/t20190314_2265591.shtml，2020年3月1日访问。

费者投诉举报受理中心共登记咨询、投诉、举报等计59 535件次。①

第二，消费争议具有不对等性。即消费争议当事人双方（消费者和经营者）力量不均衡，存在信息不对称、实力不均衡等问题，导致消费者在整个消费活动中处于弱势地位，往往无法与经营者对抗。

第三，消费争议具有小额性。消费争议多数金额不大，尤其是随着网上购物的兴起，购物成本更加低廉，因此，消费争议多数是小额消费争议。至于具体数额，各地根据本地经济发展情况的不同，可能有不同的设定。如根据江苏省人民政府在1990年7月发布的《江苏省小额消费纠纷仲裁办法》②第2条的规定，本办法所称小额消费纠纷，是指消费者在江苏省境内因有偿获得用于生活需要的商品或接受生活服务，而与生产经营者发生的数额在1万元以内的纠纷；上海、广州、杭州等地仲裁委员会设立的小额消费争议仲裁中心受理的小额消费争议案件的金额在5万元以下。

（二）小额消费争议的解决机制

对于消费争议的解决途径，我国《消费者权益保护法》第39条规定：消费者和经营者发生消费者权益争议的，可以通过下列途径解决：（1）与经营者协商和解；（2）请求消费者协会或者依法成立的其他调解组织调解；（3）向有关行政部门投诉；（4）根据与经营者达成的仲裁协议提请仲裁机构仲裁；（5）向人民法院提起诉讼。可见，消费争议实行多元化的纠纷解决机制。

仲裁是解决消费争议尤其是小额消费争议的一条重要路径。所谓消费争议仲裁，是指消费者根据与经营者达成的仲裁协议，按照仲裁法的一般规定，将争议提交约定的仲裁机构予以裁决的一项纠纷解决制度。

与一般的民商事仲裁相比，小额消费争议仲裁具有以下特点：

第一，小额消费争议仲裁的对象是小额消费纠纷。多数情况下，小额消费争议的金额在人民币5万元以下。

第二，小额消费争议仲裁的主体具有特定性。仲裁申请人主要是消费者一方。如杭州仲裁委员会消费争议仲裁办事处只受理消费者一方的申请。小额消费争议仲裁主要是为缓解消费者就小额消费纠纷维权难、维权时间长等现实困境而设置的一种简便易行的纠纷解决机制，因此申请人主要是消费者，原则上不接受经营者作为申请人，换言之，经营者不享受这一快捷的仲裁服务"福利"。

第三，小额消费争议仲裁采取简易程序或比简易程序更简易的小额程序，仲裁期限较短，可以快速解决纠纷。如2003年11月，广州仲裁委与广东消委会联合出台了《消费争议特别规定》，根据该规定，消费者与商家发生争议申请仲裁，争议金额在5万元以下的，可以当天提出，当天仲裁。

---

① 参见《2019年上半年苏州消费投诉大数据出炉 交通工具投诉同比上升11.20%》，载荔枝网，http://news.jstv.com/a/20190722/1563792528954.shtml，2020年3月1日访问。

② 该办法已于1997年12月6日被《江苏省人民政府令（99号）》宣布废止。

第四，小额消费争议仲裁一般收费较低或者不收费。小额消费争议仲裁设立的目的就是降低消费者维权成本，因此，很多情况下仅象征性地收费，如只收取50元仲裁费或者不收费。

第五，小额消费争议仲裁实行"一裁终局"制度。小额消费争议仲裁不同于劳动争议仲裁等行政性质的仲裁，裁决一经作出即发生法律效力，可以更快地实现对消费者的权利救济。

二、小额消费争议仲裁的性质

关于小额消费争议仲裁的性质，经历了从行政仲裁到民间仲裁的转变。

在我国1994年《仲裁法》颁布以前，消费争议仲裁的性质是典型的行政性质的纠纷解决机制，因为很多省市立法中，没有赋予消费争议仲裁裁决的终局效力。如1989年《吉林省消费争议仲裁办法》第16条第1款规定："当事人一方或双方对仲裁不服的，可在收到仲裁决定书之日起十五日内申请复议或向人民法院起诉，期满不申请复议又不起诉的，仲裁决定书即发生法律效力"；1989年《安徽省消费纠纷仲裁办法》、1990年《河南省消费纠纷仲裁办法》、1990年《江苏省小额消费纠纷仲裁办法》、1990年《山东省消费纠纷仲裁办法》等都作了类似的规定。

1994年我国《仲裁法》颁布后，消费争议仲裁跟其他民商事案件仲裁一样，被赋予了崭新的内容，从行政性质的仲裁转变为民间性质的仲裁。消费争议仲裁实行一裁终局制度，仲裁裁决一经作出即发生法律效力，当事人不服的，不能向人民法院起诉。法院对仲裁裁决只能进行事后监督，即由管辖法院依当事人的申请，在法定条件下撤销消费争议仲裁裁决。同时，裁决书自作出之日起发生法律效力，若一方当事人不自觉履行，另一方当事人可以依照民事诉讼法的有关规定直接向人民法院申请执行。被申请执行人可以申请不予执行仲裁裁决，人民法院经审查符合法定条件的，可依法对仲裁裁决作出不予执行的裁定。

三、小额消费争议仲裁的原则

（一）仲裁自愿原则

小额消费争议仲裁，就其本质而言，仍然是民商事仲裁，因此，它必须遵循我国《仲裁法》的规定，实行自愿仲裁原则，而不是强制仲裁原则。即小额消费争议当事人采用仲裁方式解决纠纷，应当双方自愿，达成仲裁协议。没有仲裁协议，一方申请仲裁的，仲裁委员会不予受理。

在实践中，生活消费大多即时即清，很少能在事前达成仲裁协议。为此，杭州等地对拥有315标志会徽的企业或经营者，视为其已作出仲裁承诺。[①]广州仲裁委员会2003年版的《仲裁规则》第114条则规定，经营者以"信誉卡"、"三包卡"、"章程"、"行业公约"、书面表

[①] 参见《解读消费争议仲裁》，载大律师网，http://www.maxlaw.cn/z/20190224/863717034976.shtml，2020年3月1日访问。

达等形式作出仲裁解决纠纷的要约，消费者向本会或者消费者委员会提起仲裁的，视为达成仲裁协议。当事人以口头协议形式提起消费争议仲裁的，经本会书面记录在案，仲裁程序适用本章规定。[①]

（二）或裁或诉制度

我国《仲裁法》第5条规定，当事人达成仲裁协议，一方向人民法院起诉的，人民法院不予受理，但仲裁协议无效的除外。该条体现了民商事纠纷的或裁或诉制度。小额消费争议也是如此，如果消费者与经营者达成了有效仲裁协议，应当将争议提交仲裁，没有仲裁协议的，可以向法院起诉。

（三）一裁终局制度

所谓一裁终局制度，是指仲裁机构依据仲裁对小额消费争议进行仲裁后，裁决一经作出即发生法律效力，当事人不得就同一纠纷再申请仲裁或向人民法院起诉的制度。

四、小额消费争议仲裁程序

（一）仲裁机构

小额消费争议仲裁，一般由当事人选定的常设仲裁机构受理和管辖。在实践中，常常由仲裁机构设立的仲裁办事处或者派出机构受理和裁决。如前述的杭州仲裁委员会消费争议仲裁办事处、上海仲裁委员会的派出机构——"上海仲裁委员会小额消费争议仲裁中心"等。

（二）仲裁管辖

小额消费争议仲裁不实行级别管辖，一般由当事人选定的仲裁机构进行仲裁。但实践中，基于小额消费争议的涉案标的额较小，为了避免异地仲裁造成过度浪费，一些地方设定了便宜的管辖规定。比如，2003年3月15日，上海仲裁委员会小额消费争议仲裁中心成立，受理有书面仲裁协议且争议金额在5万元以下的小额消费争议案件。再如，2010年11月5日，青岛市消费者权益保护委员会与青岛仲裁委员会共同组建的青岛仲裁委员会消费争议调解仲裁中心，调解、仲裁争议标的额为5万元及其以下的消费争议纠纷。

（三）仲裁程序

1. 仲裁申请与受理

小额消费争议仲裁的申请人主要是消费者一方，即在发生小额消费争议后，消费者可以依据仲裁协议直接向仲裁机构或专门的消费争议仲裁办事处（中心）申请仲裁。

[①] 需要说明的是，现行《广仲规则》不再对消费争议仲裁作出规定。

仲裁机构收到仲裁申请后，经形式审查即予以受理登记，给申请人发放受理通知书和相关仲裁文件（如仲裁规则、仲裁委员会章程）等，并将相关仲裁文件和仲裁申请书副本等送达被申请人。

2. 审理程序

小额消费争议的仲裁程序相对比较简便灵活。如杭州仲裁委员会消费仲裁办事处在受理小额消费争议仲裁申请后，当场向当事人提供消费争议仲裁暂行规则和仲裁员名册，让当事人依法选定仲裁员，或双方当事人同意由办事处主任指定独任仲裁员，组成仲裁庭，当场或择期仲裁，程序简易快捷。广州仲裁委员会2003年公布的《仲裁规则》第115条也规定，当事人向本会提出消费争议仲裁申请，本会认为符合受理条件的，可以当日受理案件、组成仲裁庭、开庭审理、作出裁决，也可以由仲裁庭决定集中审理。当事人提出给予答辩期、举证期等主张的，由仲裁庭根据案情作出决定。

（四）小额消费争议仲裁中的调解与和解

小额消费争议仲裁鼓励当事人达成和解或者由仲裁庭主持调解，在很多情况下，调解是必经的程序。当事人达成和解协议，或者经调解达成调解协议的，可以申请仲裁庭根据上述协议出具调解书，调解书与裁决书具有同等效力。

五、小额消费争议仲裁裁决及其执行

小额消费争议仲裁实行一裁终局，裁决一经作出即发生法律效力。当事人认为裁决存在错误的，可以依法向人民法院申请撤销仲裁裁决。法院经审查认为符合撤销条件的，予以撤销；认为不符合条件的，驳回申请。

理论探讨

任何一方不履行仲裁裁决的，另一方可以向人民法院申请强制执行。被执行人认为裁决存在不予执行情形的，可以依据《民诉法》第237条向人民法院提出不予执行仲裁裁决的申请，法院经审查认为理由成立的，裁定不予执行仲裁裁决，理由不成立的，予以驳回。

第二节 劳动争议仲裁

一、劳动争议仲裁概述

（一）劳动争议

劳动争议亦称劳动纠纷、劳资争议，是指用人单位和劳动者在执行劳动法或劳动合同法过程中，因劳动权利和劳动义务的认定与实现所发生的争议。劳动争议本质上是劳动关系当事人之间利益矛盾、利益冲突的表现。

与其他社会关系纠纷相比，劳动争议具有如下特征：

1. 主体特定性

劳动争议的当事人就是劳动关系的当事人，即一方为企业，另一方为劳动者或其团体，并且只有存在劳动关系的企业和劳动者或其团体才有可能成为劳动争议的当事人，而其他纠纷的当事人则不具有这个特点。

2. 内容特定性

劳动争议的内容就是劳动权利和劳动义务。劳动权利和劳动义务是依据劳动法律法规、劳动合同、集体合同等确定的。因此，劳动争议在一定意义上可以说是因实施劳动法而产生的争议，这类争议的内容相当广泛。根据我国《劳动争议调解仲裁法》第2条的规定，劳动争议至少包括以下六个方面：（1）因确认劳动关系发生的争议；（2）因订立、履行、变更、解除和终止劳动合同发生的争议；（3）因除名、辞退和辞职、离职发生的争议；（4）因工作时间、休息休假、社会保险、福利、培训以及劳动保护发生的争议；（5）因劳动报酬、工伤医疗费、经济补偿或者赔偿金等发生的争议；（6）法律、法规规定的其他劳动争议。

案例研习

此外，根据《劳动争议解释（一）》第32条的规定，用人单位与其招用的已经依法享受养老保险待遇或者领取退休金的人员发生用工争议而提起诉讼的，人民法院应当按劳务关系处理。但是，企业停薪留职人员、未达到法定退休年龄的内退人员、下岗待岗人员以及企业经营性停产放长假人员，因与新的用人单位发生用工争议而提起诉讼的，人民法院应当按劳动关系处理。根据上述规定可知，退休返聘人员与企业发生用工争议的，除受劳动保护、工作时间和最低工资等劳动基准约束外，通常按照民事劳务关系处理，不按照劳动关系处理。尚没有享受养老保险待遇或者领取退休金的人员与用工单位发生用工争议起诉的，按照劳动关系处理。

案例研习

3. 表现形式特定性

劳动纠纷既可以表现为非对抗性矛盾，也可以表现为对抗性矛盾。一般的劳动争议纠纷主要是非对抗性的，主要表现为争议主体之间的利益冲突，其影响范围通常局限在争议主体之间；而对抗性的劳动争议纠纷，从域外来看，主要包括重大的集体劳动争议、团体劳动争议等，有时会以消极怠工、罢工、示威、请愿等形式出现，涉及面广，影响范围大，甚至超越事发地区，有的甚至造成国际性影响。在我国，劳动争议主要是非对抗性的。

（二）劳动争议仲裁

劳动争议的解决方式是多元的，可以是劳资双方的协商和解，也可以是调解和仲裁，对仲裁结果不服可以向人民法院起诉。

劳动争议仲裁，是指劳动争议当事人依法向法定的专门处理劳动争议的劳动争议仲裁委员会提出申请，由仲裁委员会对双方的争议进行处理并作出裁决的活动。从世界各国对于劳动争议的处理来看，尽管各国因国情不同，处理劳动争议的方式也有所不同，但以仲裁方式解决劳动争议是世界各国所普遍采取的一种方式。

劳动争议仲裁具有如下特征：（1）劳动争议仲裁是处理劳动争议的基本程序，是劳动争议诉讼程序的前置程序。在我国，劳动争议仲裁既是解决劳动争议的一种重要方式，也是对劳动争议提起民事诉讼的一个前置程序。因为我国对劳动争议实行"先裁后审"的解决纠纷模式，即仲裁是进行诉讼的前置程序。未经仲裁的劳动争议案件，人民法院不予受理；仲裁庭裁决劳动争议案件，除法律规定的终局裁决外，当事人不服的，可以向人民法院提起诉讼。（2）劳动争议仲裁具有很强的行政性。因为劳动争议仲裁委员会设置于行政机构内部，隶属于行政机关，归人力资源和社会保障部门管理。（3）劳动争议仲裁对象的范围具有广泛性，涉及诸多的行业和领域。（4）劳动争议仲裁不收取费用，且一般可以申请法律援助。根据我国《劳动争议调解仲裁法》第53条的规定，劳动争议仲裁不收费。劳动争议仲裁委员会的经费由财政予以保障。

实务研究

二、劳动争议仲裁的原则与制度

（一）劳动争议仲裁的基本原则

根据《劳动法》《劳动争议调解仲裁法》等法律、法规的规定，劳动争议仲裁应当遵循如下基本原则。

1. 强制仲裁原则

即劳动争议当事人申请仲裁不需要双方当事人事前达成仲裁协议，只要一方当事人申请，即能启动劳动争议仲裁程序；仲裁庭对劳动争议调解不成时，可直接行使裁决权，无须当事人同意。可见，劳动争议仲裁不同于一般民商事仲裁，不具有民间仲裁的本质和特征。

2. 着重调解原则

我国《劳动争议调解仲裁法》第3条规定，解决劳动争议，应当根据事实，遵循合法、公正、及时、着重调解的原则，依法保护当事人的合法权益。之所以规定这一原则，是因为：（1）争议的产生往往是双方当事人对执行劳动法律、法规的认识、理解不一致，对争议事实存在分歧和误解等，调解可以通过宣传法制、说服教育、疏导协商消除分歧和误解，最终达成友好解决争议的协议；（2）调解具有简便、灵活、易行、迅速等特点，有利于节约资源，使用人单位和劳动者尽早从纠纷中解脱出来，更好地投入到工作中去；（3）调解还具有缓和双方矛盾的作用，有利于防止劳资双方的激烈冲突。

贯彻着重调解原则，并不意味着仲裁委员会可以违背调解的自愿、合法等基本原则，因此，应当注意防止违反自愿原则强行调解以及违法调解的现象。

3. 及时、迅速原则

这一原则要求劳动争议仲裁委员会在处理劳动争议案件时，必须严格依照法律规定的期限结案，尽快解决争议。因为劳动争议与企业的生产和职工的生活密切相关，久拖不决势必影响到社会的安定和生产、生活秩序的稳定。

4. 回避原则

回避原则，是指仲裁委员会成员或仲裁员在仲裁劳动争议案件时，认为具有法定回避情况不宜参加本案审理，或当事人认为仲裁员具有回避情形，可能裁决不公的，都可以申请回避，以保证仲裁公正顺利地进行。

根据我国《劳动争议调解仲裁法》第33条的规定，仲裁员有下列情形之一的，应当回避，当事人也有权以口头或者书面方式提出回避申请：（1）是本案当事人或者当事人、代理人的近亲属的；（2）与本案有利害关系的；（3）与本案当事人、代理人有其他关系，可能影响公正裁决的；（4）私自会见当事人、代理人，或者接受当事人、代理人的请客送礼的。

劳动争议仲裁委员会对回避申请应当及时作出决定，并以口头或者书面方式通知当事人。

5. 公开原则

劳动争议仲裁实行公开原则，但当事人协议不公开进行或者涉及国家秘密、商业秘密和个人隐私的除外。

6. 一次裁决原则

我国劳动争议仲裁实行一个裁级一次裁决原则，即劳动争议仲裁委员会对每一起劳动争议案件一次裁决即行终结。这是针对过去实行的两次裁决所存在的弊端确立的一项重要原则。

根据这一原则的精神，当事人不服劳动争议仲裁委员会裁决的，不得向上一级劳动争议仲裁委员会申请第二次仲裁，只能在收到仲裁决定书之日起15日内，向有管辖权的人民法院起诉。期满不起诉的，仲裁决定书即发生法律效力，当事人必须按仲裁裁决予以履行。一方不履行生效仲裁裁决的，另一方可以向人民法院申请强制执行。

（二）仲裁组织与仲裁管辖

1. 劳动争议仲裁委员会

劳动争议的仲裁组织就是劳动争议仲裁委员会，它是依法成立的，通过仲裁方式处理劳动争议的专门机构。劳动争议仲裁委员会设在政府内，主任由劳动行政主管部门的负责人担任，因此它具有行政机关的属性。

根据我国相关法律，劳动争议仲裁委员会按照统筹规划、合理布局和适应实际需要的原则设立，而不按行政区划层层设立。省、自治区人民政府可以决定在市、县设立，直辖市人民政府可以决定在区、县设立，直辖市、设区的市也可以设立一个或若干个劳动争议仲裁委员会。

根据《劳动法》的规定，劳动争议仲裁委员会由劳动行政主管部门、同级工会、用人单位三方代表组成。之所以有工会代表参加劳动争议仲裁委员会，是因为：（1）工会法明确规定了地方劳动争议仲裁组织应当有同级工会代表参加，依法维护职工的合法权益；（2）工会代表参加劳动争议仲裁委员会，有利于劳动争议仲裁委员会听取各方意见，正确行使仲裁权，解决劳动争议。

劳动争议仲裁委员会组成人员应当是单数。劳动争议仲裁委员会依法履行下列职责：

(1) 聘任、解聘专职或者兼职仲裁员；(2) 受理劳动争议案件；(3) 讨论重大或者疑难的劳动争议案件；(4) 对仲裁活动进行监督。

劳动争议仲裁委员会下设办事机构，负责办理仲裁委员会的日常事务。具体包括：(1) 承办处理劳动争议案件的日常工作；(2) 根据劳动争议仲裁委员会的授权，管理仲裁员、组织仲裁庭；(3) 管理仲裁委员会文书；(4) 办理劳动争议仲裁委员会授权或交办的其他事项。

2. 仲裁庭与仲裁员

劳动争议仲裁委员会裁决劳动争议案件实行仲裁庭制。仲裁庭由3名仲裁员组成，设首席仲裁员。简单劳动争议案件可以由1名仲裁员独任仲裁。劳动争议仲裁委员会应当在受理仲裁申请之日起5日内将仲裁庭的组成情况书面通知当事人。当事人发现仲裁庭组成人员有法定回避情形的，有权申请回避；仲裁员自己发现有回避情形的，应当主动回避。

劳动争议仲裁委员会应当设仲裁员名册。仲裁委员会可以聘任劳动行政主管部门或者政府其他有关部门的人员、工会工作者、专家学者和律师为专职的或者兼职的仲裁员，兼职仲裁员与专职仲裁员在执行仲裁公务时履行相同的职责。关于仲裁员的资格要求，我国《劳动争议调解仲裁法》第20条作了明确规定，即仲裁员应当公道正派并符合下列条件之一：(1) 曾任审判员；(2) 从事法律研究、教学工作并具有中级以上职称；(3) 具有法律知识、从事人力资源管理或者工会等专业工作满5年；(4) 律师执业满3年。

仲裁员应当认真履行仲裁职责，不得私自会见当事人、代理人，或者接受当事人、代理人的请客送礼，也不得有索贿受贿、徇私舞弊、枉法裁决行为，否则应当依法承担法律责任，劳动争议仲裁委员会应当将其解聘。关于仲裁员的法律责任，我国早在《刑法修正案（六）》中就确立了"枉法仲裁罪"，根据现行《刑法》第399条之一的规定，依法承担仲裁职责的人员，在仲裁活动中故意违背事实和法律作枉法裁决，情节严重的，处3年以下有期徒刑或者拘役；情节特别严重的，处3年以上7年以下有期徒刑。可见，仲裁员的责任主要是刑事责任，且这一责任不可豁免。

3. 仲裁管辖

根据我国《劳动人事争议仲裁办案规则》的规定，劳动争议仲裁管辖不实行级别管辖和协议管辖，而采用特殊地域管辖原则。不实行级别管辖，是因为我国劳动争议仲裁委员会之间相互独立，没有上下级关系；不实行协议管辖，是因为劳动争议仲裁管辖权具有法定性，约定无效，即如果用人单位和劳动者就劳动争议仲裁的管辖作出约定，则该约定因违反法律强制性规定而无效。

劳动争议仲裁委员会负责管辖本区域内发生的劳动争议。劳动争议仲裁委员会不按行政区划层层设立，省级人民政府在依法设立劳动争议仲裁委员会时，必须同时划定该劳动争议仲裁委员会的管辖区域。

劳动争议由劳动合同履行地或者用人单位所在地的劳动争议仲裁委员会管辖。劳动合同履行地为劳动者实际工作场所所在地，用人单位所在地为用人单位注册、登记地或者主要办事机构所在地。用人单位未经注册、登记的，其出资人、开办单位或者主管部门所在地为用人单位所在地。

双方当事人分别向劳动合同履行地和用人单位所在地的劳动争议仲裁委员会申请仲裁的，由劳动合同履行地的劳动争议仲裁委员会管辖。有多个劳动合同履行地的，由最先受理的劳动争议仲裁委员会管辖。劳动合同履行地不明确的，由用人单位所在地的劳动争议仲裁委员会管辖。案件受理后，劳动合同履行地或者用人单位所在地发生变化的，不改变劳动争议仲裁的管辖。

劳动争议仲裁管辖也存在管辖权异议。依据《劳动人事争议仲裁办案规则》第10条的规定，当事人提出管辖异议的，应当在答辩期满前书面提出。仲裁委员会应当审查当事人提出的管辖异议，异议成立的，将案件移送至有管辖权的仲裁委员会并书面通知当事人；异议不成立的，应当书面决定驳回。当事人逾期提出的，不影响仲裁程序的进行。

仲裁委员会发现已受理案件不属于其管辖范围的，应当移送至有管辖权的仲裁委员会，并书面通知当事人。受移送的仲裁委员会应当依法受理。受移送的仲裁委员会认为移送的案件按照规定不属于其管辖，或者仲裁委员会之间因管辖争议协商不成的，应当报请共同的上一级仲裁委员会主管部门指定管辖。

（三）仲裁当事人与代理人

1. 仲裁当事人

发生劳动争议的劳动者和用人单位为劳动争议仲裁案件的双方当事人。劳务派遣单位或者用工单位与劳动者发生劳动争议的，劳务派遣单位和用工单位为共同当事人。

另据《劳动人事争议仲裁办案规则》第6条、第7条的规定，发生争议的用人单位未办理营业执照、被吊销营业执照、营业执照到期继续经营、被责令关闭、被撤销以及用人单位解散、歇业，不能承担相关责任的，应当将用人单位和其出资人、开办单位或者主管部门作为共同当事人；劳动者与个人承包经营者发生争议，依法向仲裁委员会申请仲裁的，应当将发包的组织和个人承包经营者作为共同当事人。

2. 仲裁第三人和仲裁代表人

（1）仲裁第三人。劳动争议仲裁第三人，是指对他人之间正在进行的劳动争议仲裁案件的标的无独立请求权，但案件的处理结果与其有利害关系，从而参加到仲裁中来的人。

我国《劳动争议调解仲裁法》第23条规定："与劳动争议案件的处理结果有利害关系的第三人，可以申请参加仲裁活动或者由劳动争议仲裁委员会通知其参加仲裁活动。"

仲裁第三人应当在仲裁程序开始后至仲裁裁决作出前参加仲裁。第三人有权主张事实、提供证据、参加质证和辩论，以维护自己的合法权益。但第三人无权放弃、变更仲裁请求或申请撤诉。经仲裁委员会调解达成协议，制作的调解书涉及第三人权利和义务的，第三人应在调解书上署名，仲裁委员会应当将仲裁调解书依法送达第三人。仲裁庭开庭审理劳动争议案件，第三人经通知不到的，可以作缺席裁决。仲裁裁决第三人承担义务，第三人对仲裁不服的，有权向人民法院提起诉讼。第三人在规定的期限内不履行已经发生法律效力的仲裁调解书、裁决书所规定的义务时，权利人可以向人民法院申请强制执行。

（2）仲裁代表人。劳动争议仲裁过程中，发生劳动争议的劳动者一方人数众多且有共同请求的，可以推选代表参加仲裁，以维护众多劳动者利益，被推选的人称为仲裁代表人。

仲裁代表人制度是针对集体劳动争议设立的。主要是因为：集体劳动争议案件涉案人数众多，有的集体争议中劳动者数量很大，甚至达到数千人，让所有人参加仲裁是不现实的；其次，在劳动者一方人数众多的劳动争议仲裁案件中，双方矛盾更加集中尖锐，社会影响更大，极易引发群体性事件，对企业、对仲裁机构来说，处理纠纷的压力都更大。基于此，我国立法规定了劳动争议仲裁代表人制度，这一制度有利于争议双方快速有效沟通，增强劳资双方的互信，保证企业生产工作秩序在争议期间的正常维持与运行，维护社会经济的平稳发展。

《劳动争议调解仲裁法》第7条规定，发生劳动争议的劳动者一方在10人以上，并有共同请求的，可以推举代表参加调解、仲裁或者诉讼活动。

《劳动人事争议仲裁办案规则》第63条规定，发生争议的劳动者一方在10人以上并有共同请求的，劳动者可以推举3—5名代表参加仲裁活动。代表人参加仲裁的行为对其所代表的当事人发生效力，但代表人变更、放弃仲裁请求，承认对方当事人的仲裁请求，或者进行和解的，必须经被代表的当事人同意。

因履行集体合同发生的劳动争议，经协商解决不成的，工会可以依法申请仲裁；尚未建立工会的，由上级工会指导劳动者推举产生的代表依法申请仲裁。

3. 仲裁代理人

劳动争议仲裁活动是一项专业性很强的准司法行为，涉及诸多法律和政策，同时，有时基于某些主客观原因，当事人可能无法亲自参加仲裁活动，因此，法律为仲裁当事人设立了代理制度，当事人可以聘请仲裁代理人进行仲裁活动。

《劳动争议调解仲裁法》第24条规定，当事人可以委托代理人参加仲裁活动。委托他人参加仲裁活动，应当向劳动争议仲裁委员会提交有委托人签名或者盖章的委托书，委托书应当载明委托事项和权限。第25条进一步规定，丧失或者部分丧失民事行为能力的劳动者，由其法定代理人代为参加仲裁活动；无法定代理人的，由劳动争议仲裁委员会为其指定代理人。劳动者死亡的，由其近亲属或者代理人参加仲裁活动。

（四）仲裁证据与证明

1. 证据

证据是指证明案件事实的各项材料。劳动争议仲裁活动也需要运用证据证明案件事实，进而以事实为依据作出仲裁裁决。

《劳动人事争议仲裁办案规则》第18条规定，争议处理中涉及证据形式、证据提交、证据交换、证据质证、证据认定等事项，本规则未规定的，可以参照民事诉讼证据规则的有关规定执行。据此，劳动争议仲裁中的证据种类可以参照《民诉法》第63条的规定，即包括当事人陈述、书证、物证、视听资料、电子数据、证人证言、鉴定意见以及勘验笔录等8类。

证据应当具备客观性、关联性和合法性，并且必须经过仲裁庭庭审质证，方能作为仲裁裁决的依据。

对于当事人因客观原因不能自行收集的证据，仲裁委员会可以根据当事人的申请，参照民事诉讼有关规定予以收集；仲裁委员会认为有必要的，也可以自行决定予以收集。仲裁委员会依法调查取证时，有关单位和个人应当协助配合。仲裁委员会调查取证时，不得少于两人，并应当向被调查对象出示工作证件和仲裁委员会出具的介绍信。

对案件中涉及的专门性问题，仲裁庭认为需要鉴定的，可以交由当事人约定的鉴定机构进行鉴定；没有约定或者约定不成的，由仲裁庭指定的鉴定机构进行鉴定。关于鉴定人出庭等，参照《民诉法》及其司法解释的相关规定。

2. 举证责任

（1）举证责任及其分配。一般而言，反映平等主体关系间的争议事项如民事争议，遵循"谁主张谁举证"的原则；反映隶属关系的争议事项如行政争议，实行"谁决定谁举证"的原则。劳动争议仲裁的举证责任既有"谁主张谁举证"的要求，又有"谁决定谁举证"的规定。如《劳动争议调解仲裁法》第6条、《劳动人事争议仲裁办案规则》第13条都规定，发生劳动争议，当事人对自己提出的主张，有责任提供证据。与争议事项有关的证据属于用人单位掌握管理的，用人单位应当提供；用人单位不提供的，应当承担不利后果。

《劳动人事争议仲裁办案规则》第14条进一步规定，法律没有具体规定、按照本规则第13条规定无法确定举证责任承担的，仲裁庭可以根据公平原则和诚实信用原则，综合当事人举证能力等因素确定举证责任的承担。

（2）举证时限。承担举证责任的当事人应当在仲裁委员会指定的期限内提供有关证据。当事人在该期限内提供证据确有困难的，可以向仲裁委员会申请延长期限，仲裁委员会根据当事人的申请适当延长。当事人逾期提供证据的，仲裁委员会应当责令其说明理由；拒不说明理由或者理由不成立的，仲裁委员会可以根据不同情形不予采纳该证据，或者采纳该证据但予以训诫。

三、劳动争议仲裁程序

（一）申请、受理和答辩

1. 仲裁申请

申请人申请仲裁应当提交书面仲裁申请，并按照被申请人人数提交副本。

仲裁申请书应当载明下列事项：（1）劳动者的姓名、性别、出生日期、身份证件号码、住所、通信地址和联系电话，用人单位的名称、住所、通信地址、联系电话和法定代表人或者主要负责人的姓名、职务；（2）仲裁请求和所根据的事实、理由；（3）证据和证据来源，证人姓名和住所。

书写仲裁申请确有困难的，可以口头申请，由仲裁委员会记入笔录，经申请人签名、盖章或者捺印确认。

对于仲裁申请书不规范或者材料不齐备的，仲裁委员会应当当场或者在5日内一次性告知申请人需要补正的全部材料。

2. 仲裁受理

仲裁委员会对符合下列条件的仲裁申请应当予以受理，并在收到仲裁申请之日起5日内向申请人出具受理通知书：（1）属于《劳动争议调解仲裁法》第2条与《劳动人事争议仲裁办案规则》第2条规定的争议范围；（2）有明确的仲裁请求和事实理由；（3）申请人是与本案有直接利害关系的自然人、法人或者其他组织，有明确的被申请人；（4）属于本仲裁委员会管辖范围。对不符合上述条件第（1）（2）（3）项规定之一的仲裁申请，仲裁委员会不予受理，并在收到仲裁申请之日起5日内向申请人出具不予受理通知书；对不符合上述条件第（4）项规定的仲裁申请，仲裁委员会应当在收到仲裁申请之日起5日内，向申请人作出书面说明并告知申请人向有管辖权的仲裁委员会申请仲裁。对仲裁委员会逾期未作出决定或者决定不予受理的，申请人可以就该争议事项向人民法院提起诉讼。

仲裁委员会受理案件后，发现不符合上述条件第（1）（2）（3）项规定之一，不应当受理的，应当撤销案件，并自决定撤销案件后5日内，以决定书的形式通知当事人。

符合下列情形之一，申请人基于同一事实、理由和仲裁请求又申请仲裁的，仲裁委员会不予受理：（1）仲裁委员会已经依法出具不予受理通知书的；（2）案件已在仲裁、诉讼过程中或者调解书、裁决书、判决书已经发生法律效力的。

3. 仲裁答辩

仲裁委员会受理仲裁申请后，应当在5日内将仲裁申请书副本送达被申请人。被申请人收到仲裁申请书副本后，应当在10日内向仲裁委员会提交答辩书。仲裁委员会收到答辩书后，应当在5日内将答辩书副本送达申请人。被申请人逾期未提交答辩书的，不影响仲裁程序的进行。

4. 仲裁撤诉与反请求

仲裁处理结果作出前，申请人可以自行撤回仲裁申请。申请人再次申请仲裁的，仲裁委员会应当受理。

被申请人可以在答辩期间提出反申请，仲裁委员会应当自收到被申请人反申请之日起5日内决定是否受理并通知被申请人。决定受理的，仲裁委员会可以将反申请和申请合并处理。

反申请应当另行申请仲裁的，仲裁委员会应当书面告知被申请人另行申请仲裁；反申请不属于劳动争议仲裁制度适用范围的，仲裁委员会应当向被申请人出具不予受理通知书。被申请人答辩期满后对申请人提出反申请的，应当另行申请仲裁。

（二）开庭审理

仲裁委员会应当在受理仲裁申请之日起5日内组成仲裁庭并将仲裁庭的组成情况书面通知当事人。

仲裁庭应当在开庭5日前，将开庭日期、地点书面通知双方当事人。当事人有正当理由的，可以在开庭3日前请求延期开庭。是否延期，由仲裁委员会根据实际情况决定。

申请人收到书面开庭通知，无正当理由拒不到庭或者未经仲裁庭同意中途退庭的，可以按撤回仲裁申请处理；申请人重新申请仲裁的，仲裁委员会不予受理。被申请人收到书面开庭通知，无正当理由拒不到庭或者未经仲裁庭同意中途退庭的，仲裁庭可以继续开庭审理，并缺席裁决。

开庭审理中，仲裁员应当听取申请人的陈述和被申请人的答辩，主持庭审调查、质证和辩论，征询当事人最后意见，并进行调解。

仲裁庭应当将开庭情况记入笔录。当事人或者其他仲裁参与人认为对自己陈述的记录有遗漏或者差错的，有权当庭申请补正。仲裁庭认为申请无理由或者无必要的，可以不予补正，但是应当记录该申请。仲裁员、记录人员、当事人和其他仲裁参与人应当在庭审笔录上签名或者盖章。当事人或者其他仲裁参与人拒绝在庭审笔录上签名或者盖章的，仲裁庭应当记明情况附卷。

（三）仲裁裁决

仲裁庭裁决劳动争议案件，应当自劳动争议仲裁委员会受理仲裁申请之日起45日内结束。案情复杂需要延期的，经劳动争议仲裁委员会主任批准，可以延期并书面通知当事人，但是延长期限不得超过15日。逾期未作出仲裁裁决的，当事人可以就该劳动争议事项向人民法院提起诉讼。仲裁庭裁决劳动争议案件，其中一部分事实已经清楚的，可以就该部分先行裁决。

仲裁庭对追索劳动报酬、工伤医疗费、经济补偿或者赔偿金的案件，根据当事人的申请，可以裁决先予执行，移送人民法院执行。仲裁庭裁决先予执行的，应当符合下列条件：（1）当事人之间权利义务关系明确；（2）不先予执行将严重影响申请人的生活。劳动者申请先予执行的，可以不提供担保。

仲裁裁决应当按照多数仲裁员的意见作出，少数仲裁员的不同意见应当记入笔录。仲裁庭不能形成多数意见时，裁决应当按照首席仲裁员的意见作出。

裁决书应当载明仲裁请求、争议事实、裁决理由、裁决结果、当事人权利和裁决日期。裁决书由仲裁员签名，加盖仲裁委员会印章。对裁决持不同意见的仲裁员，可以签名，也可以不签名。

下列劳动争议，除《劳动人事争议仲裁办案规则》另有规定的外，仲裁裁决为终局裁决，裁决书自作出之日起发生法律效力：(1)追索劳动报酬、工伤医疗费、经济补偿或者赔偿金，不超过当地月最低工资标准12个月金额的争议；(2)因执行国家的劳动标准在工作时间、休息休假、社会保险等方面发生的争议。但劳动者对上述仲裁裁决不服的，可以自收到仲裁裁决书之日起15日内向人民法院提起诉讼。

劳动争议仲裁委员会作出的同一仲裁裁决同时包含终局裁决事项和非终局裁决事项，当事人不服该仲裁裁决向人民法院提起诉讼的，应当按照非终局裁决处理。

四、提起诉讼与强制执行

（一）提起诉讼

当事人对劳动争议仲裁不服的救济途径主要是向人民法院起诉。因为多数劳动争议仲裁是非终局的裁决，当事人并未丧失诉权。如《劳动争议调解仲裁法》第5条明确规定，对仲裁裁决不服的，除本法另有规定的外，可以向人民法院提起诉讼。劳动仲裁当事人提起诉讼的情形主要包括：

1. 因劳动仲裁委员会不作为而提起诉讼

《劳动争议调解仲裁法》第29条明确规定，对劳动争议仲裁委员会不予受理或者逾期未作出决定的，申请人可以就该劳动争议事项向人民法院提起诉讼。

2. 因劳动仲裁委员会逾期裁决而提起诉讼

《劳动争议调解仲裁法》第43条规定，仲裁庭裁决劳动争议案件，应当在一定的审限内结束。逾期未作出仲裁裁决的，当事人可以就该劳动争议事项向人民法院提起诉讼。

3. 因对终局仲裁裁决不服而提起诉讼

《劳动争议调解仲裁法》第48条规定，劳动者对本法第47条规定的仲裁裁决不服的，可以自收到仲裁裁决书之日起15日内向人民法院提起诉讼。而第47条规定劳动争议采取"一裁终局"制，即仲裁裁决为终局裁决，裁决书自作出之日起发生法律效力。但劳动者对该终局裁决，可以提起诉讼，以更好地保护劳动者合法权益。而用人单位则不享有该诉权，即用人单位对第47条的劳动争议仲裁裁决不能提起诉讼。

需要说明的是，用人单位虽然不能提起诉讼，但可以在收到仲裁裁决书之日起30天内向劳动争议仲裁委员会所在地的中级人民法院申请撤销裁决。

此外，在劳动者起诉与用人单位申请撤销相冲突时，仍然以保护劳动者为首要选择。根据《劳动争议解释（一）》第21条的规定，劳动者依据《劳动争议调解仲裁法》第48条规定向基层人民法院提起诉讼，用人单位依据《劳动争议调解仲裁法》第49条规定向劳动争议仲裁机构所在地的中级人民法院申请撤销仲裁裁决的，中级人民法院应当不予受理；已经受理的，应当裁定驳回申请。

被人民法院驳回起诉或者劳动者撤诉的，用人单位可以自收到裁定书之日起30日内，向劳动争议仲裁机构所在地的中级人民法院申请撤销仲裁裁决。

4. 因对非终局仲裁裁决不服而提起诉讼

除了上述第47条规定的劳动争议仲裁实行"一裁终局"外，其他劳动争议仲裁采取的是"一裁两审"制。据此，《劳动争议调解仲裁法》第50条规定，当事人对本法第47条规定以外的其他劳动争议案件的仲裁裁决不服的，可以自收到仲裁裁决书之日起15日内向人民法院提起诉讼；期满不起诉的，裁决书发生法律效力。

5. 因劳动保险待遇发生纠纷而提起诉讼

依据《劳动争议解释（一）》第1条第5项的规定，劳动者以用人单位未为其办理社会保险手续，且社会保险经办机构不能补办导致其无法享受社会保险待遇为由，要求用人单位赔偿损失发生的纠纷，人民法院应予受理。

6. 因企业改制发生纠纷而提起诉讼

《劳动争议解释（一）》第1条第9项规定，因企业自主改制发生的纠纷，人民法院应予受理。

7. 因要求用人单位支付加付赔偿金发生纠纷而提起诉讼

《劳动争议解释（一）》第1条第8项规定，劳动者依据《劳动合同法》第85条规定，要求用人单位支付加付赔偿金发生的纠纷，人民法院应予受理。

（二）强制执行

1. 执行名义和执行时效

劳动争议仲裁也存在强制执行问题，能够成为执行名义的劳动争议仲裁文书主要包括仲裁调解书、先予执行裁决书、仲裁裁决书等。当事人对发生法律效力的劳动仲裁调解书、裁决书，应当按照规定的期限履行。一方当事人逾期不履行的，另一方可以依照民事诉讼法的有关规定向法院申请执行。

根据《民诉法》第239条的规定，申请执行的期间为2年。从法律文书规定履行期间的最后一日起计算；法律文书规定分期履行的，从规定的每次履行期间的最后一日起计算；法律文书未规定履行期间的，从法律文书生效之日起计算。

申请执行时效的中止、中断，适用法律有关诉讼时效中止、中断的规定。根据《民诉法解释》第468条的规定，申请执行期间因达成执行中的和解协议而中断，其期间自和解协议约定履行期限的最后一日起重新计算。第483条规定，申请执行人超过申请执行时效期间向人民法院申请强制执行的，人民法院应予受理。被执行人对申请执行时效期间提出异议，人民法院经审查异议成立的，裁定不予执行。被执行人履行全部或者部分义务后，又以不知道申请执行时效期间届满为由请求执行回转的，人民法院不予支持。

2. 申请撤销裁决和申请不予执行裁决

《劳动争议解释（一）》第25条规定，劳动人事争议仲裁机构作出终局裁决，劳动者向人民法院申请执行，用人单位向劳动争议仲裁机构所在地的中级人民法院申请撤销的，人民法院应当裁定中止执行。用人单位撤回撤销终局裁决申请或者其申请被驳回的，人民法院应当裁定恢复执行。仲裁裁决被撤销的，人民法院应当裁定终结执行。用人单位向人民法院申请撤销仲裁裁决被驳回后，又在执行程序中以相同理由提出不予执行抗辩的，人民法院不予支持。

根据《民诉法》第237条的规定，在执行过程中，被申请人提出证据证明仲裁裁决有法定撤销情形之一的，可以申请人民法院裁定不予执行，经人民法院组成合议庭审查核实，裁定不予执行；人民法院认定执行该裁决违背社会公共利益的，可以依职权裁定不予执行。

此外，根据《民诉法解释》第477条的规定，对于仲裁裁决的部分内容符合可撤销事由的，可以仅对该部分裁决内容不予执行，但如果该部分内容与其他内容不可分的，人民法院应当裁定不予执行整个仲裁裁决。

理论探讨

第三节 人事争议仲裁

一、人事争议仲裁概述

（一）人事争议

人事争议是指国家机关、事业单位、社会团体以及军队聘用单位的工作人员与所在单位因录用、聘用或聘任合同、辞职辞退等人事管理事项发生的争议。根据人力资源和社会保障部2017年通过并实施的《劳动人事争议仲裁办案规则》第2条的规定，人事争议主要包括：（1）实施公务员法的机关与聘任制公务员之间、参照公务员法管理的机关（单位）与聘任工作人员之间因履行聘任合同发生的争议；（2）事业单位与其建立人事关系的工作人员之间因终止人事关系以及履行聘用合同发生的争议；（3）社会团体与其建立人事关系的工作人员之间因终止人事关系以及履行聘用合同发生的争议；（4）军队文职人员用人单位与聘用制文职人员之间因履行聘用合同发生的争议；（5）依照法律、法规规定可以仲裁的其他人事争议。

人事争议并不包括所有涉及人事行政管理的争议，因考核、职务任免、职称评审等发生的人事争议，就不适用上述规定，而是按照有关规定处理。如国务院于2014年颁布的《事业单位人事管理条例》第38条规定，事业单位工作人员对涉及本人的考核结果、处分决定等不服的，可以按照国家有关规定申请复核、提出申诉。

（二）人事争议仲裁

我国对人事争议采取了多元化的解决机制。根据《人事争议处理规定》第3条的规定，人事争议发生后，当事人可以采取四种解决纠纷的途径：（1）当事人协商解决。（2）不愿协商或者协商不成的，可以向主管部门申请调解。其中军队聘用单位与文职人员的人事争议，可以向聘用单位的上一级单位申请调解。（3）不愿调解或者调解不成的，可以向人事争议仲裁委员会申请仲裁。当事人也可以直接向人事争议仲裁委员会申请仲裁。（4）当事人对仲裁裁决不服的，可以向人民法院提起诉讼。

就人事争议仲裁制度而言，它是一项具有中国特色的纠纷解决机制。随着我国国家机关、军队、事业单位、社会团队在人事关系方面全面推行聘用制，由此产生的人事争议也日益增多。对此，我国《公务员法》明确规定国家建立人事争议仲裁制度；《中国人民解放军文职人员条例》也规定聘用单位与文职人员因履行聘用合同发生争议的，当事人可以向聘用单位所在地的人事争议仲裁机构申请仲裁。

二、人事争议仲裁的原则与制度

人事争议仲裁与劳动争议仲裁有一定的相似性，也实行仲裁前置，注重调解，遵循回避、一次裁决等制度，二者在仲裁组织和仲裁管辖等方面也有一定的相似性。

（一）仲裁委员会

中央机关及所属事业单位人事争议仲裁委员会设在人力资源和社会保障部。省（自治区、直辖市）、副省级市、地（市、州、盟）、县（市、区、旗）层层设立人事争议仲裁委员会。人事争议仲裁委员会独立办案，相互之间无隶属关系。

人事争议仲裁委员会由公务员主管部门代表、聘任（用）单位代表、工会组织代表、受聘人员代表以及人事、法律专家组成。人事争议仲裁委员会组成人员应当是单数，设主任1名、副主任2—4名、委员若干名。同级人民政府分管人事工作的负责人或者政府人事行政部门的主要负责人任人事争议仲裁委员会主任。人事争议仲裁委员会的职责是：（1）负责处理管辖范围内的人事争议；（2）决定仲裁员的聘任和解聘；（3）法律、法规规定由人事争议仲裁委员会承担的其他职责。人事争议仲裁委员会实行少数服从多数原则，不同意见应如实记录。

人事争议仲裁委员会下设办事机构，称为劳动人事争议仲裁院，负责人事争议案件的受理、仲裁文书送达、档案管理以及仲裁员的考核、培训等日常工作，并办理人事争议仲裁委员会授权的其他事宜。办事机构设在同级人民政府人力资源社会保障部门。

仲裁工作人员在仲裁活动中有徇私舞弊、收受贿赂、敲诈勒索、滥用职权等侵犯当事人合法权益行为的，由所在单位或上级机关给予处分。

（二）仲裁庭

人事争议仲裁委员会处理人事争议案件实行仲裁庭制度，仲裁庭是人事争议仲裁委员会处理人事争议案件的基本形式。仲裁员的职责是：受人事争议仲裁委员会的委托或根据当事人的选择，处理人事争议案件的具体工作。

人事争议仲裁委员会可以聘任有关部门的工作人员、专家学者和律师为专职或兼职仲裁员。兼职仲裁员与专职仲裁员在仲裁活动中享有同等权利。兼职仲裁员进行仲裁活动时，所在单位应当给予支持。

仲裁庭一般由3名仲裁员组成。人事争议仲裁委员会指定1名仲裁员担任首席仲裁员，主持仲裁庭工作；另两名仲裁员可由双方当事人各选定1名，也可由人事争议仲裁委员会指定。简单的人事争议案件，经双方当事人同意，人事争议仲裁委员会可以指定1名仲裁员独任处理。

仲裁庭处理人事争议，应当注重调解，遵循合法、公正、及时的原则，以事实为依据，以法律为准绳。仲裁应当公开开庭进行，但涉及国家秘密、军队秘密和个人隐私的除外；涉及商业秘密,当事人申请不公开开庭的,可以不公开开庭;当事人协议不开庭的,可以书面仲裁。

有下列情形之一的,仲裁员应当自行申请回避,当事人和代理人有权以口头或书面方式申请其回避:(1)是案件的当事人、代理人或者当事人、代理人的近亲属;(2)与案件有利害关系;(3)与案件当事人、代理人有其他关系,可能影响公正仲裁的。前述规定适用于书记员、鉴定人员、勘验人员和翻译人员。

仲裁员在仲裁活动中有徇私舞弊、收受贿赂、敲诈勒索、滥用职权等侵犯当事人合法权益行为的,由人事争议仲裁委员会予以解聘;触犯法律的,提请司法机关依法追究法律责任。

(三)仲裁管辖

中央机关、直属机构、直属事业单位及其在京所属单位的人事争议由北京市负责处理人事争议的仲裁机构处理,也可由北京市根据情况授权所在地的区(县)负责处理人事争议的仲裁机构处理。

中央机关在京外垂直管理机构以及中央机关、直属机构、直属事业单位在京外所属单位的人事争议,由所在地的省(自治区、直辖市)设立的人事争议仲裁委员会处理,也可由省(自治区、直辖市)根据情况授权所在地的人事争议仲裁委员会处理。

省(自治区、直辖市)、副省级市、地(市、州、盟)、县(市、区、旗)人事争议仲裁委员会的管辖范围,由省(自治区、直辖市)确定。

军队聘用单位与文职人员的人事争议,一般由聘用单位所在地的县(市、区、旗)人事争议仲裁委员会处理,其中师级聘用单位与文职人员的人事争议,由所在地的地(市、州、盟)、副省级市人事争议仲裁委员会处理,军级以上聘用单位与文职人员的人事争议由所在地的省(自治区、直辖市)人事争议仲裁委员会处理。

(四)当事人

人事争议仲裁的双方当事人包括:(1)国家机关、事业单位或军队聘用单位等;(2)聘任的公务员、聘用的工作人员或文职人员等。当事人在人事争议处理中的地位平等,平等适用法律、法规。

发生人事争议的一方在5人以上,并且有共同的仲裁请求和理由的,可以推举1—2名代表参加仲裁活动。代表人放弃、变更仲裁请求,承认对方的仲裁请求,或者进行和解的,必须经过被代表的当事人同意。

当事人、法定代理人可以委托1—2名律师或其他代理人进行仲裁活动。委托律师和其他代理人进行仲裁活动,应当向人事争议仲裁委员会提交有委托人签名或盖章的委托书。委托书应当明确委托事项和权限。

当事人及有关人员在仲裁过程中有下列行为之一的,人事争议仲裁委员会应当予以批评教育、责令改正；触犯法律的，提请司法机关依法追究法律责任：(1)干扰仲裁活动，阻碍仲裁工作人员工作的；(2)拒绝提供有关文件、资料和其他证明材料的；(3)提供虚假情况的；(4)对仲裁工作人员、仲裁参与人、证人进行打击报复的；(5)其他应予以批评教育、责令改正或应依法追究法律责任的行为。

（五）证明责任

当事人应当对自己的主张提供证据。仲裁庭认为有关证据由用人单位提供更方便的，应要求用人单位提供。用人单位作出解除人事关系和不同意工作人员辞职或终止聘任（用）合同的要求引发的人事争议，由用人单位负责举证。仲裁庭认为需要调查取证的，可以自行取证。

人事争议仲裁委员会在处理人事争议时，有权向有关单位查阅与案件有关的档案资料和其他证明材料，并有权向知情人调查，有关单位和个人不得拒绝并应当如实提供相关材料。人事争议仲裁委员会及其工作人员对调查人事争议案件中涉及的国家秘密、军队秘密、商业秘密和个人隐私应当保密。

三、人事争议仲裁程序

（一）申请、受理和答辩

1. 申请

当事人应从知道或应当知道其权利受到侵害之日起60日内，以书面形式向有管辖权的人事争议仲裁委员会申请仲裁。当事人因不可抗力或者有其他正当理由超过申请仲裁时效，经人事争议仲裁委员会调查确认的，人事争议仲裁委员会应当受理。

当事人向人事争议仲裁委员会申请仲裁，应当提交仲裁申请书，并按被申请人人数递交副本。仲裁申请书应当载明下列事项：（1）申请人和被申请人姓名、性别、年龄、职业及职务、工作单位、住所和联系方式。申请人或被申请人是单位的，应写明单位的名称、住所、法定代表人或者主要负责人的姓名、职务和联系方式。（2）仲裁请求和所依据的事实、理由。（3）证据和证据来源、证人姓名和住所。

2. 受理和答辩

人事争议仲裁委员会在收到仲裁申请书之日起10个工作日内，认为不符合受理条件的，应当书面通知申请人不予受理，并说明理由；认为符合受理条件的，应当受理，并将受理通知书送达申请人，将仲裁申请书副本送达被申请人。

被申请人应当在收到仲裁申请书副本之日起10个工作日内提交答辩书。被申请人没有按时提交或者不提交答辩书的，不影响仲裁的进行。

（二）开庭审理和仲裁裁决

1. 开庭审理

人事争议仲裁委员会应当在开庭审理人事争议案件5个工作日前，将开庭时间和地点、仲裁庭组成人员等书面通知当事人。

当事人有正当理由的，在开庭前可以申请延期开庭，是否延期由仲裁庭决定。申请人经书面通知无正当理由不到庭，或者到庭后未经仲裁庭许可中途退庭的，视为撤回仲裁申请。被申请人经书面通知无正当理由不到庭，或者未经仲裁庭许可中途退庭的，可以缺席裁决。

当事人的举证材料应在仲裁庭上出示，并进行质证；只有经过质证认定的事实和证据，才能作为仲裁裁决的依据。当事人在仲裁过程中有权进行辩论。辩论终结时，仲裁庭应当征询当事人的最后意见。

仲裁庭应当将开庭情况记入笔录。当事人和其他仲裁参与人认为对自己陈述的记录有遗漏或者差错的，有权申请补正。如果不予补正，应当记录该申请，并注明不予补正的原因。笔录由仲裁员、书记员、当事人和其他仲裁参与人署名或者盖章。

仲裁庭处理人事争议应注重调解。自受理案件到作出裁决前，都要积极促使当事人双方自愿达成调解协议。当事人经调解自愿达成书面协议的，仲裁庭应当根据调解协议的内容制作仲裁调解书。协议内容不得违反法律、法规，不得侵犯社会公共利益和他人的合法权益。调解书由仲裁庭成员署名，加盖人事争议仲裁委员会印章。调解书送达后，即发生法律效力。当庭调解未达成协议或者仲裁调解书送达前当事人反悔的，仲裁庭应当及时进行仲裁裁决。

2. 仲裁裁决

仲裁庭处理人事争议案件，一般应当在受理案件之日起90日内结案。需要延期的，经人事争议仲裁委员会批准，可以适当延期，但是延长的期限不得超过30日。

仲裁裁决应当按照多数仲裁员的意见作出，少数仲裁员的不同意见应当记入笔录。仲裁庭对重大、疑难以及仲裁庭不能形成多数处理意见的案件，应当提交人事争议仲裁委员会讨论决定。人事争议仲裁委员会作出的决定，仲裁庭必须执行。

仲裁庭应当在裁决作出后5个工作日内制作裁决书。裁决书由仲裁庭成员署名并加盖人事争议仲裁委员会印章。

四、提起诉讼和强制执行

（一）提起诉讼

对人事争议的解决，我国采行的是"一裁两审"制，即人事争议仲裁是诉讼的必经程序。《人事争议处理规定》第32条规定，当事人对仲裁裁决不服的，可以按照《公务员法》《中国人民解放军文职人员条例》以及最高人民法院相关司法解释的规定，自收到裁决书之日起15

日内向人民法院提起诉讼；逾期不起诉的，裁决书即发生法律效力。

《人事争议规定》第2条也规定，当事人对依照国家有关规定设立的人事争议仲裁机构所作的人事争议仲裁裁决不服，自收到仲裁裁决之日起15日内向人民法院提起诉讼的，人民法院应当依法受理。

（二）强制执行

当事人对发生法律效力的调解书、裁决书，应当依照规定的期限履行。一方当事人逾期不履行的，另一方当事人可以依照民事诉讼法的有关规定向法院申请执行。

《人事争议规定》第2条规定，一方当事人在法定期间内不起诉又不履行仲裁裁决，另一方当事人向人民法院申请执行的，人民法院应当依法执行。

第四节 农村土地承包经营纠纷仲裁

一、农村土地承包经营纠纷及其解决机制

（一）农村土地承包经营纠纷

农村土地承包经营纠纷，是指在农村土地承包经营过程中发包方与承包方发生的纠纷，以及土地承包当事人与第三人发生的纠纷。所谓农村土地，是指农民集体所有和国家所有依法由农民集体使用的耕地、林地、草地以及其他依法用于农业生产的土地。

根据《农地承包调解仲裁法》第2条的规定，农村土地承包经营纠纷包括：（1）因订立、履行、变更、解除和终止农村土地承包合同发生的纠纷；（2）因农村土地承包经营权转包、出租、互换、转让、入股等流转发生的纠纷；（3）因收回、调整承包地发生的纠纷；（4）因确认农村土地承包经营权发生的纠纷；（5）因侵害农村土地承包经营权发生的纠纷；（6）法律、法规规定的其他农村土地承包经营纠纷。但是，因征收集体所有的土地及其补偿发生的纠纷，不属于农村土地承包仲裁委员会的受理范围，可以通过行政复议或者诉讼等方式解决。

（二）农村土地承包经营纠纷解决机制

为了维护我国在农村建立的以家庭承包为基础，统分结合的双层经营体制，调动和保护农民的生产积极性，稳定和完善土地承包关系，必须为公正及时解决农村土地承包经营纠纷建立起行之有效的解决机制。

根据《农地承包调解仲裁法》的规定和精神，农村土地承包经营纠纷，实行多元化纠纷解决机制。当事人可以自行和解，也可以请求村民委员会、乡（镇）人民政府等调解。和解、调解不成或者不愿和解、调解的，可以向农村土地承包仲裁委员会申请仲裁，也可以直接向人民法院起诉。

对农村土地承包经营纠纷的调解和仲裁,应当公开、公平、公正,便民高效,根据事实,符合法律,尊重社会公德。为了切实把矛盾和纠纷解决在基层、化解在萌芽状态,该类纠纷注重发挥乡镇人民政府和村民委员会在仲裁前的调解作用,进入仲裁程序后,凡是能够调解的,仲裁庭也要尽量调解,尽可能帮助当事人高效、便捷地解决纠纷。

农村土地承包经营纠纷问题复杂,专业性和政策性较强,不能像普通民商事仲裁那样完全实行民间仲裁,而应当发挥政府的指导和扶持作用,以保护农民权益、保证仲裁工作质量、避免农村土地承包经营纠纷仲裁出现偏差。因此,农村土地承包经营纠纷仲裁不适用《仲裁法》,而适用专门的《农地承包调解仲裁法》。

二、农村土地承包经营纠纷仲裁

(一)仲裁委员会和仲裁员

1. 仲裁委员会的组建及其职责

农村土地承包仲裁委员会,根据解决农村土地承包经营纠纷的实际需要设立。农村土地承包仲裁委员会可以在县和不设区的市设立,也可以在设区的市或者其市辖区设立。农村土地承包仲裁委员会在当地人民政府指导下设立。设立农村土地承包仲裁委员会的,其日常工作由当地农村土地承包管理部门承担。

农村土地承包仲裁委员会由当地人民政府及其有关部门代表、有关人民团体代表、农村集体经济组织代表、农民代表和法律、经济等相关专业人员兼任组成,其中农民代表和法律、经济等相关专业人员不得少于组成人员的1/2,农村土地承包仲裁委员会设主任1人、副主任1—2人和委员若干人。主任、副主任由全体组成人员选举产生。

农村土地承包仲裁委员会依法履行下列职责:(1)聘任、解聘仲裁员;(2)受理仲裁申请;(3)监督仲裁活动。农村土地承包仲裁委员会应当依照《农地承包调解仲裁法》制定章程,对其组成人员的产生方式及任期、议事规则等作出规定。

2. 仲裁员的产生及其责任

农村土地承包仲裁委员会应当从公道正派的人员中聘任仲裁员。仲裁员应当符合下列条件之一:(1)从事农村土地承包管理工作满5年;(2)从事法律工作或者人民调解工作满5年;(3)在当地威信较高,并熟悉农村土地承包法律以及国家政策。农村土地承包仲裁委员会应当对仲裁员进行农村土地承包法律以及国家政策的培训。省、自治区、直辖市人民政府农村土地承包管理部门应当制订仲裁员培训计划,加强对仲裁员培训工作的组织和指导。

农村土地承包仲裁委员会组成人员、仲裁员应当依法履行职责,遵守农村土地承包仲裁委员会章程和仲裁规则,不得索贿受贿、徇私舞弊,不得侵害当事人的合法权益。仲裁员有索贿受贿、徇私舞弊、枉法裁决以及接受当事人请客送礼等违法违纪行为的,农村土地承包仲裁委员会应当将其除名;构成犯罪的,依法追究刑事责任。县级以上地方人民政府及有关部门应当受理对农村土地承包仲裁委员会组成人员、仲裁员违法违纪行为的投诉和举报,并依法组织查处。

(二) 申请和受理

1. 申请

农村土地承包经营纠纷实行申请仲裁制,不要求当事人订立书面仲裁协议;在仲裁申请程序上也允许当事人口头申请、答辩等。农村土地承包经营纠纷申请仲裁的时效期间为2年,自当事人知道或者应当知道其权利被侵害之日起计算。

《农地承包调解仲裁法》第20条规定,申请农村土地承包经营纠纷仲裁应当符合下列条件:(1) 申请人与纠纷有直接的利害关系;(2) 有明确的被申请人;(3) 有具体的仲裁请求和事实、理由;(4) 属于农村土地承包仲裁委员会的受理范围。

当事人申请仲裁,应当向纠纷涉及的土地所在地的农村土地承包仲裁委员会递交仲裁申请书。仲裁申请书可以邮寄或者委托他人代交。仲裁申请书应当载明申请人和被申请人的基本情况,仲裁请求和所根据的事实、理由,并提供相应的证据和证据来源。书面申请确有困难的,可以口头申请,由农村土地承包仲裁委员会记入笔录,经申请人核实后由其签名、盖章或者按指印。

农村土地承包经营纠纷仲裁不得向当事人收取费用,仲裁工作经费纳入财政预算予以保障。

2. 审查和受理

农村土地承包仲裁委员会应当对仲裁申请予以审查,认为符合《农地承包调解仲裁法》第20条规定的,应当受理。有下列情形之一的,不予受理;已受理的,终止仲裁程序:(1) 不符合申请条件;(2) 人民法院已受理该纠纷;(3) 法律规定该纠纷应当由其他机构处理;(4) 对该纠纷已有生效的判决、裁定、仲裁裁决、行政处理决定等。

农村土地承包仲裁委员会决定受理的,应当自收到仲裁申请之日起5个工作日内,将受理通知书、仲裁规则和仲裁员名册送达申请人;决定不予受理或者终止仲裁程序的,应当自收到仲裁申请或者发现终止仲裁程序情形之日起5个工作日内书面通知申请人,并说明理由。

农村土地承包仲裁委员会应当自受理仲裁申请之日起5个工作日内,将受理通知书、仲裁申请书副本、仲裁规则和仲裁员名册送达被申请人。被申请人应当自收到仲裁申请书副本之日起10日内向农村土地承包仲裁委员会提交答辩书;书面答辩确有困难的,可以口头答辩,由农村土地承包仲裁委员会记入笔录,经被申请人核实后由其签名、盖章或者按指印。农村土地承包仲裁委员会应当自收到答辩书之日起5个工作日内将答辩书副本送达申请人。被申请人未答辩的,不影响仲裁程序的进行。

3. 财产保全

一方当事人因另一方当事人的行为或者其他原因,可能使裁决不能执行或者难以执行的,可以申请财产保全。当事人申请财产保全的,农村土地承包仲裁委员会应当将当事人的申请提交被申请人住所地或者财产所在地的基层人民法院。申请有错误的,申请人应当赔偿被申请人因财产保全所遭受的损失。

（三）当事人和代理人

农村土地承包经营纠纷仲裁的申请人、被申请人为当事人。

家庭承包的，可以由农户代表人参加仲裁。当事人一方人数众多的，可以推选代表人参加仲裁。与案件处理结果有利害关系的，可以申请作为第三人参加仲裁，或者由农村土地承包仲裁委员会通知其参加仲裁。

当事人、第三人可以委托代理人参加仲裁。

（四）仲裁庭的组成

仲裁庭依法独立履行职责，不受行政机关、社会团体和个人的干涉。

仲裁庭由3名仲裁员组成，首席仲裁员由当事人共同选定，其他2名仲裁员由当事人各自选定；当事人不能选定的，由农村土地承包仲裁委员会主任指定。事实清楚、权利义务关系明确，争议不大的农村土地承包经营纠纷，经双方当事人同意，可以由1名仲裁员仲裁。仲裁员由当事人共同选定或者由农村土地承包仲裁委员会主任指定。农村土地承包仲裁委员会应当自仲裁庭组成之日起2个工作日内将仲裁庭组成情况通知当事人。

关于仲裁员的回避，具体情形与《劳动争议调解仲裁法》中关于劳动争议仲裁回避的规定基本一致。农村土地承包仲裁委员会对回避申请应当及时作出决定，以口头或者书面方式通知当事人，并说明理由。仲裁员是否回避，由农村土地承包仲裁委员会主任决定；农村土地承包仲裁委员会主任担任仲裁员时，由农村土地承包仲裁委员会集体决定。仲裁员因回避或者其他原因不能履行职责的，应当依照《农地承包调解仲裁法》的规定重新选定或者指定仲裁员。

（五）开庭和裁决

农村土地承包经营纠纷仲裁应当开庭进行。开庭可以在纠纷涉及的土地所在地的乡（镇）或者村进行，也可以在农村土地承包仲裁委员会所在地进行。当事人双方要求在乡（镇）或者村开庭的，应当在该乡（镇）或者村开庭。开庭应当公开，但涉及国家秘密、商业秘密和个人隐私以及当事人约定不公开的除外。

仲裁庭应当在开庭5个工作日前将开庭的时间、地点通知当事人和其他仲裁参与人。当事人有正当理由的，可以向仲裁庭请求变更开庭的时间、地点。是否变更，由仲裁庭决定。

申请人可以放弃或者变更仲裁请求。被申请人可以承认或者反驳仲裁请求，有权提出反请求。

仲裁庭作出裁决前，申请人撤回仲裁申请的，除被申请人提出反请求的外，仲裁庭应当终止仲裁。申请人经书面通知，无正当理由不到庭或者未经仲裁庭许可中途退庭的，可以视为撤回仲裁申请。被申请人经书面通知，无正当理由不到庭或者未经仲裁庭许可中途退庭的，可以缺席裁决。

当事人在开庭过程中有权发表意见、陈述事实和理由、提供证据、进行质证和辩论。对不通晓当地通用语言文字的当事人，农村土地承包仲裁委员会应当为其提供翻译。

当事人应当对自己的主张提供证据。与纠纷有关的证据由作为当事人一方的发包方等掌握管理的，该当事人应当在仲裁庭指定的期限内提供，逾期不提供的，应当承担不利后果。仲裁庭认为有必要收集的证据，可以自行收集。仲裁庭对专门性问题认为需要鉴定的，可以交由当事人约定的鉴定机构鉴定；当事人没有约定的，由仲裁庭指定的鉴定机构鉴定。根据当事人的请求或者仲裁庭的要求，鉴定机构应当派鉴定人参加开庭。当事人经仲裁庭许可，可以向鉴定人提问。

在证据可能灭失或者以后难以取得的情况下，当事人可以申请证据保全。当事人申请证据保全的，农村土地承包仲裁委员会应当将当事人的申请提交证据所在地的基层人民法院。

证据应当在开庭时出示，但涉及国家秘密、商业秘密和个人隐私的证据不得在公开开庭时出示。仲裁庭应当依照仲裁规则的规定开庭，给予双方当事人平等陈述、辩论的机会，并组织当事人进行质证。经仲裁庭查证属实的证据，应当作为认定事实的根据。

对权利义务关系明确的纠纷，经当事人申请，仲裁庭可以先行裁定维持现状、恢复农业生产以及停止取土、占地等行为。一方当事人不履行先行裁定的，另一方当事人可以向人民法院申请执行，但应当提供相应的担保。

仲裁庭应当将开庭情况记入笔录，由仲裁员、记录人员、当事人和其他仲裁参与人签名、盖章或者按指印。当事人和其他仲裁参与人认为对自己陈述的记录有遗漏或者差错的，有权申请补正。如果不予补正，应当记录该申请。

仲裁庭应当根据认定的事实和法律以及国家政策作出裁决并制作裁决书。裁决应当按照多数仲裁员的意见作出，少数仲裁员的不同意见可以记入笔录。仲裁庭不能形成多数意见时，裁决应当按照首席仲裁员的意见作出。

裁决书应当写明仲裁请求、争议事实、裁决理由、裁决结果、裁决日期，以及当事人不服仲裁裁决的起诉权利、期限，由仲裁员签名，加盖农村土地承包仲裁委员会印章。农村土地承包仲裁委员会应当在裁决作出之日起3个工作日内将裁决书送达当事人，并告知当事人不服仲裁裁决的起诉权利、期限。

仲裁农村土地承包经营纠纷，应当自受理仲裁申请之日起60日内结束；案情复杂需要延长的，经农村土地承包仲裁委员会主任批准可以延长，并书面通知当事人，但延长期限不得超过30日。

（六）和解与调解

当事人申请仲裁后，可以自行和解。达成和解协议的，可以请求仲裁庭根据和解协议作出裁决书，仲裁庭根据合法、自愿与公平原则进行审查后，决定是否制作仲裁裁决书。达成和解协议的，当事人也可以撤回仲裁申请。

仲裁庭对农村土地承包经营纠纷应当进行调解。调解达成协议的，仲裁庭应当制作调解书；调解不成的，应当及时作出裁决。调解书应当写明仲裁请求和当事人协议的结果。调解书由仲裁员签名，加盖农村土地承包仲裁委员会印章，送达双方当事人。调解书经双方当事人签收后,即发生法律效力。在调解书签收前当事人反悔的,仲裁庭应当及时作出裁决。

三、提起诉讼和申请执行

(一)提起诉讼

农村土地承包经营纠纷仲裁与前述的劳动争议仲裁、人事争议仲裁均属特殊仲裁,无须以当事人的仲裁协议为仲裁的基础,这类仲裁裁决通常不具有终局性,即当事人对仲裁裁决不服的,可以提起诉讼。因此,《农地承包调解仲裁法》第48条规定,当事人不服仲裁裁决的,可以自收到裁决书之日起30日内向人民法院起诉。逾期不起诉的,裁决书即发生法律效力。

(二)申请执行

当事人对发生法律效力的调解书、裁决书,应当依照规定的期限履行。一方当事人逾期不履行的,另一方当事人可以向被申请人住所地或者财产所在地的基层人民法院申请执行。受理申请的人民法院应当依法执行。

当事人申请法院执行仲裁裁决,被申请人提出证据证明仲裁裁决有下列情形之一,经审查核实的,法院可以根据《民诉法》第237条的规定,裁定不予执行:(1)裁决的事项不属于农村土地承包经营纠纷仲裁范围,或者仲裁机构无权仲裁的;(2)仲裁庭的组成或者仲裁的程序违反法定程序的;(3)认定事实的主要证据不足的;(4)适用法律确有错误的;(5)仲裁员在仲裁该案时有贪污受贿、徇私舞弊、枉法裁决行为的。仲裁裁决被法院裁定不予执行的,当事人可以重新申请仲裁,也可以向法院起诉。

思考题

一、不定项选择题

本章思考题参考答案

1. 关于小额消费争议仲裁裁决的效力,下列说法正确的是( )。
   A. 裁决一经作出即发生法律效力
   B. 裁决作出后,当事人在法定期限内不起诉的,即发生法律效力
   C. 裁决作出后,当事人不服的,可以向上级仲裁委员会申请复议
   D. 裁决作出后,当事人不服的,可以向人民法院起诉

2. 关于小额消费争议仲裁的性质,下列说法正确的是( )。
   A. 具有行政性质
   B. 具有民间性质
   C. 具有司法性质
   D. 兼具行政性质和司法性质

3. 劳动争议案件案情复杂申请延期的,劳动仲裁延长时间不得超过（　　）。

A. 10天

B. 15天

C. 20天

D. 45天

4. 关于劳动争议仲裁代表人制度,下列说法错误的是（　　）。

A. 劳动者一方在10人以上并有共同请求的,可以推选代表人参加仲裁

B. 推举的代表人人数为2—5名

C. 代表人参加仲裁的所有行为对其所代表的当事人都发生效力

D. 代表人变更、放弃仲裁请求等,必须经被代表的当事人同意

5. 劳动争议仲裁委员会依法履行（　　）职责。

A. 聘任、解聘专职或者兼职仲裁员

B. 受理劳动争议案件

C. 讨论重大或者疑难的劳动争议案件

D. 对仲裁活动进行监督

6. 下列劳动争议,除法律另有规定外,仲裁裁决为终局裁决的是（　　）。

A. 追索劳动报酬的争议

B. 追索工伤医疗费、经济补偿或者赔偿金的争议

C. 因执行国家的劳动标准在工作时间、休息休假、社会保险等方面发生的争议

D. 因除名、辞退和辞职、离职发生的争议

7. 关于劳动争议仲裁中的证据和举证责任,下列说法正确的是（　　）。

A. 对于当事人因客观原因不能自行收集的证据,仲裁委员会可以依申请予以收集

B. 仲裁委员会调查取证时,不得少于两人

C. 发生劳动争议,当事人对自己提出的主张,有责任提供证据

D. 与争议事项有关的证据属于用人单位掌握管理的,用人单位应当提供

8. 关于人事争议仲裁中的代表人制度,下列说法错误的是（　　）。

A. 发生人事争议的一方在5人以上,并且有共同的仲裁请求和理由

B. 可以推举1—2名代表参加仲裁活动

C. 可以推举1—3名代表参加仲裁活动

D. 代表人放弃、变更仲裁请求等,必须经过被代表的当事人同意

9. 下列属于人事争议的是（　　）。

A. 实施公务员法的机关与聘任制公务员之间的争议

B. 事业单位与其建立人事关系的工作人员之间因终止人事关系以及履行聘用合同发生的争议

C. 社会团体与其建立人事关系的工作人员之间因终止人事关系以及履行聘用合同发生的争议

D. 军队文职人员用人单位与聘用制文职人员之间因履行聘用合同发生的争议

10. 当事人及有关人员在仲裁过程中实施（　　）行为的，人事争议仲裁委员会应当予以批评教育、责令改正；触犯法律的，提请司法机关依法追究法律责任。

A. 干扰仲裁活动，阻碍仲裁工作人员工作

B. 拒绝提供有关文件、资料和其他证明材料

C. 提供虚假情况

D. 拒绝和解或接受调解

11. 农村土地承包经营纠纷包括（　　）。

A. 因订立、履行、变更、解除和终止农村土地承包合同发生的纠纷

B. 因农村土地承包经营权转包、出租、互换、转让、入股等流转发生的纠纷

C. 因收回、调整承包地发生的纠纷

D. 因征收集体所有的土地及其补偿发生的纠纷

12. 农村土地承包仲裁委员会应当从公道正派的人员中聘任仲裁员，仲裁员应当符合下列（　　）条件之一。

A. 从事农村土地承包管理工作满5年

B. 从事农村土地承包管理工作满8年

C. 从事法律工作或者人民调解工作满5年

D. 从事法律工作或者人民调解工作满8年

13. 申请农村土地承包经营纠纷仲裁应当符合下列（　　）条件。

A. 申请人与纠纷有直接的利害关系

B. 有明确的被申请人

C. 有具体的仲裁请求和事实、理由

D. 属于农村土地承包仲裁委员会的受理范围

14. 王某是某电网公司员工，在从事高空作业时受伤，为赔偿问题与电网公司发生争议。王某可以采用哪些方式处理争议？（　　）（2006年司考卷三第80题）

A. 可以向本公司劳动争议调解委员会申请调解，调解不成的，可以申请劳动仲裁

B. 可以直接向劳动争议仲裁委员会申请仲裁，对仲裁裁决不服的，可以向法院提起诉讼

C. 可以不申请劳动仲裁而直接向法院起诉

D. 如果进行诉讼并按简易程序处理，法院开庭审理时，可以申请先行调解

15. 马迪由阳光劳务公司派往五湖公司担任驾驶员。因五湖公司经常要求加班，且不发加班费，马迪与五湖公司发生争议，向劳动争议仲裁委员会申请仲裁。关于本案仲裁当事人的确定，下列哪一表述是正确的？（　　）（2017年司考卷三第37题）

A. 马迪是申请人，五湖公司为被申请人

B. 马迪是申请人，五湖公司和阳光劳务公司为被申请人

C. 马迪是申请人，五湖公司为被申请人，阳光劳务公司可作为第三人参加诉讼

D. 马迪和阳光劳务公司为申请人，五湖公司为被申请人

二、简答题
1. 劳动争议仲裁有哪些特征？
2. 设立劳动争议仲裁代表人的意义有哪些？
3. 简述人事争议仲裁的举证责任及其分配。
4. 劳动争议仲裁当事人提起诉讼的情形主要包括哪些？
5. 人事争议主要包括哪些争议？
6. 人事争议仲裁委员会的组成人员有哪些？
7. 小额消费争议仲裁的性质经历了怎样的发展历程？为什么有这样的变化？

主要参考文献

一、教材、著作类

1. 程德钧、王生长主编：《涉外仲裁与法律》（第2辑），中国统计出版社1994年版。
2. 单国军、睢素利、吕东编著：《中国仲裁实务》，中国发展出版社1998年版。
3. 丁建忠编著：《外国仲裁法与实践》，中国对外经济贸易出版社1992年版。
4. 杜新丽：《国际商事仲裁理论与实践专题研究》，中国政法大学出版社2009年版。
5. 范愉主编：《多元化纠纷解决机制》，厦门大学出版社2005年版。
6. 韩健：《现代国际商事仲裁法的理论与实践》（修订本），法律出版社2000年版。
7. 江伟、肖建国主编：《仲裁法》（第3版），中国人民大学出版社2016年版。
8. 江伟主编：《律师公证与仲裁制度》，高等教育出版社1997年版。
9. 刘敏、陈爱武主编：《现代仲裁制度》，中国人民公安大学出版社2002年版。
10. 马永双主编：《仲裁法导论》，中国社会出版社2005年版。
11. 齐湘泉：《外国仲裁裁决承认及执行论》，法律出版社2010年版。
12. 乔欣：《仲裁法学》（第2版），清华大学出版社2015年版。
13. 乔欣：《仲裁权论》，法律出版社2009年版。
14. 乔欣主编：《比较商事仲裁》，法律出版社2004年版。
15. 乔欣主编：《和谐文化理念视角下的中国仲裁制度研究》，厦门大学出版社2011年版。
16. 全国人大常委会法制工作委员会民法室、中国国际经济贸易仲裁委员会秘书局编著：《中华人民共和国仲裁法全书》，法律出版社1995年版。
17. 任明艳：《国际商事仲裁中临时性保全措施研究》，上海交通大学出版社2010年版。
18. 沈德咏、万鄂湘主编：《最高人民法院仲裁法司法解释的理解与适用》，人民法院出版社2007年版。
19. 沈伟、陈治东：《商事仲裁法：国际视野和中国实践》（上、下卷），上海交通大学出版社2020年版。
20. 舒国滢主编：《法理学》（第2版），中国人民大学出版社2008年版。
21. 宋朝武：《中国仲裁制度：问题与对策》，经济日报出版社2002年版。

22. 宋朝武:《仲裁证据制度研究》,中国政法大学出版社2013年版。
23. 宋朝武主编:《仲裁法学》,北京大学出版社2013年版。
24. 宋连斌、林一飞译编:《国际商事仲裁资料精选》,知识产权出版社2004年版。
25. 宋连斌:《国际商事仲裁管辖权研究》,法律出版社2000年版。
26. 宋连斌主编:《仲裁法》,武汉大学出版社2010年版。
27. 谭兵主编:《中国仲裁制度的改革与完善》,人民出版社2005年版。
28. 谭兵主编:《中国仲裁制度研究》,法律出版社1995年版。
29. 王生长:《仲裁与调解相结合的理论与实务》,法律出版社2001年版。
30. 吴炯主编:《中国仲裁法律制度与实务》,中国工商出版社2007年版。
31. 杨良宜、莫世杰、杨大明:《仲裁法:从1996年英国仲裁法到国际商务仲裁》,法律出版社2006年版。
32. 杨良宜、莫世杰、杨大明:《仲裁法:从开庭审理到裁决书的作出与执行》,法律出版社2010年版。
33. 杨荣新主编:《仲裁法的理论与适用》,中国经济出版社1998年版。
34. 杨秀清、史飚:《仲裁法学》(第3版),厦门大学出版社2019年版。
35. 杨秀清:《协议仲裁制度研究》,法律出版社2006年版。
36. 叶青主编:《中国仲裁制度研究》,上海社会科学院出版社2009年版。
37. 于喜富:《国际商事仲裁的司法监督与协助——兼论中国的立法与司法实践》,知识产权出版社2006年版。
38. 詹礼愿:《中国区际商事仲裁制度研究》,中国社会科学出版社2007年版。
39. 张斌生主编:《仲裁法新论》(修订版),厦门大学出版社2004年版。
40. 张冬主编:《仲裁法教程》,对外经济贸易大学出版社2007年版。
41. 赵威主编:《国际仲裁法理论与实务》,中国政法大学出版社1995年版。
42. 赵秀文、谢菁菁编著:《国际商事仲裁法参考资料》,中国人民大学出版社2006年版。
43. 赵秀文:《国际商事仲裁法原理与案例教程》,法律出版社2010年版。
44. 赵秀文:《国际商事仲裁及其适用法律研究》,北京大学出版社2002年版。
45. 周翠:《中外民事临时救济制度比较研究》,清华大学出版社2014年版。
46. 周杨:《我国仲裁调解制度研究》,湘潭大学出版社2017年版。

二、译著类

1. [美]拉斯·休曼:《瑞典仲裁法:实践和程序》,顾华宁译,法律出版社2012年版。
2. [美]加里·B.博恩:《国际仲裁:法律与实践》,白麟等译,商务印书馆2015年版。
3. [英]施米托夫:《国际贸易法文选》,赵秀文选译,中国大百科全书出版社1993年版。
4. 樊堃:《仲裁在中国:法律与文化分析》,樊堃等译,法律出版社2017年版。

三、学术论文类

1. 陈福勇：《我国仲裁机构现状实证分析》，载《法学研究》2009年第2期。
2. 郭玉军：《国际商事仲裁中的友好仲裁问题》，载《武汉大学学报（哲学社会科学版）》1999年第6期。
3. 刘晓红：《论我国商事仲裁裁决执行的区际司法协助》，载《政法论丛》2010年第1期。
4. 张卫平：《现行仲裁执行司法监督制度结构的反思与调整——兼论仲裁裁决不予执行制度》，载《现代法学》2020年第1期。
5. 张卫平：《仲裁裁决撤销程序的法理分析》，载《比较法研究》2018年第6期。
6. 张卫平：《仲裁裁决撤销事由的解析及调整》，载《经贸法律评论》2018年第1期。
7. 赵秀文：《论仲裁条款独立原则》，载《法学研究》1997年第4期。

郑重声明

高等教育出版社依法对本书享有专有出版权。任何未经许可的复制、销售行为均违反《中华人民共和国著作权法》,其行为人将承担相应的民事责任和行政责任;构成犯罪的,将被依法追究刑事责任。为了维护市场秩序,保护读者的合法权益,避免读者误用盗版书造成不良后果,我社将配合行政执法部门和司法机关对违法犯罪的单位和个人进行严厉打击。社会各界人士如发现上述侵权行为,希望及时举报,本社将奖励举报有功人员。

反盗版举报电话　(010)58581999　58582371　58582488
反盗版举报传真　(010)82086060
反盗版举报邮箱　dd@hep.com.cn
通信地址　　　　北京市西城区德外大街4号
　　　　　　　　高等教育出版社法律事务与版权管理部
邮政编码　　　　100120